从学习阅读走向阅读学习

夏明霞　窦丽娜　编著

首都师范大学出版社
CAPITAL NORMAL UNIVERSITY PRESS

图书在版编目(CIP)数据

从学习阅读走向阅读学习 / 夏明霞，窦丽娜编著.
北京：首都师范大学出版社，2024.12. -- ISBN 978-7-5656-8795-2

Ⅰ．G792

中国国家版本馆 CIP 数据核字第 2024GU0269 号

CONG XUEXI YUEDU ZOUXIANG YUEDU XUEXI
从学习阅读走向阅读学习
夏明霞　窦丽娜　编著

责任编辑	禹　冰

首都师范大学出版社出版发行

地　址	北京西三环北路 105 号
邮　编	100048
电　话	68418523（总编室）　68982468（发行部）
网　址	http：//cnupn.cnu.edu.cn
印　刷	北京印刷集团有限责任公司
经　销	全国新华书店
版　次	2024 年 12 月第 1 版
印　次	2024 年 12 月第 1 次印刷
开　本	710 mm×1000 mm　1/16
印　张	27.25
字　数	458 千
定　价	80.00 元

版权所有　违者必究
如有质量问题　请与出版社联系退换

前　言

在教育探索的道路上，有一种力量，它如细雨般润物无声，却又能深深影响一个人的精神世界，乃至一个民族的文化底蕴，这就是阅读的力量。正如朱永新教授所言："所有学科教师都要成为读书的种子。"我们每一位教育工作者，不仅要传授知识，更要以身作则，成为阅读的践行者和推广者。

北京石油学院附属小学，这所拥有深厚文化底蕴和卓越教育成果的学校，始终秉持"聚能于石　油然而生"的办学理念，致力于引领学生在阅读学习的道路上深入探索与实践。

"聚能于石　油然而生"，不仅体现了我们对教育的深刻理解，更彰显了我们对学生成长过程的全面关怀。它意味着我们汇聚教师的智慧与才华、学生的潜能与努力、社会的支持与协作等多方力量，共同作用于学生的成长，为其积蓄能量，助力其优秀品质与能力的自然生发。在这样的理念指引下，阅读学习被赋予了前所未有的重要意义。

阅读学习，不仅是对语言文字的解码与理解，更是对知识的探索、对智慧的追求。它关乎学生思维的深度与广度，关乎学生情感的培养与升华，更关乎学生价值观的塑造与确立。我们深知，阅读学习是学生获取知识、拓宽视野的重要途径，更是他们培养思维能力、发展情感和塑造价值观的宝贵资源。

为了让学生在阅读学习中得到全面发展，学校构建了完善的学科阅读课程体系。每一门课程都立足于学科特点，注重培养学生的阅读能力和阅读兴趣。我们鼓励学生广泛涉猎，阅读不同领域的书籍，了解不同的文化、思想、观念，从而拓宽他们的认知边界，提升思维层次。

我们积极组织多样化的阅读活动，如课前三分钟演讲、读书节活动、诗词大会等，为学生营造轻松愉悦的阅读氛围，激发阅读兴趣，培养阅读习惯和团队合作能力。通过阅读，学生不仅能获取知识、拓宽视野，还能锻炼批判性思维和创新能力，学会独立思考和解决问题。更重要的是，阅读能促进学生情感发展和价值观塑造，能使学生与作者心灵对话，了解世界，认识自己，形成积极的人生观和价值观，能为学生的成长注入正能量。

本书不仅是我校对教育实践成果的梳理和展示，是对阅读学习价值和意义的深度反思与总结，更是集体智慧的结晶。感谢田爽、向昆、王朝、马洁、姚晓丹、王莹、彭硕、唐述明、赵茜、李艳、侯杰颖、赵彦、张彤等多位老师参与本学科阅读学习的策略梳理与案例指导工作。我们期望通过本书，向读者展现阅读学习如何在我校扎根发芽，如何滋养每个学生的心灵，如何照亮他们的智慧之路。同时，通过分享在阅读学习领域的探索与实践经验，为更多学校提供启示和参考，共同推动教育事业中阅读学习的深入发展。

在未来的日子里，我们将继续秉持"聚能于石 油然而生"的办学理念，深化阅读学习的探索与实践，进一步完善学科阅读课程体系，优化阅读材料和学习资源，加强阅读活动的组织和开展，为学生的成长和发展提供更有力的支持和保障。

我们坚信，通过我们共同的努力，阅读学习将照亮通往智慧的道路，为学生的成长和发展贡献更多的智慧与力量。

夏明霞
2024 年 12 月

目 录

第一章 阅读与通过阅读学习 …………………………………… (1)
    第一节 阅读的本质 ………………………………………… (1)
    第二节 学习阅读与通过阅读学习 ………………………… (10)

第二章 通过阅读学习的价值与过程 …………………………… (15)
    第一节 通过阅读学习的意义 ……………………………… (15)
    第二节 通过阅读学习的内容 ……………………………… (18)
    第三节 通过阅读学习的实践过程 ………………………… (21)

第三章 从学习阅读走向阅读学习的实践探索 ………………… (25)
    第一节 阅读学习研究的起点与历程 ……………………… (25)
    第二节 学校育人理念与阅读课程体系 …………………… (37)
    第三节 阅读课程的实施原则 ……………………………… (44)
    第四节 阅读学习的基本模式 ……………………………… (45)

第四章 语言与人文类学科中的阅读学习 ……………………… (49)
    第一节 语文学科阅读学习的策略与案例 ………………… (49)
    第二节 英语学科阅读学习的策略与案例 ………………… (106)

第五章 数学与科学类学科中的阅读学习 ……………………… (151)
    第一节 数学学科阅读学习的策略与案例 ………………… (151)
    第二节 科学、信息科技、综合实践等科学类学科阅读学习的
            策略与案例 ………………………………………… (193)

第六章 艺术与审美类学科中的阅读学习 ……………………… (234)
    第一节 美术书法学科阅读学习的策略与案例 …………… (234)
    第二节 音乐舞蹈学科阅读学习的策略与案例 …………… (288)

第七章 道德与健康类学科中的阅读学习 ……………………… (328)
    第一节 体育与健康学科阅读学习的策略与案例 ………… (328)

第二节　道德与法治学科阅读学习的策略与案例 …………（380）
  　第三节　劳动学科的阅读学习 …………………………………（398）
  　第四节　心理学科阅读学习的策略与案例 ……………………（405）
第八章　阅读学习的评价 ……………………………………………（413）
  　第一节　阅读评价的重要性 ……………………………………（413）
  　第二节　阅读学习过程的评价 …………………………………（414）
  　第三节　小学生阅读能力的评价体系与指标 …………………（419）

第一章　阅读与通过阅读学习

阅读是一种人类社会独有的文化活动，也是一种人类个体具有的复杂的认知过程。阅读使人类社会长期积累的知识经验和精神财富得以流传与深化；使个体的智力水平获得提升，精神世界得以丰富；使国民的道德修养得到提高，文化素质获得增强。特别是在信息技术和科学知识迅猛发展的当代，阅读的重要性日益凸显，它与个人及国家的发展紧密相连。学会阅读是当代社会中人们应对工作和生活挑战所必需的核心素养之一，人们的阅读状况甚至影响个人及国家在未来的竞争力，是衡量国家"软实力"的重要标准之一。

阅读在当代社会中也被看作是一项基础的学习技能。对个人而言，学习往往与阅读相辅相成，掌握学习的前提就是学会阅读，可以说阅读是学习的基石。在学校教育环境中，大部分学科知识和学习活动都围绕阅读展开，通过阅读来学习已然成为教育的基本模式。

21世纪以来，社会对人才的要求日益提高。从初步学习如何阅读，到通过阅读来学习，这一转变实质上就是对学生阅读能力要求的提升。要求学生在掌握基本的阅读技能之后，将之作为他们探索其他知识领域的跳板，为日后积极参与社会生活奠定坚实基础。为了更深入地理解这一学习和发展的过程，我们首先需要洞悉阅读的本质。

第一节　阅读的本质

尽管人类社会在阅读方面有着深远的历史和实践，积累了大量的阅读经验和方法，并发展出丰富的阅读思想和学说，但对于阅读的本质理解仍然是五花八门，各执一词。究其原因：一方面，阅读本身的复杂性导致我们对其的认识仍有待深化；另一方面，与阅读紧密相关的研究领域广泛且多样，不同的研究侧重点自然会导致理解上的差异。

经过一个多世纪的持续发展，阅读研究的理论与实践均取得了显著进步，阅读和阅读教学的研究热潮持续高涨，阅读教学成为基础教育领域的焦点。当回顾阅读研究的发展历程时，我们对阅读的本质有了更为深刻的理解。

一、阅读的基本内涵

什么是阅读？《说文解字》中将"阅"解释为"具数于门中也。从门，兑声"，段玉裁注解为："具者，供置也。数者，计也。计者，会也，算也。"①即"阅"的意思是计算和提供，"具"表示提供，"数"表示计算，"数"的含义是会合和算术。说它在"门"中，是因为"阅"的字形中包含"门"的部分。《周礼》中提到"大阅"，注释说这是指军事实力的检查和统计。《辞源》和《古代汉语词典》将其主要义项共同列举为：数，计算；考核，视察；检阅；看，观览；经历；总，合；容纳等方面，其中"看，观览"可作为其当下义项。《说文解字》中将"读"解释为"读，籀（zhòu）书也。从言卖声"，段玉裁用"讽"和"诵"来做比较："籀，读书也。读与籀叠韵而互训……讽谓背其文。籀谓能译其义……讽诵亦可云读。而读之义不止于讽诵。讽诵止得其文辞。读乃得其义蕴。"②也就是说"讽"和"诵"指的是背诵文章或文字，即只关注文字本身而不深入理解其意义；"籀"（或"读"）则指的是能够理解并解释文字的意义。如此，根据"阅读"一词的字源意思，可将"阅读"解释为"观览（文字、书籍等）并理解其意义"。这样的解释不仅描述了外显的阅读行为，也涵盖了内隐的认知结果，强调阅读的核心在于理解。

阅读理论家一直致力于全面而有意义地描述"阅读理解"。早在20世纪初，心理学家就已经着手研究阅读的心理机制，他们认为阅读是从页面上的文字中提取意义的过程。例如，休伊在1908年就将阅读描述为"获取思想"的行为，强调阅读的核心不在于识别字词，而在于理解其内在含义。③同样，桑代克在1917年也指出，阅读远超过单纯的"声音—符号"的对应，而是一个融合了多种元素的复杂过程；理解段落需要像解决数学难题一样

---

① ［汉］许慎撰，［清］段玉裁注：《说文解字》，上海：上海古籍出版社，1981年，第590页。
② 同上书，第90—91页。
③ Huey E B, *The psychology and pedagogy of reading*, New York: The Macmillan Company, 1908.

进行逻辑推理。[1]

到了20世纪60年代，随着认知科学的发展，阅读活动的研究迎来了更为深刻和全面的进步。古德曼就曾认为，阅读是从书面语言中主动构建信息的过程，后来他进一步将阅读视为一种心理语言学的猜测游戏，强调思维与语言的深度交互。[2] 同样地，史密斯曾表达过类似的观点，他主张阅读实质上是对我们周围环境中特定信息的理解过程。[3] 他认为，阅读是一种基于已有知识的合理推测，一个优秀的读者会利用其丰富的经验和知识来解读所读内容，也会根据自身已知的信息来解读遇到的问题。可见，这些学者都认为阅读是读者利用已知信息与语言素材进行互动，从而积极构建意义的过程，同时，他们也都强调了理解在阅读中的核心地位。这一深刻的见解极大地改变了我们对阅读的认识。

自70年代起，信息加工理论和人工智能兴起，研究者们开始通过模拟计算机的信息处理机制，来探索大脑的心智构造及知识表达方式。在阅读研究领域中，研究者则运用信息加工理论来揭示和阐释读者如何与文本进行互动，以及如何构建意义。[4] 图式理论在这一时期产生了深远的影响，图式理论是语言学家、认知心理学家和心理语言学家用来认识影响理解过程的关键因素的理论框架。图式，也被称为"认知框架"，是存储在大脑中的一组用于分类、组织信息的认识或记忆。图式理论的核心观点是我们对世界的认识是有组织和分类的，会对我们的认知和行为产生影响。在阅读过程中，图式理论认为，读者是意义的积极建构者，他们会利用自己庞大的知识储备来筛选阅读材料，并在持续的、不断修正的过程中，形成对文本意义的个性化理解。图式理论揭示了阅读理解的原理，着重强调了先验知识在阅读理解中的关键作用。

自80年代起，阅读研究的理论视角日益拓宽。研究者将阅读活动放置

---

[1] Thorndike E L, "Reading as reasoning: A study of mistakes in paragraph reading," *Journal of Educational Psychology*, vol. 6(1917), p. 329.

[2] Goodman K S, "Reading: A psycholinguistic guessing game," *Literacy Research and Instruction*, vol. 4(1967), p. 127.

[3] Smith F, *Understanding reading: A psycholinguistic analysis of reading and learning to read*, New York: Holt, Rinehart & Winston, 1971, pp. 12—30.

[4] In R. Barr, M. L. Kamil, P. B. Mosenthal and P. D. Pearson (Eds.), *Handbook of Reading Research vol.* Ⅰ, New York: Longman, 1984, pp. 255—292.

于更广阔的社会文化背景中进行审视,相关研究开始超越认知心理学的边界。阅读不再被视为一个孤立的知识体系,而是在涉及不同人、时间、地点、文本和环境的多元互动中得到理解。这一时期,金特奇提出,读者在阅读时会构建文本基础模型和情境阐释模型,两者相互作用以完成对文本意义的建构。对阅读理解的界定也迎来了新的发展。埃尔文进一步丰富了理解的内涵,将其视为读者利用个人经验和作者线索在具体语境中建构意义的过程,这一过程包括理解、选择性回忆、推论、组织和总结等多个环节,且读者能根据需要进行控制和调整。[1] 兰德阅读小组则进一步简化了阅读理解的定义,强调读者在与书面语言的互动中同时提取和构建意义,认为阅读涉及处在同一社会文化背景之中的读者、文本和阅读活动三个要素。[2]

在80年代末期,阅读研究领域经历了另一场重要的变革,这一变革主要体现在文学理论对阅读理论产生了深刻的影响。具体说来,有几位学者的理论对阅读理解的认识产生了显著的影响。苏联著名心理学家维果斯基提出了社会认知理论,为理解阅读的社会性层面提供了新的视角。[3] 影响力尤为突出的是罗森布拉特于1978年提出的阅读交流理论。[4] 罗森布拉特认为,阅读的意义并非单纯存在于文本这个客体,也非完全源自读者的主观理解,而是在这两者的交流过程中显现。这一理论模型为我们理解阅读交流的复杂性提供了新的框架,深刻影响了后来对阅读理解的认识。

在21世纪初,斯马戈林斯基运用维果斯基的活动理论和符号学理论,从文化的角度深入剖析了意义产生的过程。[5] 他指出,真正的意义并不单独存在于文本或读者之中,当读者在阅读文本时,他们实际上在创造一个新的文本,这个新文本所蕴含的意义,远远超出了读者、原文本和阅读情

---

[1] Irwin J W, *Teaching reading comprehension processes* (2nd ed.), Englewood Cliffs, NJ: Prentice Hall, 1991, p. 9.

[2] Snow C, *Reading for understanding: Toward an R&D program in reading comprehension*, Santa Monica: Rand Corporation, 2002, p. 11.

[3] Vygotsky L S, *Mind in society: The development of higher mental processes*, Cambridge, MA: Harvard University Press, 1978.

[4] Rosenblatt L, *The reader, the text, the poem: The transactional theory of the literary work*, Carbondale and Edwardsville: Southern Illinois University Press, 1978.

[5] Smagorinsky P, "If meaning is constructed, what is it made from? Toward a cultural theory of reading," *Review of Educational Research*, vol. 1(2001), pp. 133—169.

境等因素各自意义的总和。而后，帕尔多进一步吸纳了罗森布拉特阅读交流理论的相关见解，将阅读理解重新定义为"读者结合自身已有的知识和经验，与文本中的信息以及自身对文本的阅读取向进行整合，在与文本的互动中创造出新的意义的过程"①。这一界定更加精确地描述了阅读的本质。

国内学者也对此发表了独到见解。张必隐在《阅读心理学》一书中指出，阅读是从书面材料中获取信息，并影响读者的非智力因素，如动机、情感和个性的过程。彭聃龄在《语言心理学》中将阅读定义为从文字系统或其他符号、图表中提取信息的过程。曾祥芹也将阅读视为心智技能、交往行为、精神消费和生产过程的综合。②

综合国内外学者的认识，我们可以提炼出阅读的基本内涵：阅读是读者对意义符号进行语言解码、提取信息，并进行意义理解和整合，以获取信息、建构意义，及进行一系列复杂智力活动的心理过程。

二、阅读的过程

阅读活动是一个极为复杂且综合性的认知过程。当我们深入探究其本质时，便会发现，虽然阅读活动在人的大脑中如电光石火般迅速发生，但却是一个潜藏在思维深处的神秘过程。它不仅涉及我们的生理反应机制，更与我们的认知心理、非智力性因素，以及外部的阅读环境和情境密切相关。

从某种程度上说，对阅读本质的探寻，就等同于揭开阅读过程的神秘面纱。这两者实际上是阅读活动的两个密不可分的方面：阅读本质是对阅读过程的高度抽象与概括，它为我们揭示了阅读活动的核心与精髓；而阅读过程，则是阅读本质在现实中的具体展现，它让我们能够更直观地理解阅读是如何发生的。通过这两者的相互映照，我们可以更加全面地把握阅读的全貌，从而更好地理解和提升我们的阅读能力。

(一)阅读的层次

当研究者从经验总结的角度探究阅读能力时，他们往往会依据自身丰

---

① Pardo L S, "What every teacher needs to know about comprehension," *The Reading Teacher*, vol. 3(2004), p. 272.

② 曾祥芹：《阅读学新论》，北京：语文出版社，1999年，第130页。

富的阅读教学经验和已有实验研究，形成对阅读能力构成要素的理解。格雷是这一研究视角的先驱，他详细列出了包括明确并连贯地再现阅读内容、确定文章中心思想、筛选并整理紧密相关的要点和细节等八种阅读理解能力。而后，他又将阅读活动细分为四个方面。首先是单词感知，这包括单词的发音与意义识别。其次是理解，即要能够清晰把握所读内容的含义。再次是对作者观点的反应与评价。最后是通过融合已有观点和新获取的信息，来同化新的阅读内容。格雷和罗斯杰强调，尽管这四个方面在讨论时是分开的，但在实际阅读中，它们是同步进行、相辅相成的。其中，"单词感知"是基础，缺乏这一技能，阅读就无法进行。而"理解"则是核心，包括字面理解、挖掘隐含意义以及探究作者观点的影响与深远意义三个层次。第三个方面，即"反应"，涉及对内容的评判、对标准的探寻、做出结论及情感反馈。最后一个环节是"观点融合"，它要求读者运用批判性思维及创造性思维，结合过往经验与阅读中获取的信息，对所读内容进行深度分析与整合。[1]

此后，美国国家阅读小组经过深入研究，最终确定了影响阅读能力的三个关键因素，包括字母认知、阅读流利度以及理解能力。[2] 具体说来，字母认知涵盖了音位意识和语音拼读，而理解能力则包括词汇和文本的整体理解。阅读过程被细致地分解为一系列由基础到高级、由细微到宏观、由部分到整体的结构组件，而阅读的最终成果，便是这些结构组件综合作用的结果。

巴雷特综合了基于布鲁姆等学者的研究，将阅读理解细分为字面理解、内容重组、推断理解、评价、欣赏五个主要技能层次。[3] 每一层次下，又根据阅读目的进一步细分为具体的任务类型。这一系统的分类极具实践价值，有助于教师制定阅读教学目标和设计阅读问题。

遵循这些研究者的研究路径，后续更多的研究将阅读能力归结为三大

---

[1] Gray W S, Rogers B, *Maturity in Reading*, Chicago: University of Chicago Press, 1956, p.54.

[2] National Reading Panel (US), Langenberg D N, *Teaching children to read: An evidence-based assessment of the scientific research literature on reading and its implications for reading instruction*, Bethesda, Maryland: NIH Publication, 2000.

[3] In H. M. Robinson (Eds.), *Innovation and change in reading instruction*, Chicago: University of Chicago Press, 1968, pp.19—23.

类别：字面性理解、推断性理解和评价性理解。字面性理解指的是对文本中明确表述的内容进行理解；推断性理解则涉及对文本中未明确陈述、需要通过分析和综合文中信息来做出判断的内容进行理解；而评价性理解是读者结合自身经验和思考对所读内容做出的判断和评价。

(二)阅读的过程模型

随着认知心理学、图式理论和社会语言学的发展，研究者们开始更多地使用理论模型来系统地阐释阅读理解的发生过程。

1961年，金斯顿阐述了一个阅读理解的概念模型。他将阅读过程定义为读者与作者创作的思想内容进行互动后，在大脑中的再创造过程。[1] 他提出了三个假设：首先，作者必须使用读者熟悉的交流媒介，即所用的符号(如文字)及其组合方式(如句法结构)必须是作者和读者共同理解的；其次，读者必须能够与作者在一个思维水平上进行思考；最后，读者需要具备适当的阅读动机、思维能力以及词语感知技能。

而后金茨在对文本表征的研究中提出了"建构—整合"阅读模型，这一阅读模型从文本加工的角度揭示了阅读理解的过程。[2] 研究者认为，在阅读理解过程中，我们既要表现文本的内容，也要构建一个情境模型。由于心理加工水平的不同，阅读理解会产生三个层次的理解：首先是字词层面的表层解码，其次是语义层面的文本基础表征理解，最后是语篇层面的情境模型构建。表层解码涉及感知和概念化的过程，主要是理解页面上单词和句子的意义；文本基础表征由文本的微观结构和宏观结构组成，其中微观结构关注文本的局部，宏观结构则着眼于文本的整体框架，阅读理解就是从微观到宏观的不断循环过程，推理在这其中扮演着关键角色；而情境模型则超越了文本本身，需要整合文本内容和读者的背景信息，由读者自己构建。

格拉比和斯托勒在前人研究的基础上又提出了"交互模型"。[3] 他们认

---

[1] Davis F B, "Psychometric research on comprehension in reading," *Reading Research Quarterly*, 1972, pp. 633.

[2] Kintsch W, *Comprehension: A paradigm for cognition*, Cambridge: Cambridge University Press, 1998, pp. 93—120.

[3] Grabe W P, Stoller F L, *Teaching and researching: Reading*, Mahwah, New Jersey: Routledge, 2013, pp. 13—24.

为，阅读过程中应涵盖两种互动关系：一是读者与文本之间的互动，二是各种阅读技能之间的相互作用。这些阅读技能并非线性或层级关系，而是并行存在的。阅读被看作是一个积极主动的过程，其中自下而上和自上而下的处理方式是相互交织的，读者需要将文本与自身已有的背景知识和图式建立起双向联系。而后，格拉比和斯托勒进一步将阅读过程划分为一系列基础层面、快速且自动化的识别，以及一系列更为高级的理解与阐释技能。基础层面主要包括词汇的快速提取或识别，语法结构的分析和语义的构建。对于经验丰富的读者而言，这些技能在工作记忆中迅速被激活、处理并整合。而高级层面的技能则涉及对文本模型的深度理解，构建读者自身的情境解释模型，进行逻辑推理，执行控制加工以及策略性处理。其中，文本模型的理解关注于文本的核心主题，情境解释模型则体现了我们如何主观地解读文本，而执行加工则涉及我们如何有效分配和管理注意力。值得一提的是，唯有基础与高级技能相辅相成、和谐共作，我们才能真正达到阅读的终极目的。

经过上述分析，不难发现，阅读其实是一个多层次、多元化、错综复杂的心理活动过程。从研究阅读过程的角度来看，西方学者们在长达半个多世纪的研究与探讨后，对于阅读能力的构成已达成广泛共识。综合各家之言，阅读过程主要包含三个层次：字面性理解、推断（或解释）性理解以及评价性理解。在阅读过程中读者与文本相互作用，其中会发生很多事情，读者不仅要积极主动地从文字系统中接收和提取信息，还要将这些信息与自身知识相结合，从而构建出意义。

三、阅读的目的

传统的阅读观念往往将阅读视为对单篇文本的"文字解码"和"文本理解"的过程。然而，近些年来，阅读素养的相关理论逐渐强调阅读并非孤立进行，而是受特定目标驱动，旨在达成某种具体目的。根据已有的阅读本质研究，阅读活动总是在特定情境下为达成特定目的而进行的。人们的日常阅读活动已不仅仅是为了理解文本，更多地是为了解决特定任务或获取特定信息。例如，学生为了准备小组汇报而阅读，工作人员为了撰写报告而阅读。对他们而言，阅读是一种整合信息和知识、形成新知的目标导向活动。

实际上，阅读目的的多种多样。章熊将阅读划分为消遣浏览性、知识积累性和评价鉴赏性三种类型，它们分别代表了不同的阅读层次，且对阅读能力的要求逐级提升。① 格拉比和斯托勒则更为详细地分类了阅读目的，包括寻找信息、快速浏览、学习文本、整合信息、写作辅助、文本批判和一般理解等七类。②

关于阅读目的，有两点需要特别强调。一方面，不同的阅读目的会导致不同的阅读方法和技能需求。例如，哈里斯根据阅读目的将阅读分为发展性、消遣性和功能性三种，并针对每种类型提出了相应的阅读技能需求。③ 另一方面，阅读目的与文本类型紧密相关。不同类型的文本在结构、表达和风格上差异显著，这就要求读者在阅读时采取相应的态度和立场，从而影响阅读目的。

罗森布拉特在阅读交流理论中提出了"取向"的概念，来界定读者在阅读时的态度，揭示出读者的阅读目的。在阅读过程中，读者的任何反应都可以在"输出—审美"取向的横轴上找到对应位置（图1-1）。

图 1-1 "输出—审美"取向横轴

在"输出"取向占主导的阅读中，读者的注意力主要放在阅读后能提取和保留的内容上，例如获取的信息，问题的合理解决方案，所要采取的行动等。这种阅读的目的通常是探寻作者所陈述的事实真相。日常生活中，我们阅读报纸、说明书或法律简报等，就属于这一类别。而在"审美"取向主导的阅读中，读者更注重通过感官去体验和欣赏文本中的情感和美感，发现其中的乐趣和美好，阅读诗歌和小说就是典型的例子。

总的来说，两种取向体现了我们看待世界的不同视角。"输出"取向更注重认知、指示、事实、逻辑和定量等方面的意义，而"审美"取向则更侧重于感觉、情感等方面的意义。

此外，狄其骢等学者根据书面文本的三种主要功能类型——说明性文

---

① 章熊：《现代文阅读的基本要求》，《语文教学与研究》，1989年第4期，第2—3页。
② Grabe W P, Stoller F L, *Teaching and researching: Reading*, Mahwah, New Jersey: Routledge, 2013, pp. 13—24.
③ 祝新华：《促进学习的阅读评估》，北京：人民教育出版社，2015年，第6—7页。

本(例如说明书、账单、地图等)、知识性文本(如教科书、自然科学著作、历史传记等)和虚构性文本(特指文学文本),将阅读相应地划分为实用性阅读、认识性阅读和审美性阅读。① 实用性阅读主要是利用文本中的信息来指导和协调行动;认识性阅读则主要以科学著作为阅读对象,旨在获取准确客观的知识;而审美性阅读则侧重于通过激发审美体验和想象力来产生审美感受。他们认为文本的类型特点与阅读的态度取向紧密相连,文本类型的功能差异决定了阅读目的的不同,从而展现了文本类型对阅读目的的深远影响。

第二节 学习阅读与通过阅读学习

随着近现代学科发展,尤其是心理学、脑科学、学习科学等对阅读领域的大量研究证实,小学阶段是一个人阅读兴趣、阅读习惯和阅读能力发展的关键时期。小学生需要在这个关键时期完成从"学习阅读"到"通过阅读学习"的重要过渡,并学会迎接逐渐复杂的阅读目标、任务的挑战。

一、阅读发展阶段

皮亚杰从认知发展的角度研究了人们的学习过程,虽然他没有直接研究学生如何学会阅读和写作,但相关研究者都根据其理论对学生的读写学习发展进行了研究和解释。人们的认知发展过程被其分为四个阶段:感觉运动阶段、前操作阶段、设计具体操作阶段和形式操作阶段。感觉运动阶段属于婴儿期,不涉及语言符号的使用。而前操作阶段分为2到4岁的前概念阶段和4到6或7岁的直觉阶段,在前概念阶段,儿童开始用文字、句子、图画和戏剧游戏来表达想法和事件,进行符号思维。在直觉阶段,儿童的概念发展迅速,但他们使用成人逻辑的能力非常有限,只能从自己的角度考虑问题。在设计具体操作阶段,即学生到了7岁左右时,具有了推理能力,但只是对直接经验有充分的认识。具体操作能力强的儿童能根据自己的生活经验,将对象和概念进行多层次分类。他们不仅能够理解词

---

① 狄其骢、王汶成、凌晨光:《文艺学通论》,北京:高等教育出版社,2009年,第326—329页。

语在不同的语境中的不同的含义，而且能够按照语言功能对单词进行分组，并将句子元素放在不同的关系中。因此，根据皮亚杰的研究结果可以合理地推断，设计具体操作阶段的阅读活动，在内容上可以准备得更加丰富，但不应该期望学生能对他们所读的东西进行很好的推理，除非它与直接经验有相当密切的关系。形式操作阶段一般发生在青春期和成年期，学生的抽象思维得到迅速发展，能够较好地运用抽象概念和相关符号进行有逻辑的推断。[①]

乔尔在皮亚杰等人研究的基础上，提出了学生阅读能力发展的阶段理论，对一个人的阅读发展过程进行了更为清晰的描述。在她看来，阅读能力的发展需要经历六个阶段。[②]

零阶段，这个阶段被称为"前阅读"阶段。这个阶段是学生从出生到正式接受学校教育之前的阶段，在这个阶段中，学生获得语言的发展、掌握书面文字，积累书籍阅读和相关生活经验，形成对文字、阅读过程、书面交流等方面的基本认识。

第一阶段是"初步阅读或解码"阶段。在这个阶段，学生对书面文本更加投入和专注，并开始深入了解拼写系统，将字母组与口语中的相应声音联系起来，理解并逐渐形成解码能力。

第二阶段是"确认、流利"阶段。在这个阶段，学生巩固前几个阶段所学内容，学习如何自动化识别单词，并通过阅读可预测的材料和熟悉的内容来提升阅读的流畅性。学生将其形容为"越读越有趣，而不必经常问'是什么意思'"，因此这一阶段可以说是培养阅读兴趣、扩大阅读量的重要阶段。

第三阶段是"为获取新知而阅读"阶段。在这个阶段，学生具备了基本的阅读能力，通过运用基本的阅读策略，开始从学习阅读转变为利用阅读获取信息，学习文本内容。这一个阶段是一个承前启后的过渡阶段，由于学生的词汇量、认知能力和对世界的认识相对有限，因此这个阶段最适合阅读相对具体的、呈现某种观点的材料。

[①] Raven R J, Salzer R T, "Piaget and Reading Instruction," *The Reading Teacher*, vol. 7 (1971), pp. 630—639.

[②] Chall J S, *Stages of Reading Development*, New York: McGraw-Hill Book Company, 1983.

第四阶段被称为"发展多元观点"阶段。在这一阶段,学生开始阅读更加复杂、信息更加丰富的材料,通过对材料进行解释、分析、评价,以处理多种观点,参与更加深入的文本处理过程,并在前面阶段所学知识的基础上,获得新的概念、新的知识。

第五阶段被称为"构建和重建"阶段。这一阶段则是阅读最成熟的阶段,学生已经学会了有选择地进行知识建构,学会了抽象、概括、分析和判断等阅读方式,能够通过阅读形成自己的看法,建构和调整自己的世界观。

每一个阶段都被看作是前一个阶段的延伸,并具备了实现下一阶段的必要条件,阅读能力达到下一个阶段的学生必然会表现出前一阶段的阅读行为。乔尔注意到了阅读能力发展的层次性,较为直观地反映了不同阶段的一些课程重点,如早期语言发展、简易阅读、内容领域阅读的思辨性反应等。

根据上述研究来看,一个人的阅读发展过程主要可以分为两个部分,即零阶段、第一阶段、第二阶段属于"学会阅读",第三阶段、第四阶段与第五阶段属于"通过阅读学习"。

二、学习阅读

学习阅读主要是学会如何将纸面的文字转化成语音和所理解的意思,最终的结果是实现这种转化过程的自动化,也被称为"阅读流利度",这是一个人阅读能力发展的基础阶段。[①] 这阶段的具体任务主要包括识别语音、解码、获得词义、语句整合等阅读过程。

学习阅读可以说是儿童在校期间必须进行的最复杂、发展最有趣的认知任务。"学会阅读"意味着学生从初学者发展为成熟读者,具备熟练级读者所掌握的一套高级且复杂的认知技能。

从传统视角看,学会阅读被视作阅读技能的一种综合体现,要求读者掌握两套并行发展的技能系统,即解码和语言理解,涉及词汇学习、认知发展、文意把握、推理分析等多方面的能力。这些语言和认知技能强调的是读者要能正确地把握文字和文章当中的局部和细节,并能正确地认识整

---

① 魏小娜:《"通过阅读来学习":中小学阅读教学新视域》,《中国教育学刊》,2017年第4期,第67—70、76页。

体和主要内容。

但同时，如前文所言，阅读不仅仅是文字解码的过程，更是读者与作者之间跨越时空的无声对话。在这个过程中，读者需要透过字里行间去透视作者的写作意图，理解并转译文章中的"密码"。因此，学生在学习阅读时应该学会如何实现这种深层次的交流和理解。读者需要依据语境确定语义、把握文章主旨、透视文章结构，并凭借自身生活经验来深入体验阅读的乐趣。

但需要注意的是，阅读技能的掌握并非一蹴而就，而是需要通过系统的技能培养，策略的选择与运用，以及自我监控能力的提升等多种因素的共同作用。其中，重点在于阅读策略的培养与选择。事实上，从课程内核层面看，小学阅读教学内容的实质是阅读策略。[1] 阅读策略主要涉及个体阅读时在认知、元认知、情感、动机等多个方面的行为表现，学习阅读策略能促进学生更深入、精细地理解文本的某些活动，例如确定主要概念，摘录材料的要点，进行自我提问，寻找材料错误和矛盾之处，链接新信息与已有知识等等。只有不断更新发展阅读策略，才能促进学生阅读能力不断提升，从而让学生真正学会阅读，逐渐成为成熟的读者。

三、通过阅读学习

当今社会，学生必须知道如何通过阅读来学习。学校阅读教育的最终目标也是希望学生在实际生活中能灵活运用所学的阅读知识、技能和方法来学习新的内容，完成各项学习任务。

具体来说，"阅读"是实现个人成长和发展的重要途径，为读者建立了一个与外部客观世界、自我精神世界相联系的桥梁。在读者探索文本的过程中，他们不仅会吸收作品中的信息，更会融入自己的思考，结合个人的生活经验，并做出相应的反应。而"学习"则是一个由生命经验驱动的实践行为，始终倾向于变化和进步。通过阅读学习来将这两者巧妙地结合在一起，是指将阅读作为学习的工具，以此获得某一学科或某一领域的知识，

---

[1] 余闻婧：《从标准到课堂：小学阅读教学科学化探析》，《课程·教材·教法》，2023年第12期，第87—95页。

主要涉及对整个文段的理解学习。① 这阶段的具体任务主要包括使用先备知识、利用文本结构、进行推论和使用元认知知识等阅读过程。

事实上，在不同的发展阶段，我们的阅读需求会有明显不同。具体来说，莫提默·J. 艾德勒曾在《如何阅读一本书》中提出了从初级读者到高级读者进化的四个层次，即基础阅读、检视阅读、分析阅读和主题阅读。② 如果说初级读者还处于"基础阅读"阶段，那么到了"主题阅读"阶段的成熟阅读者，则开始尝试"通过阅读学习"，此时主题才是阅读的重点。文本成为主要的知识来源，学生不再是仅仅理解文本的含义和作者的意图，还要依靠自己独立理解，从文本中收集合适的信息与知识，并加以灵活地运用，从而解释和解决社会实践中的具体问题。③

通过阅读学习不仅意味着接收和领悟符号知识或他人的经验，更在于构建我们与外部世界的深刻联系。在这个过程中，读者与文本之间建立了一种独特的对话关系。通过对话，读者不断吸收文本所传递的价值和意义，使其成为自身的一部分。同时，读者也在对话中得到情感体验的重塑，获得知识体系的更新，得到能力结构的优化，以及培育更为成熟的思维模式，最终实现个人知识的增长和心智的成熟。这种内化与重构的过程，正是读者通过文本理解外部世界的知识和文化以改造外部世界的过程，以及通过自我反思和批判性思维提升自己的知识体系、思维模式，改造自身内部世界的过程。

因此，人们开始赋予阅读更多的期待，期望能将阅读作为学习多个内容领域的主要工具。也就是说，人们不再只将阅读的目的视为完成文本解读，尤其是完成审美鉴赏类文本解读，也不再只聚焦"文本细读""读写结合""关注文本言语形式"等研究课题，而且也将"阅读"当作一种促进学生终身发展的"学习能力"。

---

① 魏小娜：《"通过阅读来学习"：中小学阅读教学新视域》，《中国教育学刊》，2017 年第 4 期，第 67—70、76 页。

② [美]莫提默·J. 艾德勒、查尔斯·范多伦著，郝明义、朱衣译：《如何阅读一本书》，北京：商务印书馆，2004 年，第 273 页。

③ 余闻婧：《阅读策略评价：小学阅读学业质量评价的新取向》，《全球教育展望》，2023 年第 10 期，第 107—117 页。

第二章 通过阅读学习的价值与过程

阅读的过程，就像是一场知识的探索之旅。文本中蕴含的丰富历史内容、文化内容、精神内容和思想内容，都通过阅读得以展现。通过阅读学习的过程，也是我们进行历史探源、文化探源的过程，同时也是我们思维发展、认知拓宽的过程。在这个过程中，我们不仅可以获取知识，更可以锻炼语言运用能力，提高思维能力，获得对世界更加深刻的理解。

第一节 通过阅读学习的意义

阅读是获取知识、增长智慧的重要方式，更是传承文明、提高国民素质的重要途径。阅读是个人和社会发展的重要途径，通过阅读学习，对学生应对新时代的挑战，建设教育强国具有重要作用。

一、时代变迁的需求

不同时代的媒介，缔造出不同的社会情境，由此形成了不同的信息系统。[①] 现代信息技术和互联网的飞速发展为当今阅读提供了诸如电子文本和超文本等新的阅读媒介。[②] 不同媒介采用不同符号系统传递信息，书籍和报纸以文字、图片为传播符号，广播以声音为传播符号，电视以图像、声音为传播符号，互联网则以文字、图片、音频、视频为传播符号，不同符号构成了不同形式的信息系统。伴随着数字时代的到来，多样的阅读媒介带来了阅读方式和学习方式的变迁。人们采取一种更加开放的阅读姿态，以更为丰富的方式获取信息，并更为便捷与高效地获取多种形式的信息。

[①] 管贤强：《跨媒介阅读与交流：媒介化生存下语文课程内容新任务》，《教育学报》，2021年第2期，第52—60页。

[②] 余闻婧：《阅读策略评价：小学阅读学业质量评价的新取向》，《全球教育展望》，2023年第10期，第107—117页。

如何在越来越多的信息中选择、判别、运用高质量的内容成为人们面临的全新挑战。为顺应时代发展，迎接未来人才培养需求，培养学生通过阅读学习的能力，借助个体的阅读体验建构更加全面、客观而完整的认识，已成为促进未来社会发展的必然要求。

在这样的时代背景之下，"通过阅读学习"的重点不再仅是为了让学生感受语言的独特魅力，还要重视实用性阅读，搜集丰富的语料，全面掌握信息中传递出来的事实。只有当人们多方面地收集信息，全方位地了解事实，开展多样的阅读实践活动，并用客观、理性的态度予以评判，才可能对这个世界有更加全面、正确的认识。

二、国家发展的需求

进入新时代，我们迫切需要从人口大国、人力资源大国向人才强国转变。阅读是获取知识、增长智慧的重要方式，更是传承文明、提高国民素质的重要途径，因此，阅读就成为支撑国家实现人才强国转变的重要力量。

对此，习近平总书记强调要高度重视阅读："人民群众多读书，我们的民族精神就会厚重起来、深邃起来。"2022年的世界读书日，习近平总书记在致首届全民阅读大会举办的贺信中也表示，希望全社会都参与到阅读中来，形成爱读书、读好书、善读书的浓厚氛围。

与此同时，党和政府也积极通过相关政策、法案、规定和项目等大力推广阅读，号召人民通过阅读来学习。我国于2017年6月颁布了《全民阅读促进条例（草案）》，以促进全民阅读。"深化全民阅读活动"作为一项重要举措，被写入党的二十大报告。2020年10月，中央宣传部印发《关于促进全民阅读工作的意见》（以下简称《意见》）。《意见》指出，深入推进全民阅读，对加强社会主义精神文明建设、促进社会进步具有重要意义。《意见》强调要"引导人民群众提升阅读兴趣、养成阅读习惯、提高阅读能力，不断增强思想道德素质和科学文化素质"，为实现"两个一百年"奋斗目标和中华民族伟大复兴的中国梦提供强大精神动力和智力支持。

因此，推广青少年学生的阅读举足轻重，是从立德树人"根基"架起教育强国"柱梁"的重要安排。对此，为贯彻落实党的二十大关于深化全民阅读活动的重要部署，2023年，教育部等八部门印发《全国青少年学生读书行动实施方案》，国家语委发布《关于深入实施"典耀中华"主题读书行动的指导意见》，均强调要持续推进青少年读书行动，并要求将读书行动与学校教育教学、课后服务活动和学生日常生活紧密结合，推动青少年学生读书行动有效开展。关心青少年读书学习，实现"通过阅读学习"，一方面可以助推全民阅读，使阅读成为塑造学习型社会的有力抓手；另一方面，也可以发挥阅读的重要育人作用。事实上，阅读就是培养更多顶尖创新人才的重要方式，也是推动建设教育强国的重要力量。

从阅览室到图书馆、文化馆，从黑板报、宣传栏到文化墙……伴随全民阅读的持续深入，依托全国青少年学生读书行动，广大青少年学生阅读兴趣、阅读能力持续提升，为养成终身学习习惯打好了根基。

三、个体成长的需求

数字时代，人们的生活节奏加快，信息传播内容、媒介范式开始具有碎片化特征。信息传播内容日益碎片化，离散、多样和随意的阅读信息正逐渐成为学生全身心投入阅读、积累全面阅读经验的绊脚石。[1] 具体来说，碎片化信息中的那些短暂、炫目的视觉元素，往往过度强调某些细节，可能会导致阅读体验与现实生活之间出现断裂。一旦出现这种裂痕，则不仅会扭曲学生与外部世界的沟通方式，也会限制他们对世界的认识。[2] 此外，阅读的数字化和移动化使得学生注意力常常很容易被分散，学生难以静心持续进行自主深度阅读。因此，在海量信息的冲击下，他们常常以简单复制他人观点替代了深入钻研阅读材料。这种浅尝辄止的阅读习惯难以培养学生独立思考的能力、批判性思维和创新精神。显然，这样的阅读态度既无法满足当今时代和国家的发展需求，也不利于学生个人的成长和进步。

阅读和学习始终是同时发生的过程。为此，通过阅读学习的相关活动不仅仅是认知活动，更融合了感知、理解、思维等内在心理活动和学习活动。通过阅读学习的相关教学与学习活动，将文字、语言、符号转化为图像、图景或场景，能够帮助学生更直观地理解文本内容。而后，在理解基

---

[1] 荀渊、常乐融融：《数字阅读的批判性分析及其教育策略》，《电化教育研究》，2023年第9期，第71—76页。

[2] 任睿、莫世亮：《数字时代下跨媒介阅读素养：特征、架构与培育路径》，《比较教育学报》，2022年第5期，第108—121页。

础上，使学生能够结合特定的学科知识开展持续性的意义组合与建构，从而构建新知，获得新的学科体认。此时，书面文字以及其他意义符号将抽象的知识概念和价值观念以更加贴近学生日常生活、学习经验的方式，潜移默化地影响学生的行为习惯与思维方式，从而帮助学生实现学科理解水平的提升。

此外，情感体验在"通过阅读学习"的过程中也扮演着重要角色。通过阅读，学生感受到文本所传达的情感，这种情感体验能促进学生对文本的完整性理解，同时也为开展学科实践活动，完成学科学习任务奠定了积极的情感基础。开展"通过阅读学习"也是融合文化理解、情感体验、价值体认于一体的综合性内在精神活动。通过阅读教学指导，鼓励学生在阅读过程中发挥出充满活力的个人力量，穿透文字获得丰富的阅读体验。"通过阅读学习"不只是学习知识，建构主体精神，还能实现对学生个体积极社会情感的培养，帮助他们在阅读活动中逐渐完成自我的探索、发现和塑造。

总之，阅读学习的教学与学习活动使学生经历了从词句感知到认知能力提升、思维发展、精神建构和情感培养的完整过程，帮助学生更好地理解世界、探索自我，获得个人的成长与发展。

第二节　通过阅读学习的内容

阅读和学习始终是同时发生的过程。一个人通过阅读可以打开通往其他知识领域的大门，就像一个人对某个主题或内容领域的了解会在一定程度上改变其阅读行为一样。那么究竟需要通过阅读来"学习"什么？或者说"通过阅读学习"究竟要实现什么目标？这是我们必须要回答的问题。

正如前文所说，通过阅读学习就是培养学生通过阅读来深化对学科理解的能力的活动。学生基于对文本的理解、感悟和深入探究，将阅读理解的过程与学科知识的探索融入阅读实践中，以学科理解为核心，构建具体的学科知识框架，激发深化对学科的理解。所以在另一个层面上说，开展"通过阅读学习"的教学是深化我国基础教育课程与教学改革，深化学科学习的重要手段。具体来说，通过阅读学习主要有以下三个方面的内容。

一、内化学科知识

通过阅读学习是一种建构意义的认知活动,它体现了读者与文本之间持续互动的过程。当学生遇到更复杂的特定学科的阅读材料时,需要具备与学科知识相关的更复杂的处理能力。例如,如果要辨别阅读材料中那些与学习任务不相关、不准确,甚至存在误导性的内容,就需要学生具备对学科内容和学科思维习惯的理解能力。

不同学科在知识的建构、呈现、交流方式及"阅读"方式等方面存在一定差异。无论是语文知识、数学知识,还是科学知识,它们都具有独特的学科属性、社会属性和实践属性。例如,科学学科使用各种典型的方式来构建和呈现科学信息,表现形式包括表格、图形、方程式、示意图(如流程图)、模型以及口头和书面文本中的说明和叙述。而历史学科中常见的文本和表述,则与科学学科的阅读材料在来源、类型、媒体和结构等方面存在明显不同。如历史学科的原始资料通常是书面文件,但也包括其他媒体,如照片、漫画、地图、表格、文物以及视频和录音等。

但是需要注意的是,虽然有些学科如语文和历史学科,其学科知识在形式上可能都表现为语言、文字符号,但其背后却隐藏着不同的背景、现象、图景以及意义。因此,符号是阅读的起点,而符号化的学科知识则是学习的起点,要实现真正的学习必须超越符号表面的意义。也就是说,要想实现通过阅读学习,就需要超越对语言、文字符号的理解,深入探索符号背后的意义系统。

此外,在学生通过阅读理解学科知识的过程中,不仅充满了符号化的学科知识,也交织着意义和概念。在阅读学科文本的教学与学习活动中,我们可以引导学生对学科知识进行图像化建构、形象化理解,从而根据自身知识结构生成个人的学科知识图谱。学生只有在理解与掌握学科知识的规则、结构、形式与性质时,才能真正克服点状学习、平面学习、表层学习的局限性,实现对学科知识与学科思维的深入理解和内化,才能提高把学科知识学习转化为核心素养的可能性。

二、关联多学科学习

通过阅读学习实质是通过阅读活动加大学生对学科知识掌握和理解程

度的过程。但随着学生阅读活动的不断深入，学生知识的数量以及知识的质量也会发生一定的变化。

在阅读过程中，学生不仅与文本中的感知、理解、思维以及情感过程进行单向关联，还能与知识的文化背景、历史背景、社会背景以及个人的生活体验发生多向关联。学生在丰富的阅读活动中，可以逐渐发现，任何学科都不是孤立的。每个学科都处于不断的发展变化中，与其他学科产生着交融与关联。

开展通过阅读学习的教学与学习活动，我们可以显著提升学科学习的关联度，帮助学生理解学科学习活动的互涉性和综合性。以语文学科为例，语言、文字、文学是语文学科学习内容的重要组成，但文化精神、思维方式、价值观念以及生命意义也是语文学科学习的重要内核。同样，科学作为解释科学现象、探究科学原理的学问，也是人类文化现象和审美形式的一种体现。通过阅读活动，我们可以跨越学科的边界，增强语文学习与科学的关联性。例如部编版小学六年级课文《真理诞生于一百个问号之后》，利用千百年来的科学技术发展史中的三个科学故事，论证了只有不断地探索与发现，坚持不懈地思考和探究，才能获得真理的道理。其中，科学发现、科普知识，以及科学精神等科学课程内容，构成了这篇文章的主要内容。在语文课上阅读这篇课文，学生们还会重点关注文章的结构思路和论证方法。从这个意义上说，这样的阅读活动，一方面为学生学习语文学科知识、提升阅读能力提供了学习的机会与平台，另一方面又跨越语文学科知识的边界，为学生建构科学解释、培养探究精神创造了重要条件。

因此，阅读活动可以融入文化、历史、社会和生活等多维元素，为学生建立起各学科知识、各学科学习经验以及日常生活经验的生动联系。当学生充分参与到阅读活动中时，若能在帮助学生掌握多学科知识基础的同时，也培养他们不同学科视角下的观察能力，带领学生感受不同学科的学习体验，那么就可以真正实现"学习"的目的。也就有可能最终实现学生对书本知识的经验化、体系化与情境化理解，引导学生以更为广阔和深入的跨学科视角认识世界、解决现实问题。

三、发展高阶能力

阅读活动不仅让学生获取知识，更引导学生经历深层次的思维活动。

当前，互联网为我们提供了海量的信息，但其质量参差不齐，信息的筛选与甄别不可或缺。处理信息的过程就是充分调动个人知识储备去甄别信息真伪、判断信息有效性和有用性的过程。这些都需要个体高阶思维能力的参与。

高阶思维能力，强调批判性思维和创造性思维以及解决问题的能力，是认知过程中的高级阶段。可以说，"通过阅读学习"的活动也是在一定程度上促进这些高阶思维发展的活动。在阅读过程中，学生不仅依赖感性体验来理解文本，更依赖于理性思维，例如他们常常通过演绎与归纳、分析与综合、分类与比较，以及判断与推理等思维活动，来挖掘作者的表达意图和文本的深层内涵。

教师可以在具体学科的阅读教学中融入理性思维的培养，如融入数学中的几何思维、语文中的谋篇布局分析等。此外，通过阅读学习也强调引领学生深入阅读材料的符号世界，学习其中涉及的学科思想和学科方法，引导学生规范严谨地经历逻辑思维过程，建立概念、理解理论。面对阅读中的真实情境的学科问题，教师更应该鼓励学生结合具体情境和实际生活，学习换位思考，通过对问题的认识、分析与处理，获得批判性思维、创造性思维以及解决问题的能力等高阶能力的提升，为学生未来发展奠定坚实的基础。

第三节　通过阅读学习的实践过程

通过阅读学习是一种综合性的内在心理活动，建立在学科认知、学科情感体验基础之上。文本激活读者的理解能力是活动达成的基本条件。读者能否在文本基础上形成学科理解、建构新知是衡量"通过阅读学习"活动成功与否的标准。但学科理解并非凭空产生，它是建立在一定经验基础之上的，缺乏经验的理解也是很难实现的。

在学科教学中，"通过阅读学习"整个学习过程大致包括感知知识、综合信息、分析推理、构建解释、形成结论五个学习环节。有目的地激发和组织学习活动总是遵循一定的顺序，因此这五个学习环节并不是单独发生的，而是同时发生的。学生通过想象感知文本建构学科理解与认识的过程，即由阅读文字到具备学科素养的过程可以总结为以下三大环节，开展积累学科知识、构建学科解释以及解决学科问题三种不同类型的学科学习活动(图2-1)。

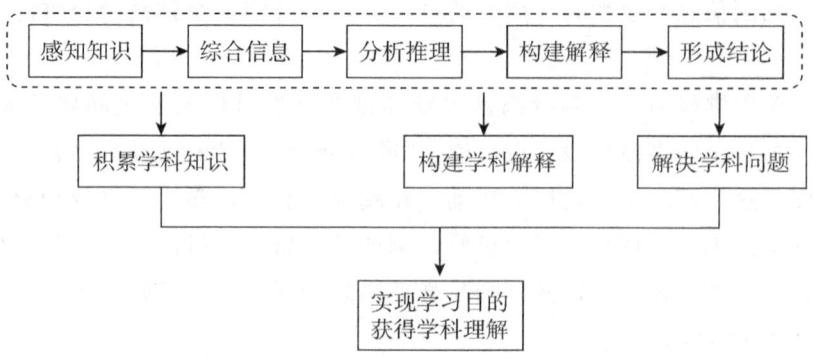

图 2-1　通过阅读学习的实践过程

一、阅读中的感知与还原：积累学科知识

文本信息主要来源于书籍或文章中的文字叙述。阅读的起始阶段，我们首先依赖于视觉感官从文字中获取信息，初步感知文本内容。在阅读的初期，读者首先感知文本中的直观、感性、形象的描述，组合这些阅读表象，逐渐还原出文本所描述的基本面貌，形成符合文本内容的阅读图景。

随着阅读的深入和文本信息的增加，读者从语言、文字或其他意义符号感知的表象也在不断累积。通过对这些表象不断组合、加工，读者能实现对阅读材料的理解。但这个阶段的理解仍然停留在较为初步的层次，读者根据自身的日常经验和文本提供的信息，可能只能简单感知和组合出文本描绘的场景。这些场景与已有的学科知识经验相碰撞，通过阅读主体对信息的筛选、组合与重新构建的过程，最终形成相对零散、具有较强主观性和局限性的学科理解。

此时，学生对具体学科知识的感知，实际上是通过理解知识所描述的事物，形成的对学科问题的初步认识。在通过阅读学习的教学与学习活动中，阅读成为连接学生与学科学习的纽带，能帮助学生与学科知识之间产生交互作用。在这一过程中，学生通过阅读初步认识了学科的基本概念，理解了学科内在表义规则，初步掌握了学科的特定语言、文字及其他的意义符号。但这一阶段，学生对学科的理解和认识可能仅仅停留在符号表面，尚未深入到符号所反映的深层内涵之中，并不能将各种符号整合、梳理成具有逻辑和层次的意义系统。

二、阅读中的想象与推理：构建学科解释

阅读中的文字内容并不等同于其深层的真实意义，往往只是冰山一角。学生只能借助文本材料，通过加工这些材料形成的表象来逐渐接近文本的真实意义。为了获得尽可能多的文本表象，感知完整的文本意义，学生需要发展出丰富的想象力。此时，由于需要透过字里行间挖掘文本材料背后的意义，学生需要在阅读想象中融入认知分析和推理，在理解文本内容的基础上，灵活设想与文本内容相符的多种可能含义，对文本的真实意图进行合理的猜想、反思和验证。通过这种方法，学生能够多维度、多视角、多层面地深入文本，挖掘其内在的思想和深层含义。

学生通过前期阅读活动形成的有关文本的初步认识，感知的学科相关知识，则成为这个阶段加深学科理解的基本素材和基本条件。一方面，学生通过整合获得的文本表面信息以及由此形成的不完整文本场景，对其进行组合、创造，从而形成完整的、丰富的文本画面和更为深刻的阅读感悟。另一方面，阅读材料中潜藏着学科特定的规则、思维方式和学习体验。此时，学生则需要依据前一阶段积累的学科基本知识，从已知内容出发，灵活思考阅读材料背后隐藏的多种可能性，通过相关线索、证据进行分析、推理和判断，对学科相关概念、现象或者问题，做出合理的、符合学科规律以及学科逻辑的解释。

通过这个环节，学生对学科知识以及学科规律、学科思维方式有了更深层次的认识。在这一阶段，学生在阅读活动中调用了前一阶段的积累，并在加深知识理解的过程中尝试通过分析与推理，进行更为深层次的学科实践活动。

三、阅读中的深化与创生：解决学科问题

在阅读过程中，当学生通过阅读学习的能力发展到高级阶段时，学生能够深化阅读材料内涵，对文本进行解释，并形成个人的观点与结论。在这一过程中，学生能利用自身的认知图式对阅读材料进行加工，重组文本概念，扩展意义范畴，建立个人与文本的联系，形成对学科的更为深入的

认识与理解。

对于学生来说,在面对综合性、抽象性较强的文本时,为了更有效地理解阅读材料的内容,学生必须充分掌握与这些材料相关的学科知识、学科原理和规律以及相关的跨学科概念等。在此基础上,推理、验证材料的多重含义和多种解释,以此构建自己的阅读观点。而后,学生在教师的引导下,围绕特定的学科问题,借助刚刚更新的知识与方法体系,对学科问题进行合乎逻辑和学科规律的理性分析与探究,形成解决问题的方法策略,甚至个别学生还能构建出自己的学科理解论述。

通过这样的感知—推理—反思的过程,阅读逐渐成为一个不断发展的学科对话与问题讨论的学习过程。

第三章 从学习阅读走向阅读学习的实践探索

阅读是搜集信息、认识世界、发展思维、获得审美体验的重要途径。阅读能培养学生感受、理解、欣赏和评价的能力。阅读学习有利于全面了解学生的阅读能力，发现存在的问题，探究形成的原因，寻找有效的解决之道；有利于培养和提高学生自主阅读的兴趣、意识和能力，有利于提高学习效率，全面提高学生的素养；可解决教师在教学中遇到的问题，改进教师的阅读教学方法，践行有效课堂，提高课堂教学效率，为学生各学科学习奠定基础。

怎样带领学生走出理解文意的"浅层阅读"，走向敢于发声、敢于理论的"深度阅读"，甚至走向更高的"创意阅读"，这个思考带领我们不断开展实践研究，并走向深入。

第一节 阅读学习研究的起点与历程

我们始终以书香校园建设作为学校发展的立足点，把建构课程、变革课堂、开发以学习和学习者为中心的阅读课程资源作为学校发展的核心竞争力，有力推动教师阅读、学生阅读、家长阅读。在躬耕实践、践行阅读的过程中，我们深刻认识到阅读是促进每一个生命成长的最佳路径。

我们一直带领教师团队结合阅读学习开展系列深入的实践研究，大致经历了以下几个阶段（图 3-1）。

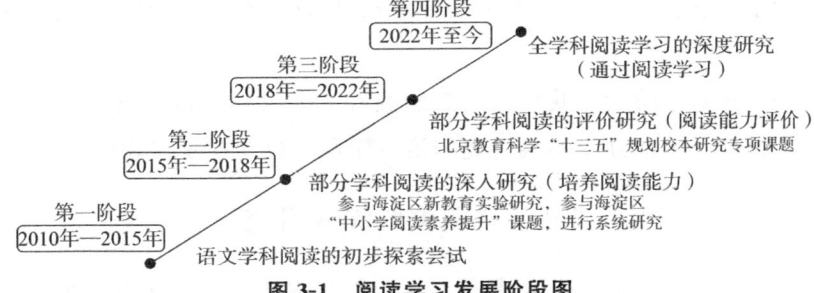

图 3-1 阅读学习发展阶段图

一、第一阶段，语文学科阅读的初步探索阶段

2010年至2015年这个时期，是我校阅读学习初步探索阶段。我们带领教师主要结合语文学科进行尝试性研究。此阶段研究没有太多的理论基础，更多是大胆地给参与实验的教师和班级进行阅读教学实践探索的空间与时间，鼓励他们创造性地开展研究。例如：可以灵活调整语文课时，将大量课外阅读、整本书阅读时间与语文课堂教学相整合；可以适当缩减书面作业，增加阅读活动……

最初是部分一年级语文教师积极参与实践研究。但是经过一个学期的实践，虽然学生阅读量增多，但写字词的时间比较少，导致最初的成绩并不理想。有的教师有些气馁，怀疑大量阅读是否会耽误正常的语文学习，甚至打起了退堂鼓。我带着其他教学干部深入到教师当中，组织骨干教师一起探索，定期召开教师交流，给予老师们鼓励，鼓励教师将眼光放长远，关注学生长期的学习与发展。

同时，我们一起细化指导阅读的方法，丰富学习形式。可以不以一两次考试成绩作为评价教师和班级学习的依据，而是将评价拉长到更长的时间之中，给教师足够的支持；教师可以自由使用学校的各个学习空间；教师可以邀请家长走进班级开展阅读学习活动；等等。

最后，我们初步形成了以下的阅读指导策略：语文课＝课本学习＋课外阅读，让学生每天坚持早读、午读、夜读；阅读后交流讨论、分享、辩论……；习作多样化，鼓励创作，写日记，写小说，写诗歌，写赋，写书评，写话剧，写新闻稿。

经过几年的探索，参与实验的班级在阅读方面成果显著，学生的整体学习水平明显高于其他班级，而且长期跟踪来看，直到现在这些参与实验的班级学生在初高中的学习力也是非常突出的，成绩优异的学生比例非常高。

但是，在这个阶段，我们只是鼓励教师大胆探索实践，还没有进行系统的经验梳理，因此处于实践研究的第一阶段，也是初步探索阶段。

二、第二阶段，部分学科阅读的深入研究

2015年起，在原有的探索基础上，将阅读由语文学科拓展到更多的学

科，探索学科阅读培养学生阅读能力的具体路径与策略，推广到一至六年级。希望通过系统的实践研究，真正提升学生的阅读能力，提升学生整体素养，实现高品质的学校教育。

因此，学校干部教师积极参与海淀区新教育实践研究以及海淀区"中小学生阅读素养提升"的课题研究，以课题为引领，坚持以学生发展需求为中心，全学科、大容量、多渠道地引导师生参加阅读活动，并以此为突破口创设特色文化，使学生养成阅读的习惯，培养阅读的兴趣，提升阅读的能力。

(一)通过阅读解决以下问题

怎样带领学生走出理解文意的"浅层阅读"，走向敢于发声、敢于理论的"深度阅读"，甚至走向更高的"创意阅读"，是当下摆在我们面前的一个课题。

1. 阅读评价形式单一

在具体阅读过程中我们发现，课外阅读缺乏相应的督促和评价体系，缺乏定性、定量的评价方法，不能客观反映学生的综合素质和阅读水平。首先，评价观念较为落后。长期的应试教育在家长心中投下了浓重的阴影，他们对于课外阅读这一概念表示不解，觉得自己的孩子对书本上的知识都未吃透，还谈这些不务正业之事，实属多余。而老师也受长期的应试教育的影响，以单一的问答题评价学生阅读能力，以简单的阅读数量衡量学生的阅读水平。其次，评价的方式死板。评价时，家长和老师都只注重学生读的量，认为只要学生读得多了，就是好，而没有追求质和量的结合，不注重对学生平时表现的关注和考察，不将评价贯穿于日常的教育教学行为中使实施评价日常化，不以发展的眼光来看待评价学生，只是在学期的结束时进行一次终结性评价或形成性评价。

2. 阅读时间空间不足

受传统应试教学思维影响，大部分教师比较重视课本知识的学习和实践操作技能方面的训练，给课外阅读分配的时间少，导致学生阅读面窄，知识面不广。通过调查我们发现，从学生课外阅读的类别看，小说类、杂志类占53％，作文选类占32％，其他占15％。而且，读名著的学生相对较少。同时，大部分老师都认为阅读指导只是语文教师的任务，而语文教师在课堂上一般只是讲课本上的知识和教纲安排的内容，忽视了对整本书阅读的指导。

3. 阅读的方法不得当

学校近些年一直比较关注学生的阅读能力，也一直在强调读书的重要性，但是因为没有教给学生很好的方法而导致学生的阅读能力没有明显的进步：有的学生阅读时比较随意，无目的、无计划；有的学生读书不求甚解，有书就读，数量虽然很多，但没有仔细咀嚼，看书多而受益浅；还有的是不懂选择阅读的内容。书籍浩如烟海，读哪些书好呢？很多同学感到迷惘。从调研来看，大多数同学喜欢看小说和漫画，看综合类图书的同学次之。大多数同学还是从自己的兴趣出发，到底读哪些书籍有益，却少有人去思考。

（二）实践研究取得的经验成果

苏霍姆林斯基说："一所学校也可能缺少很多东西，可能在许多方面都很简陋贫乏，但只要有书，有能为我们经常敞开世界之窗的书，那么，这就足以称得上是学校了。"

1. 立体营造书香氛围

要让孩子爱上阅读，最根本的是要让孩子享受阅读的快乐。我们首先致力于书香氛围的营造。在创建优美环境的同时关注厚重的文化底蕴，秉承着景景皆思悟，处处皆育人的原则，凸显书香墨香氛围。曲折的"悦读廊"，尽显浓郁书香；古朴典雅的"暮省园"，充满人生哲理；校园中"明理石"、石板路更是别具特色，这其中蕴含的人文精神陪伴每一位师生共同成长。

阅读环境的创设应趋向自然，朝着更舒适、更富自然趣味的方向发展。本着这样的理念，我们创建了图书馆"森林书吧"。

这个"森林书吧"由六间不同类型的主题阅读室组成。三省书屋是专门的教师阅览室，主要供老师们课余时间阅读休闲，自我提升；梦溪园是社会科技类图书的聚集地；以唐代著名诗人王维的一首诗命名的竹里馆珍藏了各类文学历史书籍；以著名画家王冕的梅花屋命名的绘本馆里铺满了厚厚的瑜伽垫，可供一、二年级的"小豆包"们席地而坐，随意观看；布克坊里，英文小说、绘本、点读材料应有尽有；益智坊内，摆满了各种有趣的数学益智游戏。

整个书吧拥有宽敞明亮的环境，高低错落的绿植，色彩缤纷的地垫，形成了温馨舒适的阅读氛围。专题阅读区域的设立，既方便不同兴趣的学生阅读，也有利于学生开展专题阅读研究；营造一种人文的、开放的、互动的、浓郁的读书气氛，让学校成为随处可见有人读书的知识海洋。

2. 全时空阅读——保证充足的阅读时间

我们将"晨读、午读"形成制度。每天早晨，学生入座即读，进班的第一件事，就是从书架上或书包里拿出课外书进行阅读。每天中午，小饭桌值班老师也会拿出自己要看的书，和学生一起阅读，或者在教室中巡视检查，了解学生的阅读情况。

在学生还没有养成良好阅读习惯之前，学生的阅读表现有真正读进去的"真读书"和只是装样子的"假读书"之辨。随着时间的推移，"真读书"的学生思维越来越深刻，语言表达越来越流畅，词语的运用也越来越丰富。但是"假阅读"的学生则还停留在原来的阅读水平，阅读的书籍也倾向于单一、浅层等。因此，教师需要利用晨读、午读时间，对学生的真假阅读进行辨认，必要时需要给予适当干预和指导。

亲子共读可以培养学生的读书兴趣和习惯，因为它可以激发学生的求知欲，尽快使学生喜爱上阅读。对于阅读习惯还没有养成的学生，我们鼓励家长进行陪读，坐在孩子的旁边和他们一起阅读同一本书，或坐在旁边阅读书、报。这样的陪读起到了阅读的榜样作用，一家人，人手一卷，那种安谧、祥和的氛围，会成为孩子一生中永不磨灭的回忆。每天陪伴孩子阅读半小时，也能让阅读成为孩子的一种习惯。

3. 开展阅读活动，搭建展示平台

(1)"戏剧嘉年华"——开启学生创新思维

有人说："孩子是坠落在凡间的天使，他们每个人身上都有着与生俱来的表演天赋和与众不同的思维。"让学生进行课本剧表演，赋予学生特定的角色，并在台词、演出服装、表演动作等方面让学生自由发挥，这样有利于调动学生的积极性，有利于提高学生的语言能力、想象能力，有利于培养学生的团队合作意识，更有利于提高学生的综合素质。

为了让学生加大对经典书籍、故事的理解和领悟，学校每年一次的戏剧节成了学生们创造自我、演绎自我的舞台。校园剧表现着学生对故事人物的解读，一张张剧照诠释着学生对舞台的热爱。

校园剧打开了我校"具身认知"研究的探索之旅。我们改变了原有的展演形式，把它做成了主题嘉年华活动。同学们穿上自己最喜欢的书中人物形象服装，走过长长的红地毯，他们中间，有《哈利·波特》中神通广大的魔法师、《格林童话》中美丽可爱的公主、《西游记》中机灵勇敢的孙悟空，也有《三国演义》中英姿飒爽的将帅……各种不同的人物走出了名著，穿越了时空，跨越了国界。同学们以戏剧、歌舞剧为纽带，把自己的阅读成果展现出来，将自己本学期创作的故事搬上舞台。

（2）"我是创作者"——鼓励学生阅读输出

阅读是写作的前提，写作是阅读的升华。有了广泛的阅读，才能够厚积薄发，写作才能得心应手。

为了实现"我以我笔写我心"，我们缩减课内习作篇数，鼓励学生进行自由创作。从低年级的亲子绘本创作，到中年级的小组童话故事创编、校园组诗创写，再到高年级的探险、悬疑、校园类小说的创作，无不体现了学生的潜能和创想。一个个小诗人、小作家脱颖而出。

4."阅读课程的探究"——激发师生探索欲望

学校从培养学生的阅读习惯与阅读能力出发，根据学校自身的特点，开发了一些阅读的校本课程。阅读课程的开发与实施，旨在激发学生的阅读兴趣，使学生掌握基本的阅读方法，培养学生终身阅读的习惯。同时，让学生在交流碰撞的过程中，多层次、多角度地与文本对话，汲取古今中外优秀文化的营养，提高学生的文化素质和人文素养。小学阅读教学，要为每一个儿童寻找到此时此刻最适合的，符合他们身心发展规律的阅读素材，同时还要围绕这个阅读主题，以课堂教学为起点，与学生生活实际相连接。

（1）"整本书阅读"

在"整本书阅读"课程的开发过程中，我们确定了每个年级的必读书目，形成了以下三种课型：阅读启蒙课、读书推介课、读者交流课。阅读启蒙课以低年级为主，沿着"创设情境—想象猜测—试读文章—体验成功—产生兴趣"的教学走向让学生喜爱阅读。读书推介课，强调教师对学生的有效指导，教师借助形象思维用富有激励性、吸引性的活动去调动学生的主动性，变被动阅读为主动阅读。读书交流课，则为学生提供了阅读成果的展示平台，为学生同伴间提供了互相学习的机会，引导学生在阅读中积累，提高表达能力。

(2)"跨学科综合阅读"

我们遵循学生身心发展规律，以阅读课程建设为核心，从学生的"阅读偏好"切入，将对学生阅读兴趣的发现和尊重作为学生阅读指导中最重要的原则，组织建构和实施基于学生阅读兴趣的全学科阅读课程。力求通过本课程打通学科边界，让学生在阅读的过程中学会思考、学会批判、学会表达。在这一过程中，学生的生活经验和生命体验被不断丰富、不断激发，最终得到真正成长。

(3)"多元素综合阅读"

在英语阅读教学中，利用多媒体技术或实物创设适宜的阅读情境，将文字性内容转变为图片、视频、动画或音乐等小学生喜闻乐见的形式，能够辅助小学生更快、更准确地理解文本知识，有效激发学生的学习兴趣。基于此，我校英语组开展英语电影季活动，以期拓宽英语学习渠道、努力提升英语学习效率。

5. 形成"一二三"阅读评价体系

评价是阅读教学的重要组成部分，具有反馈、调控教学并促进学生全面发展的重要功能。我们制定出"一二三"阅读评价体系，统计阅读量，监控阅读时间、习惯、质量，保障学生形成良好的阅读习惯和能力。

(1)"一对一"

"一对一"即老师与家长的一对一交流。在低年级阶段学生还没有养成良好阅读习惯之前，老师保持与家长的沟通，了解孩子阅读习惯是否养成，阅读的书籍是否需要调整。在这样的密切沟通中，老师对学生的阅读水平越来越清楚，家长对孩子阅读的情况越来越关注。在与家长沟通交流时，教师要进行记录和整理，根据孩子表现，分层指导家长督促孩子进行阅读。开学后，教师要对没有阅读基础的学生进行重点指导。

(2)"两张卡"

"两张卡"即每月的"阅读打卡"与每学期的"读书记录卡"。家长要每天配合老师记录学生的阅读情况，每月上交"阅读打卡"；每学期末，学生还会将本学期读书情况进行整理总结，记录在"读书记录卡"上。打卡纸上记录着四类信息，分别是阅读的书目、阅读的时长、阅读的页数以及阅读的日期，可以有效地反馈学生在家里阅读的情况以及在学校阅读的情况。

打卡制建立了家校融通机制，通过"打卡"方式，便于观察学生的持续性阅读情况,尤其能够监督和督促水平高的学生阅读大部头、高难度的原著。经过一段时间的积累,阅读打卡为每个学生展示了基于数据的个性化阅读状况。这也为教师了解、评估学生的阅读情况,为下一步的指导提供了数据支持。两张读书卡的记录,使教师、家长对学生的阅读情况与阅读水平更加清晰明确,也使得学生的读书兴趣得到持续激发。

(3)"三支笔"

俗话说:不动笔墨不读书。养成边读书边批注的习惯,不仅可以帮助学生深入阅读,还会为习作打下良好基础。在实践的过程中,我们逐步探索出"三支笔做批注"法,不同颜色的笔的三次批注使教师能够根据本班学生阅读水平,进行分层有效的指导。

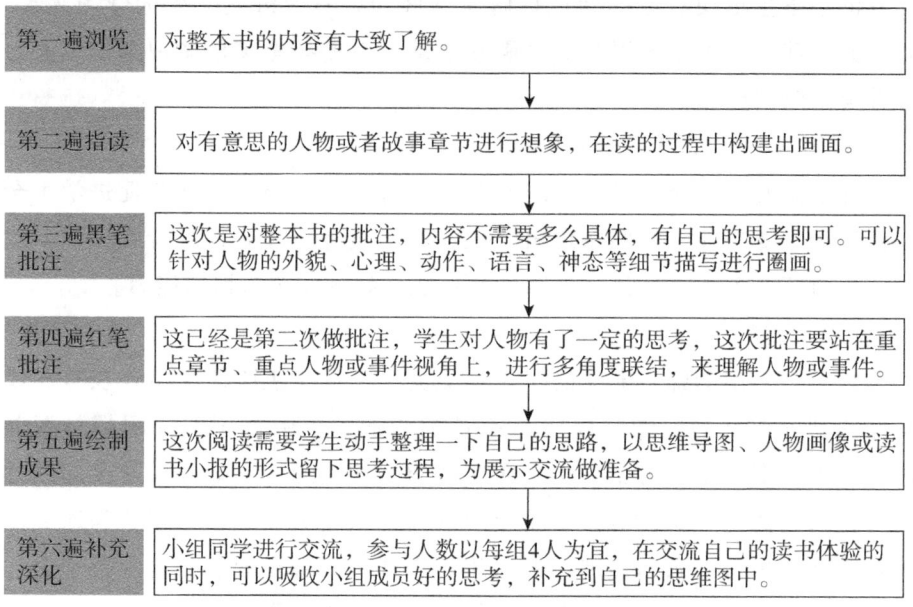

图 3-2 "三支笔"批注方法示意图

需要强调的是,每一个孩子的读书能力不同,可以根据学生的阅读情况,灵活调整阅读的次数,目的是养成学生深入阅读的习惯。

2022年,我们将以上的阅读指导方法在石油附小继续推广使用,并梳理形成了《〈爱上阅读〉教师阅读指导手册》。这本手册成为各学科教师指导学生阅读的实用工具书。

此外,语文教师还对阅读能力指导进行了更为系统的研究。通过专家引领—研讨学习—课堂实践—反思提炼等路径，对不同文体的阅读进行深入研究。他们结合小说、童话、散文、科普文章、图画书、古诗文等作品的单篇阅读与部编版教材中整本书推荐阅读的书目作为案例，进行了策略研究，为老师们提供了范本和可参考、可迁移的方法策略。

"阅读不能改变人生的起点，但它却可以改变人生的终点。"丰富多彩的阅读活动，丰富了学生的思想，开阔了他们的眼界。学生从被动学习到主动探究，变得有独立的思想，乐读，愿说，善写，能演。读书，让他们不但拥有聪慧的脑，更拥有了温暖的心。

三、第三阶段，部分学科阅读的评价研究

在经历了部分学科的阅读实践探索后，我们思考：学生的阅读水平如何？阅读能力是否得到了提升？我们认为：阅读评价在学生阅读学习过程中尤为重要，成为不断提升阅读能力、改进阅读方法的重要依据。因此，为了更好地促进小学生阅读能力的提升，有必要开展小学生阅读能力评价体系的研究。

2018年至2022年，学校申报了北京市教育科学"十三五"规划校本研究专项课题"小学生阅读能力评价体系的研究"，长期通过系统研究和构建小学生阅读能力评价标准，更好地掌握学生的阅读现状、了解学生的真实阅读水平，并通过适当调整阅读策略，跟进提高学生的阅读能力，提升学生的阅读素养。我们希望通过研究，还能够掌握小学生的阅读能力现状，通过对现实状况的分析，总结和梳理小学生阅读能力存在的问题，教师通过进行阅读能力评价体系的准实验研究，能够提高教育教学质量，服务于每一个学生。

我们分理论学习、现状调研，指标研制、实践研究，成果提炼、经验推广三个阶段进行系统研究。

通过研究，我们整理形成了小学生阅读能力的结构要素。主要包括阅读投入、阅读兴趣、阅读方法、认读能力、理解能力、记忆能力、评价能力和创造能力，前三个要素是影响学生形成阅读能力的情志系统，后五个要素是学生阅读能力的核心要素。

我们采用自编调查问卷《小学生阅读情况调查》，问卷包含以下几个维度：阅读兴趣、阅读总量、阅读策略、阅读方式、阅读速度、书面写作、

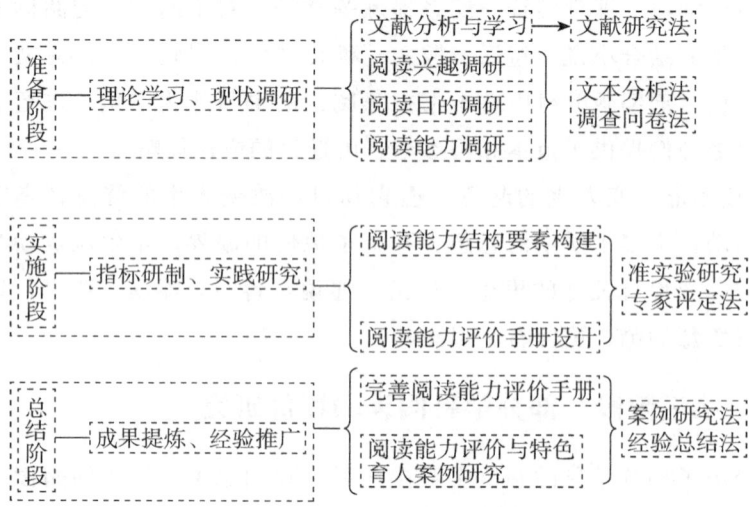

图 3-3 准实验研究与实验阶段

阅读媒介、阅读习惯、阅读题材。我们对学校一、二年级共560名学生进行调查,发现父母学历与学生阅读兴趣、阅读策略、阅读方式、口语表达、书面写作、阅读媒介、阅读习惯之间并没有相关联系。

当我们将阅读兴趣、阅读习惯作为自变量,阅读兴趣会与阅读策略、书面写作产生显著的正向影响关系。阅读习惯会与阅读策略、阅读方式产生显著的正向影响关系。

最后,我们依据理论文献、指导文件与实践的指导拟定指标,经过两轮专家的函询后,不断修订完善,最终形成了小学生低年级段、中年级段和高年级段三个阅读能力评价指标表。其中,一级指标包括阅读兴趣、阅读方法、认读能力、理解能力、记忆能力、评价能力和创造能力,二级指标包括阅读态度、阅读投入、表达交流、精读等共19项指标(表3-1)。

表 3-1 阅读能力评价指标表

一级指标	二级指标
阅读兴趣	阅读态度
	阅读投入
	表达交流

续表

一级指标	二级指标
阅读方法	精读
	略读
	速读
认读能力	词汇量的积累
	对词语含义的推断能力
	对文本语言形式的辨析能力
理解能力	整体感知
	提取信息
	形成解释
记忆能力	记忆方法多元
	记忆效果
评价能力	单个文本局部的评价
	单个文本整体的评价
	多个文本的比较评价
创造能力	超越与创新
	借鉴与运用

同时，教师将此评价体系进行细化，形成表现性的评价指标。

表3-2 小学生阅读能力评价指标体系(低年级)

一级指标	二级指标	第一水平	第二水平	第三水平	第四水平
阅读兴趣	阅读态度	阅读兴趣浓厚，自觉做到每日阅读。主动积累各种语言素材。乐于参加各项阅读活动，并分享阅读感受和体验	阅读兴趣高涨，能够做到每日阅读。阅读中能够积累较为丰富的语言素材。主动参加各项阅读活动，并分享阅读感受	有阅读兴趣，能在一段时间内持续阅读。阅读中积累少量语言素材。在老师或者家长的要求下，能够参加各项阅读活动。参加阅读活动时，能够倾听他人的阅读感受	阅读兴趣不高，能在较短的时间内阅读。阅读中缺少积累语言素材的意识。在老师或者家长的督促下，能够参加各项阅读活动

续表

一级指标	二级指标	第一水平	第二水平	第三水平	第四水平
阅读兴趣	阅读投入	每天累计投入阅读活动超过30分钟。每学期课外阅读总量超过1.5万字。广泛均衡地阅读各种题材的读物	每天累计投入阅读活动超过20分钟。每学期课外阅读总量不少于1.5万字。积极阅读多种题材的读物	每天累计投入阅读活动的时间能达到15分钟。每学期课外阅读总量能达到1.5万字。特别喜欢某一题材的读物	每天累计投入阅读活动的时间不足15分钟。每学期课外阅读总量不足1.5万字。几乎没有特别喜欢的某类题材的读物
	表达交流	对感兴趣的现象、人物和事件有自己较为独到的感受和想法,并乐于与他人交流	对感兴趣的现象、人物和事件有自己的感受和想法,并乐于与他人交流	对感兴趣的现象、人物和事件有浅显的感受和想法,在他人带动下,可以与学生交流阅读感受	能倾听他人的阅读感受,用简单的词语和简短的句子做出回应

注:此表为小学生阅读能力评价指标体系(低年级段)的部分内容。

教师使用本评价工具对学生的阅读开展评价,进行系统的跟踪分析,从而能够发现学生阅读能力的显著差异,也为后续指导学生开展有效阅读指导提供了依据。

四、第四阶段,全学科阅读学习的深度研究

从国际阅读研究发展的最新走势来看,"阅读"研究已经进入到"运用文本期",形成了"通过阅读学习"的新理念。它突破了语文学科领域内的"理解、构建"文本信息的内涵,旨在通过阅读、运用文本信息来促进学生的学习,预示着阅读将由课堂情景下的技能和策略训练转化为真实情境中的"运用"。

因此,我们带领更多教师自2022年起,着重将关注"阅读能力"转向关注"学习能力",将阅读素养作为培养学生终身学习的基础。

经过大量文献的学习和整理,我们将"阅读"的教学定义为不仅注重文本信息的理解和提取、文本的玩味和鉴赏,更加重视深度阅读、学习型阅读等高级阅读。而阅读材料也不仅仅是文本的形式,只要是能提供给学生真实的学习资料都属于阅读的范畴。

因此,从全学科阅读到实现通过阅读来学习,这里的阅读不仅仅局限

于传统的文字阅读，它涵盖了更为丰富多样的形式，除了静心品味书籍中的文字；还包括对图片、表格的细致观察和解读，从那些形象的画面中获取信息和感悟；也包括观赏各种视频，通过动态的影像和声音来领略故事和知识；甚至包括对符号的理解，以及对空间的感知和解读，从环境的布局中发现其中蕴含的意义。这个"阅读"是一种全方位的信息接收和理解过程，它让我们能够从不同的媒介和形式中汲取智慧和灵感，不断拓展我们的认知边界，从而加深学生对学科本质的理解，培养学科学习所要求的习惯、态度、精神与方法，帮助学生形成学科的观念、方法、思维、习惯，不断提高学生的学习能力和水平，成为具有终身学习能力的人。

基于此，我们开展小学阶段的全学科阅读研究，力求引领学生从学习阅读最终走向阅读学习。

本书后面几章就从语言与人文类学科、数学与科技类学科、艺术与审美类学科、道德与健康类学科的角度，结合案例，具体阐述不同课型中的阅读学习策略，实现学生历经理解文本、构建文本，最终实现运用文本，提高学习能力的路径。

第二节　学校育人理念与阅读课程体系

北京石油学院附属小学（以下简称石油附小）成立于1957年，是一所与石油有着不解之缘的学校。学校建立之初隶属于北京石油学院，"老石油"的文化基因始终是石油附小发展建设的根。

2004年2月，依据教委资源整合精神，原志新二小并入北京石油学院附属小学为南校区。2011年，为扩大优质资源辐射，承接二里庄义务教育配套设施为东校区，形成了"一校三址"的办学格局。

随着办学规模的不断壮大，学校进入了新的发展阶段。与此同时，因学校地处海淀区科技、教育、文化、人才优势高度密集的学院路地区，海淀区浓厚的课程研究氛围和优质的教学资源为学校发展带来一系列新机遇，也提出了一系列新挑战。学校课程建设需要与时俱进，创新发展，体现学校新的思想和新的追求，达成新的教育任务与育人目标。因此，学校进行课程改革尤为迫切且重要。学校基于新时代育人的要求，结合自身办学理念与育人目标，打造出"能量石"教育，构建出"能量石课程"。

一、学校育人理念

石油附小的标志，是一个能量石立方体，每一面都拥有自己的颜色，象征每一个人都拥有自己的光彩。一道道彩色光芒，呈现出"聚能于石，油然而生"的教育姿态，每一个生命在这里聚能，那是师与生的同心同力；每一个生命在这里生光，那是教与学的相生相长。石油滴入其中，能量聚合石中，沉淀出一个深蓝色的厚积薄发的能量世界，在这个能量世界中，生命更茁壮，智慧更通达。

每一个生命，都是一座矿藏，拥有巨大潜能；
每一份能量，聚成能量之石，绽放无限光彩。
五彩汇聚，自上而下，鉴证成长；
能量迸发，自下而上，成就未来。

"能量石"标志（校徽）

图 3-4　石油附小校徽

"能量石"教育特色定位完成之后，学校梳理教育思想、课程内容、课程设置、教学方法、教育管理等各个方面，逐步优化和完善了学校的课程体系——"能量石课程"。

古代的儒家君子要求具备"六艺"，即"礼、乐、射、御、书、数"，这是君子安身立命之本，是正心、修身、齐家、治国、平天下的基本素质。我们受此启发，既关注新时代人才需具备的素养，又与小学生学习成长的规律相结合，确立了石油附小的"六个一"育人目标。

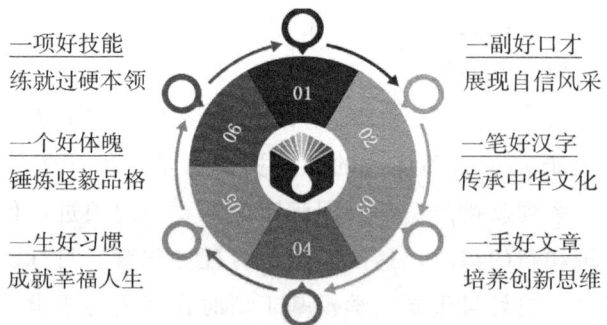

图 3-5　石油附小育人目标

这六个育人目标的达成,都需要阅读作为基础,帮助学生涵养人生底蕴。

二、聚能·阅读课程体系

我们立足于办学理念与特色,着眼于学生终身成长,构建了具有石油附小特色的"5+3+X"聚能·阅读课程体系。

从学科阅读课程的"5"个领域到跨学科阅读课程的"3"个维度,再到超学科阅读课程的"X"个主题,以课程夯实阅读素养提升阅读技能,以阅读赋能学科深度学习发展核心素养,在学习阅读与通过阅读学习的双线协同发展中,将阅读融入学生成长,将阅读能力转化为学习力,实现综合素养的能力进阶。阅读课程就如同营养丰富的文化"大餐",我们结合学生的学习需求与成长规律,力求让课程在实施过程中变得既好"吃"又有"营养",从而让学生由阅读者转变为终身学习者。

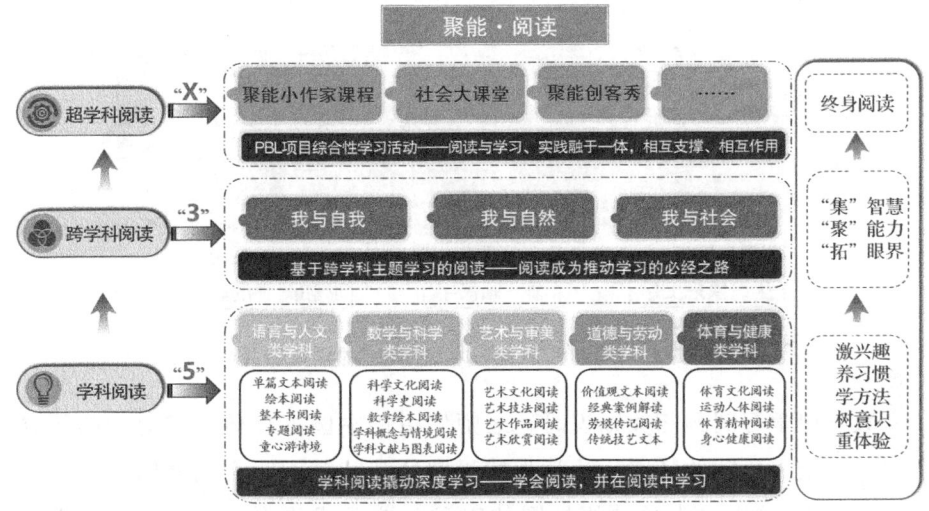

图 3-6 聚能·阅读课程体系

我们通过阅读课程,让学生爱阅读、会阅读,与书本对话,与大师对话,与自然对话。

(一)阅读与国家课程相结合

我们依据国家课程的特性，各学科教师团队深入开展教研，在课堂中开展阅读指导，引导学生通过丰富多元的阅读材料进行信息获取，并对阅读材料进行感知、理解、归纳、诠释、分析、质疑、反省、推理、批判、鉴赏、评价、探究等一系列思维过程。国家课程与阅读结合，引领学生走进博大精深的学科世界，帮助学生以学科的视角看待世界，形成学科观念，学会学科学习方法、思维方式和行为习惯，从而提升学生的核心素养。

例如：一年级的语文学习以识字写字为主，老师提供汉字文化、故事的资料，引领学生不仅认识汉字，还要感受汉字的美、汉字的博大精深。组织"制作我的第一本汉字书"学习活动，让学生先从课文出发，认识象形文字，建立音、形、意之间的联系，了解中国汉字的文化内涵。教师鼓励学生结合汉字的特点，尝试动手画汉字，并像讲故事一样，介绍汉字的字形和图画之间的联系，孩子们深深地感受到了汉字的神奇魅力。

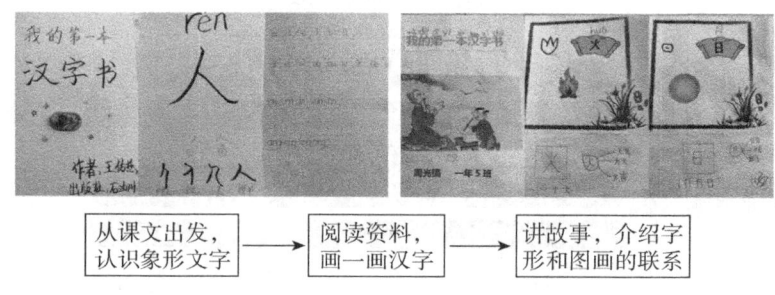

图3-7 "制作我的第一本汉字书"的学习路径

数学课学习圆的相关知识时，老师便引用中国古代数学家对圆的研究资料，总结提炼圆的特点，让学生感受圆的独特魅力，会用战国墨子"圆，一中同长也"的说法来总结概括圆的定义；学习圆的周长时，老师让学生阅读中国数学家祖冲之对圆周率的研究，体会中国古代数学家对数学作出的伟大贡献。学生在这一系列的学习过程中，不仅民族自豪感油然而生，更是对圆有了深刻的认识和学习，他们还能用圆进行纹样设计，创造出许多漂亮的图案。

(二)阅读与校本课程相结合

语文教师编写了《童心游诗境》系列读本，根据学生年段特点分为12段，收录了近400篇诗词经典。为了让学习更加有趣，我们就以古诗词闯关的方式激励学生背诵，而小考官就是评选出来的诗词小达人。现在，学生不仅会诵读、背诵诗词，还会开展诗词大会、诗配画、诗画创作等学习活动。

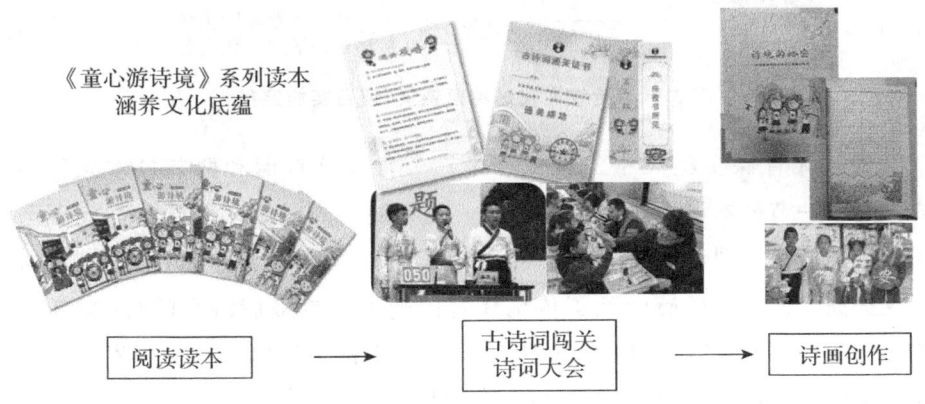

图 3-8 "童心游诗境"学习路径

很多学生都学会了用诗词表达自己的心境，当他们徜徉诗境时，就能感受到祖国大好河山的壮美，感受到古人金戈铁马的征战；赏采菊东篱的自在悠闲，怀先天下之忧的家国情怀……有的学生站在高山之巅，就会有"会当凌绝顶，一览众山小"的胸怀和气魄，在海河之滨就会有"一道残阳铺水中，半江瑟瑟半江红"的审美和情怀，而不仅仅是拍一张"到此一游"的游客照草草了事。

我校英语团队也积极进行探索，申报了"践行英语新课标，传统文化进英语课堂"项目，开发设计英语阅读校本课，探索"用英语讲述中国故事"的课程，让学生们学好英语，讲好中国故事。低年级学生阅读英文版的故事书，用英语说唱中国童谣，讲述经典小故事；中高年级学生学习如何用英语讲解包粽子的过程、月饼的文化，介绍喜马拉雅山、长城，讲述草船借箭、程门立雪等经典故事。

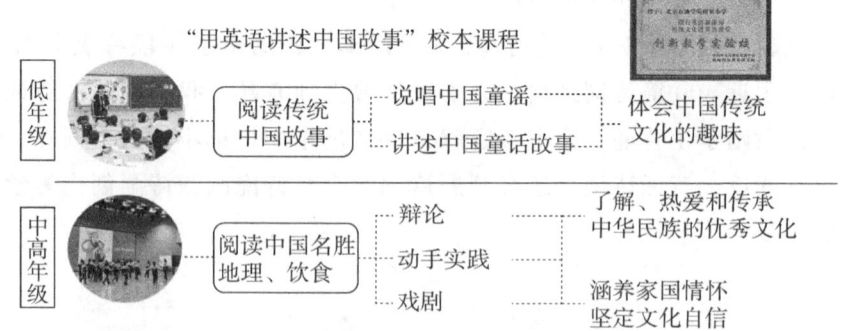

图 3-9 "传统文化进英语课堂"项目实施路径

我校体育课实施"3＋2"模式，由三节常规体育课和两节校本课程组成，其中一节校本课就是传统体育——花样跳绳。经历多年的教学实践与探索，花样跳绳课程更加系统、规范，学生们都掌握了好几种花样跳法，不仅提高了体能，还感受到了传统体育的魅力。老师们编写的《跳绳新玩法——花样跳绳》读本，也于2021年由北京体育大学出版社出版发行，成为学生学习花样跳绳中一项重要的阅读材料。

(三)阅读与个性拓展课程相结合

学校大力推进阅读工程，开展了以"旧书新知 学思践悟"为主题的经典阅读活动。学生进行了大量的阅读后，教师鼓励有能力、有兴趣的学生进行创作，并组建"聚能小作家训练营"。

经过一个学期，就有一百多名小作家涌现了出来。他们每个人都写了一本书，有的是文集，有的是小说。我们在三个校区的图书馆中都设立了小作家作品专区，展示出他们的作品。例如：五年级的柯柯非常喜欢阅读中国历史，他在深入阅读和理解的基础上，将中国历史进行梳理，又加上自己的理解和感悟，写成了一本书——《跟着柯柯读中国通史》。

对于艺术素养较高、对传统艺术尤为感兴趣的学生，我们还开设了掐丝珐琅、剪纸、传拓、竹编等课程。掐丝珐琅社团的小艺术家们不仅学习了景泰蓝的制作工艺，还与阅读结合起来，了解了很多中国传统故事，欣赏了中国传统纹样。随后，他们在阅读的基础上，进行鉴赏、探究，并创造性地设计制作了很多精美的艺术作品，如"百鸟朝凤"、"爱莲说"、"舞龙"、书签等文创作品，成为校园文化的一部分。在阅读的基础上，学生还对非遗艺术有了更加深刻的认识，增进了对优秀传统文化的理解，提升了艺术素养，更增强了民族自豪感。

对于喜爱武术的学生，学校成立了"精武"武术社团。"精武技、修武德"，多年来，学生不仅系统地学习了武术，强健了身体，精进了武技，更与武术文化的阅读相结合，将武德内化于心，外化于行。从武术社团走出来的孩子，都透出那么一股精气神——正直、善良、刚毅。

(四)阅读与综合活动课程相结合

阅读不仅与学生的学校生活不可分割，也与家庭、社会密切相关。校内外相结合、多主体协同、各学科相融的活动，成为我校开展阅读课程的重要途径。

我们设计开发了"游故宫博物院""用窗花装点节日氛围""丰收节庆丰收"等一系列主题活动课程。例如，"游故宫博物院"活动课程中，学生进行了大量的阅读，了解了故宫的文化，提炼了自己感兴趣的内容，进行了深入学习。同时，他们自主选择为不同人群设计故宫主题游，画了一张张故宫参观路线图，选择了重要景点作讲解。历经前期阅读学习，学生融入了语文、英语、美术、数学、历史、信息技术等多学科的知识进行综合性学习。最后，学生化身为讲解员，进行了现场成果展示，并进行了评价反思。

图 3-10 "游故宫博物院"活动课程学习路径

这种多学科融合的阅读主题实践学习积淀了学生的文化底蕴，弘扬了中华优秀传统文化，在潜移默化中促进了学生综合能力的提升。

第三节 阅读课程的实施原则

为了确保学校开展全学科阅读课程达到预期效果，在课程实施过程中必须遵循一些基本原则。这些原则会指导教师在课程设计和教学过程中，更加科学合理地选择阅读材料、运用教学方法，充分调动学生的积极性和主动性，使阅读与各学科知识有机融合，培养学生的综合素养和思维能力。同时，能够保证课程的规范性和一致性，让阅读课程在全校范围内有序开展，提升学生的阅读兴趣和能力，促进他们全面发展，为学生的未来奠定坚实的基础。

一、遵循育人规律，力求落地落实

我们倡导阅读课程要让学习"有意义""有意思"，遵循学习的规律。"有意义"是指课程要具有育人功能，在阅读与学习之间建立密切联系，通过深度阅读提升学生的学习力。"有意思"是指课程实施过程中，教师结合学生心理需求，让学习更加具有趣味性、挑战性，能够激发起学生的学习兴趣。

二、各级课程整体实施

阅读课程一定要基于全学科各级课程的整体构建，一起实施，这样各级、各类课程才能相互衔接，阅读学习才能连贯一致，避免出现断层。另外，全学科都开展阅读学习，才能让学生系统地、多个角度地理解知识，全面提升综合素养和跨学科思维能力。这才能体现学校课程的整体性和系统性、完整性，从而更好地整合资源，发挥协同效应。

三、深刻认识本学科的阅读学习

各学科教师应该深刻认识本学科的阅读，清楚地理解自己所教授的学科中"阅读"的媒介——不仅仅是文字，还包括与学科属性以及知识密切相关的表格、图像、公式、符号、视频、网页等；明白什么样的阅读材料与本学科紧密相关，能够有效促进学生对学科内容的理解和深入探究；了解学生通过阅读应该掌握哪些关键知识、技能和思维方式；懂得如何引导学生运用正确的阅读方法和策略，从学科文本中提取信息、分析问题、形成观点，并能将阅读与实践相结合，实现真实情境中的运用，从而提升学生在本学科领域的综合素养和能力。

四、因材施教，尊重学生的差异

我们倡导在课程中，实现变"齐步走"为"尽情跑"。每个学生都有独特的学习方式、兴趣和能力水平。尊重差异可以确保每个学生都能在阅读中找到适合自己的内容和方法，激发他们的学习热情和积极性。另外，不同的学生从阅读中获得的收获也会不同，尊重差异能让课程更贴合学生的实际需求，促进他们个性化的发展。教师还要为学生提供多样化的阅读材料和活动，鼓励他们自主选择、自主阅读，让在某一方面有兴趣、有能力的同学进一步提升，实现学习的"尽情跑"。

五、形成师生阅读共同体

我们鼓励学生和教师一起阅读、讨论和分享，建立师生阅读共同体。这种阅读是相互促进的，教师只有基于充分的阅读，才有可能为学生提供丰富、有效的阅读资料。只有师生共同阅读讨论，才能从对方那里获得更多的知识和见解，拓宽视野，激发思维的活跃度，让学习更深入地推进，更真实地发生。

第四节 阅读学习的基本模式

阅读学习是阅读主体不断积累知识和经验，拓宽视野，提升思维能力，增强创造力的过程。其核心是从"语言能力"走向"学习能力"的培养，是关系到个人未来发展和学习的重要途径。有效的阅读学习与阅读主体的参与度和正确使用方法策略息息相关。为提升阅读学习的有效性，为向阅读主体提供一种结构化的方法来提高阅读效率和理解能力，我们也提炼总结了几种适合小学生的阅读学习的基本模式，帮助小学生促进信息的吸收、记忆、理解、应用和评价。不同的学习模式适用于不同的阅读目的和个人偏好。

一、基于深度学习的阅读学习模式

阅读主体在深度学习的过程中可以获得某一特定领域的知识或能力表现的专长。这种基于深度学习的阅读学习模式重视先前经验在学习者学习过程中的作用,是一种基于知识图谱,整合多方面数据源而开展的深度阅读,其目的是拓展学生知识的纵深。

基于深度学习的阅读学习模式往往需要一定的周期,一般不布置及时性阅读任务。教师可以为学生提供一系列阅读材料,学生通过阅读多模态材料来训练神经网络,使其能够理解和分析文本内容,提取关键信息,进行推理和创造性思考。

这一模式适用于各学科主题学习的相关知识的拓展阅读,学生可基于自己的学习水平,通过阅读建立知识学习网络,有助于培养学生的专题研究能力。

二、基于任务驱动的阅读学习模式

基于任务驱动的阅读学习模式是一种强调学生通过完成具体任务来提高阅读理解和语言能力,发展学习能力的方法。这种模式将阅读作为一种实际的交际行为,通过设置具体的任务,激发学生的学习兴趣和动机,帮助他们更有效地理解文本内容,提高阅读和学习能力。

此模式的核心在于任务的设置,适用于日常教学的多种课型。教师可以针对学习目标设计多种任务,既可以是面向基础阅读能力的简单任务,也可以是能够提升学生跨学科能力的综合任务。学生在个人或小组合作完成任务的过程中,不仅能够加深对文本的理解,还可以培养批判性思维、解决问题的能力、语言表达能力、合作学习能力和跨学科阅读能力等。

三、基于全息阅读的阅读学习模式

智能时代的儿童需要智慧阅读和个性化的思维,"全息阅读"是一种基于儿童发展需要的大阅读理念,它强调在"全时空"状态下,"全人员"共同参与,"全领域"进行知识交流,突破场所、形式、时间等因素的限制,最终指向"全人"发展和"全素养"提升。①

为实现全息阅读,我们着力打造适合学生阅读学习的空间场域:森林图书馆、年级读书吧、班级阅读角,努力营造沉浸式阅读的环境氛围,提供日常的学生成长阅读空间。同时,利用家长、社区资源,深入推进家庭、学校、社区阅读项目,构建家、校、社等群体的阅读圈,激活全员参与,浸染阅读氛围。

这一阅读学习模式适合学生进行纯享阅读,在相对固定的时间(早午在校自主阅读,晚间亲子阅读),选择一本书(文学作品、科普读物、艺术生活类作品等),开展阅读体验。在这一过程中,阅读的最终目的是帮助学生形成一种观点,建构一种价值观,而非纸笔测试中显性的学习成果。

四、基于翻转课堂的阅读学习模式

受课堂教学时间的限制,在指导学生进行阅读学习时,教师通常将课堂时间用于深入阅读、讨论和表达观点上,而将知识传授和基础学习内容放在课堂外,利用翻转课堂完成。

比如,学生可以在课前独立阅读课堂上要学习的文本材料;教师可以提前下发课堂需要讨论的视频内容,让学生进行自主预习。在信息科技领域,教师可以将实验和实践任务作为翻转课堂的阅读学习内容,学生在课前做好准备,课堂上进行实验操作和讨论。在完成跨学科项目学习中,学生也可以在课前以小组学习的方式进行跨学科研究和准备,课堂时间用于成果展示和问题讨论等。

这种阅读学习模式可以照顾到学生的个性化学习,并注重学生在课堂外独立阅读和学习能力的培养。学生可以根据自己的学习进度和兴趣选择阅读材料,带着学习成果进入到第二天的课堂,与教师和同伴进行深层次的互动研讨。

五、基于知识共享的阅读学习模式

信息技术的飞速发展已经为教育教学中的知识共享提供了丰富的媒介

---

① 徐燕娟:《全息阅读课程:从学科本位到"全人"发展》,《人民教育》,2016年第24期,第46—48页。

和平台。基于知识共享的阅读学习模式，强调学生通过阅读材料获取知识，并通过分享、讨论和合作的方式共享彼此的理解和见解。

在这种学习模式下，学生可以通过分享自己的阅读体会、思考和理解，促进知识的共享和交流，从而深化对所学知识的理解和应用。这种学习方式旨在通过合作和互动，激发学生的学习兴趣，提高学习效率，培养学生的批判性思维和合作能力。它不仅拓宽了学习者获取信息的渠道，也让知识的传递方式更便捷。

在日常教学中，教师可以充分利用课前三分钟，为学生提供分享阅读学习成果的机会，学生通过分享和讨论，进一步深化对作品的认识，丰富阅读体验。在每周一次的班会活动课上，教师还可以组织学生进行新闻主题的专题阅读分享，以促进学生对时事新闻的了解和讨论。通过这种方式，学生可以分享自己对新闻事件的看法、分析和观点，从而拓展对社会现象和问题的认识，培养批判性思维和信息素养。

阅读学习是终身学习的必备能力，且制约着学生各学科的学习效果。教师需要帮助学生建立从"学习阅读"走向"阅读学习"的观念性转变，帮助他们养成良好的阅读习惯，不断提升自己的阅读素养和学习能力，从而更好地适应未来的学习和工作。

第四章 语言与人文类学科中的阅读学习

语言与人文类学科是人类认识和理解世界的重要途径、渠道，是阅读的重要内容领域，能够充分展现阅读的优势与特点。在本章中，我们重点结合语文和英语两个学科进行介绍，结合学科特点阐述相应的阅读策略，并通过具体课例进行呈现。

第一节 语文学科阅读学习的策略与案例

阅读学习在语文学科中占据着核心地位，它不仅为学生提供了获取知识和信息的宝贵途径，使他们能够接触到广泛的文学作品、历史文献和科普文章等，从而拓宽视野、增长见识；更在无形中提升了学生的语言技能，帮助他们掌握了丰富的词汇、篇章结构和表达方式，进而提升语言理解和表达能力。同时，阅读文学作品还能培养学生的情感共鸣和审美能力，使他们能够深入理解作者的情感世界，领略作品的主题思想，进而提升情感体验和审美水平。最重要的是，阅读学习还能锻炼学生的思维能力，引导他们学习不同的思维方式和方法，培养他们的逻辑思维、批判性思维和创新思维，为未来的学习和生活奠定坚实的基础。

在语文学科中，阅读学习的实践与应用多种多样，其中单元整体教学、阅读实践活动、整本书阅读和单篇阅读是主要的实践方式。

单元整体教学是一种系统性的阅读学习方式，它强调在一个单元内，围绕某一主题或文体，整合多篇相关文本进行阅读学习。这种教学方式有助于学生从整体上把握文本的特点和规律，深入理解文本的主题思想和文化内涵。在单元整体教学中，教师可以通过设置预习任务、组织课堂讨论、引导学生归纳总结等方式，帮助学生构建知识体系，提高阅读能力和鉴赏能力。

阅读实践活动是阅读学习的重要组成部分，它通过组织各种形式的阅读活动，让学生在实践中提高阅读能力和兴趣。这些活动可以包括读书分享会、读后感交流、朗诵比赛、阅读漂流等。通过这些活动，学生可以展示自己的阅读成果，与他人交流阅读体验，激发阅读兴趣，提高阅读能力。同时，阅读实践活动也可以帮助学生将阅读所得的知识和技能应用到实际生活中。

整本书阅读是一种深度阅读的学习方式，它要求学生完整地阅读一本书，并深入理解书中的主题思想、人物形象、情节结构等。整本书阅读有助于培养学生的阅读耐心和专注力，提高他们的阅读能力和鉴赏能力。在整本书阅读中，教师可以指导学生制订阅读计划、记录阅读感受、撰写读书笔记等，帮助学生更好地理解和把握书中的内容。同时，教师也可以组织学生进行阅读讨论和交流，分享阅读体验和收获。

单篇阅读是阅读学习的基本形式之一，它强调对单篇文本的深入理解和分析。在单篇阅读中，学生需要仔细阅读文本，理解其意思和深层含义，并学会运用各种阅读策略和方法进行阅读。单篇阅读有助于培养学生的阅读技能和思维能力，提高他们的阅读效率和准确性。在单篇阅读中，教师可以指导学生进行文本解读、情感体验、语言品味等活动，帮助学生深入理解文本的内容和形式。同时，教师也可以根据学生的阅读水平和需求，选择合适的阅读材料，并进行针对性的指导和训练。

一、基于单元整体构建的阅读学习

语文学科中的单元整体教学是一种先进的教学理念和方法，它突破了传统教学中单篇课文孤立教学的局限，强调以课程标准为指导，围绕特定的单元主题，对教材及其他教学资源进行深入的解读、分析、整合和重组。单元整体教学致力于构建一个以单元大主题为核心，各语篇为次主题相互关联的逻辑严密的完整教学单元，使教学活动能够围绕这一核心主题展开，形成一个有机的整体。

在这种教学模式下，教师不再是简单地逐篇讲解课文，而是引导学生通过对各单独语篇的学习和提炼，逐步建构起基于单元主题的大观念。这种大观念不仅涵盖了知识层面，还涉及对文本的理解、分析、评价和创造等多个维度，有助于培养学生的综合语文素养。

单元整体教学注重学生的主动参与和合作学习，鼓励学生通过自主阅读、讨论交流、合作探究等方式，深入探索单元主题，形成自己的见解和认识。同时，单元整体教学也强调教师的主导作用，教师需要根据学生的实际情况和需要，灵活调整教学策略和方法，为学生提供个性化的学习支持和指导。

通过实施单元整体教学，语文学科的教学将更加系统、高效和富有深度。学生能够在掌握知识的同时，提高阅读理解能力、分析判断能力、思维能力和表达能力等综合素养，为未来的学习和生活打下坚实的基础。

(一)单元整体构建阅读学习的策略

1. 明确单元主题，设计阅读任务

单元整体构建阅读学习的首要任务是明确单元主题，根据主题设定具体的学习任务。主题的选择应贴近学生的生活实际，符合学生的认知水平，能够激发学生的学习兴趣和阅读欲望。学习任务应具有层次性，从知识、技能、情感态度价值观三个维度出发，确保学生能够在阅读过程中获得全面的提升。

2. 精选阅读材料，形成阅读序列

在明确单元主题和任务后，教师需要精选阅读材料，形成具有内在逻辑联系的阅读序列。阅读材料的选择应遵循由浅入深、由易到难的原则，确保学生在阅读过程中能够逐步提升阅读能力和理解能力。同时，阅读材料应具有多样性，包括不同体裁、不同风格的文章，以拓宽学生的视野和知识面。

3. 实施阅读策略，提高阅读效率

在阅读过程中，教师需要引导学生运用多种阅读策略，如预测、略读、细读等，以提高阅读效率。同时，教师还应关注学生的阅读速度和理解能力，帮助学生掌握阅读技巧和方法。此外，教师还应鼓励学生进行自主阅读，培养学生的阅读兴趣和阅读习惯。

4. 注重阅读评价，及时反馈调整

阅读评价是单元整体构建阅读学习的重要环节。教师需要通过多种方式对学生的阅读进行评价。评价结果应及时反馈给学生，帮助学生了解自己的阅读水平和存在的问题，以便及时调整学习策略和方法。同时，教师还应根据评价结果对阅读教学进行反思和改进，以提高教学效果和学生的学习质量。

(二)课例

四时景物皆成趣
——统编版五年级上册第七单元"自然之趣"阅读学习活动①

1. 案例背景

(1)学习内容(阅读材料)分析

①主要内容

本阅读材料为统编版语文教材五年级上册第七单元内容。本单元以"自然之趣"为主题,编排课文有:《古诗词三首》(《山居秋暝》《枫桥夜泊》《长相思》)《四季之美》《鸟的天堂》《月迹》,课文阅读均为文字材料,部分课文配有插图,涉及古诗文、散文等体裁。学习这一单元时,学生将从不同角度欣赏不同时间、不同地点的"景",品味景致中的"趣",从而激发热爱大自然的情感。

②与学科知识的关联

本单元的语文学科知识为"初步体会课文中的静态描写和动态描写",这是统编教材第一次以单元编排的方式对学生进行专门的文学品鉴能力的培养。四篇课文中均有动态描写和静态描写的表达方法,每篇文章的语言各具特色,表现出作者在观察景物与描写景物方面的细致独到之处,值得细细品味。本单元的习作要求是"学习描写景物的变化"。这次习作是在"初步体会课文中的静态描写和动态描写"的基础上,进行由学到用、由读到写的训练。

(2)学生分析

本阅读材料适合五年级学生进行阅读学习,学生的学习发展需求体现在以下两方面。

①学会建立文字与画面之间、学习经验与生活经验之间的联系。本单元描写四时景物构思巧妙、文质兼美,需要在具体的情境下,联系生活经验,展开丰富的联想,在丰富的课堂活动以及项目学习中习得言语、进行语料积累,提升自身语文素养。

②学会迁移运用动态描写的方法。本单元考查的重点是:发现观察对

---
① 课例提供者:北京石油学院附属小学向昆。

象的变化，即观察的景物在短时间内某一场景内发生的变化，并通过模仿进行习作实践。因此，项目任务的设计应以此次习作要求为重点，分步骤、分梯度设计每课时的阅读学习活动，为最终学生能够顺利完成习作搭设支架。

(3)学习背景

我校五年级与西藏拉萨实验小学五年级于2019年结成手拉手友谊班，每个学期对口的班级都会举办各种形式的交流学习活动，相互促进，共同成长，这为本单元项目学习活动提供了真实的学习背景；人美版四年级上册美术教材第七册为《我们的科技小报》，学生通过美术课的学习已经熟练掌握了科技小报的相关知识，能够运用绘画、粘贴、信息技术等形式制作一张科技小报，这为项目任务的完成提供了技术支持。

基于以上学习情况，我们设计了本单元阅读学习活动的主题为"四时景物皆成趣"，阅读学习大任务为小组合作办一期《"自然拾趣"交流学习报》，并把这份制作完成的报纸寄给西藏手拉手对口友谊班级，展现不同地区的景色之美，促进相互交流与学习。

2. 学习目标

(1)认识17个生字，读准3个多音字，会写25个字，会写22个词语。

(2)想象课文中所描绘的景象，初步体会课文中的静态描写和动态描写。

(3)观察某种自然现象或者某处自然景观，重点观察景物的变化，写下观察所得。

(4)借助注释、联系上下文、联系生活经验等阅读方法，解决诗意语言深层内涵的学习需求，发展与提升学习者的思维。

(5)品鉴诗歌和散文的悠远意境，提升学习者的审美能力。通过积累、背诵，发展学习者的语言构建能力。

(6)根据阅读活动大任务制作《"自然拾趣"交流学习报》，围绕主题，选择合适的材料，撰写相关文稿，编排各版块的内容，进行整体设计，提升学习者收集和整理资料的能力、语言表达能力、分析归纳能力等综合能力，培养合作意识，激发学生热爱大自然的情感。

3. 实施过程

《"自然拾趣"交流学习报》以教材编排内容为依据，各个版块的名称分别是"诗词中的自然之趣""美文中的自然之趣""我眼中的自然之趣"，小组根据单元主题，自己选定研究专题，设计编写各版块的栏目与内容。编写报纸这一大任务贯穿于阅读学习活动始终，随着单元课时内容的完成，最终呈现出这份学生学习成果。

学生在阅读学习的过程中经历景中意趣、景中探趣、景中拾趣的阅读学习过程。教师采用了多种策略方法，旨在深化学生对学科知识的理解与应用，提升解决问题的能力，培养学科思维。

首先，注重阅读与学科知识的结合。在阅读材料的选择上，我们特别挑选了与学科知识紧密相关的内容，如古诗词中的自然描写、现代美文中的景物变化等。通过阅读这些材料，学生不仅能够欣赏到文学的美，更能够从中学习学科知识。例如，在"诗词中的自然之趣"版块中，学生通过阅读古诗词，初步体会了诗词中的静态描写和动态描写，进而丰富了对景色之趣的语料积累。在"美文中的自然之趣"版块中，学生则通过阅读现代美文，探索了作者的细致观察及景物的动态描写，从而深化了对观察与描写景物方法的理解。

其次，强调阅读在促进问题解决中的重要作用。在阅读学习过程中，我们设置了一系列与学科知识相关的问题，引导学生通过阅读材料来寻找答案。这种方式不仅锻炼了学生的信息提取能力，还培养了他们的分析问题和解决问题的能力。例如，在"我眼中的自然之趣"版块中，学生通过观景、赏景的过程，结合前期积累的知识和素材，完成了个人习作的学习任务，同时也解决了如何在报纸中呈现自然之趣的问题。

最后，注重通过阅读活动来培养学生的学科思维。在阅读过程中，我们引导学生进行深入思考，培养他们的逻辑思维、创新思维。例如，在编写报纸的过程中，学生需要根据单元主题自己选定研究专题，设计编写各个版块中的栏目与内容。这一过程不仅需要学生具备丰富的学科知识，还需要他们具备创新的思维方式和良好的逻辑思维能力。通过这样的阅读活动，学生的学科思维得到了有效的培养和提升。

这样以真实的任务驱动阅读学习活动的主体内容，不但极大地激发了学生参与创编的热情，更使得学生在完成阅读任务之中品味景色之趣，积累语言材料，构建言语经验，学习写作方法，最终有效表达对景色独特的审美情趣。

本次阅读学习活动共分11个课时完成，下面重点介绍每篇阅读材料的阅读活动及阅读任务。

(1)单元起始课："四时景物皆成趣"阅读活动及阅读任务

①阅读活动

A. 布置制作《"自然拾趣"交流学习报》任务，小组围绕大主题选择本组研究感兴趣的专题。

B. 讲解《"自然拾趣"交流学习报》编写要求，小组讨论，初步交流报纸各版块的栏目与内容设想，进行小组任务分工。

C. 立足整体，整体阅读单元内课文，学习生字新词，初步感知单元主题与课文内容，为接下来的学习奠定基础。

②阅读任务

A. 整体感知：填写单元学习任务单

师：同学们，我们和拉萨实验小学手拉手友谊班的交流活动又开始啦，本次我们活动的主题是"四时景物皆成趣——领略不同地域的美景"。"朝而往，暮而归，四时之景不同，而乐亦无穷也"，从古至今，文人墨客大都热爱大自然，留下了许多描绘景色的诗词、美文。本次活动，我们将通过小组合作的形式来办一期《"自然拾趣"交流学习报》，在欣赏诗词、美文后，把自己创作的成果寄给我们友谊班的同学们，相互进行阅读与学习，感受我们眼中不同地方的风景。

为了更好地完成本次相互交流学习任务，我们将借助第七单元的"自然之趣"的学习，来启发我们的构思与设计，请大家整体浏览单元内的四篇精读课文，完成"自然之趣"学习任务单(课上完成，课下继续完善)。

B. 集思广益

师：我们的《"自然拾趣"交流学习报》，报纸各版块主题初定为"诗词中的自然之趣""美文中的自然之趣""我眼中的自然之趣"。

a. 请大家围绕"自然拾趣"的主题讨论出小组研究的专题，可以从季节的角度(春、夏、秋、冬)去选题，也可以从不同的景色去选题(风、花、雪、月……)，还可以从特定的植物、动物(花、鸟、鱼、虫……)去选题，同时这个选题也是本单元习作《_____即景》的写作内容。

一、单元主题我先知

　　本单元围绕"自然之趣"这一主题编排了四篇课文，从不同角度描写了不同时间、不同地点的景物：《古诗词三首》中的《　　　　》写了山间傍晚的景色，《　　　　》写液泊枫桥的所见所闻，《　　　　》写长途羁旅的风光；《四季之美》分别向我们介绍了　　　　、　　　　、　　　　、　　　　不同的美；《鸟的天堂》描写了大榕树在　　　　和　　　　、的不同情景；《月迹》描写了不同地点的　　　　，几篇课文通过具体生动的描写，体现出了景致的情趣。

二、单元课文我会读

　　我会正确、流利、有感情地朗读。其中我最喜欢这些语句：
　　① _____。
　　② _____。
　　③ _____。

三、单元汉字我会写

　　(1)我会正确书写本单元的写字表中的字。

（田字格）

　　(2)我最想提醒注意的读音有这些：
_____。
　　(3)我最想提醒注意的生字写法有这些：
_____。

四、单元词语我能理解

　　我能通过多种方法来理解本单元的词语。
　　(1)我通过(　　　　)的方法，我理解了词语_____，它的意思是：____
_____。
　　(2)我通过(　　　　)的方法，我理解了词语_____，它的意思是：____
_____。
　　(3)_____。
　　(4)_____。

图 4-1 "自然之趣"学习任务单

　　b. 为你们的交流学习报拟定一个副标题，讨论各版块内容的初步设想，试着填写设计表(课上完成，课下完善)。

表 4-1 《"自然拾趣"交流学习报》初步设计表

小组成员 (4人一小组)	组长：_____ 组员：_____
拟定副标题	自然拾趣——_____
研究专题	
各个版块内容的 初步设想	第一版块："诗词中的自然之趣" 栏目1： 栏目2： 第二、三版块："美文中的自然之趣" 第四版块："我眼中的自然之趣"——《_____即景》
小组成员初步分工	<table><tr><td>姓名</td><td>具体分工 （整体规划、撰写文稿、版面设计、查找资料、信息技术支持等）</td></tr><tr><td></td><td></td></tr><tr><td></td><td></td></tr><tr><td></td><td></td></tr></table>

(2)《古诗词三首》"语文园地：渔歌子"阅读活动及阅读任务

①阅读活动一

A. 借助注释，体会古诗词中的静态描写和动态描写，想象古诗描绘的景象，试着体会作者的思想感情。

B. 体会词的结构，以及词中的景物描写，试着体会作者的思想感情。

C. 以小组合作的方式进一步了解有关"动静描写"的古诗词的内涵，可进行有声朗读或者诗词鉴赏，为本单元阅读学习大任务"自然拾趣"的交流报提供版块素材。

② 阅读任务一

A. 学以致用

请小组分工，查找与本小组主题有关，描写景物的古诗词，并筛选出体现动、静描写的诗句。

表 4-2　小组分工表

小组主题：

小组分工	负责人
搜集与主题相关的古诗词	
筛选出能体现动态、静态描写的古诗词	
工整抄写筛选后的古诗词	
朗读古诗（词），边读边想象诗句描绘的景象	
用自己的话写一写古诗词描述的画面	
录制一段诗歌鉴赏微课视频（选做）	

B. 绘声绘色

师：同学们，古诗词中潜藏着优美的风景，蕴含着丰富的情感，让我们一起来阅读收集到的经典古诗词吧！你可以运用多种表现方式，或书写一段优美的文字，或有声诵读，或录制一段诗歌鉴赏小视频带领大家走进古诗词中。（有声诵读的音频和诗歌鉴赏的微课视频可以生成二维码保存，设计到小组的"自然拾趣"版块中）

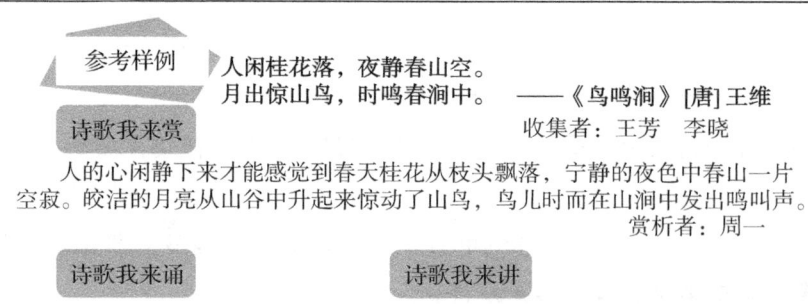

图 4-2　《四季之美》自然拾趣报——"古诗词中的四季之美"版面样例

③阅读活动二

A. 初读课文，整体感知课文内容，体会文章结构特点和四季之美，初步尝试背诵课文。

B. 借助关键语句，联系上下文，体会景物的动态描写。

C. 在美文鉴赏基础上写片段。

④阅读任务二

A. 美文共赏

课内部分：请你选择课文中你喜欢的语句，小组内朗读，说一说自己的感受。

课后部分：同学们，清少纳言的《四季之美》写出了她眼中四季景致的独特韵味，还有很多作家也写出了自己眼中的独特景致。喜欢春天的同学，可以去读读朱自清的《春》。汪曾祺的《夏天》中写了很多夏天的植物，可有意思了，喜欢夏天的同学可不要错过了。喜欢荷花的同学，可以去读一读朱自清的《荷塘月色》。喜欢雪的同学，去找一找俞平伯笔下的《陶然亭的雪》……

请四人小组合作完成下面的任务：

学生a：根据本组的《"自然拾趣"学习交流报》的主题选择一篇美文。

学生b：画出描写细致生动的语句，写下自己的感受，进行小组交流（可参照示例）。

学生c：抄写描写细致生动的语句，进行积累。

学生d：想象画面，有感情地朗读。

B. 笔下生趣1：写《_____即景》片段

师：请同学们留心周围事物，联系自己的生活，试着用几句话写一写自己印象最深的景致，用上恰当的表示动作的词，对其颜色、动作、声音、形状等方面的变化进行描述，表现景物的动态美，表达内心的独特感受以及对大自然美景的喜爱之情。景物的选择要与本单元大任务《"自然拾趣"学习交流报》的主题契合。

(3)《鸟的天堂》阅读活动及阅读任务

①阅读活动

A. 了解"鸟的天堂"在傍晚时的景色特点，感受大榕树的无限生机，初步了解课文描写榕树的静态美。

B. 理解课文内容，通过品读 10—14 自然段，感受鸟儿的动态描写，懂得作者为什么说"鸟的天堂"的确是鸟的天堂。

C. 说出"鸟的天堂"在傍晚和早晨不同的景色特点，初步感受静态描写和动态描写，用不同的语气和节奏，朗读相关段落。

D. 通过品味语言文字，感受榕树的无限生机和鸟的欢腾雀跃，体会作者内心对大自然的赞美与对生命的赞叹。

②阅读任务

A. 笔下生趣2：阅读下列材料以及同学们课上的批注，按照要求修改完善《_____即景》的片段。

起初周围是静寂的。后来忽然起了一声鸟叫。我们把手一拍，便看见一只大鸟飞了起来。接着又看见第二只，第三只。我们继续拍掌，树上就变得热闹了，到处都是鸟声，到处都是鸟影。大的，小的，花的，黑的，有的站在树枝上叫，有的飞起来，有的在扑翅膀。

学生批注1："起初""后来""接着""继续"这四个表示先后顺序的词语准确、清楚地展现了"鸟的天堂"由静寂到热闹的变化过程。"有的……有的……有的……"写出了鸟的姿态各异。

学生批注2："叫""飞""扑"等表示动作的词语的运用，写出了鸟儿的动感十足，自由自在。

B. 描写景物变化不仅可以使用表示动作的词语，还能使用一些关联词语或者表示承接关系的词语，描绘出景物的"联动变化"，请你参考下面的知识锦囊，把你在《四季之美》笔下生趣中所写的《_____即景》的习作片段进行修改与完善。写完后小组之间读一读，互相进行评价与修改。

> 有的……有的……还有的……
> 起初……接着……然后……最后……
> 先……再……渐渐……
> 一……就……
> ……

图 4-3 知识锦囊

(4)《月迹》"语文园地""交流平台"中的阅读活动及阅读任务

①阅读活动

A. 默读课文，明确月亮的足迹都出现在哪里，了解作者的写作顺序。

B. 抓住重点语句，感受语言特点，体会作者细腻的感受和动人的描写。

C. 课外延伸，领悟写法。

a. 体会文章的写作顺序和作者的观察方法。

b. 阅读"语文园地"中的"交流平台"，进一步体会静态描写与动态描写。小组结合《"自然拾趣"交流学习报》的内容，讨论观察记录表。

②阅读任务

填写观察记录表。

"鸟的天堂"表现不同时间景色的动静变化，"月迹"则按地点的转换，写出了月光下夜色的变化。我们生活中的景物也会变化。请你根据小组选定的《"自然拾趣"交流学习报》的主题，认真观察动静变化，为你们的报纸"我眼中的自然之趣"版内容积累素材。

小组同学合作完成，根据自己的能力和特长选择以下任务中的一项完成：

A. 拍一拍：为你观察的景物的变化拍摄照片或者进行动态摄影。

B. 画一画：把你观察的景物的变化用图画的形式展现出来。

C. 列一列：把你观察的景物的变化用思维图的形式呈现出来。

最后填写观察记录表（必做）。

表 4-3　观察记录表

观察时间：		观察地点：	观察的自然现象或者自然景观：
观察顺序（请在相应的内容后打"√"或者根据实际情况填写）	时间顺序	①早晨—中午—下午—夜晚（　） ②白天—晚上（　） ③起初——一会儿—之后（　） ④其他：_____ ⑤	
	空间顺序	①由近及远（　）　②由远及近（　） ③由上及下（　）　④由下及上（　） ⑤由左及右（　）　⑥由右及左（　） ⑦其他：_____	
观察景物有什么变化		可以从景物的形状、大小、颜色、数量、声音等方面来观察变化	

(5)习作指导课:《_____即景》习作讲评课,阅读"语文园地"中"词句段的运用"

①阅读活动

A. 利用观察记录表,观察某种自然现象或某处自然景观,重点观察景物的变化,按一定顺序描写观察所得,并把题目补充完整,写出景物的动态变化。

B. 修改习作,按一定顺序描写景物,体现静态描写与动态描写,详略得当。

②阅读任务

A. 完成习作《_____即景》。

B. 习作修改,努力做到尽善尽美。

师:同学们认真完成了习作,并且在讲评课中梳理了标准,找到了榜样,"文章不厌百回改",相信你一定跃跃欲试,想要进一步修改完善自己的习作。就让我们动起笔,期待你更好的作品。

表4-4 讲评课评价标准

评价标准	评价星级
切合题意,条理清楚,语言流畅,能按一定顺序来写,抓住景物变化,动静结合,画面鲜活	☆☆☆
切合题意,有条理,语言通顺,能按一定顺序来写,抓住景物变化,动静结合	☆☆
基本切合题意,有一定条理,语言基本通顺,能按一定顺序来写,抓住景物变化,有动态或静态描写	☆

C. 整理素材。

师:同学们,本单元的学习临近尾声,在学习的过程中,我们收集了古诗、摘抄了美文,还细心观察了身边的美丽景色。正所谓"世界上并不缺少美,缺少的是发现美的眼睛",就让我们把自己收集的素材整理一下,共同期待小组的《"自然拾趣"交流学习报》与大家见面。

(6)交流分享课:四时景物皆成趣

①阅读活动

A. 单元回顾,情景再现。

师:我们马上就要给西藏拉萨实验小学手拉手的班级寄送报纸啦。大家在本单元的学习中，初步体会了动态描写与静态描写，学习描写景物的变化，并通过小组合作的形式收集、创作了许多素材，在美术课上进行了编排与设计，完成了交流学习报的初稿。

B. 小组展示，畅所欲言。

小组代表上台展示本组《"自然拾趣"交流学习报》的内容。其他小组学生对报纸进行评议，提出修改完善的建议。

C. 动手实践，总结提升。

a. 小组根据修改建议再次完善本组的交流学习报。

b. 学生畅谈本单元学习收获，教师总结。

②阅读任务

交流展示完善自己小组的《"自然拾趣"交流学习报》，把这份报纸寄给西藏手拉手班级。

4. 实施效果

(1)教学理念的变化，从关注教师的"教"到关注学生的"学"

本次阅读学习活动的设计与实施使团队教师的教学理念发生了变化。通过本次学习与实践，我们发现，学生在课堂上不仅仅是在学习阅读，还是在整个单元学习历程中获取新知、发展观点、自我经验建构与重构，是在"通过阅读来进行学习"。因此，我们要改变教学理念，从以前设计教师"学习阅读"的教学路径转变为设计学生"阅读学习"的学习路径，要关注学生阅读学习经历的全过程。

本次阅读学习活动，通过"景中意趣""景中探趣""景中拾趣"三个版块来推进阅读活动，为学生创设了真实的学习情境，通过核心学习任务来驱动学生通过阅读进行自我学习。《"自然拾趣"交流学习报》也是根据阅读材料的编排特点按照"诗词中的自然之趣""美文中的自然之趣""我眼中的自然之趣"三个版块进行设计。通过阅读学习活动的整体的设计、实施、评价与反馈来关注和引导学生自我学习的全过程。

(2)阅读学习活动任务设计，关注大任务和小任务的整合

本次阅读学习活动关注了学科内容知识的统整，正确建构起知识之间的内在联系。立足于统编版教材编排特点，既关注学科知识线，又要关注学生一般阅读能力发展线。

本次将阅读活动的核心大任务拆解为课时阅读小任务，具有整合性、

选择性、开放性、层次性。学生在阅读学习中经历了"报纸版面整体构思—体会古诗中的静态描写与动态描写—体会美文中的静态描写与动态描写—尝试写出动态变化(习作片段)—尝试用承接关系的词语修改完善习作片段—填写观察记录表—写出景物的变化(单元习作)—整理前期素材、编排报纸"的阅读学习路径,通过8次课时小任务的设计构成了阅读学习大任务,引导学生从不同角度欣赏不同时间、不同地点的"景",品味景致中的"趣",在学习过程中初步体会课文中的静态描写和动态描写,学习描写景物变化的方法,最终通过单元大任务进行有效输出。每一次阅读活动都是在巩固学生已有的知识、技能基础上,关注学科知识,让学生在掌握知识迁移的方法中,提升解决问题的能力,实现自我学习经验的建构。

在完成阅读学习活动过程中,学生可以明确地知道自己语文知识的薄弱环节,可以以多种方式去寻求老师和同学的帮助,实现开阔学生视野、增长文化知识和提高文化修养的目的,同时也能体现同学之间的互帮互助、合作共学。

（a）

（b）

图 4-4　样例 1

这两份阅读学习活动成果呈现的内容是小组合作完成的《"自然拾趣"交流学习报》的第一个版块——"诗词中的自然之趣",内容既包含了课内古诗,又包含了课外古诗。小组内学生根据自己的爱好与特长进行了分工合作,有的学生负责查找古诗;有的学生负责抄写古诗,进行书法展示;

还有的学生对古诗进行了赏析，录制了古诗微课视（音）频（以二维码形式展现在报纸上）等；还有的学生负责版面编排与设计等。每个人承担的工作并不多，但是对学生之间交流讨论、共同自学的合作要求较高，既保证了基础落实，又注重了培养能力、激发学生兴趣。项目学习设计凸显了逐级递进的特点，灵活地为学生提供支架，激发学生的学习热情，切实提升了阅读学习的品质。

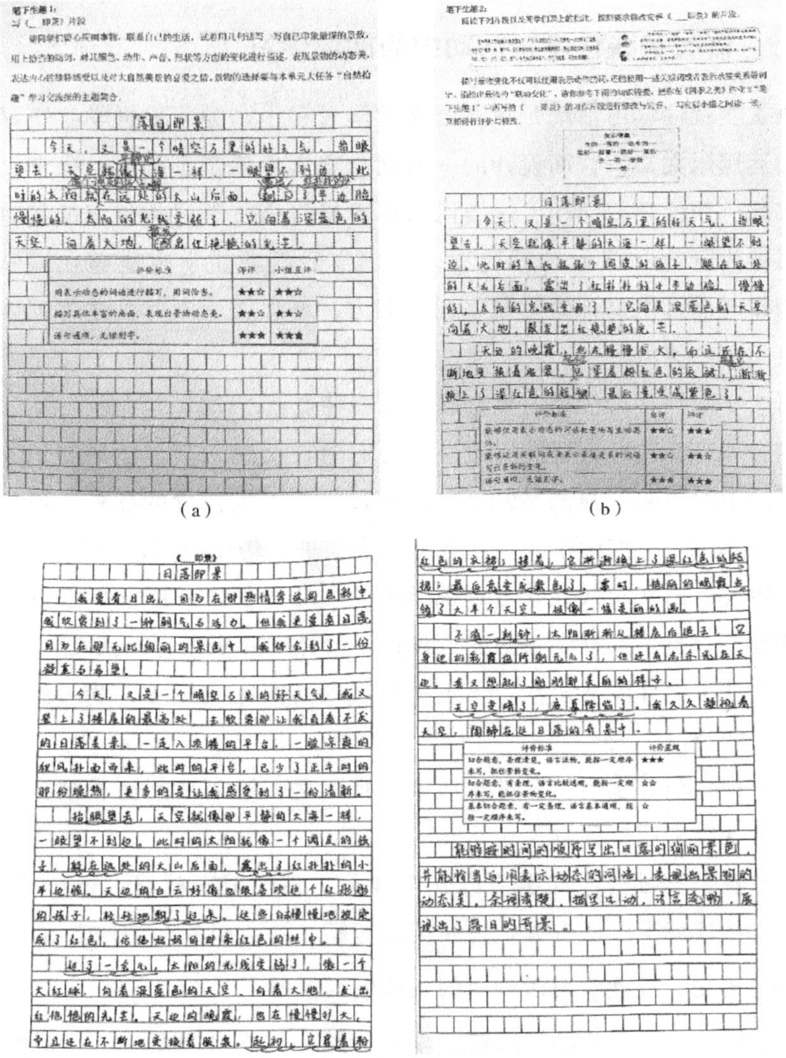

(a)

(b)

(c)

图 4-5　样例 2

这三份学习成果追踪了同一学生三次阅读学习活动子任务的完成情况，第一次是进行《＿＿＿＿＿即景》的习作片段，第二次是继续修改完善之前的习作片段，最后一次则是进行《＿＿＿＿＿即景》的完整习作。教师根据学生完成的具体情况及时改进课堂教学环节和后续的阅读学习任务设计，三次子任务环环相扣，每一个子任务都为单元习作的完成提供了有力的支持。

二、语文实践性学习活动中的阅读学习

语文实践性学习活动是指在语文教学过程中，为了促进学生更深入地理解和运用语文知识，而设计的一系列与现实生活紧密相连，强调动手操作和实际应用的学习活动。这类活动侧重于将语文学习从传统的教室讲授扩展到更为开放和多元的情境中，通过实践活动使学生能够在探索、体验、合作与创造中提升语言文字运用能力，增强文化素养，培养创新思维和解决问题的能力。

语文实践性学习活动主要有以下几个特点：

综合性、实践性：语文实践性学习有时还会融入其他学科知识，形成跨学科的学习体验，强调"做中学"，通过模拟现实情境的任务、项目、调查、实验等形式，使学生在真实或接近真实的环境中应用所学知识。

主体性：语文实践性学习重视学生的主体地位，鼓励学生根据自己的兴趣和需要，自主选择学习内容、设计学习计划并积极参与活动。

合作性：倡导团队协作，学生在小组中共同完成任务，学习沟通、协调与合作的技能。

探究性：引导学生从日常生活中发现问题，运用批判性思维和创造性策略进行探究和解决问题。

开放性：学习资源和学习方式多样化，不仅限于教材，还包括网络、社区、自然环境等广泛资源，以及实地考察、社会服务等多种学习方式。

(一)语文实践性学习活动中的阅读学习策略

语文实践性学习活动中的阅读学习策略，旨在通过具体、互动和情境化的学习方式，提高学生的阅读理解能力、批判性思维能力和语言运用能力。

1. 主题式阅读

围绕"成长故事",组织学生对第六单元多篇文本进行阅读。创设真实的学习情境,发起制作"阅读批注漂流瓶"的活动,要求每个学生借助批注进行阅读,读故事悟成长滋味,作批注促思维发展。

2. 同伴讨论与合作学习

"阅读批注漂流瓶"为学生搭设了一个相互交流批注,共同分享批注的平台,鼓励学生边阅读、边思考、边批注;激发了学生对批注的兴趣,帮助学生学习批注的方法,培养了学生的批注习惯。"阅读批注漂流瓶"采用"同伴教学"策略,即让理解力较好的学生向其他同学解释难点,是一种有效的方法。

3. 联结策略

学生在批注的过程中,主动将文本内容与其他相关信息或个人经验相联结,以促进更深层次的理解和记忆,建立文本内外的联系,拓宽思维视野。从课内到课外整本书的阅读,从自己的批注到同学批注的交流,实现了文本与学生已有经验的联结、文本间的联结、文本与生活的联结,从而获得独特的阅读感受。

(二)课例

制作"阅读批注漂流瓶"[①]

1. 案例背景

本单元以"成长故事"为人文主题,语文要素要求学生"学习用批注的方法阅读",依据《义务教育语文课程标准(2022年版)》第二学段目标要求,要求学生学习圈点、批注等阅读方法,能对课文中不理解的地方提出疑问,乐于与他人分享讨论交流。基于此,教师以单元课文、学生自己的习作以及整本书为批注对象,设计前后四次阅读批注漂流活动。学生通过几轮批注阅读的"漂流",习得批注的方法,认识批注的价值,获得思维的提升与发展。

2. 学习目标

本单元提出的语文要素有两个,一是学习用批注的方法阅读,二是通

---

① 课例提供者:北京石油学院附属小学向昆、侯杰颖。

过人物的动作、语言、神态体会人物的心情。这两个语文要素有着密切的联系，第二个语文要素是学生批注时需要重点关注的一个角度。本单元将单元课文、学生习作以及整本好书作为批注的材料，通过学生自批、互相批注的"阅读漂流"，进行习作的点评修改，从而实现读、写、评的一体化。

表 4-5　核心目标、成果表现、素养表现、评估标准一览表

核心目标	成果表现	素养表现	评估标准	
			能力层级	具体描述
学习用批注的方法来阅读，获得成长的启发与思考	制作"阅读批注漂流瓶"，互相学习分享	识字与写字	知道	能通过认识35个生字，读准7个多音字，会写41个字，会写46个词语，认识常见的蔬菜的生字，积累成语等
			理解	能正确、流利、有感情地读别人的成长故事，内化课文语言，积累言语经验
			做到	在日常生活中运用相关词语
		阅读与鉴赏	知道	能了解常见的批注方法以及批注的好处
			理解	能从不同角度批注：在不理解的地方、在体会比较深的地方、在文章表达的精彩处批注等
			做到	能展示和交流阅读批注，学习并点评伙伴的阅读批注
		梳理与探究	知道	能梳理批注的方法、角度以及好处等
			理解	能感受童年生活的烦恼与欢乐，懂得成长的深刻内涵
			做到	能通过阅读批注，深入体会人物心情，获得独特的阅读体验与收获
		表达与交流	知道	能关注并记录自己童年生活中的成长故事
			理解	能通过"阅读批注漂流瓶"活动，交流分享自己和伙伴的成长故事
			做到	能用批注的方法互相批改习作，提高习作的质量，提升语言运用能力

3. 实施过程

师：同学们，我们又迎来了一年一度的校园阅读节，这次我们将伴随

书里主人公的成长经历,阅读成长岁月中的精彩故事,感悟成长过程中的酸甜苦辣,把自己独特的感受装进"阅读批注漂流瓶",汇聚所思所想,分享所悟所获。

(1)学习任务一:识字与写字(2课时)

①学习目标

A. 能认识本单元的生字新词,积累"语文园地"的"日积月累"中的内容。

B. 能初读整单元学习内容,了解课文的主要内容,把握单元学习主题。

C. 能借助单元内容整体了解批注,完成一次"阅读批注漂流瓶"中的初步批注。

②学习过程

学习活动一:感知主题,初步读懂文本

A. 读导语页,引出"成长的滋味"这一话题。

B. 课前结合"预习单"自主预习。

学习活动二:首次漂流,初写批注

A. 发布任务,初识批注

a. 发布"阅读批注漂流瓶"学习任务,学生自愿组成学习小组(建议6—8人)。

b. 初识"批注",认识批注的意义价值。图片展示第二单元带有问题批注的课文和第五单元写有批注的习作例文。

c. 组织交流:可以批注哪些内容。进行归纳:关注有新鲜感的词句,在感受深刻的词语和句子上圈圈画画,遇到不懂的问题写在书上……这些都是批注的内容。启发思考:还可以有哪些批注?

B. 组织"我是阅读思考者"活动

a. 组织"我是阅读思考者"活动,进行"一次阅读批注漂流瓶",交流初读批注。选择其中一篇课文(例如《牛和鹅》),把打印好的课文纸装入小组"阅读批注漂流瓶"中,学生将自己初读课文的感受批注在课文纸上,互相传阅。

b. 组织交流:从别人的批注中,你获得哪些启发?

设计意图:借助以往阅读经验,组织一次"阅读批注漂流瓶",学生初步练习批注,相互交流,学习巩固生字新词,获得对批注的初步认识。

③积累拓展,"我"会使用

学生交流成语的意思,组织"成语屋"的小游戏,帮助学生迁移运用成语。

设计说明:借助学生的已有能力,鼓励他们自主识字,正确流利朗读课文,了解课文内容,提出不懂的问题,充分发挥其主观能动性。

(2)学习任务二:阅读与鉴赏(4课时)

①学习目标

A. 能借助批注阅读,学习做批注的角度与方法。在不理解的地方或体会较深的地方做批注,完成二次"阅读批注漂流瓶"中的精读批注。

B. 能通过人物的动作、语言、神态品味重点语句。

C. 能梳理总结批注的方法和意义。

②学习过程

学习活动一:了解批注的角度与方法

A. 结合范例,梳理角度

a. 结合初批及课文《牛和鹅》中给出的5处批注内容,梳理批注的角度。

b. 引导学生进行归纳:从思想内容看,归纳与中心关系密切的句子,富有哲理的语句,新奇的素材等;从表达方式看,归纳精彩的描写,创意的表达,巧妙的选材、组材等。这些都可以是批注的内容。

c. 交流总结批注的角度与方法,师生共同初步制定关于批注角度的评价标准。

表4-6 持续性学习评价表

评价水平	评价内容和评价标准	评价	师评	自评
关联水平	能从阅读的疑问、内容的体会、写法的点评、获得的启示等多个角度做批注	☆☆☆		
多元水平	能从阅读的疑问、内容的体会、写法的点评、获得的启示等角度中,选择2个角度做批注	☆☆		
基础水平	能从阅读的疑问、内容的体会、写法的点评、获得的启示等角度中,选择1个角度做批注	☆		

B. 感悟写法，拓展延伸

a. 阅读《牛和鹅》中"我"见到鹅和被"鹅"袭击的段落，体会通过动作表现人物心情的写作方法。

b. 结合"语文园地"中"词句段运用"，练习仿写。

c. 二次"阅读批注漂流瓶"，用不同颜色的笔对课文进行再次批注，进行漂流分享。

设计意图：引导学生梳理批注的角度，鼓励学生多角度思考问题，并尝试借助批注阅读，初步形成关于批注角度的评价量规。

学习活动二：在不理解的地方做批注

A. 复习旧知，自主批注

a. 默读课文《一只窝囊的大老虎》，引导学生运用上节课学习的方法多角度自主阅读批注。

b. 小组交流，分类梳理交流批注内容。

B. 聚焦质疑，尝试解决

聚焦"在不理解的地方做批注"的内容，尝试解决。

C. 借助批注，理解心情

a. 借助批注阅读，理解"我"的心情变化以及变化的原因。

b. 根据学习的内容，师生共同制定关于"批注内容"的评价标准。

表 4-7　持续性学习评价表

评价水平	评价内容和评价标准	评价	师评	自评
关联水平	能关联人物的语言、动作、神态描写中的多个信息点，整合想法，做出批注	☆☆☆		
多元水平	能抓住人物的语言、动作、神态描写中的2个信息点，并进行联系，做出批注	☆☆		
基础水平	只针对人物的语言、动作、神态描写中的单一信息点做出批注	☆		

D. 拓展延伸，交流趣事

a. 交流童年的趣事。

b. 二次"阅读批注漂流瓶"，用不同颜色的笔对课文进行再次批注，进行漂流分享。

设计意图：在了解了批注的角度后，引导学生将所学的批注方法进行有效迁移运用。关注学生是否能在不理解的地方做批注，借助批注发现问题、提出问题并解决问题，实现深入思考，发展思维，继续丰富评价量规。

学习活动三：在感受深的地方做批注

A. 自主阅读，多角度批注

边阅读、边思考、边批注：为什么陀螺让"我"至今难以忘怀？引导学生围绕问题进行多角度批注，在感受深刻的地方做批注。

B. 深入阅读、整合批注

a. 小组汇报，交流批注。根据课上学习的内容，师生共同梳理完善关于"批注"的评价标准。

表 4-8　持续性学习评价表

评价水平	评价内容和评价标准	评价	师评	自评
关联水平	能关联人物的语言、动作、神态描写中的多个信息点，形成整体认识，做出批注，批注角度（阅读的疑问、内容的体会、写法的点评、获得的启示等）丰富且适切，语言明白、清晰	☆☆☆		
多元水平	能联系人物的语言、动作、神态描写中的2个信息点做批注，批注角度（阅读的疑问、内容的体会、写法的点评、获得的启示等）较丰富，语言流畅	☆☆		
基础水平	能对人物的语言、动作、神态描写中的单一信息点作批注，批注角度（阅读的疑问、内容的体会、写法的点评、获得的启示等）单一，语言通顺	☆		

b. 依据评价标准，抓住人物的语言、动作、神态等体会人物的心情，将散点式批注建立关联，再次批注，整合批注内容，形成人物"心情变化曲线图"。

C. 由"事"及"理"，延伸批注

a. 体会"人不可貌相，海水不可斗量"的内涵，获得成长的启示。

b. 二次"阅读批注漂流瓶"，用不同颜色的笔对课文进行再次批注，进行漂流分享。

设计意图：引导学生综合运用学习经验，形成最终的评价量规，并依据量规阅读实践，将阅读中散点式批注尝试进行关联整合，逐步形成关联式多角度的批注，深入理解课文内容。

(3)学习任务三：表达与交流(2课时)

①学习目标

A. 在习作中，能通过人物的动作、语言、神态表现人物心情变化。

B. 能依据评价标准，自主修改习作。

C. 能将习作在小组间互相传阅，通过批注的形式进行评价与分享，完善习作。

②学习过程

学习活动一：我长大了

A. 巧选细节，精准定标

阅读习作要求，圈出关键信息，共同讨论习作评价标准。

习作要求：

• 回忆自己成长的历程，想一想，在成长过程中，有没有哪一件事给你留下深刻的印象，让你明白了许多，有长大了的感受。

• 写一写成长过程中印象最深的事情，把事情的过程写清楚，通过人物的动作、语言、神态等，表达人物当时的心情。

• 题目自拟。

表4-9　习作评价标准

评价标准	☆☆☆	☆☆	☆
能按照事情的起因、经过、结果写一件印象深刻的事			
能写出故事中人物的动作、语言、神态等，表达人物当时的心情			
能通过故事表达成长的感受			

B. 回忆经历，共话"成长"

想一想哪些事情让自己觉得"长大了"，选取印象最深、最有感触的一件事。

C. 说清事件，记录"成长"

a. 按照事情发生的先后顺序整体构思。

b. 确定重点部分,通过人物的动作、语言、神态来表现人物在故事中的心情变化,把故事写清楚、写具体,表达成长中的感悟。

c. 依据标准,交流习作。

设计意图:"以读促写",调动本单元的阅读经验,通过对人物语言、动作、神态的描写,表现人物心情,记录成长过程中一件深刻的事,写清楚对成长的感悟。

学习活动二:三次"漂流",迁移运用

A. 对照标准,自主修改

对照习作评价标准,自主修改习作。

B. 开展"习作漂流",明确评改要求

运用批注方法对他人习作至少做两处批注,每处批注至少两个角度。发现伙伴习作中的长处,指出不足之处,提出修改建议。

C. 依据建议,修改完善

依据建议再次修改、完善自己的习作。

设计意图:"习作漂流"环节,运用学习的批注方法评价自己和他人的习作,进一步巩固提升运用批注阅读的能力。

(4)学习任务四:阅读与鉴赏(1课时)

①学习目标

A. 能把握书中鲍雷伊的成长过程,了解故事主要脉络。

B. 在阅读过程中充分感受书信体小说的特点。

②学习过程

学习活动一:选书——初识《亲爱的汉修先生》

A. 选一选——确定共读版本

a. 观察不同版本,找出不同之处。

从封面图案、翻译者等处发现不同;从出版年代、出版社、印刷版次等处发现不同。

b. 讨论交流,找到选书窍门。

思考:哪种版本的书适合"我"读?

交流:今后"我"选书时,应该注意哪些细节?

B. 认一认——了解本书作者

a. 初步了解本书信息——本书获过的奖项。

b. 初步走近作者——作者的传奇经历。

设计意图：给学生机会去选择他们喜爱的版本，这样能让学生产生阅读期待。同时，在选择中，学生也会对本书有初步的了解。

学习活动二：预读——猜想《亲爱的汉修先生》

A. 好书推荐

a. 观察封面、封底、序言，初步了解本书大体信息。

b. 初步填写推荐卡，并对其中的"重要事件""精彩片段"进行预测。

B. 猜猜我是谁

简单翻阅文中插图，进行合理推测，猜想人物关系。

学习活动三：通读——了解《亲爱的汉修先生》

A. 日记和信件里的故事

a. 选择一篇日记或一封信件进行阅读。

b. 请学生逐一整理出这篇日记的重要信件。

c. 根据自己的理解配上插图。

B. 日记和信件里的秘密

利用故事概要重新制作目录。

章节举例：三月十七日　去蝴蝶树林

C. 汉修先生的回信

学生假设自己是"汉修先生"，给鲍雷伊写回信。

a. 书中寻找"汉修先生"的足迹。

b. 将线索拼凑，进行合理推测和批注。

设计意图：通读环节引导学生对整本书的内容进行梳理，推进学生的批注能力的发展，提升阅读能力。

(5)学习任务五：表达与交流(1课时)

①学习目标

A. 能了解故事中人物、情节等要素，领悟作品中蕴含的情感。

B. 能运用思维图等工具，把自己生活中的小事随时记录下来。

②学习过程

学习活动一：研读——深度理解《亲爱的汉修先生》

A. 思维工具，梳理成长

a. 介绍常用的思维图。

b. 练习运用思维图。梳理书上的批注，用思维图展示喜爱《亲爱的汉修先生》的原因。

c. 制作鲍雷伊成长事件思维图。以小组为单位，梳理鲍雷伊成长的事件，理解本书的主题。

设计意图：选取思维图理解在鲍雷伊的身边有很多爱他、支持他的人，这些人使他逐渐成长、优秀起来。

B. 问题清单，获得成长

a. 引入工具问题清单。理解什么是问题清单，知道生活中都有什么类型的问题清单。

b. 梳理鲍雷伊不完美生活清单。对照日记和书信梳理他生活中不完美的地方，将条目归类，分析清单，分析他对待每一个问题的态度和解决方法。

设计意图：梳理不完美清单，分析鲍雷伊遇到的问题以及他的解决办法，使得学生更加深入地走近鲍雷伊的生活。

学习活动二：四次漂流——生活理解《亲爱的汉修先生》

A. 素材采集，学会观察

a. 用素材采集表记录生活中看到的景色、人物、事件，分别从看到的、听到的、感受到的几方面来记录。

b. 日记作文大转换，将素材采集表中的信息要素整合，试着改编成一个故事。

B. 生活共鸣，共同成长

a. 学生敞开心扉说说自己生活中的成长和无奈。

b. 学生将自己的生活和鲍雷伊的做对比，批注在书上。

设计意图：在阅读这本书的过程中和鲍雷伊一起成长，通过阅读漂流和表达获得精神的成长。

4. 实施效果

(1) 读故事悟成长滋味

围绕"成长滋味"的话题展开学习，学生在"四次漂流"学习活动中，借助批注来阅读，逐渐提升阅读能力，丰富对"成长"的认知。

(2) 做批注促思维发展

基于三篇精读课文的文本特点，围绕"借助批注阅读"语文要素，设计有层次、有梯度的学习活动,从了解批注角度,到在不理解处、感受深刻处做批注。借助阅读批注,提升学生思维的广度和深度,培养学生多角度看问题和前后关联思考的意识和能力。

(3)活动中实现"教—学—评"一体化

在制作"阅读批注漂流瓶"的活动中,学生写下初读成长故事的感受,方便老师了解学生的学习起点,成为课堂学习资源。课后继续补充对文章的感悟,与同伴分享阅读批注,实现课堂学习的拓展和延伸。将学生的习作、整本书进行"阅读漂流",并鼓励学生用"批注"的方法互相评价,达到在真实情境中检测学习效果的目的,实现了"教—学—评"的一体化。

三、整本书中的阅读学习

整本书阅读是指读者从头到尾完整阅读一本著作或长篇文本的过程。它区别于片段式或碎片化的阅读。在教育领域,特别是语文教学中,整本书阅读是一种重要的教学方法,可以提升学生的阅读兴趣、扩展知识面、深化思维层次和增强语言表达能力。

《义务教育语文课程标准(2022年版)》指出:要引导学生根据阅读目的和兴趣选择合适的图书,制订阅读计划,综合运用多种方法阅读整本书;借助多种方式分享阅读心得,交流研讨阅读中的问题,积累整本书阅读经验,养成良好阅读习惯,提高整体认知能力,丰富精神世界。

部编教材中有一个板块,是贯穿1—6年级的,这就是"快乐读书吧"。统编语文教材总主编温儒敏曾经说:"现在语文教学问题就是读书太少,很多学生只读教材、教辅,很少读课外书。"这个版块,可以看作每个学期课内与课外阅读相接的桥梁,它可以有效地激发学生对阅读的热爱,培养学生的阅读能力。我们将1—6年级语文部编版教材"快乐读书吧"的内容,做了如下梳理:一年级,介绍读书的方式和途径,感受童谣的韵律美;二年级,侧重短篇童话阅读,体会童话的真善美;三年级,阅读经典童话集和寓言,感悟小故事背后的大道理;四年级,强调广泛阅读,多阅读科普类读物;五年级,正式开启文学类的整本书阅读;六年级,阅读儿童类小说和世界名著,为升入中学做准备。

开展读整本书课程,可以让学生在经典名著中自由穿行,陶冶情操,提高鉴赏能力。

(一)整本书阅读学习的策略

1. 预读策略

浏览书的封面、封底、目录和序言,快速了解书籍的主题、结构和作者意图。阅读章节标题和小节标题,预测每部分可能包含的内容。

2. 设定目的策略

明确阅读的目的是娱乐、学习新知识、批判性分析还是准备讨论等。根据目的设定阅读计划,决定哪些部分重点读,哪些部分可以略读。

3. 主动阅读策略

边读边思考,对内容提出问题,与作者的观点进行互动。做笔记、画重点或使用便笺标记重要观点或不懂之处。尝试总结每章节的主要内容,用自己的话复述。

4. 深度理解策略

运用联想记忆,将新知识与已有的知识体系联系起来。分析作者的论点、证据和逻辑,评价其合理性。探索书中未直接表述的含义,如隐喻、象征意义等。

5. 视觉化策略

在脑海里构建场景,想象书中描述的人物、事件或概念,增强记忆。创作思维导图、图形或概念图,可视化复杂信息。

以上策略,不仅能作为文学类整本书阅读的起点,更能成为提升学生阅读效率和质量的有效工具。

(二)课例

《西游记》读书会
——整本书阅读方法探索[①]

1. 案例背景

① 主要内容

《西游记》是中国古代四大名著之一,由明代小说家吴承恩撰写。这部作品不仅是一部文学价值极高的神话小说,也是中国乃至世界文化宝库中的瑰宝。全书大致可分为三部分:孙悟空大闹天宫、唐僧出世、师徒四人西天取经,共经历九九八十一难,最终取得真经。书中描写取经途中师徒

---

① 课例提供者:北京石油学院附属小学赵鑫馨。

四人克服重重困难，体现了其对目标不懈追求和不屈不挠的精神。通过妖魔与神仙的对抗，展现了正义必将战胜邪恶的主题。通过角色的复杂性格和相互关系，探讨了人性中的善恶、贪嗔痴等多面性。书中构建了一个光怪陆离的神话世界，展现了作者非凡的想象力。通过幽默诙谐的语言和情节，传达了深刻的道德观念和对社会的批判。学习《西游记》不仅能提升文学素养，还能深入了解中国传统文化，是一次跨越时空的文化之旅。

②与学科知识的关联

《西游记》作为中国古代四大名著之一，与语文学习有着紧密且深远的关联，主要体现在以下几个方面：书中使用了大量精妙的成语、俗语等，这些对于提升学生的语言感知力、丰富词汇量有极大帮助。整本书阅读要求学生持续关注长篇叙事，这有助于培养学生的耐心、专注力和批判性思维能力，学会概括总结、分析情节、理解复杂的人物关系和情感变化，从而全面提升阅读理解水平。《西游记》以其奇幻的故事情节、生动的人物形象激发学生的想象力，鼓励他们创造性地思考和表达。书中通过师徒四人取经的艰难历程，传递了坚持、勇敢、智慧、友爱等正面价值观，对学生进行了道德熏陶，引导了他们形成正确的世界观、人生观和价值观。作为文学经典，《西游记》展现了古代小说的艺术魅力，包括情节构建、人物塑造、语言艺术等方面，引导了学生学习如何鉴赏文学作品，提升审美情趣。综上所述，《西游记》不仅能够丰富学生的语文知识，还能促进其多方面能力的发展，是语文教学中不可或缺的重要资源。

③本课中的阅读材料内容

课前，在学生初读《西游记》后，布置学生分小组阅读感兴趣的章节，为读书会的开展做好充分准备。课中，引导学生通过回忆、梳理整本书中孙悟空的称呼，厘清《西游记》整本书的脉络。通过小组合作的方式，再次走进感兴趣的章节中，针对章节了解人物及故事情节，制作人物卡片。

2. 学习目标

(1)了解《西游记》目录的特点，厘清小说的表达顺序，能根据目录，找到自己感兴趣的片段进行阅读。

(2)在具体的西游故事片段中，体会作者的多种描写方法，激发学生对中国古典文学名著的阅读兴趣，引导学生学会读古典文学名著的方法，加强学生阅读名著的信心。

(3)在阅读活动中要求学生自主学习、注重合作。培养学生欣赏文学作品的能力及感悟鉴赏能力。

(4)通过学习，使学生更深入了解《西游记》的丰富内涵，感受中华传统文化的博大精深，激发热爱祖国悠久灿烂历史文化的情感。

3. 本课例中体现了"用阅读来学习"的策略方法

古代小说这类文体与小学生阅读的现代文在遣词造句、语法知识上有所不同，学生在短时间内会不适应阅读古典名著。统编教材在"语文园地"第一个栏目"交流平台"中给学生介绍了阅读古典名著的策略，教师可以先引导学生学一学这些策略，再根据阅读的需要选择相应的阅读策略自行阅读，提高学习效率。

4. 实施过程——《西游记》阅读交流课

导入：这个学期同学们都阅读了《西游记》这部小说。谁来说说这部书主要讲的是什么？

（孙悟空、猪八戒、沙和尚和唐僧师徒四人西天取经的故事。）

这是一部中国古典名著，它塑造了很多栩栩如生的人物形象。这节课，我们要走近这些人物，围绕他们，制作西游人物卡。

说到《西游记》，我们首先想到的一定是——孙悟空（出示图片：孙悟空）。

设计意图：对于学生而言，《西游记》读起来是有难度的，使用预读策略，学生在阅读中可能产生的疑问和好奇可以激发他们深入探究的欲望，促使他们在后续的教学活动中更加积极地寻找答案、参与讨论，从而加深对知识的理解和记忆。本节课还使用了设定目的策略。在上课伊始，就将本节课的任务告知学生，学生可以初步了解课程的主要内容、结构和重点，从而对即将学习的信息有一个大致的概念框架，设定个人的学习目标和期待，增加学习的主动性和方向性。

①环节一：熟悉《西游记》中的人物形象

A. 小组合作活动一：孙悟空称呼大排队。

a. 他有几个称呼？

b. 你们能按事情发展顺序，把他的称呼排排队吗？

c. 小组讨论后，请小组代表到前面排序。

（石猴—美猴王—悟空—弼马温—齐天大圣—孙行者—斗战胜佛）

设计意图：让学生按照孙悟空在不同章节中的称呼变化、能力展示或

第四章 语言与人文类学科中的阅读学习

是与其他角色的关系等,对孙悟空的名字或其别称进行排列,可以锻炼学生的逻辑思维、分类归纳以及角色分析能力。

B. 再读名著找称呼的由来。

a. 出示石猴原文,指生读。

b. 出示孙悟空原文,提问祖师是谁。(菩提老祖)

c. 出示弼马温原文。(板书:弼马温)

解释弼马温来历:弼马温是避马瘟的谐音,是养马的小官。弼,是辅助的意思,又是避的谐音;瘟是发病的意思,又是温的谐音。在《西游记》中,弼马温为御马监正堂管事。所谓的"弼马温",就是东汉人们在马厩之中养猴子,这样可以更有效地趋避马瘟,所以猴子便有了"弼马温"之称。

d. 说一说,从这段话中,你明白了什么?

(预设:把孙悟空称为弼马温是对他的不尊重、看不起)

设计意图:上述问题,运用了深度理解策略。将新知识与已有的知识体系联系起来。分析、探索《西游记》中未直接表述含义的词语"弼马温"一词,这个词语暗含着天庭对孙悟空的嘲讽、戏弄,也为大闹天官埋下伏笔。当学生能前后关联地到文中走一来回,深度阅读就悄然发生了。

天庭看似承认孙悟空的能力,并任用了他,其实是天界对孙悟空的极大嘲弄。所以在孙悟空保唐僧取经的路上,各路妖怪称他是"弼马温"时,孙悟空都会愤怒至极,原因皆在于此。

e. 出示齐天大圣原文。

f. 出示斗战胜佛原文。

②环节二:集思广益 制作孙悟空人物卡

A. 至此,我们梳理完孙悟空这个人物的多种称呼,也回顾了整本书。书中提到的孙悟空的法宝、法术有哪些?有何特别之处?生汇报,师写。(七十二变、筋斗云、火眼金睛、分身术)

B. 孙悟空是西游人物的主角,我们说了孙悟空有这么多本领,用一个词形容他,他有什么优点?(生:神通广大、机智勇敢、疾恶如仇、富有正义感……)

C. 他还有什么缺点吗?(生:急躁、爱面子、喜欢捉弄别人)

D. 师总结:是啊,现实中,猴子就是活泼灵巧的小动物,作者在写书时,对孙悟空赋予了人的特点,神的特点。多么有创造力啊!

③环节三：小组合作 独立制作人物卡

A. 出示案例，同学分析。老师也读了《西游记》，制作了一张人物卡。他就是灵感大王。

B. 除了上面和孙悟空略有不同外，可以在下面部分写一写这些妖怪的意图、行动和结果。

C. 学生自己制作人物卡。

D. 进行展示汇报，同学评价。

设计意图：制作《西游记》人物卡片是一种寓教于乐的教学活动，它不仅能够加深学生对中国古典文学的了解，还能激发学生的创造力和想象力。组织小组讨论或全班讨论，让学生分享自己对《西游记》中不同角色的看法。可以围绕角色的性格、外貌、特殊能力、成长变化等方面进行深入探讨，鼓励学生从多角度思考和分析。完成作品后，组织一次展示会，让每个学生有机会介绍自己的《西游记》人物卡，分享创作思路和背后的故事。通过同伴评价和教师点评的方式，不仅能让学生获得成就感，也能促进相互学习和改进。

④环节四：关注章回 概览全文

A. 发现《西游记》结构特点。师：比一比三张妖怪卡，我们一起看，作者讲述不同的故事时，叙述结构有没有相同的地方呢？原来《西游记》里一个个降妖除魔的故事，就是类似这样的重复。这样的结构方式有人称之为"冰糖葫芦式"。每一个故事就像一颗冰糖葫芦，相对独立完整；唐僧师徒取经任务就像中间的竹签，穿起一个个扣人心弦的故事。

B. 梳理主要情节特点。全书一共100回，前7回讲孙悟空和天庭斗，中间讲孙悟空和妖魔鬼怪斗，一步一步地，他由一个石猴变成了最终的斗战胜佛。

C. 关注章回体语言特点。再看看每个章回的题目，回忆一下，有什么特点？

如：《观音院僧谋宝贝 黑风山怪窃袈裟》这一回，对偶的文字做标题，称为"回目"，它能高度概括本回内容，语言精练。每一回叙述一个较完整的故事段落，有相对独立性，但又承上启下（预知后事如何，请见下回分解）。这就是章回体小说语言的特点。

设计意图：本环节运用了预读的阅读策略。《西游记》虽然每一回都可以看作是一个相对独立的故事单元，但整个小说的情节紧密相连，前后呼应，形成了一个完整的故事链。《西游记》通过唐僧师徒四人取经的主线，串联起了一系列降妖伏魔、历经磨难的故事，展现了丰富的想象力和深邃的哲理。学生在了解章回体小说的含义后，能更加关注自己的阅读方法，从而有目的地深入阅读。

⑤环节五：总结

谁写出了这么超乎想象的作品呢？（作者介绍）

A. 介绍吴承恩。

B. 介绍创作来源。任何一个作者对小说人物的塑造，都会有现实的背景，吴承恩塑造的这些妖魔鬼怪又在影射什么呢？

C. 总结：《西游记》的诞生距离我们已经近500年了，它已经走进了人们的生活，我们在动画片中、电视剧中、京剧中，公园长廊等建筑上，邮票上，甚至在春节庙会上，都能发现它的身影。而现今，《西游记》也被越来越多的国际友人所喜爱。《西游记》就像一张名片，让世界认识中国，让中国走向世界。

D. 布置作业。

a. 讲述一个你认为精彩的西游记中的故事，思考书中各个部分是如何架构起来的，从中了解作者的写作特色。可以用思维图来体现。

b. 独立设计一张西游人物卡。

5. 实施效果

通过教学设计，我们发现，关注目录来阅读《西游记》是一种高效的方法，它能帮助读者把握整部小说的结构框架，理解故事发展的脉络。通过目录阅读《西游记》有利于学生们实现以下阅读效果。

(1) 宏观把握剧情

通过浏览目录，读者可以迅速了解到《西游记》从孙悟空出世、大闹天宫，到师徒四人西天取经的整个历程，对故事的起承转合有一个整体概念。

(2) 章节重点预览

每个回目的标题如同一个个小窗口，预示着即将展开的冒险或冲突，让读者在正式阅读前对各章节的重点有所预期，从而在阅读时更加专注和有针对性。

(3) 加深记忆

记忆回目标题有助于读者在阅读后回忆起故事的关键节点，特别是那些富有象征意义或转折点的章节，如"大闹天宫""三打白骨精"等，都是通过目录即可快速回想起来的经典段落。

(4) 促进理解和分析

目录还能引导读者思考作者布局谋篇的巧妙，比如通过对比相邻回目的标题，可以探讨情节的连贯性和主题的深化，或是分析某些特定事件对角色成长的影响。

综上所述，关注《西游记》的目录不仅能够提升学生的阅读体验，还能为学生深入分析这部文学巨著提供便利。

在小学语文教学中，阅读的基本目标是：热爱阅读、享受阅读。同时，阅读涉及的知识内容是复杂的，因此优化学生在阅读中的学习方法，通过情境式的阅读学习活动，改变学生在阅读课堂中的状态，有利于为学生广泛阅读打下基础，提升学生阅读兴趣，深化学生对阅读的认知。

语文学科学习要坚持长期阅读，学生的阅读和理解、思考和创新能力都会有明显的提升。以写促读是在积累大量阅读材料的前提下，对内容进行应用和创新，而非简单效仿。同时，以写促读实际上是一个漫长而繁杂的过程，要达到最终目标，就需要学生坚持不懈地反复练习。在小学语文教学中，读写结合主要是通过不断的读写训练，以读促写，以写导读，进一步提升学生的语言感悟能力和语言表达能力，进而促进学生的阅读能力与写作水平的提升。在小学语文教学中，阅读和写作两者之间是相辅相成、紧密联系的。

四、习作教学中的阅读学习

"习作单元"的课程设置具有严格的规范，阅读与写作能激发学生的思考能力。下面将基于统编版五年级下册第五单元《刷子李》的教学实践，结合阅读品悟名篇的过程，探讨读写结合在习作教学中的应用。

习作的基础在于阅读，阅读理解能力可以助力写作表达能力的提升。阅读与写作之间既相互联系，又相互依存。语文教与学中的读写结合非常重要。小学阶段的语文教学在提高学生的阅读和写作能力方面能够起到重要作用，读写能力在一定程度上影响了学生的终身学习能力。因为各种因素的干扰,部分小学语文教师容易忽视阅读与写作之间的关联。在新课标引领下,我们要认真思考怎样才能更好地把阅读与写作联系起来。"读写结合"就是利用读与写同步发展、相互迁移的规律,在分别完成独立教学内容的前提下,通过读来推动写,再通过写反过来推动读。

(一)习作中的阅读学习策略

1. 解读单元要素,构建内在联系

从纵向联结方面进行比较,厘清本单元在习作序列上的"点"。从横向整组把握,确立本单元在序列上的具体要求。

2. 创设真实情境,设计挑战任务

在实际的小学语文教学当中,基于小学生好奇心强且对未知事物容易产生探究热情的实际特点,教师可以在进行习作教学时为学生讲解一些文学史上有名的作家,如鲁迅、巴金、老舍、郭沫若等,以这些作家的榜样力量来熏陶学生,并且将这些著名作家极具代表性的作品纷纷列举出来、讲解这些作品的宝贵价值,从而使学生得到相应的引导,在对作家们的宝贵作品产生敬仰之情的同时也能产生浓烈的写作兴趣。

3. 分解情境任务,设计梯度活动

通过在单元情境中进行任务指导,我们整合了学习内容、情境、方法和资源,并设计了一系列分层次的活动来提升学生的语文能力。

4. 联系学生生活实际

教师在提高学生读与写能力的同时也要引导学生仔细观察生活,从生活中积累到更多有价值的阅读资源。

(二)课例

名家描摹"品"众生相　抓住特点"绘"身边人
——五年级下册第五单元《刷子李》[①]

1. 案例背景

(1)学习内容分析

①主要内容

《义务教育语文课程标准(2022年版)》在"文学阅读与创意表达"学习任

---

① 课例提供者:北京石油学院附属小学邹婷。

务群中强调引导学生在语文实践活动中,感受文学语言和形象的独特魅力,表达自己独特的体验与思考,尝试创作文学作品。其中特别注重"创意表达",倡导学生自主、创新地表达真情实感和个性体验。第三学段在表达中要求学生运用讲述、评析等方式,交流自己的情感体验;复述印象深刻的故事情节,尝试富有创意地表达;学习运用细节描写等文学表现手法,描述自己成长中的故事。

教学中通过引导学生品读名家名篇,品味作品语言,学习描写人物的基本方法,再将方法迁移运用到单元习作之中,让学生关注生活,关注身边人,初步运用描写人物的方法具体表现人物特点。

②"写人习作"内容梳理

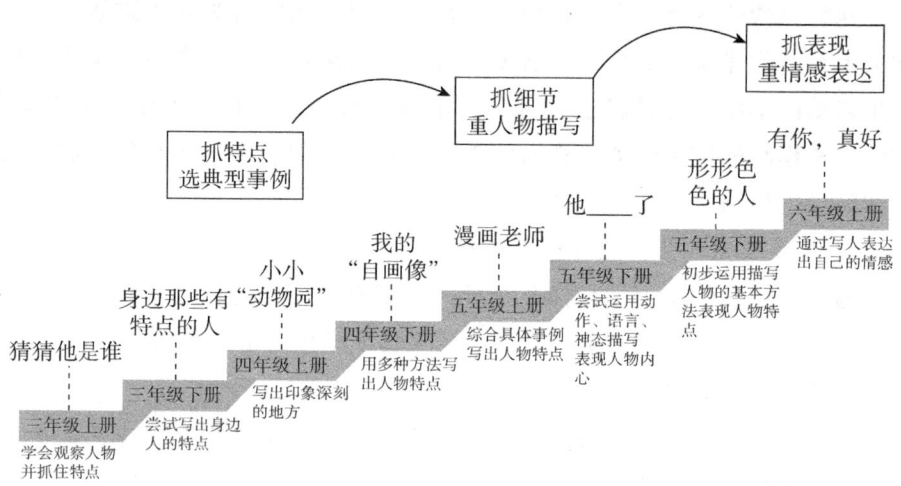

图 4-6 "写人习作"内容梳理图

统编教材中安排了 8 次写人习作,由学写片段到构思成篇,由选取典型事例突出人物特点,到抓住细节描写刻画人物形象,再到通过写人表达自己的情感,在编排上体现了层次进阶、循序渐进的特点。从习作能力看,五年级下册第五单元重在引导学生运用描写人物的多种方法具体表现人物特点;从思维品质看,是学生从形象思维到抽象思维的能力进阶。

③本单元整体架构

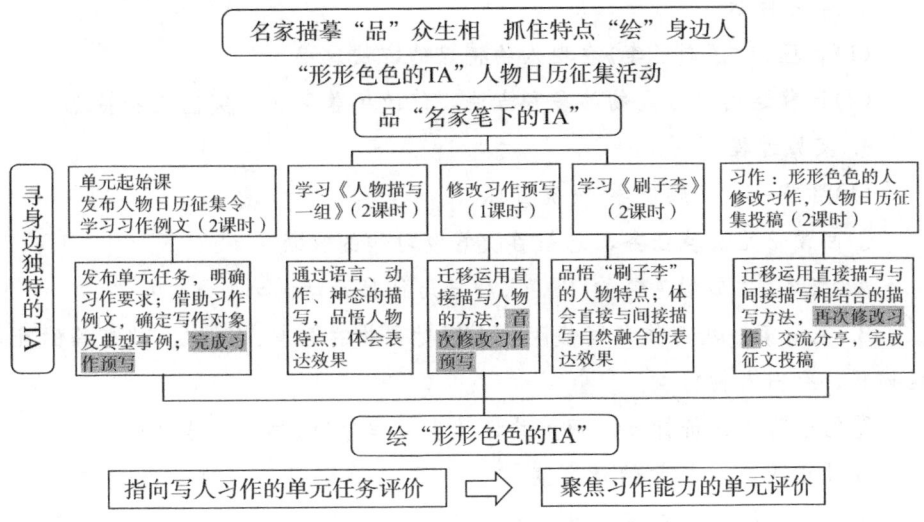

图4-7 单元整体架构图

本单元是习作单元，精读课文和习作例文都运用了多种描写手法刻画人物特点。其中《人物描写一组》通过描写人物的语言、动作、心理、神态等直接表现人物特点。《刷子李》将直接描写与间接描写自然融合表现人物特点。创设"形形色色的TA"人物日历征集的学习情境，"一日一人物，一人一特点"，引导学生关注生活，关注身边人，发现、记录有特点的人。通过习作预写，发现学生习作中的真实问题，在阅读品悟名篇的过程中，师生共同讨论，逐步明确单元习作评价标准，有针对性地解决预写中的问题，逐步修改完善自己的作品，从而实现"教—学—评"一体化。

(2)学生情况分析

①前测内容：在学习完《人物描写一组》后，学生对预写进行第一次修改。

②前测分析：90%的学生能扩充1—2处细节描写；67%的学生能较为恰当地使用直接描写刻画人物；24%的学生无意识地尝试运用间接描写，对环境、他人表现等有所关照，但是表达较为生硬、随意，不能为突出人物特点的习作要求服务。

③学习策略：教学中重在引导学生体会直接描写与间接描写自然融合的表达效果，发现学生习作中的不足，再通过读写结合，迁移运用，二次

修改完善习作，描摹"形形色色的TA"，突出人物特点。

2. 学习目标

(1)梳理归纳《刷子李》表现人物特点的方法。

(2)迁移运用描写人物的多种方法，修改完善习作，突出人物特点。

3. 实施过程

(1)环节一：回顾所学 明确目标

①回顾单元情境任务，总结首次修改习作的收获。

A. 任务："形形色色的TA"人物日历征集活动。

B. 完成第一次习作预写修改，丰富对人物的语言、动作、神态等的直接描写，突出人物特点。

②结合习作评价标准，师生共评学生习作片段《热爱足球的他》。

设计意图：在单元情境任务中，回顾之前学习的表现人物特点的方法，结合评价标准，赏评学生习作片段，引导学生发现自己习作不足之处，明确学习目标，为再次修改习作做铺垫。

(2)环节二：梳理归纳 迁移写法

①师生对读，回顾课文写作特点。

作者是如何刻画曹小三眼中的刷子李的？

刷子李	曹小三
黑衣黑裤(外貌)	……半信半疑……
悠然摆来、悠然摆去(动作)	居然……
必得坐一会儿，抽一袋烟，喝一碗茶(动作)	完了……
能耐有假，名气有诈(语言)	奇了……
直接描写	**间接描写**

②讨论探究，感受间接表达效果。

题目是《刷子李》，为什么要加入曹小三这个人物？

教师小结：这正是作者行文构思的巧妙之处。从徒弟曹小三的视角出发，写了他一天的所见所闻、心理变化，使故事变得一波三折(可读)。这样将对曹小三的间接描写与对刷子李的直接描写自然融合在一起，突出刷子李技艺高超，使人物形象栩栩如生(可信)。

设计意图：师生情境演绎，回顾刷子李、曹小三两个人物的行为表现，体会间接描写的作用，感悟直接描写与间接描写自然融合的表达效果。

(3)环节三：完善评价 创意表达

①师生讨论，补充评价标准。

补充前：

"形形色色的TA"习作评价标准

- 能选取典型事例，凸显人物特点。
- 能通过直接描写人物的语言、动作、神态等，具体表现人物特点。

补充后：

"形形色色的TA"习作评价标准

- 能选取典型事例，凸显人物特点。
- 通过直接描写人物的语言、动作、神态等，具体表现人物特点。还可以加入其他人的反应等，间接地表现人物特点。

②依据评价标准，师生共同修改《热爱足球的他》(习作片段)。

热爱足球的他

宋瑞一是我的铁哥们儿。他高高瘦瘦的，却很结实，浑身的肌肉像小石块般坚硬，甚至连脸上的肌肉都棱角分明。他似乎天生就是为足球运动而生的，是块踢足球的好材料！

你看，宋瑞一的高光时刻出现了！那是班级足球联赛决赛加时的最后一分钟，他冲到对方禁区，向右一闪，再向左，用一个假动作闪过对方后卫。最后他一下跃起，将足球踢向球门的左上端。进球了，我们班取得了冠军！

宋瑞一日常练习很刻苦，即使夏日他也每天放学后都会去练球，少则一小时，多则两三个小时。平日的刻苦训练使他的踢球本领非常高超。他带球过人的动作极其快速，射门的力量也是特别大。

就是这样一个坚强的宋瑞一，也曾流下过泪水。上届足球联赛时，我们班先是在淘汰赛中输给三班，又在三、四名决季军那场比赛中败下阵。宋瑞一连续两次哭了，我深深感受到他非常热爱足球。最后在今年的足球赛中，我们终于夺得了冠军！

这就是我的好朋友，宋瑞一，我心目中的足球之星。我希望自己也能像他一样，对自己喜欢的事情坚持且热爱。

如何让《热爱足球的他》中宋瑞一这个人物形象更加鲜活传神呢？

A. 学生预设：可以加入观众的反应，间接表现宋瑞一球技高超；可以加入环境描写，突出宋瑞一刻苦训练。

B. 教师示范：李明是三班的金牌守门员，赛前他早就听说过宋瑞一的大名。今日赛场相见，他给自己立下目标，绝不让宋瑞一进一个球。眼看进入了点球大战，面对劲敌宋瑞一，李明死死地盯着他。哨声响起，宋瑞一屏气凝神，助跑，摆腿，抽射，黑白相间的足球从他的脚下飞出，划出刁钻的弧线。李明懊恼不已，完了！就差一点儿，足球顺着他的指尖划过，应声入网！

学生讨论，体会"借助他人视角"的表达效果。

教师小结：曹小三眼中的刷子李，对手眼中的宋瑞一——借助周围人的反应、环境描写，以及他人的视角，更能够突出主人公的特点。直接描写与间接描写自然融合，能使文章更生动有趣，让人物更栩栩如生，故事更富有画面感。

设计意图：师生共同讨论，完善习作评价标准，体现评价标准先行的理念。学生依据评价标准修改习作片段，体会了加入间接描写后的人物形象更加突出的表达效果。教师示范修改为学生修改习作提供了新思路、新角度，打开了学生创意表达的一扇窗。学生在习作预写、多次修改的过程中，逐步完善自己的作品，解决了习作中的真实问题。

4. 实施效果

(1) 创设情境，预写先行

在单元学习的起始，发布"形形色色的TA"人物日历征集令，布置单元预写，让学生从生活中选择典型人物，确定典型事件，表现人物特点。本课在"形形色色的TA"主题征文的单元学习情境中，让学生学习描写人物的方法，进一步修改自己的习作。

将单元习作任务前置，教学中紧紧围绕解决学生预习中的实际问题展开教学，借助文本，让学生习得人物描写的方法，再次修改预写，为习作不断注入"源头活水"。学生阅读的过程也是习作不断完善的过程。

(2) 读写结合，迁移运用

学生在初读单元课文，梳理课文内容后，我们发现没有学生关注到间接描写及其表达效果。基于此，我们设计了"形形色色的TA"人物日历征集的单元学习任务，通过"阅读铺路"与"读写结合"两大进阶任务落实单元双线。设计核心问题：作者是如何刻画人物形象的？从感悟文章写法入手，以写作思维定位文本的教学价值，借助表格引导学生关注刷子李、曹小三两个人物的表现，感受直接描写与间接描写自然融合的表达效果。聚焦学生的学习评价，贯穿整个单元，随着阅读体验的丰富，师生共同讨论，逐步完善习作评价指标，实现"教—学—评"一体化。

五、单篇课文教学中的阅读学习

单篇课文指的是被选入义务教育阶段语文教材中的课文。新课改背景下，阅读教学依旧以单篇课文为基本单位，即使在强调"大单元""大任务情境"的单元整体教学设计的背景下进行教学，单篇课文依旧是基础。因此，中小学语文教学的重任依旧落在单篇课文上，依旧落在语文教师对教材中课文的解读上。

对单篇课文的整体把握需要从多个角度去钻研。首先，要重视教材的编排结构，除课文外，还要充分注意注释、课文前的阅读提示、课文后的思考、阅读链接、"语文园地"中的内容等。其次，就课文本身而言，教师应全面掌握文章的内容、结构、语言，或文与道两个方面，或听说读写训练等。对单篇课文的整体把握，最能体现一个教师对教材的研究能力。也只有做到这一点，教师才能完成该篇课文的教学任务，才能使单元以至一册教材的教学要求得以落实。从微观上来讲，单元与单篇课文是教学的基本单位，也是研究的关键所在。宏观上讲，对教学阶段、对教材、对单元整体的把握，使教师形成了明晰的认识。只有这样，教师才能了解单元与单篇课文的关系，才能了解其重点。同样，也只有真正理解了单篇课文之于整个单元教学的作用，并在教学中真正落实，教学的整体目标才能实现。

(一)阅读学习的策略

1. 多形式朗读策略

通过自由朗读、分角色朗读、创编表演等多种形式的朗读，激发了学生的阅读兴趣，从而进一步体会人物心情，感受珍妮的善良、七色花的"神奇"。更多有趣的朗读形式，使单篇阅读变得更加生动有趣。

2. 联结策略

联结策略即在阅读过程中调取已有的背景知识和个人经验，从而更好地理解文本的意义。包括在单篇课文中前后文之间的联结,与另一篇课文的联结,与另一本书的联结,与已知知识的联结,与个人生活经验的联结等。

3. 跨界阅读策略

跨界阅读即跨越不同艺术门类边界的阅读,是突破学科边界、纸质媒介进行的综合阅读。不同的艺术形式采用的话语有很大的差异,与文学语言相对的视听语言是一种用声、光、色、影来共同表现的独特的艺术语言,主要包含画面和声音两个方面。本课设计通过《七色花》动画片中片段的引入,让学生通过比较不同媒介的语言,感受作品的不同表达形式给自己带来的不同感受。

4. 迁移运用策略

迁移即一种学习对另一种学习的影响,或习得的经验对完成其他活动的影响,即"举一反三""触类旁通"。阅读促进了学生对课文内容的深入理解,提升了学生的表达能力。写话部分帮助学生进一步理解了童话故事"想象大胆""画面感强""表达有序"的特点,也为学生日后阅读其他童话类文本提供了指导。读写结合,最终实现了读写双赢。

(二)课例

以课外阅读单篇童话故事《七色花》为例[①]

1. 案例背景

(1)学习内容分析

①主要内容

《七色花》是统编版小学语文教材二年级下册"快乐读书吧"的推荐书目之一。由天津教育出版社出版的《七色花》一书中共收录了卡达耶夫创作的9个童话故事。这些故事有的发生在虚拟世界,有的发生在现实生活中;有的想象力丰富,有的现实感更强,无论是哪个故事,都传递着真善美,都可以帮助学生感受童话的魅力,通过童话故事认识世界,了解生活,明辨是非,抑恶扬善。

《七色花》一文是苏联作家卡达耶夫创作的一篇童话,整个故事想象力丰富,非常适合二年级的学生阅读。这篇童话故事主要讲了小姑娘珍妮在

---

① 课例提供者:北京市海淀区学院路小学俞璐帆。

迷路时得到了一朵神奇的七色花，并用它做了七件事，第七片花瓣让一个跛脚的小男孩恢复了健康，获得了快乐，故事告诉我们要做有意义的事。

②与学科知识的关联

温儒敏教授曾说过："语文学习，最重要的是培养读书的种子。"为了培养这颗"读书的种子"，教材特别编排了"快乐读书吧"这一栏目，旨在点燃学生的阅读兴趣，指导学生进行课外阅读，提升他们的课外阅读能力。《义务教育语文课程标准(2022年版)》(以下简称《课标》)在课程理念中提出"创设丰富多样的学习情境……激发学生的好奇心、想象力、求知欲"。童话故事，便是激发学生好奇心、想象力的最好素材。此外，《课标》中对第一学段的要求指出："阅读浅近的童话、寓言、故事，向往美好的情境，关心自然与生命，对感兴趣的人物和事件有自己的感受和想法，并乐于与他人交流。"《七色花》一文中珍妮用最后一片花瓣帮助跛脚的小男孩恢复了健康，该愿望与前几个愿望不同的是，珍妮不再只关注自身，而是把这种实现愿望的机会给了他人，这种"为他人考虑"的思想也能帮助学生成长。

《课标》中"童话"这一要素在课程内容中同时存在于"发展性学习任务群"与"拓展型学习任务群"中。前者属于"文学阅读与创意表达"任务群：第一学段的学生将"学习童话，体会童真童趣，感受多姿多彩的生活，初步体验文学阅读的乐趣"。第二学段的学生将"阅读富有想象力和表现力的儿童文学作品，欣赏富有童趣的语言与形象，感受纯真美好的童心，学习用口头或者图文结合的方式创编儿童诗和有趣的故事，发挥想象力"。可以看出，阅读童话作品贯穿于第一、二学段的始终，第一学段主要在于阅读与体验乐趣，而第二学段逐步走向想象与表达。后者在"整本书阅读"任务群中再次体现：第一阶段的学生需"阅读自己喜欢的童话书，想象故事中的画面，学习讲述书中的故事"，第二阶段的学生需"阅读儿童文学名著，感受作品传达的真善美，用自己喜欢的方式讲述故事大意"。由此可见，童话故事是第一、二学段课内外阅读的主要素材。

在统编教材中，编者依据儿童兴趣及思维语言能力的发展特点，逐层递进地编排了很多童话作品，也设定了很多运用童话训练孩子想象思维能力的学习活动。

表 4-10 统编版语文教材童话及科学类作品统计表

册次	内容简介	阅读要素	表达要素（说话、写话、习作）
一、二	选用童话36篇，占选文总数的32.1%	培养兴趣，初步理解字词，学习朗读和默读，展开想象，感受语言的优美	说普通话，培养自信心，写自己想说的话，写想象中的事物
三下	第五单元 童话单元	走进想象的世界，感受想象的神奇	发挥想象写故事，创造自己的想象世界
三下	第八单元 童话民间故事单元	了解故事主要内容，复述故事	根据提示，展开想象，尝试编童话故事
四上	第四单元 神话单元	了解故事起因、经过、结果，把握内容，感受神话神奇的想象	展开想象，写一个故事
四下	第二单元 科学小品文单元	阅读时能提出不懂的问题，并试着解决	展开奇思妙想，写一写自己想发明的东西

③本课中的阅读材料内容

《七色花》一文讲述了小女孩珍妮用神奇的七色花帮助她做事的故事，启示人们要关心帮助有困难的人。全文紧紧围绕"神奇的七色花"，从"得花"到"用花"，层次分明。该文在写法上具有如下特点。

A. 想象大胆

七色花帮珍妮实现了许多现实中的"不可能"，如"让破碎的花瓶复原""所有的玩具都飞过来了"。这些内容，可以激发学生无限的想象力，培养学生的创造性思维。

B. 言之有序

纵观珍妮用七色花做的七件事，除了第六件事略写外，其他的事都按照珍妮"为什么用花瓣？""怎么用的？""结果怎样？"的顺序叙述，是学生学习有序表达的好素材。特别是第七个愿望的描写格外具体，结构清晰。因此，本课将重点学习第七件事，使学生体会"言之有序"，并尝试运用。

C. 极具画面感

本文用词丰富，描写细致。通过表示时间短的词，如"一眨眼""马上"

"立刻"体现七色花实现愿望之快。通过一些动词,如"飞""堆满""跟着""爬上"等把故事中的情景生动地展现出来,使读者头脑中浮现出珍妮实现每一个愿望时的画面。

同时,这些内容也是学生学习习作的好素材,阅读童话故事促进了学生对课文内容的深入理解,提升了学生的表达能力。自由创作帮助学生进一步理解童话故事"想象大胆""画面感强""表达有序"的特点,也为学生日后阅读其他童话类文本提供了指导。

(2)学生分析

本阅读材料适合二、三年级的学生进行阅读学习。该年龄段的孩子,正是发展形象思维的最佳时期,他们擅长想象、喜爱幻想。如何使学生发散思维、放飞想象是本课重点要关注的。此外,二、三年级的学生喜欢阅读童话,有一定独立识字的经验和基础,能根据题目质疑,带着问题默读课文,并圈画重点语句,可以通过朗读和想象等方法大体感受文章内容和情感。

为了使本课更有针对性,我们对本校三年级(2)班31名学生进行了前测,以下是我们的前测设计及分析:

学生作答情况:

题目1:你从哪儿能感受到七色花的神奇?

①整体概括

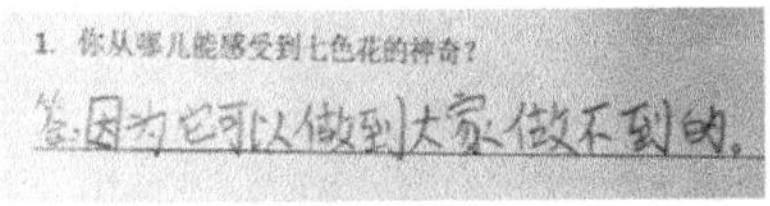

图 4-8 学生作答情况 1

②结合具体愿望描述

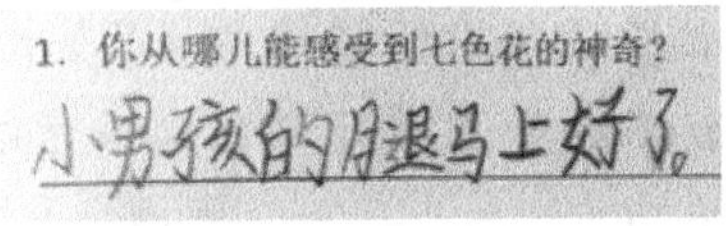

图 4-9 学生作答情况 2

③不会写

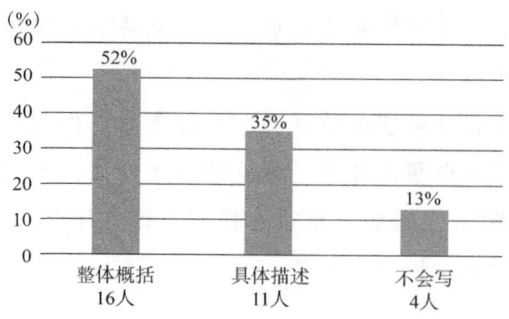

图 4-10　第 1 题学生作答情况分析

分析：大部分学生能够抓住七色花总的特点谈"神奇"，部分学生能够根据具体事件谈，但没有学生能够抓住关键词谈。

对策：引导学生边读边画出重点句，圈出重点词。帮助学生关注重点词、句，体会"神奇"。

题目2：如果你有一朵七色花，你想实现什么愿望？

学生作答情况：

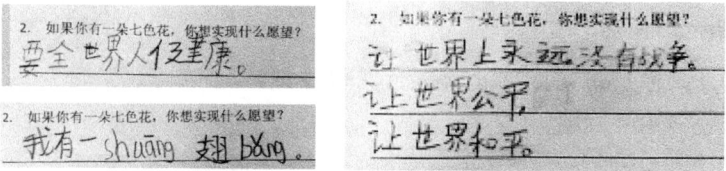

图 4-11　学生作答情况 3

分析：学生能够简单地用一两句话表达自己的愿望，缺乏具体的描写。

对策：通过文本细读，引导学生加上动词、形容词把愿望写具体。

综上，本课的设计将通过学生多种形式的阅读——自读（圈画批注）、同桌读、表演读，从读中感受童话的神奇。通过动画视频的介入，激发学生兴趣，帮助学生理解、感悟文中的神奇的场面。借助课文中的情境，想象练笔，以读促写。通过学生自主学习与合作探究结合的方式，感受文中奇特的想象，感悟童话魅力。

（3）学习背景

本课将作为统编版小学语文教材三年级上册"快乐读书吧"之"在那奇特的王国里"的课外拓展阅读素材。三年级上册第三单元的单元大情境设计为"畅游童话王国",学生在之前的学习活动中已经"初入'心愿'街",学习了课文《卖火柴的小女孩》《那一定会很好》,感受到卖火柴的小女孩用火柴燃起的心愿,一粒种子被愿望点亮的一生;随后在"'勇者'森林"中奋勇向前,跟随着青头和红头体验一场惊险、刺激的"在牛肚子里旅行",结识蚂蚁队长,跟随他一起去搬运"一块奶酪";最后来到"童话剧场",把自己编的童话写下来,讲给大家听,演给大家看。而《七色花》一课的学习将安排在"童话剧场"活动中,通过对该文的精读,一方面作为"快乐读书吧"中课外阅读的补充,另一方面学生可以自主创编《七色花》故事,把自己的心愿写下来,把课文中的故事演出来,或者创编属于班级的《七色花》故事。

2. 学习目标

(1)有感情地朗读课文,通过第七个愿望与前六个愿望的对比,懂得要做有意义的事情。(学习重点)

(2)通过品读重点词句,借助动画视频,感受童话想象大胆、描写细致、表达有序的写作特点。(学习重点)

(3)读写结合,大胆想象,按照事情的发展顺序写下自己的愿望。(学习难点)

3. 实施过程

课前学生应已初读《七色花》一文,能够读准字音,读通顺句子,理解课文中一些难理解词语的意思,对课文内容有初步了解。

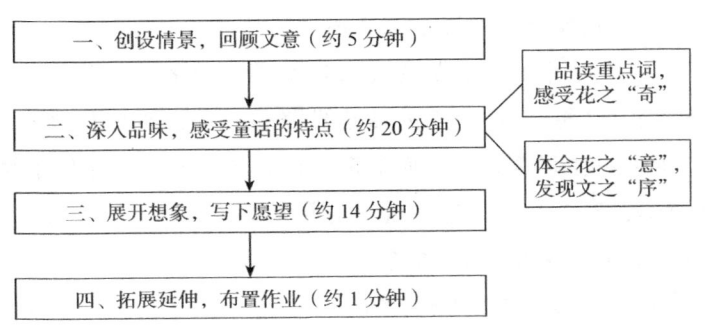

图 4-12　教学流程图

(1)环节一:创设情景,回顾文意

①激趣导入,情境中复习生字

A. 创设魔法花园情景,在语境中完成看拼音写词语。

反馈时教师提示:"神"的示字旁只有一点,注意"插"右边的笔顺,注意"瓶"中的"竖提"。

B. 学生修改,魔咒解除。

设计意图:通过创设花园被施了魔法的情景把学生带入神秘、美好的乐学情绪之中,激发学习兴趣,唤起学生对童话故事的向往。根据前测中的易错字进行有针对性的复习巩固,提高识字效率。

②借助联想,整体感知

A. 教师出示PPT(图4-13)。

图4-13　PPT展示图

B. 学生结合花瓣上的词回忆课文的主要内容。

设计意图:让学生运用联想的方法回忆课文中的七个愿望,引导学生初步感受七色花的"神奇",为深入品读做好铺垫。三年级的学生正在形成概括能力,提供一些词语为学生回忆课文内容搭了台阶,降低了难度。

(2)环节二:深入品味,感受童话的特点

①品读重点词,感受花之"神奇"

A. 自读自悟,感受花之"神奇"

a. 出示自学提示。

默读全文,你从哪些语句中体会到七色花很神奇?用直线画出相关的句子,圈出重点词。

第四章 语言与人文类学科中的阅读学习

b. 学生自主学习，圈画出重点词句。

设计意图：帮助学生关注文中写出七色花"神奇"的句子，并挖掘重点词进行深入品读。

B. 学生自由汇报交流

a. 策略一：抓重点词，品悟"神奇"

抓关联词："只要……就……"，感受七色花的"无所不能"。

只要撕下一片花瓣，把它扔出去，唱个歌谣，你要它做什么它就能做什么。

抓形容词：四面八方、满，体会玩具之多。

抓动词：飞、堆、跟着、爬上，玩具仿佛活了起来。

于是，玩具从四面八方向珍妮飞来。洋娃娃、小皮球、小汽车、小飞机……堆满院子，堆满街道，城里交通堵塞了，有些玩具跟着珍妮来到阳台，爬上楼顶。

表示时间短的词：一眨眼、立刻、马上，感受七色花的"神奇"。

- 一眨眼工夫，珍妮回到家了，手里拿着一串面包圈。
- 她就立刻到了寒冷的北极。
- 小男孩的腿马上好了，他从板凳上跳下来，同珍妮玩起了捉迷藏。

设计意图：《课标》中要求第二学段的学生能够体会课文中关键词句表情达意的作用，因此本环节让学生关注文本中具体表现"神奇"的词、句，试着积累，为后面的学习做铺垫。

b. 策略二：借助视频，感受"神奇"

播放动画视频，学生观看。

学生谈感受。

设计意图：借助动画帮助学生直观感受七色花瓣的"趣"，进一步体会作者在写这篇故事时的大胆想象，感受童话画面性强的特点。

c. 策略三：感情朗读，再现"神奇"

学生朗读。

师生评读。

设计意图：学生在自主体会、感受文本的基础上，经过教师的评读指导，让学生在读中深入体会七色花的"神奇"。

②体会花之"意",发现文之"序"

A. 比较判断,体会花之"意"

a. 出示小组学习提示:

七色花帮珍妮实现了七个愿望,你最赞成珍妮使用哪片花瓣?为什么?请结合其他花瓣说一说。

b. 全班交流。

预设:学生认为前六片花瓣珍妮都是在为自己使用,而最后一片花瓣珍妮选择了帮助别人,所以最赞成她使用第七片花瓣。

设计意图:通过问题聚焦段的教学(本文中的"段"为"部分"),帮助学生建立联系上下文谈感受的意识。

B. 聚焦第七个愿望,发现文之"序"

a. 带着问题自读第11—18自然段,发现描写顺序。

引导发现:在这个愿望中,珍妮为什么使用这片花瓣?是怎么使用的?结果怎样?

b. 交流汇报,教师相机指导,总结表达顺序。

c. 趣味阅读,表演创编。

分角色朗读。

同桌两人分别扮演珍妮、维佳,读对话,体会人物心情,感受"序"。

自由创编、表演。(机动)

同桌两人加入一些想象、动作,表演这个片段。

设计意图:通过自读、分角色朗读、创编表演的方式,激发学生的学习兴趣。进一步体会人物心情,感受珍妮的善良、七色花的"神奇"。聚焦重点段落,引导学生发现记叙文的表达顺序,并为后面的写作做铺垫。

(3)环节三:展开想象,写下愿望

①如果你有一片七色花花瓣,你想实现什么愿望?

A. 学生自己思考。

B. 同桌互相说一说。

②读写结合,运用所学。

请你按照事情的发展顺序,仿照课文第七个愿望,大胆想象,写下自己的愿望。

A. 出示学习单(图 4-14)

设计意图：借助让学生补全愿望的方式降低习作难度，给予学生充分的时间与空间发挥想象，大胆写下自己的愿望。

B. 学生写愿望

C. 全班评

评价标准："大胆想、有顺序、有画面"各一颗星。具备一点：☆；具备两点：☆☆；具备三点：☆☆☆。生生互评，教师相机点评。

D. 学生修改愿望

E. 展示作品

教师总结，鼓励学生把想象用到自己的写话中。

设计意图：在课堂上借用课文中的情景练笔，能够让写作更有实效性，更具趣味性，更利于学生写作能力的提高。为学生搭建展示作品的平台，能够让学生体会成功的快乐，树立写作的信心。

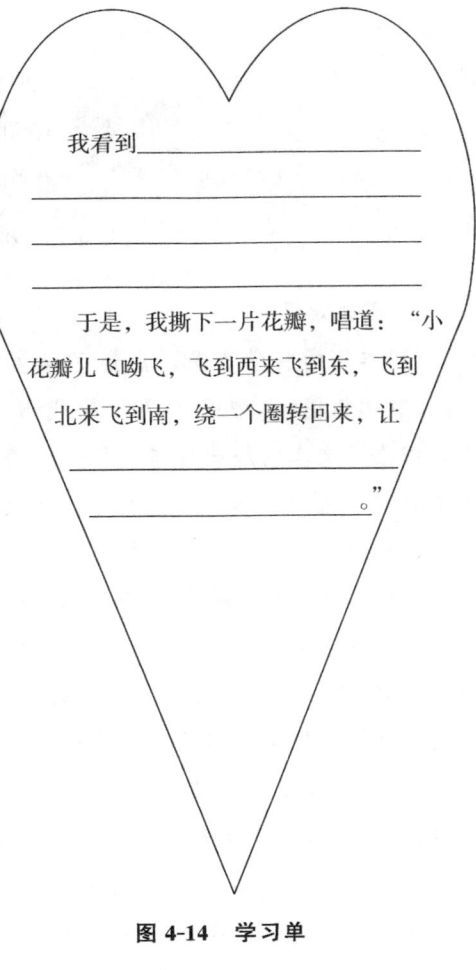

图 4-14 学习单

(4)环节四：拓展延伸，布置作业

① 读一读七色花的原文，看看七色花的动画片(苏联，1948)。

② 修改你写下的愿望，讲给家长、同学听。

设计意图：继续修改愿望，使其想象更加大胆，描述更加具体。让学生进行课文与原文的比较阅读，动画片与文本的比较赏析，进行跨界阅读。

```
        七色花
神奇              大胆想 ⎧ 为什么使？（起因）
         ❀       有顺序 ⎨ 怎么使的？（经过）
无所不能          有画面 ⎩ 结果如何？（结果）
```

图 4-15　板书设计

4. 实施效果

(1) 丰富的教学资源，点燃了学生对童话故事的兴趣。入课时即营造"神秘花园情境"，增强了学生的代入感。动画、音频等多媒体形式的引入，增强了文本的趣味性与吸引力。表演环节，制作的"七色花道具"一下子激起了学生的兴趣，学生们个个跃跃欲试，纷纷加入角色扮演活动中。

(2) 读中学写，以写促读，读写双赢。落实《义务教育语文课程标准（2022年版）》中语文课要"多读多写"的特点要求。阅读促进了学生对课文内容的深入理解，提升了学生的表达能力。写话部分帮助学生进一步理解童话故事"想象大胆""画面感强""表达有序"的特点，也为学生日后阅读其他文学性文本提供了指导。读写结合，实现双赢。

(3) 创造性地使用阅读材料，实现由"面面俱到"走向"取舍有道"。叶圣陶先生说过："课文无非是例子。"为此，运用好"例子"，发挥好"例子"的作用就显得尤为重要。本课设计中对阅读材料内容进行了有重点的取舍，突破传统授课中的逐一分析愿望，重点学习第七个愿望，内容上关注意义，写法上关注表达顺序，可作为学生写作课的范例。

六、语文校本课程中的阅读学习

学校通过"童心游诗境"古诗词诵读项目与高年级语文写作研究性学习的校本课程，成功地将"用阅读来学习"的教育理念融入教学实践中，使学生在阅读中获得知识，在写作中锻炼能力，成功激发了学生的自主学习潜能，提升了学生的文化素养和综合能力。

(一) 校本课程中的阅读学习策略

1. 分级、分层阅读策略

在"童心游诗境"古诗词诵读项目中，根据学生年龄和认知发展阶段，将古诗词内容分级分层,设计十二个递进阶段,逐步提升难度,确保学习的适宜性和挑战性。高年级语文写作同样鼓励学生根据个人兴趣与能力自主选题,分层设定研究深度与写作难度,促进个性化学习。

2. 自主探究阅读策略

引入闯关游戏模式,学生自主申请参与,通过随机抽签背诵诗词完成挑战,激发学习动力和自主性。写作研究性学习中,学生自主探索、选题、研究,如同游戏中的任务探索,增强学习的主动性和趣味性。

3. 多元评价阅读策略

通过"古诗小考官"制度、家长参与、学生互评等多元评价方式,形成全面、立体的评价网络,促进学生全面发展。用多种形式展示与反馈写作成果,如新书发布会、作品展览,师生、同伴评价,提升学生作品的公众影响力,使学生获得成就感。

4. 文化传承与创意表达策略

学生在诵读《童心游诗境》中传承中华优秀传统文化,同时,通过游戏闯关的形式来进行活动,让传统文化焕发新活力。高年级写作结合研究性学习,通过创新性研究,进行文学创作与创意表达。

(二)课例

以"童心游诗境"古诗词诵读项目和高年级研究性写作为例①

在教育改革实施的背景下,基础教育领域面临着前所未有的挑战与机遇。如何在传承与创新之间找到平衡,激发学生的内在潜力,培养既具备深厚文化底蕴又具有创新精神的新时代人才,成为教育探索的核心议题。

北京石油学院附属小学积极响应这一教育探索的号召,秉持"用阅读来学习"的教育理念,创造性地设计并实施了"童心游诗境"古诗词诵读项目和高年级语文写作研究性学习校本课程。通过项目和课程的实施,学校旨在以阅读为引领,深化学生对古诗词的理解与感悟,同时结合写作实践,使学生在阅读中汲取知识,在写作中锻炼思维,从而全面提升学生的综合素养。

"童心游诗境"古诗词诵读项目鼓励学生深入阅读经典古诗词,感受中

---

① 课例提供者:北京石油学院附属小学窦丽娜、侯杰颖、向昆。

华文化的博大精深。通过诵读、赏析、闯关等多个环节，引导学生领略诗词之美，理解作者的情感与思想，培养学生的审美情趣和人文素养。同时，高年级语文写作研究性学习则以阅读为基础，让学生在深入理解文本的基础上，进行个性化的写作实践。通过写作，学生不仅能够更好地表达自己的思想和情感，还能够提升逻辑思维能力、批判性思维能力等综合素养。

1."童心游诗境"古诗词诵读项目的实施

(1)分级递进，寓教于乐的诵读体系

"童心游诗境"古诗词诵读项目基于学生心理发展和认知规律，将古诗词学习分为十二个递进阶段，每一阶段精选诗词，既考虑了难易程度，又兼顾了学生兴趣。这一分级体系旨在通过逐步提升挑战，激发学生的学习动力，同时确保学习的连续性和有效性，使学生在享受古诗词韵律美感的同时，逐步深入中华文化的广阔天地。

(2)自主学习与游戏闯关：激发学习动力

项目引入了游戏化学习机制，将诵读任务设计为闯关模式，学生在完成一定量的诵读内容后可申请闯关，通过随机抽取诗词背诵的方式检验学习成果。此模式不仅增添了学习的趣味性，还有效培养了学生的自主学习意识和自我挑战精神，使学习过程成为一次充满乐趣的探索之旅。

(3)多元评价，构建多层次评价体系

项目构建了包括教师评价、同伴互评、家长参与和自我评价在内的多元评价体系，特别是设立"古诗小考官"制度，让学生在互帮互助中深化对诗词的理解，同时提升责任感和领导力。这一评价体系不仅促进了学生间的"竞争与合作"，也强化了学生自我反思与自我提升的能力。

(4)深度理解与文化积淀：内涵与表达并重

在注重背诵积累的同时，项目强调对诗词内涵的深度挖掘，通过提供注释、大意解析、音频资源等多元化学习工具，帮助学生在理解中背诵，通过背诵加深理解，形成良性循环，使学生在掌握语言艺术的同时，深化对中华文化的理解与认同。

2.高年级写作研究性学习的实施

(1)自主探索，激发潜能

高年级语文写作课程采用研究性学习模式，鼓励学生围绕感兴趣的主题自主选题，通过调查研究、资料搜集、观点提炼等步骤完成写作。这一模式不仅培养了学生的自主学习能力，还激发了他们的创造力与批判性思维，使写作成为个人知识建构和表达自我思想的过程。

(2)个性指导，教师支持

课程实施过程中，重视对每位学生的个性化需求和兴趣的尊重，提供灵活的选题和组队方式，教师扮演引导者和顾问的角色，适时提供有针对性的指导和反馈。这种个性化与过程化的支持策略，有助于学生在遇到挑战时得到有效帮助，同时保持学习的积极性和自主性。

(3)搭设平台，成果展示

通过定期举办新书发布会、作品展览等成果展示活动，为学生提供展示自我、收获认可的平台。这一环节不仅增强了学生的成就感，也是重要的反馈机制，通过师生、生生之间的交流与评价，学生可以直观地看到自身进步与不足，进而激发持续改进的动力。

3. 实施效果分析

(1)学习方式的转变

"童心游诗境"与高年级语文写作项目通过创新策略，成功推动了学习方式从被动接受向主动探索的转变，学生在体验中学习，在游戏中成长，在研究中创新，自主性、创新性和合作精神显著增强，为终身学习能力的培养奠定了坚实基础。

(2)综合能力的提升

古诗词诵读项目在增强学生文化自信和语言表达能力的同时，也拓宽了他们的文化视野；而写作研究性学习则通过深度探究，培养了学生的学术研究能力、批判性思维和书面表达能力，两者相辅相成，共同促进了学生综合素养的全面提升。

(3)教师角色的重构

项目实施过程中，教师的角色由知识传授者转变为课程设计师、学习指导者和评价者，这一转变促使教师不断提升自我，学习现代教育技术，更新教育理念，促进了教师队伍的专业性成长和教学创新。

未来，学校将继续优化校本课程设计，加强教师培训，拓宽合作交流，为学生提供更多元、更深层次的学习体验。

第二节　英语学科阅读学习的策略与案例

阅读作为学生获取信息、习得语言的重要途径，不仅能丰富学生语言表达，提高语言理解能力，助力学生逻辑思维和批判性思维品质的发展，也是拓宽学生认知视野，培养学生跨文化理解和表达能力的重要路径。2013年北京石油学院附属小学就建构了 SPR 全景式英语校本课程，其中 R 作为阅读课程在全学段都进行了课堂实践与研究，逐步实现了低年级学生爱阅读、中年级学生会阅读、高年级学生善于阅读的培养目标。随着对阅读课程理念的不断更新，教师们从原来的教学生阅读英语，转变为教学生用英语阅读学科知识、文化类知识以及跨学科知识，在注重培养学生语言能力的同时，将文化意识、思维品质以及学习能力的培养融入阅读教学，形成了多元化的英语阅读教学策略。

小学生英语阅读素材多以连续性语篇为主。绘本图文并茂的形式能有效激发学生的阅读兴趣，提高学生的阅读理解能力，感悟语篇所蕴含的育人内涵。针对不同年段学生的认知特点，充分挖掘绘本的语篇价值，教师进行了多样化的绘本阅读策略实践与探索。除了传统的语言类阅读理解活动，教师尝试了将戏剧范式应用到语篇的阅读活动中，用肢体化的语言表现语篇内容，让学生在教师创设的语境中感受人物、情节以及语篇内涵。阅读作为理解性语言技能，能帮助学生规范语言表达，积累语言知识，为发展写作能力奠定基础。基于读写结合的教学特点，教师加深了对段落结构、逻辑顺序、句式特点、主题表达的分析，引导学生掌握主题语篇的布局和结构，进行模仿和迁移，加强阅读与写作的关联，充分发挥了阅读对写作的指导性意义。随着素养时代的到来，英语阅读不再是一种单纯基于语言发展的知识获取，而是要求学生在不断丰富语篇阅读素材，创新阅读方式以及发展阅读延伸类技能的过程中，成为会阅读、善阅读、用阅读来丰富人生的社会性人才。

一、传统文化绘本阅读中的阅读学习

传统文化是指一个民族或国家在长期的历史发展过程中所形成的、代表其独特精神和价值观念的文化遗产。它包括了该民族或国家历史上的各

种思想文化、观念形态，涵盖了语言文字、思想哲学、道德伦理、艺术美学、宗教信仰、节日习俗、生活方式等多个方面。传统文化是人类智慧和创造力的结晶，具有深厚的历史底蕴和独特的风格，体现了一个民族或国家的独特精神风貌和价值取向。英语是当今世界经济、政治、科技、文化等活动中广泛使用的语言，是国际交流与合作的重要沟通工具，也是传播人类文明成果的载体之一，对中国走向世界、世界了解中国、构建人类命运共同体具有重要作用。我校英语学科教师立足学科特点，探索了以传统文化绘本为载体，引导学生在阅读过程中，感受中国传统文化的魅力，增强学生对传统文化的认知，实现涵养家国情怀，树立文化自信的素养目标。

绘本阅读，顾名思义，指的是以绘本为主要阅读材料的阅读活动。绘本，英文称为"Picture Book"，是一种特殊的图书形式，它以图画为主，文字为辅，或者完全没有文字，依靠连续的图画来讲述故事或表达情感。

常见的绘本阅读方式有以下几种：

朗读阅读：父母或老师心无旁骛地朗读绘本中的文字内容，注意语气、语调和表情，让孩子感受到故事的趣味和情感。整体阅读：在孩子阅读了一部分故事后，鼓励他们大胆续写故事的结尾，用画笔画出或说出自己心中的故事结局。重复阅读：对于图画比较复杂、信息比较丰富的绘本，重复阅读是很有必要的。孩子会在反复阅读的过程中，加深对故事内容和事物的印象，最终更好地理解和认识这些事物。同伴阅读：几个年龄相仿或有一定年龄差异的同伴一起阅读绘本。体验阅读（角色扮演）：在家庭中，父母和孩子可以扮演绘本中不同的角色，通过角色扮演的方式，让孩子更深入地体验故事情境，加深对故事内容的印象，同时也培养孩子对阅读的兴趣。预测和猜测故事情节：在开始阅读之前，可以让孩子观察绘本的封面和插图，预测和猜测故事的情节。探索和讨论细节：在阅读绘本的过程中，鼓励孩子注意绘本的细节，并引导他们思考和讨论故事中的人物、情节和动机。点读法（指读法）：用一根手指头指着字，读给孩子听。这种方法适合一对一的亲子阅读场景。讲读法：利用绘本原有的故事情节作为辅助材料，融入家长或老师自己的理解去讲故事。鼓励朗读法：当孩子与家长或老师共读完绘本后，鼓励孩子大声朗读出来。以上绘本阅读方式各有特点，教师要基于绘本语篇的特点，根据孩子的年龄、兴趣和需求选择适合的方式来引导孩子阅读绘本。下面就以课例 *Hot Pot, Cool!* 为例，具体说明绘本阅读提升低年级学生传统文化意识的培养路径。

(一)阅读学习的策略

本案例所运用的阅读策略梳理如下。

1. 预测

通过观察绘本封面、视频主题图，培养学生读前预测的意识，激发学生自主阅读的欲望，为学生积极主动地阅读奠定基础。

2. 提取信息

在语篇阅读和多模态语篇视频的观看过程中，根据教师提出的核心问题，学生有目的地提取、梳理所需信息。在完整的语境中，使用此种策略理解故事大意，并尝试感知故事的内在逻辑线索、问题解决线索。

3. 迁移运用

在整个阅读提供的语境中，实现"整出"。学生理解词语的含义，在运用中逐步积累词语，调动知识并解决问题。学生在两课时中均实现借助文本内容表达自身意愿，体现语言表达的逻辑性。

(二)课例

绘本 *Hot Pot！Cool！* 主题单元教学[①]
——以低年级绘本 *Hot Pot！Cool！* 主题单元为例

中国传统饮食文化是中国传统文化中重要且与人们的生活息息相关的部分。绘本阅读是小学低年级英语学习的重要手段。在本案例中，教师以"火锅"这一传统饮食为引，以绘本阅读为手段，带领孩子走近中国瑰丽的传统文化。

1. 案例背景

(1)语篇内容

What do you want for dinner? I want to eat fish. I want to eat beef. I want to eat pork. I want to eat mushroom. I want to eat Chinese cabbage. I want to eat tofu. I want to eat spinach. I want to eat lamb. I want to eat shrimp and noodles. Oh, what shall we eat? Different people want different things. Shall we have a hot pot? You can have what you want to eat,

---

① 课例提供者：北京石油学院附属小学马伽尼、李雪情。

and you can also choose spicy or not spicy soup. Cool! Hot pot is a perfect idea.

(2)学生分析

①学生基本情况分析

本案例的授课对象是北京石油学院附属小学一年级。他们每周用2课时学习人民教育出版社小学英语(一年级起始)教材内容,用1课时进行英语实践,即校本课程说唱课。基于我校"六个一"的办学理念,针对其中的"一副好口才""一生好习惯"而设立了阅读时间与课前三分钟口语表达活动。活动中,学生对绘本非常感兴趣,阅读积极性高,敢于表达自己的想法。

②学生语言能力基础

经过半年的英语学习,学生已经能够就食物、颜色、数量、动物等话题进行谈论。本学期学习了Food单元,学生能够用英语表达食物的名称,如vegetable、fish、chicken、noodles、egg、soup等词语;能够运用句型"I'm hungry.""I want…""I like…"表达自己对食物的喜好。

③相关生活经验及学科知识基础

对一年级一个随机自然班的访问调查结果显示,学生普遍具有吃火锅的经历,并且喜欢吃火锅。通过个体访谈法了解到,70%的学生在家中有阅读中文绘本和英文绘本的经历,经过半年的英语学习,也具备指读和跟读的基本技能。

(3)单元整体设计思路

本案例中,教师选择了《中国风·虎阅英语全互动分级阅读》二级绘本 *Hot Pot！Cool！* 作为阅读素材,围绕"火锅"主题设计了2课时的单元主题教学蓝图(图4-16)。

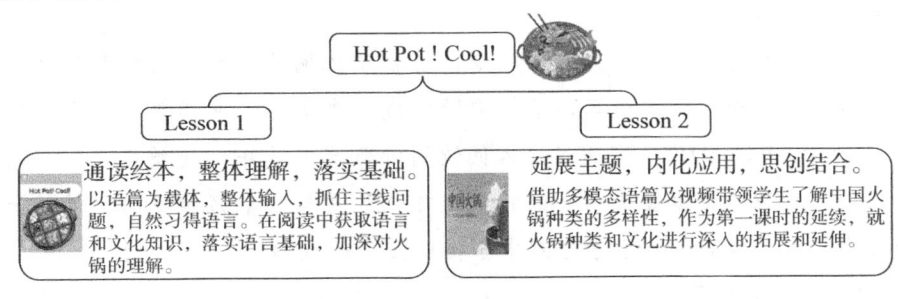

图4-16 单元主题教学蓝图

①第1课时

通读绘本，整体理解绘本内容，落实语言基础。本节课打破传统词汇教学方法，以语篇为载体，进行音形义整体输入。通过发现问题——解决问题的自然逻辑，带领学生自然习得语言，在阅读中获取语言和文化知识，落实语言基础，加深对传统文化的理解。

②第2课时

本课时在第1课时整体理解的基础上，对文化主题进行延展，与学生的现实生活产生进一步的关联，内化应用。学生借助多模态语篇视频进一步了解中国火锅的种类，作为第1课时阅读的延续，就火锅种类的多样性及其文化进行了深入的拓展和讨论。

教师经过深入的语篇研读，发现其蕴含着两条优质的育人线路。一条为育人线，即带领学生了解中华传统美食——火锅，通过小朋友一同吃火锅来感受，"eat together, share together"，感受火锅共食、共享的文化内涵。一条为思维发展线，故事十分巧妙地把一条问题解决线索设计在故事发生发展过程中。即文中小老虎开心地请大家吃饭，但发现朋友们想吃的食物各不相同，由困惑引发思考，最终想到火锅这个"perfect idea"解决方案。基于语篇丰富的育人价值，教师最终选择这个绘本作为教学素材，希望借助优质的语篇关联学生实际生活，拓宽视野，对教材学习内容——食物话题进行补充和丰富。同时，依托文化和思维设计路径不断渗透和培养学生的传统文化意识和素养，发展他们的思维品质。

本案例面对小学一年级的学生。学生初次尝试绘本与视频文本的阅读，需要进行从第一语言（母语）阅读向第二语言阅读的迁移。维持学生的阅读兴趣，尊重学生的阅读与思考习惯，尝试培养初步阅读策略是本案例贯穿始终的原则。

两课时均遵循了整进整出的原则，进行整体阅读、整体互动和整体输出，帮助学生理解绘本内容，了解中国传统美食火锅。阅读单元主题确定为"Hot Pot! Cool!"，即通过绘本阅读引导学生关注中国传统美食——火锅，以问题解决为途径探究火锅的饮食方式和种类，丰富学生的生活经历和文化积淀，提高一年级学生对中国传统文化的认知。

2. 单元学习目标

(1)结合课上阅读，借助图片及教师的讲解，围绕核心问题读懂有关火锅的配图故事，识别、认读有关火锅食材的词语。

(2)通过观看视频，获取火锅种类和食材的信息，完成食材与火锅类型的匹配任务。

(3)结合视频、图片和教师的讲解，了解中国不同地域的特色火锅文化。

(4)通过阅读、试听、同伴活动等渠道，运用语言 I want to eat… 表达自己喜爱的火锅食物，使用 I want to try… I like… 选择自己想尝试的火锅类型。

(5)积极思考，勇敢表达，在学习活动中发现问题，尝试分析问题并提出解决问题的方法。

3. 课例实施：绘本 *Hot Pot! Cool!* 主题单元教学　第 1 课时[1]

(1)案例背景

①语篇分析

A. What(语篇简介)：语篇是描述厨师小老虎想为大家做晚餐的一个连续性文本，属于食物主题。小老虎的朋友们对食物都有不同的喜好。小老虎发现问题后十分困惑，最后想到共食火锅来满足所有人的需求。

B. Why(主题意义)：语篇通过小朋友聚会的情景，带领学生了解中华传统美食——火锅，通过小朋友一同吃火锅传递了 eat together, share together 共食、共享的火锅文化。同时，语篇还引导学生体会小老虎的思考过程，从发现朋友们想吃的食物各不相同，到最终想到火锅这个 perfect idea，鼓励学生发现问题、分析问题、解决问题。

C. How(文体、结构与语言特点)：语篇涉及有关食物的词语，如：hot pot、spinach、mushroom、tofu、Chinese cabbage、beef、pork、lamb、noodles、fish、shrimp… 语篇核心句式为：I want to eat… 语篇以典型的学生日常生活对话的形式呈现。情节简单，易于理解，也具有现实应用的意义。

(2)教学目标及重、难点

①教学目标

通过本节课的学习，学生能够借助图片及教师的讲解，围绕核心问题

---

[1] 课例提供者：北京石油学院附属小学李雪情。

读懂有关火锅的配图故事；能够识别、认读有关火锅食材的词语；能够认识中国传统美食火锅并运用语言 I want to eat... 表达自己喜爱的火锅食物。

②教学重点

A. 能够借助图片和教师的讲解理解故事大意。

B. 能够运用语言表达自己在品尝火锅时想要吃的食物。

③教学难点

能够通过故事中图片和文字的辅助、教师的讲解、同伴的启发发现故事中主人公遇到的问题，尝试分析问题，最终解决问题。

(3) 实施过程

目标1：能够借助图片及教师的讲解，围绕核心问题读懂有关火锅的配图故事。

①环节一：复习食物，激活语言，引出主题

A. 活动1：Ask and answer

教师以卡片呈现食物图片，与学生互动。如：Do you like fish? Do you like chicken? 等，迅速复习本课时可能用到的与食物相关的词语。

B. 活动2：Know about "hot pot"

完成上一个环节后，出示食物图片，引出主题：hot pot。

a. 出示火锅图片，简单讨论：Do you like hot pot?

b. 拼读 hot pot，渗透拼读方法。

c. 出示不同图片，辨认火锅：Hot pot or not hot pot?

d. 阅读封面，跟读题目。

设计意图：通过观察封面、借助题目培养学生读前预测的意识，激发学生自主阅读的欲望，为学生积极主动地阅读奠定基础。作为单元教学的补充绘本教学课时，本阶段的两个活动快速复现教材食物单元的学习内容，是对学生本单元学习的检测与反馈，同时也是对语言基础的激活与复习。

②环节二：呈现情景，提出问题，自主阅读

A. 活动1：Read the story

a. 学生自主阅读，初步感知故事内容，进行第一次语言输入，并尝试回答问题：Who has hot pot in the story?

b. 师生共同核对信息，解决故事中 who 的问题：Tiger and his friends.

B. 活动 2：Listen and point

a. 学生听故事，指文字，进行第二遍输入，并尝试回答问题：Why do they want to have hot pot?

b. 听故事，并同步尝试跟读故事，内化故事内容。

c. 与同伴分享自己的想法。

C. 活动 3：Read and stick

a. PPT 呈现情景，出示 2—3 个小朋友想要吃的食物，引导学生关注到不同小朋友想吃的食物不同。

b. 小组合作阅读，完成第三次输入，并尝试回答问题：what do they want to eat?

c. 教师带领学生集体核对答案，教师进行引导表达"He wants to eat …""She wants to eat …"

d. 教师带读食物单词，使学生再次体会食物的多样性。

D. 活动 4：Answer the question

a. 出示小老虎疑惑的图片，引导学生发现并尝试分析问题：Tiger is worried, he has a problem. What shall we eat?

b. 出示故事最后一页，引导学生关注小老虎的解决办法：Cool! Hot pot is a perfect idea。并有感情地进行朗读，体会解决问题时的开心心情。

设计意图：本阶段的学习旨在使学生通过阅读绘本（即"整进"），借助问题"Who has hot pot in the story?""Why do they want to have hot pot?""What do they want to have for hot pot?" 逐步深入理解故事大意。启发学生不断围绕核心问题"Different people want different things, what shall we eat?" 思考，进而理解"Why hot pot is a perfect idea?" 引领学生在贴近生活的情境中不断发现小老虎遇到的问题，帮助分析问题，最终解决问题。在阅读教学中不断培养学生问题解决能力，助力学生多角度认识事物。同时，不断渗透阅读方法，逐渐培养低年级学生阅读能力。

③环节三：联系实际，学习词语，运用语言

目标2：能够识别、认读有关火锅食材的词语。

目标3：能够认识中国传统美食火锅并运用语言 I want to eat... 表达自己喜爱的火锅食物。

A. 活动1：Sing the chant

a. 教师板书呈现火锅并提出问题：What would you like to eat for hot pot?

b. 教师板书问题，学生练习书空。

c. 有节奏地跟读，形成并跟唱 chant。

B. 活动2：Learn the words in the story

教师根据学生回答问题的生成进行故事中的生词处理。

Meat：shrimp, beef, pork, lamb

Vegetable：Chinese cabbage, spinach

C. 活动3：Solve the new problem

a. 关联学生生活实际，表达喜爱的火锅食材。首先，教师示范 I want to eat...

b. 小组合作，选择喜爱的火锅食材并表达。

c. 小组展示。

D. 活动4：Summary

通过学生的表达，教师提出：Hot pot is a perfect idea.

设计意图：本阶段的学习活动旨在引导学生在整体理解核心语篇的基础上，内化语言，同时尝试综合运用语言。经过故事的阅读，大部分学生已经初步了解中国传统美食火锅，充满对火锅表达的欲望。此时，创设相对真实的情境，意在帮助学生在迁移的语境中，创造性地运用语言，发展学生语言能力。

④环节四：课后实践活动

作业1：跟读、朗读绘本 *Hot Pot! Cool!*

作业2（选做）：在和家人真实吃火锅的情景中，使用本节课句型"I want to eat..."表达自己喜欢的食材。

第四章 语言与人文类学科中的阅读学习

图 4-17 板书设计

4. 课例实施：绘本 Hot Pot! Cool! 主题单元教学　第 2 课时①

(1) 案例背景

① 阅读材料内容

Chinese people like hot pot. We have different kinds of hot pot.

This is Dongbei Hot Pot. Pork with Suancai is delicious.

This is Beijing Hot Pot. Lamb and Majiang are delicious.

This is Chaoshan Hot Pot. Beef is delicious.

This is Yunnan Hot Pot. Mushrooms are delicious.

This is Hainan Hot Pot. Chicken in coconut soup is delicious.

Do you like spicy food? Try Sichuan Hot Pot.

Let's have hot pot. Which one would you like to try?

A. What（语篇内容）：本课时内容围绕中国六种地域性特色火锅，分别为东北酸菜白肉火锅、北京铜锅涮肉、潮汕牛肉锅、云南菌锅、海南椰子鸡火锅、川渝辣火锅，以及其特色食物。语篇内容属于"人与社会"范畴，涉及"历史、社会与文化"里中外名胜古迹的相关知识和游览体验。全语篇共 79 个词，适合一年级学生阅读。

B. Why（主题意义）：语篇介绍中国不同地域的特色火锅，学生通过语篇阅读，了解火锅种类，感受中国悠久的饮食文化，能促进学生建立文化自信，提升文化自豪感。另外，本语篇知识呈现了几种典型的地域性特色火锅，为学生提供了一个出发点，使学生在生活中继续探索更多不同的火

---

① 课例提供者：北京石油学院附属小学马伽尼。

锅，并勇于表达自己的喜好与选择。

C. How(文体、结构与语言特点)：该语篇的表现形式为视频，为非虚构类说明文体。采用"总—分—总"的写作结构，通过"Chinese people like hot pot. We have different kinds of hot pot."表达观点，概述文本内容，然后介绍中国的六种地域性特色火锅及其特色食材。句型重复性强，对于不同种类的中国火锅，均使用"This is…"和"… is delicious."句式来介绍火锅名称及其特色食物，搭配画面，指向清晰，易于理解。清晰且重复性高的语言结构能够帮助学生更好地掌握篇章结构，理解视频传递的信息，把握语篇的整体意义。同时，为学生在实践应用活动中提供了较易模仿的语言框架。在语篇的最后，提出问题并发出邀请"Let's have hot pot. Which one would you like to try?"，该句型为本课时的目标问题，在视频情景下提出，易于学生理解与模仿。

②学生分析

A. 学生基本情况分析

本案例的授课对象是北京石油学院附属小学一年级的学生。他们每周2课时学习人民教育出版社小学英语(一年级起始)教材内容，第1课时进行英语实践，即校本课程说唱课。学生处于一年级下半学期，对英语学习充满兴趣，善于模仿语音语调，更喜欢能够调动多种感官的课堂活动，有一定的合作意识，但小组合作能力有待提高。同时，有意注意持续时间较短，依赖通过具体事物、动作、图片、实物理解词语内容，感知活动支撑促进思维的发展。

B. 学生语言能力基础

经过半年的英语学习，学生已经能够就食物、颜色、数量、动物等话题进行谈论，了解 delicious、yummy 的用法，能够运用句型"I'm hungry.""I want…""I like…"表达自己对食物的喜好。

经过 Hot Pot！Cool！第1课时的学习，学生掌握了如 noodles、Chinese cabbage、lamb 等食物的说法，可以用句型"I want to eat…"表达自己想吃某样食物。

C. 相关生活经验及学科知识基础

随机对一年级一个自然班进行的访问调查显示，学生普遍具有吃火锅的经历，并且喜欢吃火锅。由于地域因素，学生对北京铜锅涮肉比较了解，对川渝辣火锅和海南椰子鸡火锅有所耳闻，缺乏对其他三种火锅的认识。

(2) 教学目标及重难点

①教学目标

A. 能够看懂视频，获取火锅种类和食材的信息，尝试完成食材与火锅类型的匹配任务。

B. 能够借助视频、图片和教师的讲解，了解中国不同地域的特色火锅文化。

C. 能够使用"I want to try…""I like…"选择自己想尝试的火锅类型并表达原因。

D. 能与小组成员讨论形成分歧的原因，并尝试找到解决问题的办法。

②教学重点

A. 了解中国不同地域的特色火锅文化。

B. 使用语言选择自己想尝试的火锅类型及菜品。

③教学难点

建立地域概念，对应火锅特色。

(3) 实施过程

①环节一：复习绘本，激活语言

A. 活动1：Look and say

复现厨师 Tiger 的形象，PPT 呈现火锅食材图片，如 tofu、beef 等，学生说出英文，迅速复习本课时可能用到的词，并复现第1课时提取的火锅的优势：Different people want different food. But we can put them in hot pot and eat together. Hot pot is a perfect idea.

B. 活动2：Say the chant

教师提问：What would you like to eat for hot pot? 经过师生问答、同伴问答之后，教师示范韵律，随后随机邀请学生参与说歌谣。

设计意图：节奏感是对低年级学生输出的高标准要求，对学生理解语义、识别语素、重读连读有着重要的作用。作为绘本阅读课的第2课时，本阶段的两个活动快速复现第1课时的学习内容，是对学生上一课时的检测与反馈，同时也是对语言基础的激活与复习。

②环节二：视频呈现，学习内容

目标1：能够看懂视频，获取火锅种类和食材的信息，尝试完成食材与火锅类型的匹配任务。

目标2：能够借助视频、图片和教师的讲解，了解中国不同地域的特色火锅文化。

A. 活动1：Watch the video

观看视频第一遍，学生初步感知视频内容。

观看视频第二遍，学生回答问题：How many kinds of hot pot in the video? 在教师的引导下进一步提取出六种火锅的名称，在地图上找到相应的城市、省份、地区的位置。

B. 活动2：Listen, repeat and match

学生跟读，进行第三遍输入，并完成连线练习。

C. 活动3：Learn about hot pot in China

学生同伴核对答案。在集体核对答案的过程中师生进行交流并匹配：

Dongbei Hot Pot：Suancai

Hainan Hot Pot：coconut soup

Chaoshan Hot Pot：beef

Beijing Hot Pot：lamb and Majiang

Yunnan Hot Pot：mushrooms

Sichuan Hot Pot：spicy soup

D. 活动4：Game time

师生共玩反应力游戏：I say (food), You say (hot pot).

教师说典型食材，学生迅速反应并说出火锅种类。

设计意图：本阶段的学习旨在使学生通过观看视频，了解中国的特色火锅，体会中国的饮食文化与地大物博。将绘本中出现的主线人物 Tiger 引入视频，整体呈现中国六种不同地域的火锅，即"整进"。整体呈现和充分输入帮助学生整体把握视频大意，为深入理解做好准备。经过观看、理解、跟读，帮助学生理解 Hot Pot in China 并不仅仅是一个地方、一种饮食方式，而是中国文化的一部分，激发学生兴趣和文化自豪感，奠定情感基础。听音跟读也帮助学生聚焦文本、学习发音，为后续学习和讨论做好开口准备。

③环节三：联系实际，运用语言

目标3：能够使用"I want to try…""I like…"选择自己想尝试的火锅类型并表达原因。

目标4：能与小组成员讨论产生分歧的原因，并尝试找到解决问题的办法。

A. 活动1：Choose the kind of hot pot

教师提出问题"Which hot pot would you like to try?"并板书，示范回答，回答时引导学生观察板书，理解回答"I want to try…""I like…"两句话间的逻辑关系。

学生同伴表达。

B. 活动2：Work in the group

教师带学生进行小组活动示范，过程中引导学生按顺序表达，注意倾听他人。

学生四人一组表达后在活动纸上贴上代表个人喜好的心形贴纸，并展示。

C. 活动3：Solve the new problem

学生小组展示后，借助黑板上展示出的选择结果，教师提出新问题："We want to try different hot pot, how can we do?"学生提出各种解决办法，教师以板书呈现。学生以组为单位，选取某种办法讨论出小组内最终一起吃哪种火锅。

D. 活动4：Summary

通过学生的表达，教师提出："Maybe there is a problem, but we can find a perfect idea."

设计意图：本阶段的学习活动旨在调动知识，运用语言并解决问题。学生经过一节课的学习，已经了解了六种不同地域火锅的特色，充满表达的欲望。教师引导学生在小组中表达自己的选择并展示，培养学生语言表达的逻辑性。在第1课时，火锅是"每个人想吃不同的食材"这一问题的解决方法。这节课又出现了新的问题：我们想尝试不同的火锅。那如何解决这个问题呢？学生们主动思考，提出各种方法。学生在这个过程中学会思考、尝试解决，并不断与同伴交流，互相包容，最终寻找到最棒的解决办法。

④环节四：课后实践活动

作业1：听，看，跟读视频 Chinese Hot Pot。

作业2(选做)：使用本节课句型向家人或朋友表达自己的想法，一起选择一种火锅尝试一下。

设计意图：流畅、有感情地朗读是朗读的最高要求，对学生理解文本内容、发展语言能力、陶冶情操有着重要的作用。作业1能够帮助学生巩固本节课的学习内容，培养良好的语音、语调。作业2的设计有助于学生在课下复习巩固和应用实践课堂所学，在真实的情景中使用语言，通过亲身体验加深对所学内容的感悟。

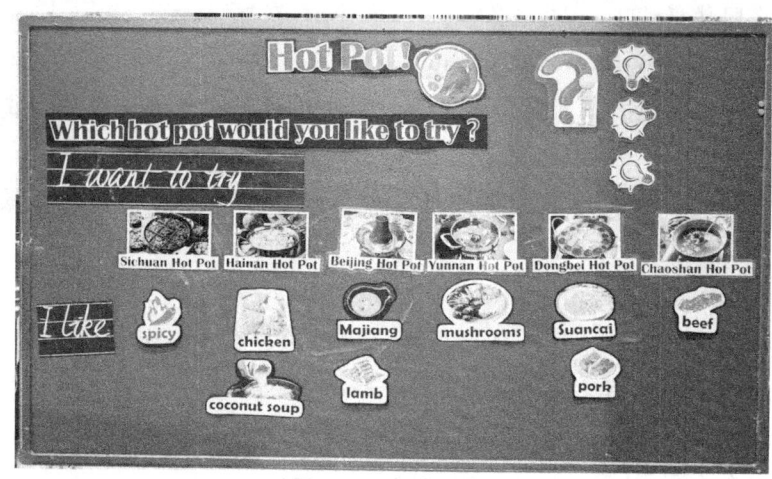

图 4-18　板书设计

5. 实施效果

(1)实现绘本价值的最大化。以往教学我们更多关注阅读本身，通常利用一节课进行故事教学，但其实绘本资源的价值不仅仅在于阅读层面，如何延展阅读价值更是需要教师继续思考的问题，因此本次教学我们大胆设计了两个课时。第2课时进行延展阅读，不仅开阔了学生的视野，丰富了语言和文化知识，还助力学生建构更加完整的思维链条，使得解决问题的方法能够真正走进学生的真实生活。

(2)重视学生课堂生成，调整教学思路。在两课时的试讲中，我们的教学思路从教师角度的预设到顺应学生的思维及课堂生成进行着不断地调整，如：第1课时中，教师思维和预设为不同人想吃不同食物，所以小老虎才选择火锅，而教学中发现个别学生理解为小老虎太累了，做不了那么多人的晚餐，所以才选择火锅，为教学提供了新的教学思路。第2课时中，教师最初设计为以小组为单位讨论选择火锅种类的最佳方法，然而在实际操作中学生直接运用某种办法选择出了小组达成共识的火锅类型，可以说比教师的预设前进了一步，解决了真正存在的问题。这也提示我们在教学中要充分尊重信任学生，遇到关键的问题，或语篇承载的意义和价值应避免教师一味灌输，而是不断启发学生，给予他们开放的空间去思考和表达，教师在关键时机顺势而导。

(3)不断培养低年级学生的阅读方法和学习习惯。在低年级教学中，我们始终坚持课标所倡导的，不断培养和提高学生的学习能力，渗透英语学科学习方法。如：课前准备、注意倾听、自主阅读、提取信息、乐于交流、大声发言、合作互助、尝试反思和评价等习惯和方法，进而助力学生养成良好的终身学习的习惯。

(4)低年级学生生活经验不足，通过本单元绘本的阅读和视频的感知，让他们感受到了祖国的地大物博和传统饮食文化的魅力，学生纷纷表示惊讶与赞叹，并跃跃欲试，想要尝试学到的不同地域的火锅，用稚嫩的语言去表达："因为我们中国很大，历史很长，所以我们才会有很多很多好吃的东西。"通过两课时的学习，丰富了低年级学生对传统文化的认知，提高了学生对传统文化的兴趣，激发了学生对传统文化的探索欲望，正符合了课标中小学学生的文化意识学段目标——有兴趣、有了解的愿望。

二、以学生为主体的英语阅读教学

以学生为主体，就要结合学生的身心发展水平以及英语学科的特点，尊重和保护学生在阅读过程中的好奇心与求知欲，充分调动学生的主动性，鼓励学生自由表达。以学生为主体的阅读教学要重视学生的学习过程，重视学生的主动参与，尊重学生的感受、体会和观点，给学生更多表达的机会。同时，在阅读教学过程中，学生既是教学的参与者，也是教学资源的提供者，以学生为主体要重视学生之间的讨论、相互学习与互相启发的作用。

(一)体现"以学生为主体的英语阅读"的策略方法

1. 读前预测与提问

阅读前，鼓励学生就今天所阅读的内容进行提问，激发学生的阅读兴趣，学生带着问题主动阅读，探索、理解和品味所读内容。

2. 精度与略读相结合

教师设计阅读活动，精讲学生所读内容的重要部分、关键部分，通过自主阅读加教师精讲，帮助学生仔细品味和理解；对于一些辅助性或者非关键信息，学生快速浏览即可。

3. 阅读小组讨论

阅读小组讨论是一种促进协作和相互帮助的方式，在同伴的相互启发下，学生对文本内容进行深入理解和思考。在本课阅读中、阅读后都有分享交流的活动，学生在这个过程中，分享自己的理解与发现、看法与观点以及问题，学生之间互相启发，相互解答疑惑，这种策略可以帮助学生提高批判性思维、表达能力和团队合作能力。

4. 开展多模态语篇学习

教师提供不同形式和内容的读——读信息卡、读绘本、读 AI 提供的语篇，满足学生多样化学习的兴趣与需求。由于阅读材料来源渠道不同，学生了解获取信息可以采用多种方式，而不同获取信息的方式都可以帮助自己解决问题。

本案例针对六年级学生已有的阅读经验，采用了以学生为主体的阅读方式，帮助学生拓展阅读渠道，丰富阅读体验，增强解决问题的能力。

(二) 课例

绘本阅读 *The Forbidden City* 课堂教学案例[①]

1. 案例背景

(1) 学习内容分析

① 语篇内容

Where is the Forbidden City?

The Forbidden City, also known as the Palace Museum, lies in the city center of Beijing.

Why is it called "forbidden"?

In ancient China, ordinary people were forbidden or not allowed to enter the area.

[①] 课例提供者：北京石油学院附属小学李娜。

Today, the Forbidden City is no longer "forbidden", it is a museum that is open to the public.

What are the main colors?

Yellow and red are the main colors in the Forbidden City. The tile roof is yellow and the walls are red.

Who built the Forbidden City?

Emperor Chengzu of the Ming Dynasty ordered to build the Forbidden City.

When was the Forbidden City built?

The construction of the Forbidden City started in 1406 and was finished in 1420, taking 14 years in total. It is over 600 years old.

How many workers did it take?

More than one million craftspeople and common people worked on the construction.

How big is the Forbidden City?

The total area of the Forbidden City is as large as 100 football fields.

How many rooms does the Forbidden City have?

The folk legend says that there are totally 9,999.5 rooms in the Forbidden City.

According to the latest counting the Forbidden City has 9,371 rooms today.

What(语篇简介)：本课语篇为《中国风·虎阅英语全互动分级阅读》三级读物中的 *The Forbidden City*，内容主要介绍了北京故宫一些相关历史和文化知识。包括故宫的位置、故宫名字的来历、故宫的建筑色彩、什么时间由谁来建造的、故宫有多大、故宫有多少间屋子等内容。

Why(主题意义)：语篇通过介绍故宫的历史和文化知识，让学生能够了解故宫的相关信息的英语表达，提高学生对中国传统文化的认识，在探索故宫的历史与文化的过程中，不断深化热爱北京的情感，增强文化认同感，树立文化自信。

How(文体、结构与语言特点)：该语篇为非连续性文本，采用的是问答对话的形式，其中出现的特殊疑问词 where、why、who、what、when、 how many、how big 等，为学生呈现了查询某一名胜可以使用的语言。所给文本搭配精美故宫配图。图片与图片说明能辅助学生理解。

②与所学学科知识的关联

本课内容与教材第六单元 Nature and Culture 主题密切结合，该单元属于人与自然、人与社会主题范畴，具有综合性与相关性的特点。而 *The Forbidden City* 这个绘本内容与 Culture 相关，又复现了六年级上册 In China 话题所学的相关语言知识。因此，本课的学习可以作为 Culture 内容的补充。此外，在《义务教育英语课程标准（2022 年版）》中，在历史、社会文化这个主题下涉及了中外名胜古迹的相关知识与游览体验。*The Forbidden City* 故宫绘本内容属于这个范畴。

③本课阶段阅读材料说明

初读：学生阅读教师提供的有关故宫的手写笔记卡片，解决阅读材料中难以理解的部分。

二读：学生自主读有关故宫的绘本，了解更多相关内容。

三读：学生读 AI 提供的语篇，提炼总结内容，并进行评价和判断。

（2）学生分析

①学生思维和认知特点

六年级下半学期的学生，处于形式运算初期，思维具有抽象性，同时思维的概况性有了较大的发展；他们开始有自己独立的想法，并喜欢有一点挑战的学习活动，希望深度参与课堂学习，喜欢与同学合作学习且合作能力也有比较大的提升。

②学生语言能力基础

学生在二年级 Unit 6 Beijing 学习过 the Forbidden City 的英文表达，在六年级上册 In China 单元再次接触到 the Forbidden City 的表达，学习过介绍某个景点信息的英文表达，如位置、概况描述、建造年代等，具有简单介绍某个景点的语言能力。在以往的学习中，学生知道特殊疑问词 where、why、who、what、when、how many、how big 等的意思，在日常的英语课上能够听懂并会用这些词进行提问。通过六年的积累，学生能够借助图片读懂有一定语言难度的文本，具备进行日常表达的语言基础，并能够尝试进行转述。

③相关生活经验及学科知识基础

故宫作为具有中国建筑文化代表性的建筑群，位于北京中心，是北京的小学生所熟知的一个著名景点，贴近学生的生活，他们对故宫也更有感情，对本课内容的学习符合学生的兴趣和认知；通过前测的访谈和问卷调查，几乎绝大多数学生都去过故宫，有故宫的游览体验，他们对故宫有大概的了解。例如，他们知道故宫还叫紫禁城，故宫有很多宫殿，故宫是皇帝住的地方等，有些同学也知道一些故宫的历史文化故事。他们也表示，他们对故宫的历史和相关故事都很感兴趣，想了解更多的内容。在信息技术、深度学习与大语言模型迅速发展的大背景下，很多学生开始尝试接触和使用电子设备及AI技术查找资料，辅助自己的学习，有学生有使用经历，但是对于所查找内容欠缺思考、判断与分析，往往不经过自己的选择和加工就盲目使用。

基于以上学习内容和学情分析，教师设计了"The Forbidden City"主题学习活动，通过阅读学习故宫的历史文化背景，不断深化热爱北京的情感，增强文化认同感，树立文化自信。

2. 学习目标与重难点

（1）学习目标

①学生能够围绕故宫内容，提出想要探究和解决的问题。

②学生能够读懂介绍故宫的绘本，了解故宫的相关历史和文化。

③学生能够提取和梳理有关故宫的主要信息，尝试介绍故宫的概况或某一方面。

④学生能够针对阅读中尚未解决的问题，尝试借助AI找出问题的答案，并对所得答案进行分析与评价。

⑤学生能够在探索故宫的历史与文化的过程中，不断深化热爱北京的情感，增强文化认同感，树立文化自信。

（2）教学重点

①了解故宫相关知识，并尝试介绍故宫。

②借助AI查询信息，进行思考和判断，小组合作介绍故宫相关内容。

（3）教学难点

借助故宫的主要信息，介绍故宫的概况或某一方面。

(4)教学流程

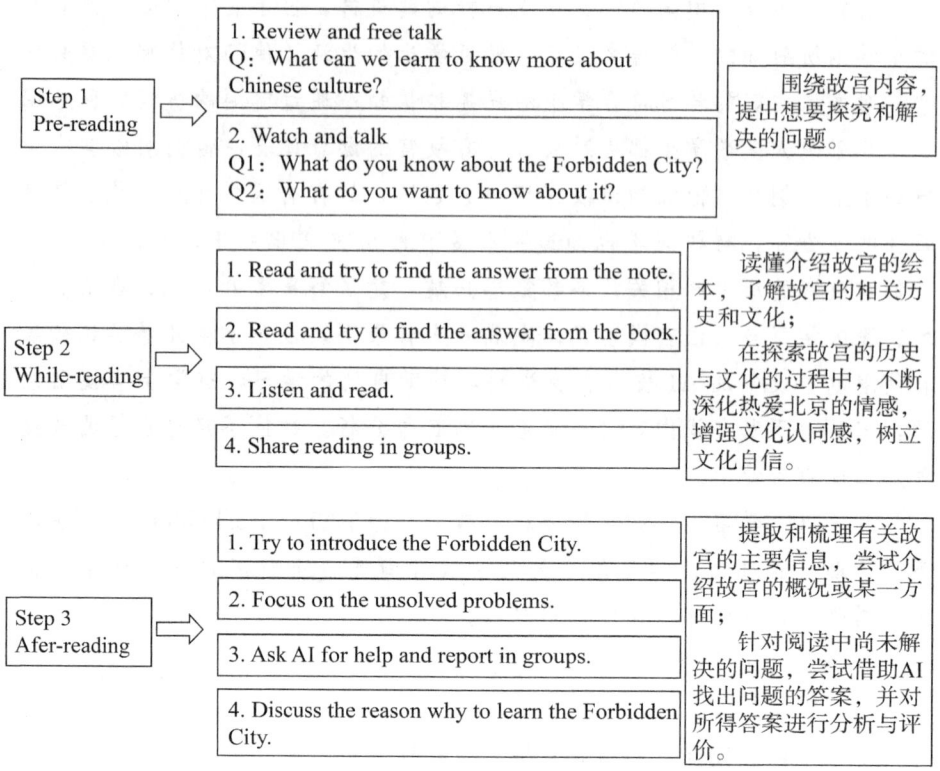

图 4-19　教学流程图

3. 实施过程

(1)环节一：读前活动

目标 1：学生能够围绕故宫内容，提出想要探究和解决的问题。

①活动 1：复习引入

复习单元内容，引入本课。

T：We can learn Chinese culture from Chinese festivals. If we want to know more, what else can we learn?

T：Today, Let's go to a place to experience Chinese culture.

②活动 2：Watch and guess

学生看一小段故宫的视频，猜测视频中是哪个著名景点，引入本课学习主题，并学习 The Forbidden City 的准确读音。

③活动3：Free talk

师生讨论，学生先说一说对故宫的原有了解与感受，并以问题的形式，提出自己想要了解故宫的哪些方面的信息。

T：Have you been to the Forbidden City?

T：What do you think of the Forbidden City?

T：What do you know about the Forbidden City?

T：What do you want to know about it?

设计意图：通过视频，帮助学生直观感受故宫，通过与学生交流，了解学生对故宫的已有认知，以及他们想要了解故宫的哪些方面。以学生为主体，围绕学生的已有认知和想要学习的内容设计教学活动，调动学生的学习积极性，激发学生的学习兴趣，激活学生对故宫的已有认知和体验感受，引入本课学习内容。同时为后面学生自主阅读进行情感和学习内容的铺垫。

(2)环节二：读中活动

目标2：学生能够读懂介绍故宫的绘本，了解故宫的相关历史和文化。

目标5：学生能够在探索故宫的历史与文化的过程中，不断深化热爱北京的情感，增强文化认同感，树立文化自信。

①活动1：读信息卡，找出所提问题答案

学生自主读有关故宫的信息卡，尝试找出自己在读前提出有关故宫问题的答案。

T：Ms. Li loves to learn the Forbidden City. Look, I bought many souvenirs there. I took many notes about it. You can read them. Maybe they can help you find some answers.

②活动2：小组讨论

学生在小组内讨论，交换自己找到的相关信息。

③活动3：全班交流学习

全班就找到的相关信息进行学习，用图文、音像结合的方式帮助学生解决难以理解的历史和背景知识，复习并学习表达位置、大小、由谁建造的英文语句。

T：There are still some questions. There is a book about the Forbidden City. The pictures are beautiful, the words are amazing. Let's read it and try to find more answers.

④活动4：读绘本，了解更多故宫知识

学生读绘本 The Forbidden City，了解更多有关故宫的知识，同时回答在读前提出的问题。

⑤活动5：全班交流学习

全班就找到的相关信息进行学习，用图文、音像结合的方式帮助学生解决难以理解的历史和背景知识，学习绘本中出现的生词，并将学生找到的内容提炼、总结到黑板上。

⑥活动6：听读绘本

学生听录音，跟读绘本内容，纠正发音。

⑦活动7：小组分享读

学生在小组内，分享感兴趣的故宫的内容，大声朗读。

设计意图：在读中活动中，学生先自主阅读有关故宫相关信息的信息卡，与他们自己提出的问题进行匹配，接着再次尝试自主阅读文本，理解内容并解决问题。之后对于书中带有图片的语篇进行阅读和欣赏，加深对所学故宫知识的了解和内化。回顾读中活动，从学生自主阅读到解决学生自己提出的问题，再到学生读书分享自己感兴趣的内容，始终以学生为主体进行阅读活动。经过讨论、理解、听音、跟读等读中活动，学生不断输入语篇结构、表达，并与自己的已有认知不断关联和补充，为下一步迁移运用语言做好准备。

(3) 环节三：读后活动

目标3：学生能够提取和梳理有关故宫的主要信息，尝试介绍故宫的概况或某一方面；

目标5：学生能够在探索故宫的历史与文化的过程中，不断深化热爱北京的情感，增强文化认同感，树立文化自信。

①活动1：回顾所学内容，尝试介绍故宫

学生将本课内容，按照问题进行梳理，提取有关故宫的主要信息。学生依据板书上呈现的故宫信息，尝试介绍故宫。

②活动2：提出更多有关故宫的信息

学生关注黑板上自己提出的问题，找出尚未解决的问题，提出解决办法——借助 AI。

T：Do you know well about the Forbidden City now? I have a question too. Why is there no tree in front court of the Forbidden City?

T：And there are still some question we haven't find out the answer. Let's try to use the iPad. Maybe AI can tell us.

③活动3：借助AI，查询问题答案

目标4：针对阅读中尚未解决的问题，尝试借助AI找出问题的答案，并对所得答案进行分析与评价。

学生在小组内，尝试使用AI查询自己感兴趣的问题，归纳总结所查询的结果，表达自己的看法和见解，在全班进行交流展示。

④活动4：小组展示

⑤活动5：讨论了解故宫的意义

故宫作为中国著名的名胜古迹，学生说一说了解它有什么意义。

⑥活动6：总结本课学习

Today, we have learnt a book about the Forbidden City and we can tell others about our great culture. Today, we learnt the way to introduce a place of interest with these items.

There are more famous places in China, like the Terracotta Army. You can ask AI, too. And try to introduce them to others.

设计意图：本阶段的学习活动旨在借助本课所学的内容，帮助学生构建介绍某一名胜古迹的表达思路，并运用所学问题表达，尝试借助AI，辅助学生解决问题，并引导学生对于所查询的内容更要有自己的思考，注意对内容的选择和批判。在读后环节，学生依据黑板上的关键词，自主表达，介绍故宫某一方面或几方面的内容，借助AI工具，学生自主查询问题的答案，进行梳理、思考与分析，并小组合作展示。这些活动都是围绕学生主体进行的。

(4)环节四：课后实践活动

作业1：跟读、朗读绘本 *The Forbidden City*。

作业2(选做)：可以借助多种途径了解中国某一文物古迹，制作介绍其内容的海报。

The Forbidden City

Where is the Forbidden City?	center of Beijing
Why is it called "forbidden"?	ordinary people were forbidden
How big is the Forbidden City?	large as 100 football fields
What are the main colors?	yellow and red
Who built the Forbidden City?	emperor Chengzu of the Ming Dynasty
When was the Forbidden City built?	started in 1406, was finished in 1420
How many workers did it take?	more than one million people
How many rooms does the Forbidden City have?	9,371 rooms

图 4-20　板书设计

4．实施效果

（1）学生的变化

在课堂开始的交流中可以发现，绝大部分学生都去过故宫，但是对于故宫的了解非常少，只有个别学生举手介绍自己了解的故宫，"What do you know about the Forbidden City?" 站起来回答的内容也比较简单，如 "It's big. It has many rooms." 孩而在学完绘本以后，基本每个孩子都能够介绍出有关故宫最少一方面的历史与基本情况。学生学前学后变化突出，学生课堂学习效果明显，这与课前对学生的调研结果进行分析，选择学生更感兴趣的学习内容有关。

（2）学生主动深入参与

反观本课，由最开始了解学生对故宫的已有认知，到学生想要了解故宫的哪些方面，再到后面学生一步一步探索，解决自己提出的问题，整个课堂都是学生在主动参与。从思维上、学习活动上看，学生始终是一种主动的状态，从深度思考、主动探究，到借助小组合作，完成了对故宫的了解与探索。

（3）多元阅读，拓展学生阅读途径

本课中学生的读有多种形式和内容：读信息卡、读绘本、读 AI 提供的语篇。在每种读的过程中，都伴随着思考、讨论，教师引导学生一步一步解答自己要探索的问题。不同形式的读，也满足了学生多样化学习的兴趣与需求，拓展了学生的阅读途径，增强了学生的阅读能力。

(4) 学习使用 AI 工具，增加思辨能力

在数字化时代背景下，本课教学中尝试了学生通过向 AI 提问，再阅读 AI 提供的英文回答，帮助学生使用 AI 技术，解决自己的问题，最重要的是，教师引导学生对所查询的内容进行思考和分析，批判性地选择接受学习方法。如：课前准备、注意倾听、自主阅读、提取信息、乐于交流、大声发言、合作互助、尝试反思和评价等习惯和方法，进而助力学生养成良好的终身学习的习惯。

三、戏剧表演中的英语阅读学习

戏剧与阅读之间存在着紧密而相互促进的关系。法国思想家卢梭提出将戏剧融入教学，倡导学生在实践中学习和在戏剧中学习。他认为，戏剧能够让学生在实践中学习，通过角色扮演和情境模拟等，让学生更深入地理解和体验文本内容，从而增强阅读的效果。

著名教育家王蔷教授也指出，教育戏剧是教育中融合戏剧元素的一种模式，用戏剧的方式或剧场性质的活动来进行教育。这种模式为学生提供了一个独特而富有创造性的学习平台，让他们在阅读文本的基础上，通过戏剧的形式进行表达和交流，从而加深对文本的理解和感悟。

在本课中，我们根据教育戏剧的相关教学理念，通过一系列戏剧活动为学生搭建了一个真实而丰富的学习语境。这些活动包括 Space Walk 空间行走、Defining 空间建构、Circular Theater 环形剧场、Conscience Ally 良心巷、Whoosh 故事棒等戏剧范式，它们不仅帮助学生理解、内化本课学习内容，还让他们在阅读的过程中体会到遇到困难坚持不懈、不畏艰难的拼搏精神，并在过程中提高学生语言表达及合作能力，促进学生的思维发展。

(一) 阅读学习的策略

1. 情境创设

教师首先描述具体的情境——一个古老的村庄和一位名叫"愚公"的老人。这种情境导入的方式能够迅速将学生带入故事背景中，使他们更容易

产生共鸣和兴趣。同时，情境中的冲突点（两座大山对老人的困扰）也自然引出了故事的主题，迅速吸引学生的注意力，并激发他们的好奇心和想象力。

2. 问题驱动

在情境导入之后，教师提出了一个关键问题："接下来会发生什么？"这个问题促使学生主动思考故事情节的发展，激发他们的思考能力和想象力。教师又提出问题："如果你是愚公，你会移走这两座大山吗？"引发学生深度思考，积极讨论，判定愚公移山的决心以及移走两座大山的可能性。问题驱动不仅考验学生的想象力，还可以锻炼他们的决策能力、批判性思维、团队协作能力，树立正确的价值观和培养责任感。

3. 任务布置

在本案例中，教师巧妙地将阅读学习与剧场演绎相结合，通过描述愚公移山的情境，引导学生分组并选择纸条上的不同内容。接下来，小组深入进行文本学习，分析角色与故事情节，并群策群力完成布置的任务。这一策略不仅锻炼了学生的阅读理解能力，还通过团队合作和角色扮演的形式，激发了他们的创造力和想象力，培养了他们的口语表达能力和团队合作精神。

4. 戏剧表演

本课中，教师通过教育戏剧进行深入阅读，让学生全面参与学习过程。师生通过热身、环形剧场、良心巷、小组合作表演等一系列戏剧活动，注重学生的体验和感受，深入理解故事和角色，同时激发学生的创意和表达能力，提高团队合作能力。特别在小组合作表演过程中，他们需要积极理解文本的含义，并与其他成员进行沟通和协调，这都有助于提高他们的阅读理解和表达能力。

5. 故事梳理与总结

教学中，教师引导学生通过回忆与复述的方式巩固对故事内容的理解，同时帮助他们梳理故事情节，以便更好地把握故事的核心，进一步提升学生的阅读理解能力和逻辑思维能力。此外，教师还鼓励学生总结所学的道理或启示，特别是强调坚持和成功的关系，这不仅增强了学生对阅读材料的理解，还开阔了学生的视野，激发了他们的思考和感悟能力。通过情感教育与价值观引导，教师将阅读教学与德育相结合，在学生掌握知识的同时,也培养了他们积极向上的情感态度和价值观念,促进了学生的全面发展。

(二)课例

绘本阅读 *Mr. Fool—the Mountain Mover* 课堂教学案例①

1. 案例背景

(1)学习内容分析

语篇内容:

Once upon a time, there was an old man named Mr. Fool. He led a happy life. But he was not happy about one thing: two big mountains sat right in front of his house. Everyone in the family had to walk miles and miles to circle around them.

Mr. Fool: I've been thinking for a long time. I will move the mountains.

Mr. Fool's wife: It's impossible. You can't even move a hill.

But Mr. Fool started to work the next day anyway. Another old man in the village, Mr. Wise, laughed at Mr. Fool.

Mr. Wise: You are a fool! Even if you move rocks until the day you die, you can't move the mountain!

Mr. Wise shook his head and went away.

Mr. Fool: When I die, my children and grandchildren will carry on the work.

The Jade Emperor heard this and sent two giants to move the mountains away.

The Jade Emperor: This man is indeed hard-working. Therefore, I will help him!

With no mountains in their way anymore, Mr. Fool, his family, and their fellow villagers lived happily ever after.

What(语篇简介):本课语篇为《中国风·虎阅英语全互动分级阅读》第

---

① 课例提供者:北京石油学院附属小学徐春华。

四级 Mr. Fool-the Mountain Mover。这篇文章的文体属于寓言故事(Fable)。本课主要围绕 Mr. Fool Moved the Mountain 进行语篇、故事的学习。文章讲述了愚公因为家门口的大山影响出行，决定移开它们的故事。尽管妻子和村里的智叟都嘲笑他，但他坚持并相信他的后代会继续这项工作。最终，玉帝被他的勤劳感动，派大力士移走了山，让愚公和他的家人过上了幸福的生活。

Why(主题意义)：本课语篇主题意义在于颂扬愚公不畏艰难、坚韧不拔的精神。通过描述愚公移开大山的决心和行动，传达出只要拥有坚定的信念和持久的努力，任何困难都可以被克服。鼓励人们在面对困难和挑战时，保持坚定的信念和决心，以勤劳和努力去迎接挑战，最终可能会实现看似不可能的目标。文章歌颂了坚持不懈、智慧与远见、善良与正义以及团结与合作等美好的品质。

How(文体、结构与语言特点)：本文是一则寓言故事，文章的语言简洁明了，没有复杂的句子结构，易于理解。故事通过对话的形式展开，更加生动和真实。故事也展现了中国传统文化的特色，使读者在欣赏故事的同时，也能感受到中国传统文化的魅力。

(2)学生分析

①已学相关内容

本案例的授课对象是北京石油学院附属小学四年级11班学生。该班学生已经通过近四年的学习，积累了良好的语言基础和知识储备。在以往的学习中，他们多次进行绘本故事的学习，对传统文化故事有一定的了解，这为学习本课内容提供了丰富的背景知识和语言材料。同时，从三年级开始，他们尝试并熟悉了教育戏剧的学习方法，这为本节课将戏剧表演元素应用于英语学习中打下了坚实的基础。

②认知特点

该班学生思维活跃，课堂参与度高，具有良好的学习能力和探究精神。他们的表现力强，热爱表演，将戏剧元素融入学习中更加容易激发他们的学习热情和兴趣。同时，他们也善于在阅读中理解和掌握知识，能够在教师的引导下进行深入的阅读和思考。

③情感态度需求

学生对传统文化故事有一定的兴趣，对将戏剧表演应用于英语阅读学习中也表现出浓厚的兴趣。这种积极的情感态度是学习的重要动力，能够促进他们更加投入地学习。同时，他们也需要在学习中得到教师的鼓励和肯定，以保持学习的积极性和自信心。

④阅读能力

该班学生喜爱阅读，善于阅读，多次在教师的带领下尝试将戏剧表演元素应用于英语阅读学习中。这说明他们已经具备了一定的阅读能力和阅读策略，能够在阅读中理解和掌握知识。同时，他们也能够在教师的引导下进行深入的阅读和思考，从而不断提升自己的阅读能力。

2. 学习目标

(1)学生能够借助图片和表演，理解与体会 fool、wise、happy、mountain、impossible 等词的具体含义。

(2)学生能够借助戏剧表演进行故事学习，读懂语篇，感知故事内涵。

(3)学生能够通过小组合作表演，展现故事内容，深化对故事的理解。

(4)学生能够感知不畏困难、坚持不懈的奋斗精神，并将这种意志品质带到日常的学习生活中。

3. 实施过程

(1)环节一：活动热身

①Crazy 8(疯狂数字8)

学生依次按右手、左手、右脚、左脚的顺序抖动身体，从最初的8次，逐渐递减到7次、6次、5次……1次，最后全体半蹲，向上跃起，同时高呼："Hooray!"

②Space Walk

A. 指令练习

教师击鼓为令，一声为"走"，二声为"停"，三声为回到初始位置。

B. 模拟走练习

a. 不同人物模拟走练习。教师指导学生模拟老人、开心的小女孩、强壮的小男孩、巨人、皇帝的走路练习。

b. 不同动作模拟走练习。教师指导学生进行推车、拉车、怀抱大西瓜、背驮重物，在乡野农村见到树、花等模拟走练习

(2)环节二：故事引入

①Defining ＋ Sound map 空间建构＋声音地图

学生在教师指导下，进行村庄肢体搭建，并模拟村庄事物发出的声音。

T：Now we're in an old village. What can you see in an village?

（学生肢体构建村庄空间）

T：What sounds can the village make? We can sound together.

（学生构建村庄声音地图）

T：What a lively village!

②Circular Theater 环形剧场

学生以小组为单位，将故事中可能出现的不同故事场景进行剧场演绎。

教师首先描述了一个情境：在一个古老的村庄里，有一位名叫"愚公"的老人。他过着幸福的生活，但有一件事让他感到不快乐，那就是他的房子前有两座大山。然后，教师提出了一个问题："接下来会发生什么？"并建议学生通过表演来尝试表达。

接着，教师让学生分成六组，每组选择一张纸条。纸条上写着不同的内容，学生需要表演出纸条上描述的内容。学生开始选择并准备他们的表演。

教师给予学生3—5分钟的时间来准备他们的表演，并预留了1分钟的时间来展示他们的表演。这个环节旨在通过情境设定和角色扮演来激发学生的创造力和想象力，同时也有助于提高他们的口语表达能力和培养团队合作精神。

(3)环节三：故事探究

①Conscience Ally 良心巷

学生针对愚公与妻子和智叟的矛盾冲突，就"应该移山"和"不该移山"两种观点进行选择，分成两路纵队，并陈述其理由与观点。"愚公"扮演者从队伍中穿过，听取不同意见与建议，并做出最后判断与选择。

T：Mr. Fool wanted to move the two big mountains. But his wife and his neighbors were not agree with him. Should Mr. Fool move the mountain?

T：If you think Mr. Fool should move the mountain, you can stand in this line.

T: If you think Mr. Fool shouldn't move the mountain, you can stand in this line.

T: Mr. Fool, what's your decision? Do you want to move the mountain?

②动作三连拍

T: How did Mr. Fool move the two big mountains? 6—7 Students in one group, you try to create the actions and act them out.

T: Each group can make a triangle and create three actions. The student in the vertex can be the dance leader. When one finish, you can turn around and continue.

小组创编完动作进行展示,每一个三角形顶点处的学生可以做一个动作的领舞者,顺时针旋转,依次完成。

③Whoosh 故事棒

教师手持"故事棒(魔法棒)",指导学生进行整个故事的表演。教师喊"Whoosh",则正在进行的阶段表演及场景都消失,进入到下一阶段的表演。

T: Mr. Fool worked very hard. Finally, how did Mr. Fool move the mountains? Let's play the game "Whoosh"!

④跟读课文

⑤朗读课文

(4)环节四:梳理与反思

学生在教师指导下,回忆故事内容,梳理故事情节,总结所学。

T: What do you remember or learn from this class?

T: Mr. Fool moved the mountains with his strong will and he succeed at last. Please remember: Keep on doing the things you like to do or you want to do, finally, you'll be succeed.

4. 实施效果

(1)教师的感受

在教授《愚公移山》这堂英语戏剧阅读课时,我深深体会到了教育戏剧在教学中的独特魅力和价值。在传统教学思路和教学组织形式的基础上,我尝试将教育戏剧的教学方法及手段融入课堂,通过太空行走故事棒、定格画面、环形剧场、良心巷等一系列活动，为学生打造了一个生动、真实的学习语境。

在授课过程中，我感受到了学生的热情和投入。他们积极参与戏剧活动，用心体会每一个角色，努力理解文本内容。我也被他们的创造力和想象力所感染，仿佛与他们一同置身于这个充满挑战和机遇的学习世界。

（2）学生的学习效果

通过教育戏剧活动，学生的学习效果得到了显著提升。他们不仅更加深入地理解了《愚公移山》这个故事，还体会到了其中蕴含的坚持不懈、不畏艰难的拼搏精神。这种精神激励他们在学习中勇往直前，不断追求进步。具体来说，学生在戏剧表演中通过角色扮演、情感投入和情境模拟等方式，更加深入地理解了文本中的人物形象、情感和主题。他们通过动作三连拍等戏剧活动感受到了愚公移山的艰辛和不易，通过 Whoosh 等活动体验了角色之间的冲突和和解。这些活动不仅增强了学生的阅读理解能力，还锻炼了他们的语言表达和合作能力。

（3）戏剧表演对阅读的积极作用

戏剧表演在阅读教学中发挥着重要作用。首先，它为学生提供了一个真实而丰富的学习语境，让他们更加深入地理解和体验文本内容。通过角色扮演和情感投入，学生能够更加直观地感受到文本中的人物形象和情感变化，从而加深对文本的理解和感悟。

其次，戏剧表演能够激发学生的创造力和想象力，促进思维发展。在戏剧表演中，学生需要运用自己的想象力和创造力来塑造角色、设计情节和表达情感。这种创造性的过程能够激发学生的创造力和想象力，让他们在阅读中更加主动地思考和探索。

最后，戏剧表演能够提高学生的语言表达和合作能力。在戏剧表演中，学生需要与他人合作完成任务，这种合作与交流能够让学生从不同的角度理解文本内容，开阔他们的思维视野，这有助于培养他们的合作精神和团队意识。同时，他们还需要通过语言表达来传达角色的情感和思想，这有助于提高他们的语言表达能力。

综上所述，教育戏剧的教学方法在《愚公移山》的英语戏剧阅读课中取得了显著的效果。它不仅让学生通过戏剧表演的方式深入理解了文本内容，也提高了学生的阅读能力、合作能力和表达能力，让他们更加深入地理解了文本内容所传达的价值观和精神内涵。在未来的教学中，我们将继续探索和实践教育戏剧的教学方法，为学生提供更加优质的教学服务。

四、英语读写结合中的阅读学习

读写结合教学，是学生在充分理解语篇内容的基础上，加深对段落结构、逻辑顺序、句式特点、主题表达的分析，学习主题表达的写作方法，并进行模仿和迁移，完成语篇的撰写任务。为了帮助学生捋清所读语篇的结构和写作方法，教师可以采用思维导图引导学生梳理、归纳语篇的信息，也可以用段落分析法，逐段分析主要大意，总结作者的写作方法。教师也可以让学生分享语篇中的好句子，鼓励学生进行改编和创新，使其能运用在自己的语篇中，以此丰富学生的表达。写作能力要求学生具备较强的综合语言理解和表达能力，这就需要充分的语言输入，在同一主题下，教师可为学生准备多篇语篇，利于学生拓宽写作思路，积累相关语言。

(一)阅读学习的策略

1. 读前预测

学生在教师创设的微信朋友圈情境下，通过阅读主人公 Bob 的周末活动朋友圈，关注本课"记录周末活动"的主题并对主人公的朋友圈内容进行思考及提问，激发其阅读兴趣。

2. 扫读语篇

学生在教师规定的时间内对语篇进行整体阅读，提升阅读速度。通过扫读策略概括文本主题并关注语篇日记文体，进一步分析日记的格式。

3. 精读语篇

学生根据问题精读文本，获取主人公上周末具体活动的细节信息，在提取细节信息的基础上，分析语段之间不同时态表达的意义，加深对运用过去时态描述上周末活动的理解。

4. 复述文本

学生依据板书复述文本内容，进一步内化语篇写作结构。学生通过与同伴讨论，体会并挖掘作者认为自己周末生活特殊的原因，启发学生对周末活动的特殊性进行思考，为其记录自己的周末生活奠定基础。

5. 分析文本结构

学生通过阅读教师的范文，从内容、书写、时态等方面进行评价，明确写作要素并内化写作结构与标准,以读促写,为最终记录自己的周末生活奠定基础。

(二)课例

读写结合策略在英语课堂教学中的实践[①]

1. 案例背景

(1)单元学习内容分析

本阅读材料选自人民教育出版社义务教育教科书《英语》(一年级起始)五年级下册第四单元。本单元的主题为 Last Weekend(上周末),首次提出一般过去时的概念。教材中的阅读材料均以一般过去时态呈现,并在相应语境中引导学生正确理解一般过去式的表意功能,掌握动词一般过去式的规则变化,初步运用一般过去式描述过去发生的事件。

本单元内容围绕周末活动话题展开,教材由 7 个课时组成,见图 4-21。

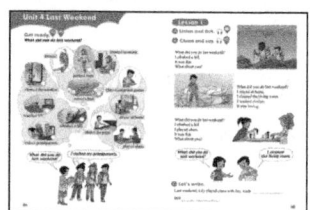
第 1 课时
词汇新授课

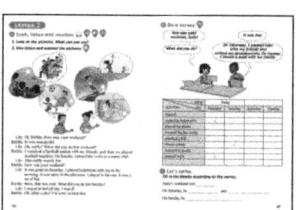
第 2 课时
会话新授课

第 3 课时
读写结合课

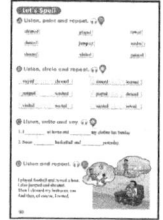
第 4 课时
语音学习

第 5 课时
学科拓展

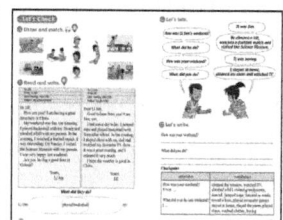
第 6 课时
复习检测

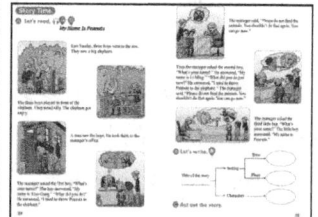
第 7 课时
故事阅读

图 4-21 单元内容

---

① 课例提供者:北京石油学院附属小学柴露珊。

本单元共计8个语篇，涉及对话、歌谣、日记、电子邮件、配图故事等多模态阅读材料，为学生的语言学习提供了丰富的素材。教材语篇呈现渐进性，从回顾、谈论周末生活，到记录自己的周末生活，并了解其他国家的周末活动及文化，从而认识到周末活动的丰富多彩，体验生活的酸、甜、苦、辣，并形成正确的价值判断。

（2）学生分析

本阅读材料的话题内容贴近五年级学生的生活实际，学生具备一定的话题知识。但基于学情调研发现，大部分学生是首次学习谈论"过去的"事件，因此在本案例的阅读教学中要充分分析学生的已有知识储备、可能遇到的困难以及学习路径。

①学生已有话题知识储备

表4-11 学生已学相关话题知识梳理

内容	话题	词组	句型
三下 Unit 3 After School Activities	Entertainments	sing songs, play chess, draw pictures, read books, dance, play sports	态度（意愿和打算） I'm going to…
三下 Unit 5 Family Activities	Life at Home	cooking dinner, cleaning the room, listening to music, watering the plants, watching TV, walking the dog, feeding the fish	社会交往（询问和介绍） What are you doing? I am watching TV.
四上 Unit 2 On the Weekend	Weekend Activities	climb a hill, visit one's grandparents, go to a drawing club, pick fruit, play computer games, go fishing, go to the cinema	社会交往（询问和介绍） What do you do on the weekend? I often… It's fun.
五上 Unit 6 Chores	Daily Chores	wash clothes, make the bed, tidy the desk, feed the fish, take out the rubbish, sweep the floor	社会交往（询问和介绍） What chores do you usually do at home? I usually…

②学生可能遇到的困难

学生初次接触"过去时态"的表达方式，无论是在理解动词变化规则和语用功能，还是在实际运用过去时态来描述自己的经历或事件时都会遇到困难，主要体现在：不知道如何用正确的过去时态表达自己的想法和经历；学生在真实表达上周末活动时，可能会用到还未学习的动词不规则变化形式；因为学生的认知水平不同，在回顾和反思周末活动、理解主题意义和形成态度观点时可能会出现差异。

③学生学习路径

基于学情调研，教师将本案例中的单元语篇内容进行适当增减与重组。将语音版块(-ed 的发音规律)融入第 1 课时的词汇学习，从音、形、义三个方面帮助学生理解和掌握一般过去时态和其语用功能。学生在第 2 课时与同伴谈论上周末活动的过程中初步运用。第 3 课时以一篇日记呈现了过去时态的语用功能，学生在理解语篇中特殊周末活动的意义时，体会回顾和反思的重要性。第 4 课时在教材 Fun Time 语篇的基础上补充 How to Have a Great Weekend 非连续性文本，感受周末活动的多元与价值。第 5 课时替换教材故事，学习 Saturday's Clean Sweep，并尝试初步制订周末计划。单元学习的最后，通过综合实践活动，将自己对"Have a Great Weekend"的理解和计划分享给大家，在相互学习和评价中体会生活的美好，养成积极乐观的生活态度。

基于以上对本单元语篇的分析，我明确了本单元的知识和育人价值主线：从回顾、讨论周末生活，到记录自己的周末，再经过了解各国以及各类有意义的周末活动，学生最终能够为自己设计周末活动，按计划实施并记录与分享，能够逐渐根据实际情况以及个人需求制订周末计划，体会周末生活的真谛，养成积极乐观的生活态度。基于此本单元的单元主题确定为 Have a Great Weekend。

2. 学习目标及重难点

(1)学习目标

①学生能够听音标号，会用过去时态说有关周末活动的短语：cleaned the window, watched TV, visited grandparents, climbed a hill, danced, rowed a boat, jumped rope, listened to music, played computer games, played the piano, played chess, stayed at home 等，并尝试运用发音规则识记单词，根据语境说出周末活动，说唱并改编歌谣。

②学生能够听对话并标号，用功能句"How was your last weekend?" "It was…" "What did you do last weekend?" "I…"询问并回答上周末的活动，完成调查任务。

③学生能够阅读日记，总结日记文体的要素。运用阅读策略勾画并区分人物的日常及上周末活动，关注生活中点滴趣事，用一般过去时记录发生过的事件。

④学生能够阅读语篇，提取不同人物周末活动的细节信息，了解如何更好地度过周末。

⑤学生能够运用五指阅读法，提取故事要素。根据故事内容选择人物的周末活动，体会制订计划并按计划执行和实施的重要性。

⑥学生能够提取语篇结构，尝试发一封电子邮件，分享自己上周末的生活及下周末安排。

（2）学习重点

①通过阅读多模态语篇，学习动词一般过去式的规则变化，了解时态的语用功能，获取、梳理语篇中的信息。

②学习用过去时态描述上周末的活动。

③学习用功能句"How was your last weekend?""It was…""What did you do last weekend?""I…"询问并回答上周末的活动。

（3）学习难点

①动词过去式的变化规则及-ed的不同发音。

②能运用一般过去时，以书面或口头形式介绍过去发生的事情。

3. 实施过程

本单元教材语篇贯穿学生的整个学习过程，学生能够在多模态的语篇中逐步了解、体会、运用一般过去时态描述自己及他人的周末活动，并尝试用一般过去式记录自己的周末生活，体现学习的渐进性。

学生在学习的过程中经历三个阶段：回顾并谈论上周末的活动，分享感受并予以恰当回应；了解并体会丰富多彩的周末生活，合理规划自己的周末生活；展示自己的周末计划，养成积极乐观的生活态度。

本案例为本单元的第3课时，是一节读写结合课，在单元中承接第1—2课时，引导学生发现生活中的点滴美好并记录下来与同伴分享，在此过程中加深人际交往，了解更多的周末生活，为设计自己的周末活动奠定基础。

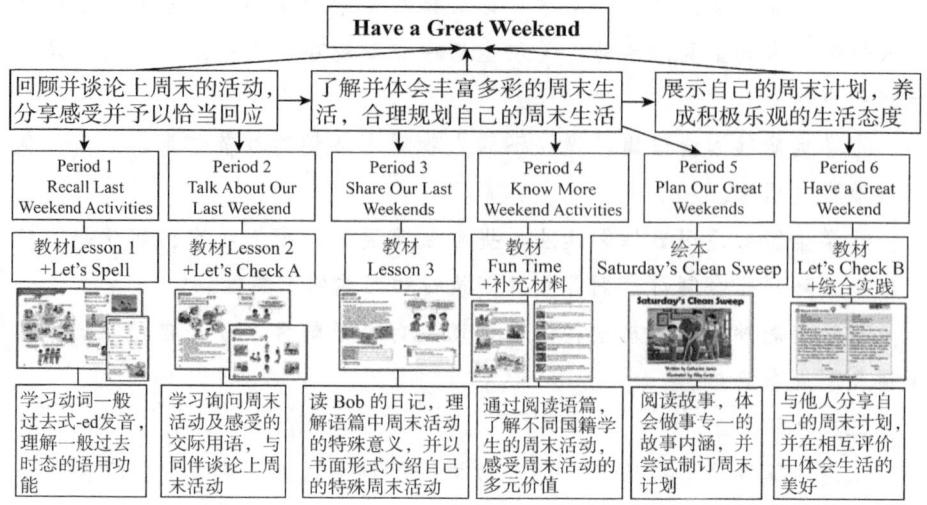

图 4-22　Have a Great Weekend 单元主题框架

(1) 第 3 课时阅读材料分析

What(语篇介绍)：语篇以日记的形式介绍了 Bob 上周末的活动。日常周末，Bob 通常会待在家里、外出上英语课、看望祖父母或与朋友玩耍。但是，上个周末却与以往不同：周六他拜访了好朋友 Ann，为她庆祝生日。上午他们跳舞、看动画片；下午去公园爬山划船。上周日早上，他与爸爸看了一场足球赛，他为自己最喜欢的球队赢了比赛感到特别开心；下午和朋友踢球，他们队赢了，他特别兴奋，感觉自己上周末过得太开心了！

Why(主题意义)：语篇通过 Bob 上周末活动的介绍，引导学生关注日常生活中的"特殊性"，在感受 Bob 特殊周末活动的过程中，体会生活的丰富多彩，在回顾自己周末活动的过程中，感悟生活的美好，并为规划未来的周末做好铺垫。

How(文体、结构及语言特点)：语篇描写了 Bob 周末日常与上周末的活动，由三个自然段构成，第一自然段以一般现在时介绍了 Bob 的日常周末活动，第二、三自然段使用了一般过去式描写上周末的特殊活动。通过对比，凸显上周末活动的特殊性，体会动词一般过去式的用法和表意。

(2) 本课时案例学生分析

本案例授课对象为北京石油学院附属小学五年级 10 班学生，该班学生语言基础扎实，思维比较活跃，适应借助图片和任务单自主阅读的学习方式，能够针对教师设计的问题链，思考语篇背后的意义。为了更加具体地了解学生对本单元主题的生活经验和学习经验，教师通过问卷星进行了调研，现分析如下。

①相关生活经验与学习需求

A. 学生周末生活丰富

通过调研，教师了解到学生的周末生活比较丰富，涉及体育活动、兴趣发展、走亲访友、家务劳动、作业复习以及参观游览等多个方面。因此学生需要的语言表达词汇非常丰富。根据学情，教师在设计周末生活记录单时可通过 word box 给予学生一定帮助，并鼓励学生自主查找词义，为真实表达奠定基础。

B. 个别学生周末生活相对单一

调查显示仍有15%的学生表示自己周末生活比较平淡，基本不变，自认为比较无聊且单一。针对这一情况，教师首先应引导学生发现自己生活中的点滴美好，并可以设计同伴分享活动，帮助学生了解更多的周末活动，为自己规划周末生活奠定基础。

C. 学生有借助媒介分享生活的经验

在信息化大背景下，学生更愿意利用微信群组相互交流分享自己的日常生活。教师可以创设贴近学生生活实际的情景，激发学生用更多元的方式分享他们的热情与写作动力。

②学生知识储备

五年级的学生已经学习了很多有关"活动"话题的词汇，包含体育运动类、家务劳动类等，对星期、周末和周末活动有着清晰的认识。通过本单元前两课时的学习，学生已经能够运用一般过去时态简单交流自己上周末的活动及感受，如：

——What did you do last weekend?

——I...

——How was your weekend?

——It was...

本节课的学习文本还涉及 have—had 和 win—won 这两组动词过去式的不规则变化形式，教师在处理生词的过程中要引导学生结合上下文猜测词义。基于前两课学生反馈，五年级学生刚刚接触到过去时态，学生在表述的过程中容易混淆时态。因此，需要教师在教学过程中予以关注并提供语言支持。

此外，学生在部编版语文教材三年级上册第二单元习作练习中，学习并了解了日记文体，为本课时分析语篇体裁结构奠定了基础。

(3) 本课时案例实施过程

①环节一：复习语言，导入情境

A. 学生跟录音说唱歌谣，交流上周末的活动和感受。

Let's clap our hands and chant together.

What did you do last weekend? Was it good?

B. 学生阅读教师创设的微信朋友圈内容，对语篇内容进行初步了解并提问。

What do you know about Bob's last weekend?

What do you want to know?

设计意图：本环节属于读前活动，教师通过歌谣帮助学生复习如何运用过去时态描述自己的周末活动及感受。教师通过创设微信朋友圈的情景，生动地呈现了本课主人公 Bob 的周末生活。贴近生活实际，培养学生利用情景进行推断预测的能力，引发学生对 Bob 周末活动的思考，激发学生的阅读兴趣。

②环节二：自主阅读，提取信息

A. 教师呈现 Bob 的日记，指导学生自主阅读，并提问：

How did he record his last weekend?

What did he do last weekend?

学生运用扫读策略提取文本大意，辨别日记文体。借助任务单梳理主人公的上周末活动。

B. 教师组织学生反馈学习成果，适时追问：

How did you know that?

Where did you find it?

What is Paragraph one about?

What does Bob do on the weekend?

第四章 语言与人文类学科中的阅读学习

```
          Unit 4    Have a Great Weekend        Name:
一、Read and choose. 读一读，圈出正确的选项。
   How did he record（记录）his weekend?
   A. email      B. diary       C. letter

二、Read and tick. 读一读，选择正确的活动，在 □ 中画 "√"。
   What did he do last weekend?
   □ stay at home          □ visit his grandparents
   □ danced                □ climbed a hill
   □ watched cartoons      □ had a football match
   □ go to an English class □ visited his friend
   □ play with his friends □ rowed a boat
   □ won the game          □ watched a football match
```

图 4-23　学生阅读活动学习单 1

学生在教师的指导下反馈学习成果并梳理段落大意，关注文本的细节信息。学生在梳理文本结构的基础上进一步总结归纳一般过去时与一般现在时的表达差异。

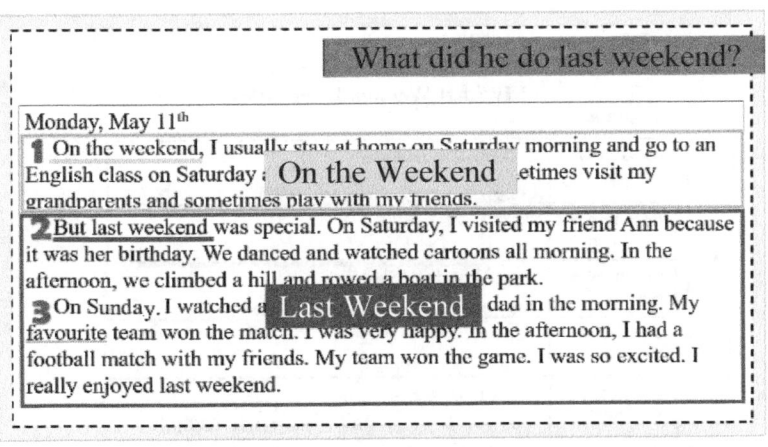

图 4-24　学生阅读活动学习单 2

C. 学生跟录音朗读文本，关注语音语调。

设计意图：本环节属于学习理解层面。教师以问题为驱动，引导学生自主阅读获取信息。教师在任务单上出示邮件、信件和日记等不同文体，引导学生对不同文体结构进行观察思考，结合旧知学习新知。学生通过回答任务单的问题自主梳理细节信息，加深对语篇的理解。

③环节三：应用实践，凝练主题

A. 学生与教师一起，借助板书再次梳理 Bob 的周末活动。

Bob did many things last weekend, let's summarize.

B. 教师通过设问，引导学生进一步思考 Bob 认为自己周末活动特殊的原因，并与同伴进行交流。

Why did Bob think his last weekend was special?

例如：for fun、with friends/family、hobby、for healthy、different 等。

设计意图：本环节属于应用实践层面。教师引导学生内化结构化语言，复述主人公的上周末生活。根据语篇表层结构的主线，探究和深入理解作者的隐含信息，启发学生对特殊周末生活的深度思考，探究语篇深层意义。为进一步挖掘自身周末活动的特殊性做好铺垫。

④环节四：深度思考，迁移创新

A. 教师做示范，介绍自己周末的特殊活动

a. 学生阅读教师的周末活动的记录单，思考并猜测教师周末活动的特殊活动并阐述原因。

Class:	Name:
My Last Weekend Activities	
Things I did	
On Saturday morning	worked at school (discuss with colleagues 同事)
On Saturday afternoon	worked at school (prepared class)
On Saturday evening	worked at school (made teaching aids 教具)
On Sunday morning	cleaned my room / washed clothes
On Sunday afternoon	read a book / worked at home (more discussion)
On Sunday evening	worked at home (prepared class) / watered the plants

图 4-25 教师周末活动记录单

b. 学生参照教师示范谈论自己的特殊活动并进行交流。

☑ in pairs（两人一组）

☑ Everyone should say a special thing.（每人选择一件特殊活动分享）

☑ -ed words（注意使用一般过去时）

c. 学生分析教师的示例写作，并进一步明确写作的要素。

表 4-12 学生写作活动评价表

评价项目	☆☆☆	☆☆	☆
past tense	正确使用过去时态记录周末活动	过去时态使用较为准确	尽量做到使用过去时态
handwriting	书写工整、干净	书写较为工整	尽量做到书写工整
content	涵盖三方面内容	涵盖两方面内容	涵盖一方面内容

B. 教师呈现发送"群消息"任务

教师示范活动流程，并在学生活动时进行巡视并提供帮助。

☑ write a message（书写群消息）

☑ stick it on（粘贴在手机微信群组内）

☑ read and comment on others（读群组消息并评论）

C. 课堂小结并布置作业

In our lives, we all have special moments, whether they are good or bad. When we look back, they're all special for us. So, let's enjoy our weekend and have a good life!

设计意图：本环节属于迁移创新层面。教师引导学生回顾自己的上周末活动。依据时代背景，以贴近学生生活实际的方式，创设微信群组消息的情景，激发学生的写作、分享热情，体验记录自己的生活。通过"点赞"和"评论"的方式帮助学生明确写作评价标准并进一步内化语言时态。学生在此过程中了解更多同学的上周末活动与感受，增进彼此的了解，体会生活的美好与分享的意义。

4. 实施效果

（1）基于现代通信方式背景，设计贴近生活的学习任务

教师通过学情调研，了解当下学生分享生活的主要途径，创设微信朋友圈、微信群组的情景并布置学习任务，激发学生写作与分享的热情，体现英语联系生活的语用理念。

(2)利用文本信息形成问题链，促进学生逻辑思维发展

教师设置层层递进的任务驱动问题，引导学生通过自主阅读概括文段大意并获取细节信息，再通过选择判断的方式引导学生对语篇文体结构、special 的含义以及一般现在时和过去时的区分进行思考。学生在此过程中进一步加深对一般过去时的理解，并能进一步分析主人公周末生活特殊之处的原因，最后能够仿照范例用一般过去时态记录一件特殊活动并与他人分享。

第五章　数学与科学类学科中的阅读学习

数学与科学类学科相比较文学阅读，更深刻、更立体、更科学、更具有逻辑性。这类学科的阅读材料不仅是文字，还包含数学符号、术语、公式、图表、数据等。同时，学生阅读的过程也是一个不断假设、证明、想象、推理的积极能动的认知过程。数学与科学类学科的阅读是提升个人科学素养的重要途径，对于个人的成长和社会的发展都有着不可忽视的作用。

在本章中，我们重点结合数学、科学、信息科技、综合实践等学科进行介绍，并结合学科特点阐述相应的阅读策略，通过具体课例进行呈现。

第一节　数学学科阅读学习的策略与案例

数学是一门抽象而深奥的学科，作为自然科学和社会科学的基础学科，它虽然常常被视为逻辑推理和计算技能的集合，但实际上它同样需要精细的阅读学习策略。以下将从多个方面探讨数学学科的阅读学习策略，这些策略可以帮助我们更好地掌握数学知识，深化理解，并提升解决问题的能力。

一、数学文化课中的阅读学习

随着新课改的持续推进，数学文化课已经成为关键的授课资源之一。在我们的教材中，已经加入了不少数学文化的补充内容，比如教材中的"你知道吗"这个栏目，内容基本是数学知识的历史起源与发展、数学家的故事和精神、数学经典问题、数学在生产生活中的应用以及数学思想与方法等多方面内容，但是仅仅数学教材里这一小部分的内容，还不能完全满足我们的需求。我们需要将更多的素材加入到课堂中来，让数学文化慢慢浸润课堂。

苏联数学教育家斯托利亚尔说："数学教学也是数学语言的教学。"而语言的学习是离不开阅读的，所以数学的学习离不开阅读，数学文化课的学习更加离不开阅读。由于数学是逻辑化最彻底也最严格的学科，它不仅要授予学生一定的知识，更要教会学生正确地思考，所以数学语言与日常语言不同，数学语言则是更严谨的逻辑推理、更缜密的思维表述。因而数学阅读不同于一般的阅读，更具有特殊性，认识这种特殊性，对在教学过程中指导学生阅读，培养学生的数学能力有重要意义。

(一)阅读学习的策略

数学阅读是学习者通过对数学阅读文本、数学实物、数学情境等数学阅读素材进行体悟认知、思想同化的意义建构过程。小学生数学文化课的阅读主要从语言转译、情境联结和思想渗透三个方面展开，需要加强数学阅读语言的互译力与转换力，创设多元化和弹性化的数学阅读情境，以及提升数学阅读思想的育人性和文化性。

1. 语言转译

小学生数学阅读中数学语言的转译方式主要有数学文字语言与数学符号语言的转换互译、数学文字语言与数学图表语言的转换互译、数学符号语言与数学图表语言的转换互译。数学语言可谓是文字语言、符号语言、图形语言"三位一体"——三者相互融合、相互转化。紧紧抓住这三种不同语言之间的联系，进行"内在语言"的转换，培养学生能够将这种灵活的语言转换机制建立在大脑中，真正做到有效地数学阅读。

2. 情境联结

数学文化课中多是有丰富情境的，因此在数学文化课的阅读中，可以创设多元化的数学阅读情境，引导学生结合情境进行阅读，在关联情境的过程中，可以帮助学生更好地理解所阅读的文化内容。

3. 思想渗透

数学文化是数学学科中具有代表性的文化形态，它以丰富的数学内容和形式呈现在学生面前，包括数学的发展历史、文化背景、数学思想和方法等。所以，在数学阅读的过程中，要通过阅读对学生渗透数学文化思想。

(二)课例

"科赫雪花"
——数学文化课阅读学习活动[①]

1. 案例背景

(1)学习内容分析

① 主要内容

数学文化是数学学科中具有代表性的文化形态，它以丰富的数学内容和形式呈现在学生面前，包括数学的发展历史、文化背景、数学思想和方法等。数学文化渗透在数学课程教学的方方面面，渗透在每一个学生的心中。在小学数学课堂中构建文化课堂，能够充分发挥出数学文化的教育功能，使学生充分了解到数学的文化价值，增强学生对数学学习的兴趣。阅读是学生最基本的一项学习技能，也是一切课程的基础。所以，在小学数学教学中，教师的首要工作就是提高学生的阅读能力。因此，在数学教学中加强学生的阅读能力，最关键的因素在于阅读对学生数学学习效率的促进作用。从整体上讲，阅读是小学数学教育的一个重要组成部分。阅读能力的增强在于学生对数学概念、原理等理论知识的深化理解，这是学生学习数学的重要方式。

② 与学科知识的关联

本阅读学习内容属于补充数学文化学习的一个内容。"科赫雪花"是在四年级下册学习完第二单元"认识三角形和四边形"后补充学习的内容，本单元学生已经通过观察、动手操作等直观操作活动，认识了三角形、平行四边形和梯形的特征，在之前的学习中，还学习了图形的运动等内容。本节课将进一步了解图形的特点以及它们之间要素的联系，通过平移、旋转、轴对称等运动方式制作出科赫雪花来，在这个过程中，学生会对图形的特征、图形的运动以及图形要素之间的关系的认识更加深入。

(2)学生分析

对于处于中年级段小学四年级的学生而言，应当能够逐渐具备从众多信息中提取关键信息，并逐步尝试理解数学阅读中的内容和方法。具体到

---

① 课例提供者：北京石油学院附属小学张缅科。

本单元，四年级的学生处于具体运算阶段，以形象思维为主，逐步向抽象思维过渡。但学生数学阅读意识始终处于自发状态，缺少一定的数学阅读方法的指导和应用。有的同学甚至还处在关注数学信息获取的水平。

2. 学习目标

(1)学生能够利用知识的迁移，学习数学阅读材料后，尝试独立创作"科赫雪花"。

(2)学生能够在阅读过程中了解科赫雪花的创作过程，在动手操作的过程中，体会图形各要素之间的关系。

(3)学生能够在阅读过程中学会数学阅读的一般步骤和方法，发展知识的迁移能力和数学语言的表达能力。

(4)学生能够在数学文化的认识中促进和加深对图形的认识，拓宽学生视野，激发数学学习的兴趣。

3. 本案例中体现"用阅读来学习"策略方法

"科赫雪花"一课主要是从生活中的雪花引入，在进行阅读的过程中，了解雪花结构的特点，然后再将生活中雪花结构的特点，关联到科赫雪花的结构特点中，通过对科赫雪花的图案进行观察和解读，思考和了解科赫雪花的制作过程，从而帮助学生对平面图形以及各要素之间的关系进行进一步的了解，最后通过对科赫雪花历史的阅读，对学生进行思想文化的渗透。

(1)文字和图形双阅读，语言转译

小学生数学阅读中数学语言的转译方式主要有数学文字语言与数学符号语言的转换互译、数学文字语言与数学图表语言的转换互译、数学符号语言与数学图表语言的转换互译。

第一次阅读，学生进行了两次语言转译。第一次，学生看着这几幅图(图5-1)，仔细进行观察，并用语言表述一下看到图形发生了怎样的变化。学生通过阅读图形，将图形语言转化成数学文字语言，在这个过程中发现——将正方形作为基本图形，按照一定的规律进行变化，就能创造出一个新图形。

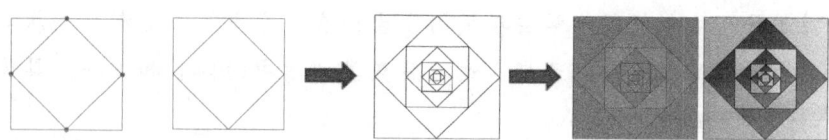

图 5-1　美丽奇妙的正方形

第二次是进行文字阅读，了解生活中雪花的特点，并且将文字与图形相结合，发现图形的特征。通过阅读介绍雪花的相关知识，将文字与图相结合，学生发现雪花形状的特点，为后续学习科赫雪花奠定基础（图5-2）。

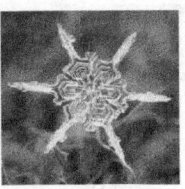

雪花有很多种形状，大自然中几乎找不出两片完全相同的雪花，就像地球上找不出两个完全相同的人一样。现在已经知道雪花有20000种不同的图形。雪花的形状特点主要表现为六角形，这是因为雪花属六方晶系。在雪花形成的过程中，冰晶的各个角棱和凸出的部分会首先迅速地增长，形成枝杈状，进而形成星状雪花。

图5-2　不同形状的雪花晶体图

在文字阅读之后，再次观察雪花（图5-3）的图片，发现和总结雪花的特点。并引导学生进一步思考：这片雪花是用什么数学方式生成的？

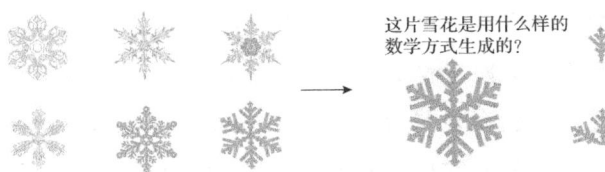

图5-3　雪花示意图

最后，再次进行图形阅读，填写个人学习单（图5-4），将观察到的图形的变化规律写一写，画一画，帮助自己思考，在这次阅读的过程中，主要是将图形语言转化为数学文字语言，帮助学生发现图形的变化规律。

个人活动要求：1.想一想，从图形（1）到图形（2）的规律是什么？
2.可以在学习单上写一写，画一画，帮助自己思考。

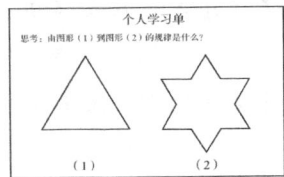

小组合作要求：说一说，各自发现的规律是什么？

图5-4　个人学习单

在双阅读的过程中，学生阅读文字想图形，用文字总结图像的特点，在这个相互转化的过程中，学生不仅提高了阅读能力，更提高了观察力和想象力，为后续进一步认识和创作科赫雪花奠定基础。

(2) 创设多元情境，帮助学生进行情境联结

图 5-5　想象和再创造

第二次阅读，通过重点阅读图形，能够提取材料中的要素，聚焦整体中的某一个部分，建立要素之间的联系，将生活情境中的雪花图片，与数学中的图形建立联系。学生在读图时，要观察这个等边三角形是如何变成六角形的，并运用所学过的有关图形的知识，发现图形的变化规律。然后再次进行读图，观察科赫雪花整体的形成过程。最后，再从数学情境的雪花情境中回到生活情境中，学生再次进行想象和再创造（图 5-5）。

在两次对图形进行阅读的过程中，第一次的读图特别重要，因此，重要的阅读图形的方法在第一次读图的过程中进行学习，先要观察基本图形和变化后的图形有什么联系和不同，然后尝试思考，找寻基本图形和变化后图形之间的规律，找到规律后还要进行验证。在阅读中进行情境关联，帮助学生更好地认识科赫雪花的来源，以及学生在了解后找寻生活中类似的想象，可以进行再想象和创造。

(3) 再次进行数学文化的阅读，进行思想文化渗透

第三次阅读，主要是通过文化阅读，对科赫雪花的数学文化进行了解，在了解的基础上，阅读生活中的相关想象，让学生发挥想象，在生活中找寻类似的现象，然后，启发学生对科赫雪花进行进一步的思考——你还想了解什么？在这次数学阅读中，重点是体悟蕴含的数学思想观念，养成一种用数学的眼光和数学思考的意识去看待和解决问题，进而使学生逐渐具有一种不断发展自身数学素养的学习意识和学习需求。

4. 实施过程

(1)环节一：文字和图形双阅读，感受数学的美

①教师活动1

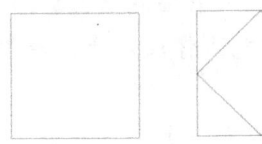

图 5-6　图形转换示意图

师：仔细观察，想一想，怎样从一个正方形得到这个新图形？

②学生活动1

观察平面图形通过怎样的变化，变成一个新图形。将观察到的图形特点转化为数学语言。

师：我们一起来看一看。（动画呈现）

师：是呀，多美妙的图形呀！将正方形作为基本图形，按照一定的规律进行变化，就能创造出一个新图形。

③教师活动2

师：其实在我们的身边也有一个伟大的设计师，那就是大自然！你看这就是大自然的杰作。（出示雪花）

师：漂亮吗？不光漂亮还神奇呢！谁来给大家读一读。（出示雪花介绍）

④学生活动2

学生独立对雪花的资料进行阅读，总结雪花的形状特点。

小结：大自然不愧是伟大的设计师呀！但形状各异的雪花也存在着共同的特征，你发现了吗？我们一起来观察观察，仔细观察，有什么特征？最突出的特征是什么？（形状，对称……）

师：观察得真仔细，通过观察，我们发现雪花基本上都是六角形的，属于六方晶系。根据雪花的特征，人们也设计创造了雪花图形（出示雪花图形）。你知道这片雪花是用什么样的数学方式生成的吗？同桌之间互相说一说你们各自的想法。

(2)环节二：图形阅读，分析美的模型

①教师活动3

师：将基本图形进行旋转或对称就可以得到雪花一样的新图形。那由一个等边三角形可以设计创造出一片雪花吗？1904年，瑞典数学家科赫从等边三角形出发创造了一片雪花。仔细观察，看看他是怎么画的。（动画呈现画的过程）

师：请你拿出个人学习单，结合刚才的视频，想一想，两个图形间是如何转化的，从图形(1)到图形(2)的规律是什么？你可以在学习单上写一写、画一画，帮助自己进一步地思考。老师给每个人3分钟的时间，现在开始。

②学生活动3

观察读出科赫雪花的创作特点，并加以验证。

③教师活动4

师：时间到了，你们都找到规律了吗？有的同学已经发现规律了，有的同学还在思考当中。我发现其实你们每个人都有了自己的想法，咱们先在小组中交流交流。说一说各自发现的规律是什么。每个小组7分钟的时间，比一比哪个小组的交流既有序又高效，现在开始。

④学生活动4

学生通过阅读图形，总结图形的变化规律。

（学生介绍发现的规律，教师利用学具进行演示：三角形重合，边上生成，三角形翻转。）

小结：同学们太厉害了，数学家的秘密被你们轻而易举地破解了。现在快来和大家分享一下你们发现的规律是什么吧！哪个小组勇当第一名？

（学生介绍发现的规律，教师利用学具进行演示：三角形重合，边上生成，三角形翻转。）

感受生成过程。

师：现在，我们一起闭上眼睛，按照这个规律一起想象一下雪花的生成过程。一个等边三角形，将它的边平均分成3份，其中的一份就是新等边三角形的边长，现在每条边上都新增了一个等边三角形。你想象出来了吗？接着把新的等边三角形的边长再平均分成3份，每条边上再新增一个等边三角形。想象出来了吗？再分，再新增，再分，再新增，再分，再新

增,睁开眼睛,你们想象的是这样的吗?(动画演示)

师:在将图形(1)变化为图形(2)的过程中,大家发现了这些规律。(展示学具)

师:厉害呀!在观察的基础上,轻而易举地发现了雪花生成的规律,同学们的这些发现有没有什么共同之处,哪件事对于每个发现来说都是重要的呢?

师:每条边平均分成3份,中间位置生成一个新的等边三角形。真会思考,遵从这个规律,我们就可以确定新增等边三角形的边长和位置。

设计意图:在两次对图形进行阅读的过程中,第一次的读图特别重要。因此,重要的阅读图形的方法在第一次读图的过程中进行学习,先要观察基本图形和变化后的图形有什么联系和不同,然后进行尝试思考,找寻基本图形和变化后图形之间的规律,找到规律后还要进行验证。

(3)环节三:阅读数学文化——延伸数学之美

①教师活动5

师:这片雪花是由科赫创造出来的,因此把它叫作科赫雪花。通过查阅资料等方式对它进行了更全面的了解,我们一起来看看它们的介绍吧。(进行第三次阅读)

师:大自然中还有哪些美妙而神奇的图形,你想到了什么呢?

师:看,原来在我们的身边存在着这么多神奇、美妙的事物。而我们学习数学的意义也正在于此,它可以让我们更好地去观察世界,理解世界,老师更加相信你们也可以从身边的事物中受到启发,创造出更多的图形,让我们的世界变得更加美妙而神奇。

②学生活动5

学生回忆之前的学习过程,总结自己的阅读方法。

设计意图:第三次阅读,主要是通过阅读,对科赫雪花的数学文化进行了解,在了解的基础上,阅读生活中的相关想象,让学生发挥想象,在生活中找寻类似的现象。然后,启发学生对科赫雪花进行进一步的思考——你还想了解什么?

5. 实施效果

(1)拓展知识，提高学习兴趣，了解数学文化

本节课是补充的一节数学文化课，学生在学习的过程中，不仅加深了对图形特征以及图形各要素之间关系的认识，更是感受到了数学的神奇，通过将一个基本图形按一定的规律进行变化，竟然能创造出如此多美丽的图案，尤其是在观察和创作科赫雪花的过程中，学生不仅感受了数学之美，还发现数学原来如此博大精深，提升了学生对数学学习的兴趣。

(2)提升学生的阅读能力，让阅读助力数学学习

通过对本节课的数学文化的阅读学习，学生不仅尝试阅读文字，更是尝试阅读图形。与语文的文字阅读有所不同，学生在进行数学的文字阅读时，要学习一项本领，就是将文字信息转化为图形语言。因此对于数学文字的阅读，不仅要理解字面意思，还要能利用图形语言帮助学生理解含义。其次，数学阅读不仅包含文字阅读，更是包含图形阅读，这是数学学科特有的，学生往往缺少这方面的经验，因此本节课着重帮助学生学习对图形进行阅读，在阅读图形时，不仅要学会观察图形，发现图形的特点和变化规律，然后对特点和规律进行解读，从而达到读图的目的。

(3)培养数学阅读兴趣，激发学生再发现、再创造，让学习阅读真正发生

数学阅读的过程要弱化数学知识的掌握，通过案例故事等数学阅读素材促使学生再发现、再创造，注重的是一种数学知识的内在重建，经历数学知识的创生历程。数学阅读要突破数学教科书的边界，放眼于更加宽泛的知识领域，反过来对数学阅读的"场域"进行回路辐射，着眼于数学的过去、现在和未来在不同学科领域的渗透与发展，使得数学阅读成为学生驰骋数学世界的有力驱动。具体的数学知识是可能被遗忘的，是数学学习中的"变"，而数学的思想和精神素养则是数学本真的魅力所在，是数学教育中的"不变"，促使学生通过数学阅读真正实现"以不变应万变"。

二、数学概念课中的阅读学习

苏联数学教育家斯托利亚尔认为：数学教学也就是数学语言的教学。数学语言的学习和语文一样，学生也是通过阅读语言文字、图像、符号等来获取数学信息，从而加深理解。

数学概念课教学是数学教学的重要课型，概念课的教学重点关注数学概念的发生、形成与发展过程，要以丰富、典型的情境为载体，引导学生通过观察、分析相关属性，概括出相应的数学概念，最终获得概念的本质属性。

数学阅读恰恰是在培养学生"学会用数学眼光观察世界，学会用数学思维分析世界，学会用数学语言表达世界"，阅读为理解数学概念提供了一种有效的学习方式。

(一)阅读学习的策略

数学阅读是在教师的指导下，学生按照一定的方式、方法，对数学文本开展的读、思考与表达的过程，在阅读中见学生的数学思考，在思考中促学生的数学表达。

1. 创设恰当情境

数学概念课需要教师依据数学概念创设恰当的情境，引导学生从阅读中对概念形成从感性到理性的认识，最终把握概念的内涵与外延，进而真正理解概念的本质。

2. 留足思考空间

教学中，教师需要营造开放的课堂教学环境，重点关注学生的课堂参与，给学生创造宽松、民主、和谐的心理氛围，极大地给予学生自主权和主动权，这些都有助于学生开展有效的数学思考。教师在课堂上应留足学生充分思考的时间，真正促成概念的有效思考。

3. 创设表达空间

教学中，同伴交流至关重要。在概念课教学中教师应尽可能地提供创造适于学生交流表达的机会，同时教师需要认真倾听学生的表达，并给出积极的回应。对于学生的正确表达，要及时给予肯定，对学生表达过程中暴露的问题请其他同学及时给予纠正与补充。由此学生在交流表达中促成概念的有效表达，进而真正理解概念。

(二)课例

多元表达中探索"变与不变"
——六年级下册"变化的量"数学阅读学习活动①

1. 案例背景

(1)学习内容

①主要内容

本阅读内容为六年级下册第四单元"变化的量"一课,教材中用图像、表格等方式表达变量以及变量的关系,初步形成了函数的"雏形"。基于杨红萍在《数学阅读:认知与教学》中提出的观点,数学阅读分为六个维度:概念理解、语言互译、阅读迁移、阅读推理、空间想象、信息整合,本课数学阅读的学习涉及语言互译和阅读推理两个维度。

②与学科知识的关联

本阅读内容隶属于"正比例和反比例"单元,其中理解变量、表达变量、分析变量的关系至关重要,因此本阅读内容"变化的量"自然成为单元学习的核心内容,也恰是培养学生数学阅读的良好教育时机。

③本课中的阅读材料内容

本课阅读内容分为三部分:第一部分是一段无声视频,呈现故宫随着太阳移动的时间,映射到地面的影子长度和样子都发生变化;第二部分是三个描述变化的情境,分别是:正方形的周长是边长的4倍,淘气正在喝一杯水,一只股票的走势;第三部分是学生表达变化情境的作品(图5-7)。

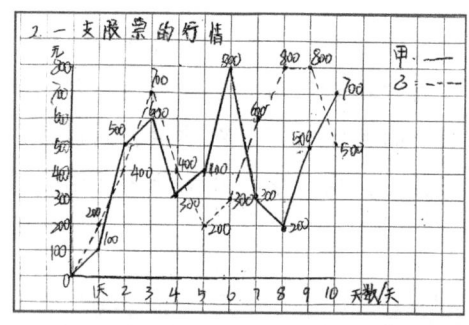 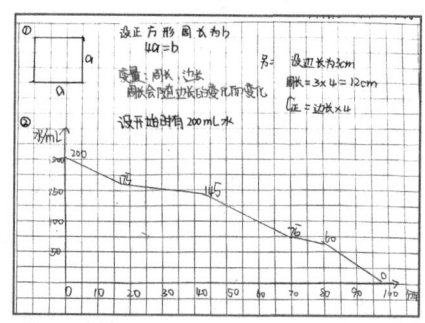

图 5-7　学生作品

---

① 课例提供者:北京石油学院附属小学刘文静。

(2)学生分析

对于高年级学生而言，其抽象思维逐渐形成，具备一定的分析能力。具体到本单元的学习，学生对于量的认识逐渐由常量走向变量，对于变量的理解具备一定基础。学生已经学会用字母表示数和数量关系，学会探索一些数学规律，具备基本的数量关系的基础，这些基础的学习蕴含着变与不变的函数思想。

由此分析，学生对于变量以及变量的关系理解已经有了丰富的素材和基础，具备用多种数学的方式表达变量的知识基础以及通过变量分析推理变量的关系的思维基础。

2. 学习目标

(1)通过阅读生活中的实例，能够用数学的语言描述两个变量之间的关系，列表或画图都是表示变量之间关系的常用方法，体会表达方式的多样化。

(2)在阅读过程中学会数学阅读的一般步骤和方法，提升数学语言的表达能力以及阅读推理能力。

(3)在阅读表达变量的不同方式中，感悟数学表达的简洁、明理，增强数学学习的热情。

3. 实施过程

(1)环节一：看视频，直观感悟变化的量

①教师活动

师：请同学们欣赏一段小视频，在这个视频中你能找到变量吗？

②学生活动：欣赏视频发现

生1：时间、影长都是变化的量。

生2：影长随着时间的变化而变化。

生3：时间和影长是变量。

③小结：通过视频我们很好地感受到了变量是时间和影长，影长随着时间变化而变化。

美国著名的认知心理学家和教育家布鲁纳提出，学生的直觉思维是科学发现和创造过程中极其宝贵的品质，而直觉思维形成的过程其本质是映像或图像的，一般不是靠言语。课堂上无声的视频，使得学生沉浸式思考，他们的直觉思维被大大激发，这为后续研究运动变化的量奠定了直观、扎实的基础。

(2)环节二：观情境，多样表达变化的量

①教师活动

师：现在我们做个有挑战性的活动。活动要求如下。

A. 独立思考

师：用数学的方式让大家感受事物中的变量，以及变量是如何变化的，用不同的方式表达出来。

➢ 正方形的周长是边长的4倍

➢ 淘气正在喝一杯水

➢ 一只股票的走势

B. 小组交流提示

师：围绕下面问题讨论，变化的量是谁？它们是怎么变的？

②学生活动

A. 情境一讨论

生1：周长是4，边长1，周长8，边长2，周长和时间是变量，周长增加边长增加。（列表）

生2：这个点边长1，周长4，这个点边长3，周长12，周长随边长增加而增加。（图像）

生3：正方形周长公式是周长＝边长×4，通过公式可以看出周长随边长变化而变化。

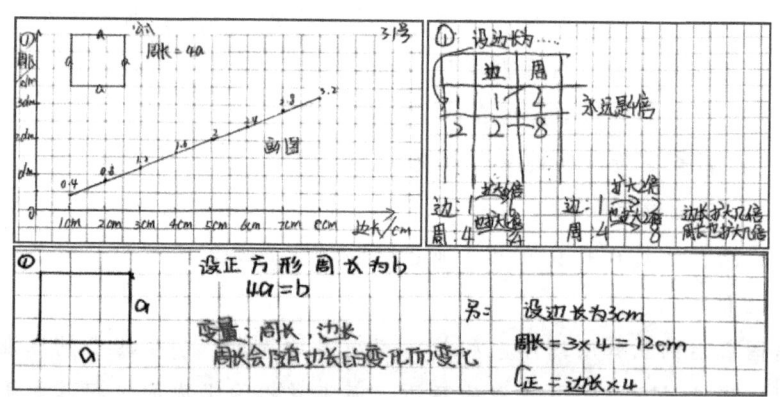

图5-8　正方形周长公式推导过程图

教师小结：大家通过不同的表达方式，都能发现变化的量在哪，怎么变。

B. 情境二讨论

生1：喝水量和剩水量是两个变量，随着喝水量增加，剩水量减少。

生2：时间和喝水量是两个变量，随着时间增加，喝水量增加。

生3：时间和剩水量也是变量，时间增加，剩水量减少。

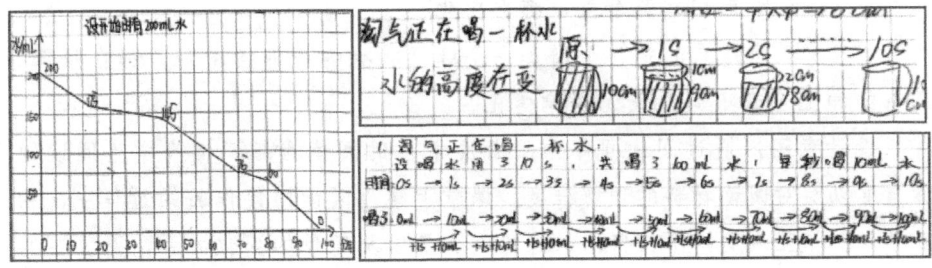

图 5-9　喝水变量图

教师小结：看来一个事从不同的角度观察可以有多组变化的量。

C. 情境三讨论

生：时间和股票的价格在变化，随着时间变化，股票价格的高度在变化，没有变化规律。

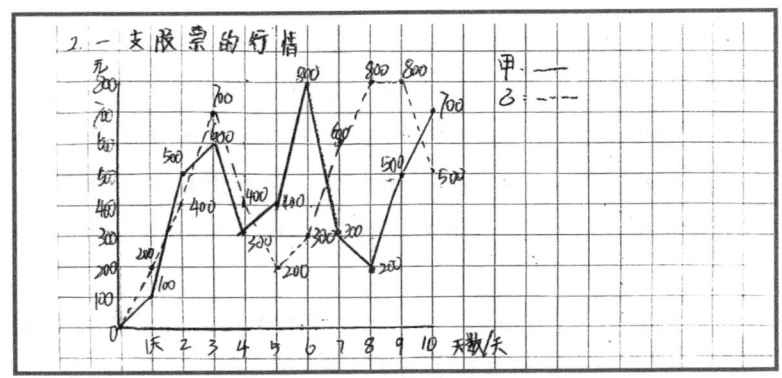

图 5-10　股票变量图

瑞士数学家欧拉认为，数学阅读是获取和理解知识的重要途径，而数学表达是数学研究的核心。课堂上，学生准确、简洁、多样的数学表达可以清晰地显现出变化的量，促进学生深入理解两个变量之间的变化关系。多样的数学表达不仅能够锻炼思维，更重要的是能够使思考更加灵活和敏捷。

(3) 环节三：读表达，分析变化的量异同

①教师活动

提问：再看我们刚刚表达的这些情境，虽然表达的方式不同，但三个情境中的变量，有哪些相同和不同？

②学生活动

生 1：相同是都有两个量，都在变化。

生 2：不同是有的是一个增加一个降低，有的是都在增加，都在降低，还有的和上述都不同，呈无规律变化。

设计意图：通过阅读同伴作品激发学生的阅读兴趣，提高学生阅读的参与度以及对阅读材料的理解程度。课堂上学生阅读同伴作品的过程中，相互学习、相互启发，不仅仅深入感悟到变量以及变量的变化关系，更重要的是，提升学生独立思考的能力以及批判性的思维能力。

4. 实施效果

数学概念是数学学习的基础，数学学习都是在数学概念的基础上衍生出来的，本案例中"变化的量"是学生认识函数的雏形，看似数学概念，实则需要实现学生的深层次理解。阅读恰巧为学生深度理解数学概念提供了一种渠道。

(1) 恰当情境促进概念自然生长

数学教学的起点是有效的问题情境，在"变化的量"一课中，教师创设了"看无声的视频""表达三个生活现象"这样形象直观的情境。学生的第一次阅读就是从阅读无声的视频中开始的，通过观看故宫光影的变化，直观感受"时间"和"影长"两个变量的存在，并初步感悟到影子长度随着时间的变化而变化。

第二次阅读任务通过阅读三个生活现象"正方形的周长是边长的 4 倍""淘气正在喝一杯水""一只股票的走势"，学生借助表格、图像等多种方式表达每个情境中变化的量以及两个变量的关系，逐渐理解同一事物可以有多种表达方式，可以从不同角度思考发现有的变量可以找出规律分析发展趋势，有的变量呈现出无规律的变化。

无声的视频、三个充分体现变量概念的生活现象使得学生沉浸式思考，他们的直觉思维被大大激发，这为后续深入研究运动变化的量奠定了直观、扎实的基础，从而促进数学概念的有效生长。

正如相关研究阅读的专家所说，数学阅读是阅读主体对数学材料的积极能动的信息加工过程，是从数学文本中获取意义的、积极的认知心理过程。学生对简短的情境进行正确简洁的数学表达，既能展现阅读理解程度的高低，又能锻炼和发展阅读思维能力。

(2) 多样表达促进概念数学思考

阅读与表达相辅相成、密不可分。阅读三个情境后，学生用数学的方式呈现出对三个情境的理解。每个学生的表达不尽相同，有的运用表格，有的运用图像，有的运用公式……丰富多样的表达恰巧体现了学生在用数学的眼光观察世界、数学的思维思考世界、数学的语言表达世界，不同的表达也正促进学生直观、简洁地理解变量与变量之间的关系，促进学生对变量的思考与理解。

如同新课标指出的"三会"目标要培养学生数学眼光、数学思维、数学语言，这些与数学思考都有着紧密的联系，数学思考是落实数学核心素养培育、实现课程育人目标的重要载体和落脚点。

(3) 同伴交流促进概念深入理解

在"读表达"的教学环节中，阅读并交流同伴的数学表达，不同的表达方式，学生首先要读懂，其次要能找不同表达间的联系。与同伴表达与交流的过程使得学生对变量以及变量之间变化关系的理解更深一步；这个过程同样也是对阅读理解力的考验、阅读思维力的锻炼。

正如专家指出，阅读同伴的作品可以开阔视野、获得更广泛的信息和见解；可以激发思考，促使学生从不同的角度审视问题，提高思辨能力；可以提高阅读理解能力，在理解他人的意图和表达方式中提高阅读速度和深度，更好地把握重点和难点；更能与同伴产生共鸣和兴趣，从而更加热爱数学阅读；更重要的是，阅读同伴作品需要保持批判性思维，对作品中的观点、信息、论证等进行评估和分析，这种思维习惯有助于学生在日常生活中更加理性地看待问题，避免盲目跟从或轻信他人。

三、数学绘本课中的阅读学习

数学阅读能力是指学生具备从数学公式、图形、符号文字中提取信息，并能独立地进行归纳总结及灵活应用所获取的信息解决实际问题的能力，而数学阅读能力的基础是阅读方法的训练。学生在原有的数学知识基础之上，运用现有的知识经验进行重组创新的过程是一个人获得经验进行创新的重要环节。

温州大学的章勤琼教授等人也对数学阅读能力进行了年段的划分：低年级关注基本数学信息的获取；中年级关注多种数学信息中关键信息的提取；高年级则关注对数学信息进行关联并作出相关决定。

数学阅读不同于其他的学科阅读，它不仅仅涉及文本的阅读和理解，还包括数学符号、数学图形等多种表征的阅读，这也使得数学阅读更加抽象，更加难以理解。而数学绘本是通过文字与图画结合，将数学知识巧妙地蕴藏在有趣的故事中的一种绘本读物。数学绘本阅读融知识性、故事性、情节性、趣味性、思想性等为一体，不仅蕴含着丰富的数学知识、数学文化，还有一定的应用价值。学生借助数学绘本来理解数学内容，可以让抽象的数学知识形象化，让静态的数学知识变得直观可感，让学生的数学学习更为轻松。

数学绘本不仅增加了数学知识的形象性和学习知识的深刻性，同时增加了数学知识的本体性。它独特的"数学味"，在阅读绘本的过程中能够让学生去发现规律，发展观察力，培养概括能力，充满着数学的味道。如何将有趣的数学绘本巧妙地融合到数学课堂教学中去，让它承载数学阅读能力的培养和数学本质的掌握，让它给学生带来不一样的课堂体验就显得尤为重要了。

(一)阅读学习的策略

1. 获取信息，提出问题

初次阅读，获取基本信息，提出数学问题，建立信息与数学的关系。

通过问题将信息与数学建立联系，并促使学生深入思考。同时提出与以前的知识相结合，为学生利用已有知识理解和解决新问题奠定基础。

2. 建立要素的联系，从部分和简单入手

在初次阅读时，由于信息繁杂，学生可能容易理不清楚关系，一头雾水。因此在第二次阅读时可以聚焦到关键的要素，或者整体中的某一个部分，找到突破点或关键问题，建立要素之间的联系，促进理解。在此基础上学生就可以主动迁移之前的学习经验，建立知识之间的联系，从而理解新的内容。我们要做的就是把这些经验变成后续可以继续应用的方法和步骤。

3. 迁移应用，建立联系，感悟本质

有了前面的经验和基础，再次进行整体的阅读，通过对前面经验的迁移和已有知识的应用，建立各知识与能力的联系，进一步全面且深入地理解阅读的对象和内容，并深入感悟知识的本质。

(二)课例

"三只小猪的幸福生活"
——两位数乘法数学阅读学习活动①

1. 案例背景

(1)学习内容分析

①主要内容

北师大版数学三年级下册两位数乘两位数乘法是小学计算教学的重要组成部分。它以表内乘法、多位数乘一位数乘法为基础，又为两位数乘三位数乘法、三位数乘三位数乘法做铺垫，在整数乘法学习中起到承上启下的作用。两位数乘两位数乘法对小学生来说是相对复杂的乘法计算，是乘法笔算教学的关键。这部分内容的教学具有很强的基础性，是小学"数与代数"部分的重点和关键。

本单元的研究内容共包含以下四部分主要教学内容：

口算乘法：两位数乘整十数(找规律)。

笔算乘法：两位数乘两位数的横式笔算(不进位)(队列表演一)。

两位数乘两位数的竖式计算(不进位)(队列表演二)。

两位数乘两位数的估算及计算(有进位)(电影院)。

不难看出这四部分的教学内容主要是培养学生的运算能力。那么何为运算能力呢？《义务教育数学课程标准(2022年版)》(以下简称《课程标准》)中指出："运算能力主要是指能够根据法则和运算律正确地进行运算的能力。培养运算能力要有助于学生理解运算的算理，寻求合理简洁的运算途径解决问题。"其重点是"理解算理，寻求通法"。

而在进一步了解其他国家和民族的乘法计算方法后，更加明确了乘法运算的本质。

---

① 课例提供者：北京石油学院附属小学张敏。

从学习阅读走向阅读学习

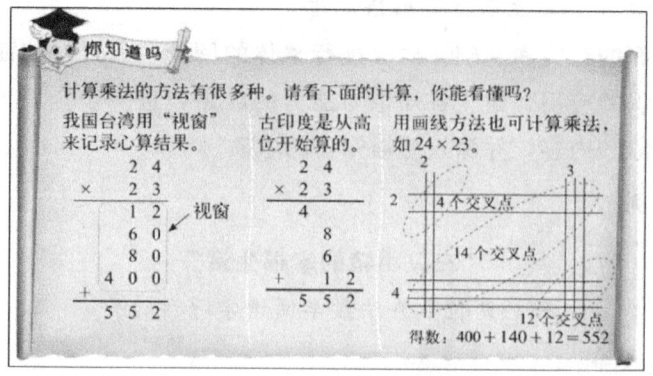

图 5-11 乘法其他算法图

《三只小猪的幸福生活》绘本以两位数乘两位数为基础，以北师大版教材三年级下册第三单元数学书 37 页的"你知道吗？"为原型进行编制。在三次阅读中学生从"读不懂"到"读懂了"学习数学阅读的一般方法步骤和思想方法，理解两位数乘两位数的运算本质。

② 与学科知识的关联

本阅读学习内容属于三年级下册第三单元"乘法"内容。该内容是在学生掌握多位数乘一位数乘法的基础上进行学习的，同时也为后续学习三位数乘两位数的乘法做铺垫，是真正意义上理解乘法算理，形成乘法运算的通法。而深入理解算理，寻求算法，进而形成能力对于学生来说应当是一个持续的生长过程，是一个不断深刻领悟的过程。从多位数乘一位数到两位数乘两位数，从口算到竖式，从不进位到连续进位不断进阶，这种进阶是持续的、不间断的，这样才能够不断深化对算理的理解，获得通法，形成能力。意识到乘法运算就是将数进行拆分，分别计算每部分的积，然后求和。这就是乘法运算的本质。而本材料的学习在进一步了解我国台湾和其他国家的乘法计算方法后，更加明确了乘法运算的本质。将数学阅读与乘法运算教学相结合，在探索乘法计算方法的过程中对阅读方法进行指导，在拓展阅读过程中再次深刻理解乘法运算的本质。

从绘本教学中，我们可以看到台湾省的"视窗"将每一部分结果更加详细地表示出来；古印度的从高位算起的方法也是将十位乘十位，个位乘个位，个位乘十位的结果相加。画线法则更加直观地体现出 24×23 的结果就是三部分的和。这三种乘法计算方法的背后实际也是学生再次理解乘法运算本质的拓展延伸。因此，在进行本单元备课时，我尝试将数学阅读与乘法运算教学相结合。在探索乘法计算方法的过程中对阅读方法进行指导，在拓展阅读过程中再次深刻理解乘法运算的本质。

上述思考基础上，对本单元教学内容进行了调整（如图5-12）：

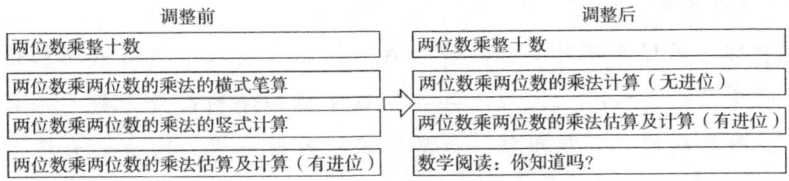

图 5-12 单元教学内容调整情况

③本课中的阅读材料内容

本阅读材料改编于三年级下册第三单元数学书 37 页的"你知道吗？"。为了让其成为更加有效的学习材料，我们进行了绘本的改编，如图 5-13。

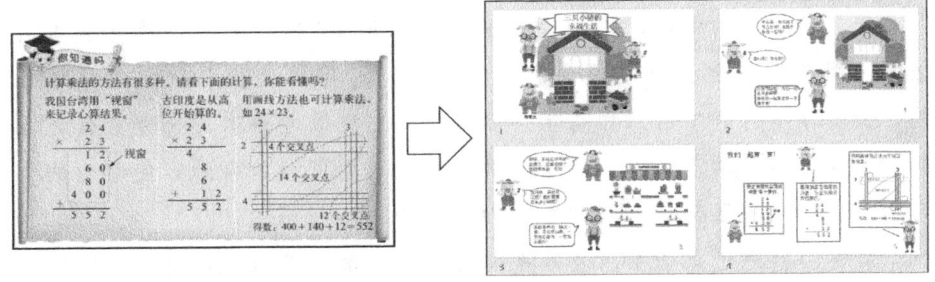

图 5-13 绘本改编

（2）学生分析

学生在学习这部分之前，已经在低年级进行了表内乘法的学习，在学习表内乘法的时候，已经掌握了乘法就是求几个相同加数的和。三年级上册学习了两、三位数乘一位数，利用点子图和画表格的方法知道了两位数乘两位数的计算道理和计算方法。本单元前面进一步通过点子图、表格等理解了两位数乘两位数的算理，掌握了算法。

而阅读能力对于处于中年级段小学三年级的学生而言，应当能够逐渐具备从众多信息中提取关键信息，并逐步尝试理解数学阅读中的内容和方法。三年级的学生处于具体运算阶段，以形象思维为主，逐步向抽象思维过渡。但学生数学阅读意识始终处于自发状态，缺少一定的数学阅读方法的指导和应用。具体到本单元，有的同学甚至还处在关注数学信息获取的水平：①学生只能关注到简单的数字和文字等信息，不全面。②有的学生关注到了图、算式等要素，但是不能将这些信息建立联系，只能独立地关注和理解。③学生不能运用过去的旧知识帮助自己理解比较陌生的信息和要素及其背后的原理。

(3) 学习背景

新教材与课程改革对学生的核心素养提出了要求，核心素养包括关键能力、必备品格与核心价值观。具体到数学这门学科，分为数学抽象、逻辑推理、数学建模、直观想象、数学运算、数据分析。而这六大板块几乎全部与数学阅读息息相关。课程标准指出阅读是自学的主要形式，重视数学阅读问题，有助于提高学生数学学习水平、自学能力及交流能力，有助于终身学习意识的培养。因此，培养学生阅读能力是我们当前数学教学的一个重要任务。要想使数学素质教育的目标得到落实，就必须重视培养学生的数学阅读能力。

而阅读方法的训练，其最为关键的两点便是"提取信息，建立联系"。依据不同学段对学生数学阅读能力的要求，指导学生获取数学信息的方法，教会学生对数学信息和隐含条件编码，进行数学语言的全方位描述与转化。在数学教学活动中，多留给学生一点自主阅读的余地，使学生的学习由"我要学"发展到"我能学"直至"我会学"。

在进一步通过点子图、表格等理解了两位数乘两位数的算理，掌握算法的基础上，通过数学阅读进一步认识乘法，不仅能够拓展知识，提高学习兴趣，同时还能帮助学生更好地理解乘法运算的本质；多种方法建立联系，激发学生自身再创造的可能。学生从数学发展历程的角度，真正意义上将乘法意义与数的意义建立联系形成乘法运算通法。理解计算方法虽然不同，但是道理是一样的，它们都是把这些数拆分成了更简单的数相乘，然后把结果相加起来，计算时也都把数位对齐，也就是都是在求几部分的和。

2. 学习目标

(1)结合课前阅读、观看比赛视频，课上能说出2个以上篮球基本比赛的规则，能正确做出3种以上违例或犯规的裁判手势，知道国内外主要篮球赛事。

(2)通过观看视频和师生动作讲解，分析总结出运球、传接球、投篮等基本技术在比赛情境中的运用,并能够根据防守人和队友的位置比较合理地运用基本技术及组合技术;能运用移动技术展开进攻和防守。

(3)专项体能练习,提高快速起动、变向的能力,发展灵敏、协调、力量等体能。

(4)积极参与学练活动,比赛中出现失误时能相互鼓励、及时调整情绪,能够适应不同场地和不同对手的游戏环境,注意学练中的安全,不做犯规动作。

(5)勇于承担责任,和队友团结一致、配合默契;正确面对输赢,积极反思并寻找改进动作的方法;比赛中遵守规则,尊重他人,共同营造文明公正的比赛氛围。

3. 实施过程

自读绘本阅读主动提出问题 自读画线法提出问题——寻找信息,确定关键信息

读懂画线法如何计算24×23 探究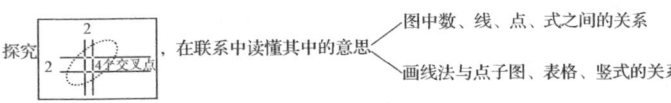,在联系中读懂其中的意思 —— 图中数、线、点、式之间的关系
画线法与点子图、表格、竖式的关系

再次阅读画线法,总结画线法的算法

反思:总结方法,探寻本质 从"读不懂"到"读懂了"——总结数字阅读的一般方法和步骤

联系的本质是什么——拆数,求和

图 5-14 绘本阅读实施过程

课前,布置学生阅读篮球比赛相关资料或观看篮球比赛视频以了解篮球比赛规则,为本课做好充分准备。

(1)环节一:自读绘本,提出问题

师:同学们,你们知道三只小猪的故事吗?三只小猪打败大灰狼后的生活是什么样的,你们知道吗?现在请你读一读绘本《三只小猪的幸福生活》。

师:故事读完了,你都知道了什么?

自读绘本,发现其中蕴含的数学信息:

生1:买24盆花,每盆23元。

生2:三只小猪用的计算方法和我们不一样。

……

师：我们是用什么方法计算24×23的？

生1：点子图、竖式、表格等。

师：对于三只小猪的方法，你想研究什么问题？

生2：这三种方法是怎样计算24×23的？

生3：画线法是怎样计算24×23的？

设计意图：问题是数学的心脏。具有挑战性的问题能够驱动学生进行有目的的阅读，也能促使学生的阅读逐步深入。为了增强学生对阅读数学材料的兴趣，引导学生主动提出问题。此外，抽象的数学概念被分解后，细化成若干小问题，书读百遍，其义自见，带着小问题反复阅读和已有知识相结合并思考。

(2)环节二：针对"画线法"进行数学阅读

①学生第一次阅读

画线法是怎样计算24×23的呢？

学生自读画线法，将不懂的地方标识出来。

出示阅读导航。

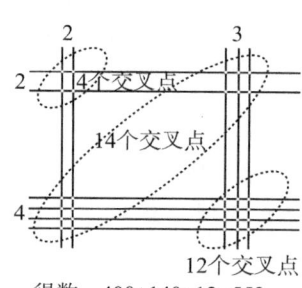

画线法计算24×23

阅读导航
在阅读的过程中有不懂的地方把它圈一圈，写一写，画个"？"做标记。

图5-15 阅读导航

生1：不明白4个交叉点是什么？

师：你听明白他的问题了吗？你的问题和他一样吗？或谁的问题和他一样？

生2：400和图有什么关系？

引导学生关注关键信息：怎么表示24和23的。

师：看来，读出信息对大家不困难，但我们首先要读懂关键信息。

设计意图：在进行学前调研时发现，很多学生之所以在阅读中有困难,是因为学生只关注画线法中的点和算式。而不是先确定画线法是如何表示 24 和 23 的。而相对于点和算式,表示出 24 和 23 才是阅读的关键,应该是阅读中最先要明确的。因此设计这一环节,提醒学生阅读中最关键的一环是首先要读懂画线法中 24 和 23 的表示方法。

②学生第二次阅读

现在你可以再试着读一读吗?这样,咱们先来看看4个交叉点是怎么得到的,它们分别表示什么意思?

学生再次独立阅读画线法,尝试着将画线法中的线、点、式建立联系,或尝试着将画线法与点子图、表格、竖式建立联系。

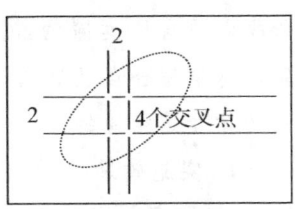

图 5-16 画线法阅读

设计意图:作为三年级的学生,他们具有数学阅读的经验,但很少从这些经验中提炼方法。事实上,对于部分学生而言,在前期学习的基础上,他们可以主动迁移之前的学习经验,建立知识之间的联系,从而理解画线法是如何表示 24 和 23 的。我们要做的就是把这些经验变成后续可以继续应用的方法和步骤。

③学生第三次阅读

师:有图中信息之间的联系,也有画线法与其他方法之间的联系。那现在你能读懂画线法吗?

师:这些交叉点是怎么回事?它又是如何得到结果的呢?

算式的理解实际上是乘法本质的初步探索,结合图与算式可以清楚地认识到计算 24×23 就是分别计算每部分的结果,然后将结果相加。

(3)环节三:反思提升,揭示本质

师:今天,咱们通过数学阅读,又认识了一种乘法的计算方法。现在请你回忆一下,开始咱们没读懂,后来咱们怎么做就读懂了呢?

师:画线法和表格有联系,表格又和竖式、点子图有联系,观察这 4 种方法你又有什么新发现呢?

师:通过今天的学习,你觉得数学阅读和语文阅读有什么区别呢?

小结:你们看,画线法和表格有联系,表格又和竖式、点子图有联系,我国的不同地区和不同的国家有不同的计算两位数乘两位数的方法,但无论哪种方法都是在计算几部分的和。

设计意图：课的最后，请学生交流本节课的收获和体会，给予学生反思的空间，使学生有机会回顾本节课的学习历程，并从整体上感受数学历史上同一问题算法的多样性及其联系，感受数学历史给予我们的启示与思考，从而提高对数学史的重视以及学习数学史的兴趣。更为重要的是学生依据之前自己读懂的经验总结自身在本节课对于数学阅读能力提升的经验，总结适合自己的阅读方法。另外，学生经过观察比较就会发现这些方法的算理是相通的。

4. 实施效果

(1) 拓展知识，提高学习兴趣的同时提高学生自主学习的能力

本节课在数学史的认识中促进对算理和数位的理解，开阔学生视野，感受古人的智慧和数学发展的魅力，激发数学学习的兴趣。早在 19 世纪，HPM 先驱者、数学史家卡约黎在其著作《数学史》($A\ history\ of\ mathematics$) 中提到：教师可以借用数学史让学生明白数学不是一门枯燥乏味而是一门有着丰富历史底蕴的学科。他认为，数学史的加入会让数学学科变得更加有吸引力。皮亚杰认知发展理论认为：人学习的最基本心理机制分为同化和顺应。同化是个体利用头脑中已有的图式对知识进行改变和接纳；顺应是个体通过调整或改变头脑中的已有图式建立新图式来接纳信息。学生通过对数学发展史的了解建立图式从而更好地同化和顺应数学知识，也在此经验基础上进行迁移，不仅学习了数学知识，也培养了学习能力，为后续的自主学习奠定基础。

(2) 助力学生进一步理解两位数乘两位数的运算本质

通过对本节课的数学阅读学习，学生从数学发展历程的角度，真正意义上将乘法意义与数的意义建立联系形成乘法运算通法。通过建立不同方法之间的联系，理解计算方法虽然不同，但是道理是一样的，它们都是把这些数拆分成了更简单的数相乘，然后把结果相加起来，计算时也都是相同单位相加，也就是都是在求几部分的和。

(3) 掌握阅读方法，培养数学阅读能力和反思的习惯，让阅读学习延续

本节课，基于学生的能力水平，直指学生阅读的真正障碍，正确对待学生的"最近发展区"，真正发挥了这部分内容的真正价值。不让学生的阅读流于表面，不让学生的阅读无从下手，让学生带着问题读，带着方

法读。

数学阅读课不应只发生在课堂教学中。学生课堂上的时间毕竟是有限的,学生更应具备自我获取知识的能力和方法。而方法的获取、能力的提升,教授只是一方面,反思对于学生自我提升的作用更大。本节课,让学生反思自己从"读不懂"到"读懂了"的过程,自发地总结数学阅读的方法和步骤。让学生反思为什么可以将画线法与其他方法建立联系,独立意识到方法之间的联系就是乘法运算的本质。

(4)多种方法建立联系,激发学生自身再创造的可能

历史发生原理的提出者、法国哲学家奥古斯特·孔德认为:个体所受教育发展的重大阶段,与人类发展过程具有相似性。在此观念的影响下,美国学者 M. 克莱因也说:历史顺序是教学的指南。HPM 思想的核心体现在"再创造"理论,即学生本人把要学的东西发现和创造出来,认为无论是概念、公式定理或数学符号的形成体系包括利用各种算法解决问题都应当使用再创造的方法。从这个角度上讲,通过自身对数学资料阅读发现各种方法之间的联系,这既是学生学习的过程,实际上也是学生"再创造"的过程,有利于提升思维水平。

四、数学历史课中的阅读学习

乔治·波利亚认为:"数学史是学习数学的最佳指南和灵感源泉。"我国作为文明古国之一,拥有着博大精深的中华文化,其中就包括卷帙浩繁的古代数学典籍。中国古代数学典籍是中华民族在历史的更迭和文化的交流中创造的独特文明成果,也是中华文明一脉相承的数学历史见证。阅读古代数学史深化对数学本质的理解,拓宽数学视野,同时传承数学文化,启发创新思维,并提升数学素养和自学能力。

国内外的数学家倡导将数学典籍中的数学史部分有机融入数学课堂中,常见的可供小学生阅读的数学史有数的起源、古代经典算法(如鸡兔同笼等)、数学家的故事等。

数学史不仅为我们提供了学习的背景和动力,还能够帮助我们更好地理解数学概念和定理,掌握数学方法,提高数学核心素养。阅读古今数学历史对于学习数学具有重要的价值和意义。

(一)阅读学习的策略

1. 粗略阅读，提出问题

问题是数学的"心脏"，在学生获取知识的过程中，问题的重要性不言而喻。数学阅读同样需要问题的引领，教师在指导学生进行数学阅读时，鼓励学生在阅读过程中发现并提出问题，这些问题看似是简单的，实则可以恰当地点出数学的本质问题，为后续继续深度阅读提供阅读脉络，奠定基础。

2. 深度阅读，分析异同

阅读与分析紧密联系且相互依存。阅读数学除法历史的教学中，要鼓励学生读懂古人算法的每一步，引领学生分析对比古代与现代的除法竖式，加深理解除法算理算法，为提升运算能力积蓄力量。

阅读为我们提供了思考的素材和航行的方向，而分析则是我们理解和消化这些素材，并使其转化为自身知识和能力的重要过程。没有阅读，我们就没有思考的基础和素材；没有分析，我们就无法深入理解阅读的内容，更无法将其转化为自己的知识和能力。因此，阅读与分析并存，是我们获取知识和提升能力的重要途径。

(二)课例

贯古通今，在对话中提升学习能力
——四年级上册"古今除法竖式的对比"[①]

1. 案例背景

(1) 学习内容分析

① 主要内容

本阅读内容为四年级上册第六单元"除法"中自编"古今除法竖式对比"一课，具体内容为古代典籍中呈现的除法由来以及古代是如何获得结果、如何表达的，如图5-17。基于杨红萍在《数学阅读：认知与教学》中提出的观点，数学阅读分为六个维度：概念理解、语言互译、阅读迁移、阅读推理、空间想象、信息整合，本课数学阅读的学习涉及阅读迁移和阅读推理两个维度。

---

① 课例提供者：北京石油学院附属小学刘文静。

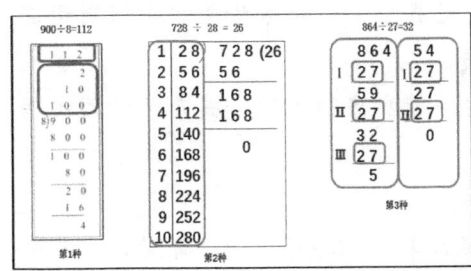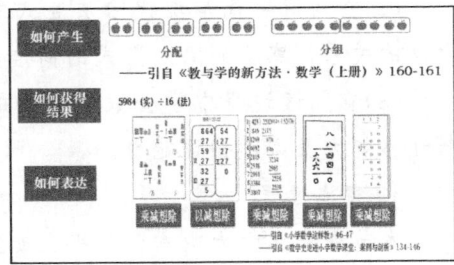

图 5-17 自编"古今除法竖式对比"

② 与学科知识的关联

从现在教学的角度看除法的发展历史，可以看出分物活动对于认识除法的含义是必不可少的。四则运算之间的联系可以帮助我们获得除法运算的结果。通过对古代不同竖式梳理，我们可以看到竖式基本上都记录了用乘法求积试商，用减法求差验证的过程。通过竖式的书写规则体现位值制。

在运算学习中，追求运算结果的正确性固然重要，但是理解算理和追求简洁的算法是求得正确运算结果的基础。因此，我们设想借助阅读古代除法运算帮助学生再次理解除法的算理、感悟四则运算的关系，这些理解和感悟必然可以帮助学生寻找到适合自己的简洁的正确的算法，从而促进运算能力的提升与发展。

（2）学生分析

基于杨红萍在《数学阅读：认知与教学》中提出的观点，本阅读内容的学习涉及阅读迁移和阅读推理两个维度，适合四年级学生学习。对于中年级学生而言，逐渐由具体形象思维过渡到抽象思维，具备一定的阅读理解、阅读分析、阅读迁移能力。

通过调研发现85%的学生都能够独立读懂古代除法竖式，并且能够发现并提出一些问题，如：为什么古代竖式中也有减法和除法？减法和除法有什么关系？好像古代除法竖式与我们的竖式有相似的地方……

可见，学生是可以通过阅读读懂古代除法竖式，能够提出一些问题，体现除法竖式运算的本质，分析出古今竖式的异同，迁移并推理出四则运算在古今除法竖式中的关系，从而更好地促进运算能力发展。

2. 学习目标

(1) 通过阅读古人除法竖式的过程，加深对除法意义的理解。

(2)在对比古代与现代除法竖式的过程中,理解除法竖式中四则运算之间的关系,感悟到除法竖式的简洁美。

(3)在阅读过程中学会数学阅读的一般步骤和方法,提升数学阅读理解迁移能力及阅读推理能力。

3. 实施过程

本节课是北师大版本四年级上册第六单元"除法"中的一课时,本节课安排在学习"除数是两位数的整数除法"的内容后,学习本节课后,再进行辨析错例,总结算法的梳理复习。本节课在单元学习中的位置如图5-18。

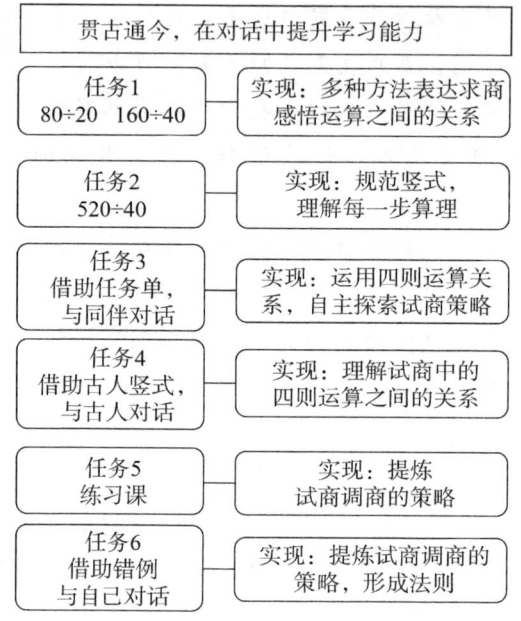

图 5-18 本课在本单元的位置图

(1)环节一:粗阅古代竖式,向古人发问

①教师活动

A. 激发学习兴趣

师:关于除法竖式,我们已经学习好几节课了。你们想不想知道在古代,人们是怎样计算除法的呢?

B. 出示三种古代的除法竖式

提问:面对这三种竖式,你想知道些什么?有什么问题吗?

第五章 数学与科学类学科中的阅读学习

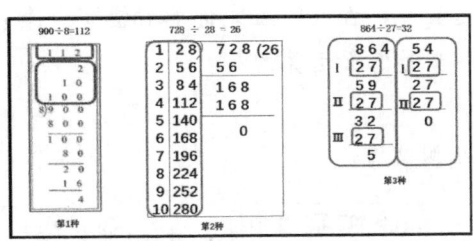

图 5-19 古代竖式除法图

②学生活动

生1：古人这些算式怎么算的？

生2：和现在的竖式有什么联系？

生3：是古人的好算还是我们现在的好算？

……

设计意图：粗略地阅读，培养发现提出问题的意识和能力，为后续深度阅读提供阅读线索。

(2)环节二：细品古今竖式，分析异同

①古代的竖式怎样得到运算结果的？

A. 教师活动

活动要求：在图 5-20 的学习单中找一找古代的除法竖式，被除数、除数和商分别在哪儿？在纸上圈一圈；结合自己试商的经验，试着找一找古人的三个除法竖式是怎样得到运算结果的。

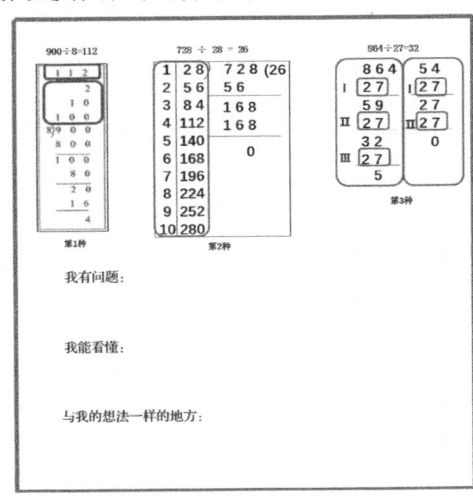

图 5-20 学习单

181

提问：咱们一起看看，古人的竖式你能看懂哪一个，它是怎样找到商的？古人竖式的每一步是怎么运算的？

B. 学生活动

a. 独立思考，小组交流

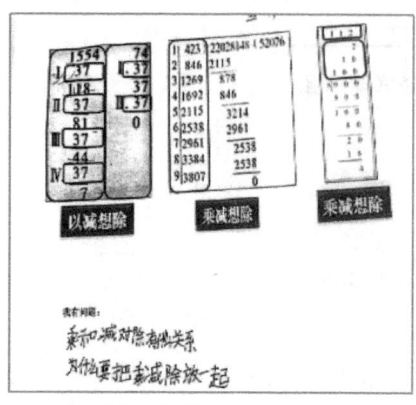

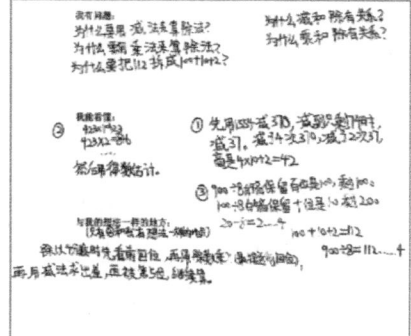
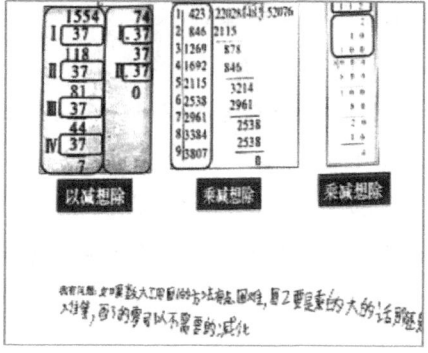

图 5-21　学生作品图

b. 全班交流汇报

第一种竖式：

生1：先分900，再分10个十，最后分20个一。

生2：先看900里面有100个8，100×8＝800，900－800＝100；在100里面也是10个8，10×8＝80，100－80＝20；最后20里面有2个8，2×8＝16，20－16＝4。最后合起来112。

小结：与现在的竖式相比，都是先算总数里有几个8，得到乘积后，用减法算出剩余，接着再分。

第二种竖式：

生3：看到左边有一列28的倍数，看看几与28的乘积接近72，商就是几。

生4：也是先算总数里有几个28的乘积，再用减法算出剩余，然后接着分。只不过这种竖式事先把28所有的乘积全部算出来，方便查看。

第三种竖式：

生5：用连续减37的办法，先减了4个37，表示有40个37；还剩74，表示有2个37。合起来就是42。

生6：和前面不同的是，这种方法没有用乘法，而是用连减的方法，看看总数里面有几个37。

②古代竖式与现在的竖式有什么联系？

A. 教师活动

活动要求：尝试着用现在的竖式算一算这三道题目，观察古人的除法竖式和现在的竖式有没有一样的地方。

追问：明明是计算除法，怎么用到了乘法和减法呢？乘法、减法和除法有什么关系吗？

小结：通过对比找联系，我们发现一方面，除法竖式无论是古代的还是现代的，都体现了平均分的过程，看看被除数里面有几个除数。另一方面，又一次体会到计算除法时，可以借助减法或者乘法，四则运算之间是有联系的。

B. 学生活动

独立思考，小组交流，全班交流。

生1：运算中都有乘法、减法……

生2：都是看被除数里面有几个除数……

生3：都体现了平均分物的过程……

设计意图：深度阅读中，读懂古人除法竖式，再次理解除法的意义，并初步感悟除法竖式中四则运算之间的关系。在对比找联系的过程中，理解除法竖式中四则运算之间的关系。不断发展阅读理解能力，发展阅读思辨能力。

(3)环节三：浏览古今除法，与古人对话

①教师活动

提问1：从古代竖式中获得了哪些启发？

提问2：通过阅读古人的除法竖式，回顾古今除法的发展，你想对古人说些什么呢？

②学生活动

生1：发展至今，现在的竖式很简洁……

生2：如果计算乘法有困难可以仿照古人的方法，在旁边先用乘法竖式算一算……

生3：感谢前辈的积淀，数学的发展是伟大的……

设计意图：再次回顾浏览阅读除法的历史发展过程中，感悟人们对于得到除法的结果的方法并不是单一的，算法是多种多样的，但是都利用了四则运算之间的关系，而且看似记录简单的除法竖式，其实经历了一个漫长的演变过程。感受数学的简洁美，感受数学研究发展进步的神奇与伟大。

4．实施效果

(1)阅读后的提问点燃学习热情

阅读古人算法，如同在知识的夜空中点燃一束璀璨的火花，瞬间激起学生内心深处的好奇心。初次涉猎，学生便对古人的竖式产生了浓厚的兴趣，他们不禁疑惑：这些古老的算式背后隐藏着怎样的智慧？与现今我们熟悉的竖式计算有何异同？是古人的算法更为巧妙，还是我们现代的算法更胜一筹？这些疑问如同一颗颗种子，播撒在学生的心田，促使他们深入研读、仔细探寻，以解开古今算法的奥秘，点燃他们学习的热情。

可见，实施数学阅读不仅激发了学生的提问精神，更提升了他们的学习效果。它让学生学会了独立思考、勇于探索，为他们未来的学习和成长奠定了坚实的基础。

(2)阅读中的分析对比加深数学本质理解

深度阅读三个古代的除法竖式，学生不仅理解了古代竖式每一步的精髓，更是通过对比分析找到了与现今竖式之间的联系。他们发现：无论是古代的竖式还是现代的竖式，其本质都是基于除法的意义和四则运算之间的关系进行运算和表达的。

数学阅读无疑是打开数学殿堂的一把金钥匙。通过深入阅读与分析，学生能够触及数学的本质知识，打破古今算法的壁垒，深化对整数除法的理解。这种深层的理解，不仅让他们在数学领域取得更大的进步，更让他们的思维更加敏捷、逻辑更加严密。

（3）数学阅读提升学习能力

我们所熟悉的除法竖式，在数学史上经历了漫长而曲折的发展历程。学生通过阅读数学史，仿佛与古人进行了一场跨越时空的对话。从最初的好奇与疑惑，到最终的领悟与理解，学生在这个过程中不断提升自己的探究意识与能力。

课堂上学生精彩的表现，正是数学阅读所赋予他们的力量。他们通过对比古今竖式，提炼出试商的经验，这些宝贵的经验不仅帮助他们正确运算、提升运算能力，更为他们的自主学习奠定了坚实的基础。数学阅读不仅让学生在知识的海洋中畅游，更让他们在学习的道路上不断前行、不断成长。

五、数学运算中的阅读学习

苏联数学教育家斯托利亚尔说过，数学教学也就是数学语言的教学。而数学语言的学习离不开阅读理解。进行有效的阅读教学可以培养小学生获取所需信息的基本能力，从而掌握数学知识和数学方法以解决实际问题。发展小学生的阅读能力有利于学生审题习惯的培养与能力的提升。

运算教学，既包括对运算意义的理解，还包括对算式进行正确计算，以及对算理的正确理解和对算法的熟练掌握。在对运算意义理解的过程中，良好的阅读能力体现在小学生能够迅速地从题目中筛选和选择出核心词汇，找准有效信息，进而对题目中的有效信息进行整理和分析，列出数量关系，提升解题质量。

（一）阅读学习的策略

1. 利用多元表征，加深学生对连加加法意义的理解

美国著名教育心理学家莱许用外在多元表征结构系统，如口头语言、图像、文字符号、实物操作和现实情境这些表征来说明数学概念的发展过程。

2. 在比较阅读中，有效帮助学生提炼加法模型

进行比较阅读，通过分析知识之间的相同与不同、联系与区别，来掌握知识，可以有效提升学生学习效率。通过归纳辨析，活跃思维，从而深入理解所学内容。

提炼加法模型的过程，首先通过唤醒学生对加法意义的初步理解与感悟，借助学生阅读熟悉的问题情境，抓关键词或者从文字中提炼抽象出所需要的数量关系，用不同的方式表征关系，在此基础上，学生再根据已有的经验策略解决问题。学生通过多元表征阅读以及提炼总结出加法模型，融会贯通，进而加深对题目的理解。

(二) 课例

多元表征理解加法意义 归纳辨析发展模型意识
—— 三年级上册"加与减"先导课的理解与实践[1]

1. 案例背景

(1) 学习内容分析

① 主要内容

在数学阅读中，学生不仅要理解文字信息，还要进行逻辑推理和抽象思考，在这个过程中，学生的思维能力得到了锻炼和提升，学生学会从具体问题中抽象出数学模型，以及在复杂的情况下进行有效思考和决策。数学阅读不仅仅是为了数学知识的获得，更需要儿童数学经验的积累，让儿童真正身处于数学世界之中，使得数学阅读成为连接儿童数学精神世界和数学课程教学的通道。

三年级上册第三单元"加与减"的学习内容为 1000 以内数的连加、连减和加减混合运算以及解决起点为 0 和起点非 0 的有关里程表的实际问题。《义务教育数学课程标准(2022 年版)》在第二学段中阐述了学生能"在具体情境中，认识常见数量关系：总量＝分量＋分量、总价＝单价×数量、路程＝速度×时间；能利用这些关系解决简单的实际问题"。能够"在具体情境中，利用加法或乘法表示数量之间的关系，建立加法模型和乘法模型，知道模型中数量的意义"。

---

[1] 课例提供者：北京石油学院附属小学王颖。

②与学科知识的关联

无论是整数、小数还是分数，无论是加法还是减法，其运算模型都是在表示总量等于各分量之和。只不过在一、二年级学习整数加减法时，由于学生的年龄小，形象思维占主导地位，学生对加法模型的概念多来源于生活中的经验，在常见问题情境（也就是常见的阅读素材）"求一共""求剩余""求大数或小数""求相差"的过程中理解加、减法运算的意义，在理解加减运算意义的基础上感知和理解"总量＝分量＋分量"。

③本课中的阅读材料内容

问题1：小红买一条裙子158元，一条裤子146元，一件T恤127元，一共需要多少元？

策略1：158＋146＋127；

策略2：158＋127＋146；

策略3：158＋(146＋127)。

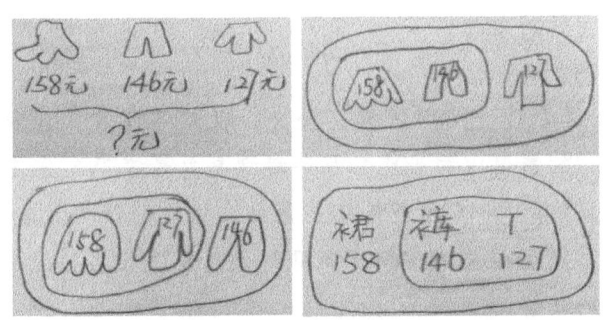

图 5-22　阅读材料 1

问题2：天天有425元零花钱，乐乐的零花钱比天天多185元，明明的零花钱比乐乐多298元，明明有多少零花钱？

策略1：425＋185＋298；

策略2：425＋(185＋298)。

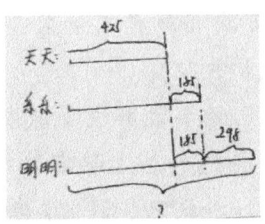

图 5-23　阅读材料 2

(2) 学生分析

通过对学生两种题目的答题情况进行对比分析，发现像问题 2 这种比较关系的情境较之问题 1 来讲，学生出错率更高一些。

通过访谈发现：其中 27.8% 的出错学生，他们面对比较关系而且有两个关系的题目时，在阅读题目过程中不能很顺畅地读懂题目，因为题目中有两个关键句，需要学生在阅读题目的过程中对题目中的信息进行提取，还要对数量含义进行理解。显然，这样的阅读提取信息对于他们来讲是有困难的，再加之他们对数量的意义不理解或理解得不全面，直接导致学生对情境中的数量关系理解不清晰。

想要帮助学生解决这一问题，消除这一困难点，我们在情境的呈现和选择上要选择学生熟悉、生活化的情境，把复杂的数学问题和有趣的生活现象进行合理关联，重视对题目的阅读，加强对题目中信息之间关系的理解，帮助学生在解决问题的过程中提炼加法模型，在简单熟悉的情境中获得用模型解决问题的经验。

2. 学习目标

(1) 通过阅读多种方法理解算式含义，说明不同算式能解决同一情境问题，在"合并"的情境中初步感知加法模型是总量等于各分量的和。

(2) 在"比较"情境中多元表征数量关系，通过阅读多元表征数量关系，理解算式含义，发现在求"大数"时也用到了总量等于各分量的和，从而丰富对加法模型的理解。

(3) 四人一组阅读并辨析不同类型的问题情境都可以用连加来解决的理由，辨析归纳中提炼加法模型是总量等于各分量之和。

(4) 寻找生活中更多应用连加解决的问题情境，在阅读中再次感受模型的普适性。

3. 实施过程

(1) 环节一：阅读多种方法理解算式含义，在"合并"的情境中初步感知加法模型是总量等于各分量的和

师：二年级上学期我们已经学过解决百以内数连加、连减、加减混合的实际问题，同学们学得都特别好。本学期继续学习千以内的这些问题。今天我们就开始本单元的学习之旅吧。课前，我们收集了生活中许多这样的问题，类型特别丰富。我们将收集到的问题进行了整理，选出了这些有

代表性的问题。今天，我们先试着研究一下前两个数学问题。

设计意图：现实的、有趣的、具有挑战性的数学阅读情境，能够有效调动学生已有数学经验和数学知识。学生通过寻找生活中的数学问题，以及自己已有对连加关系的理解，创编出自己熟悉的生活中常见的数学问题，提高了学生的学习热情和兴趣。另外，课堂上能够利用学生自己创编的题目进行学习，也进一步培养和鼓励学生用数学的眼光发现数学问题，有数学思考的意识去看待和解决问题。

问题1：小红买一条裙子158元，一条裤子146元，一件T恤127元，一共需要多少元？

师：你能用不同的综合算式解决这个问题吗？请你将算式写到学习单上，能写几种方法就写几种，只列式不计算。

生1：158+146+127；

生2：158+127+146；

生3：158+(146+127)。

思考：为什么每一个算式都能解决这个问题？

请你先独立思考，把你的想法在学习单上画一画、写一写，记录下来。

生1：计算出三个算式的结果都是431，所以都能解决这个问题。

生2：画图解释。

生3：利用学具解释。

- 一条裙子158元，一条裤子146元，一件T恤127元，158+146+127表示先把一条裙子和一条裤子的价钱加起来，再加上一件T恤的价钱，求出总价。

- 158+127+146表示先把一条裙子和一件T恤的价钱加起来，再加上一条裤子的价钱就是一共需要多少钱。

- 158+(146+127)先算出一条裤子和一件T恤的价格，再加上一条裙子的价格就是三件衣服的总价。

师：通过同学们的讨论，我们发现这三个算式的结果相同，只是顺序不同，但是它们表示的含义是一样的，都是把这三部分合起来求一共有多少。求出来的我们可以叫总量，三个部分就是总量的三个分量。

设计意图：借助学具操作，通过语言、动作表述说明不同算式为什么能够解决同一个情境的活动，鼓励学生借助多元表征理解算式的意义，说明不同算式能解决同一问题情境的道理。其核心问题就是"为什么这一组算式都能解决'买衣服'的问题？"学生在解释问题的过程中感受到这些算式，不论运算顺序怎样，都是在求总量，总量等于各分量的和。

(2)环节二：在"比较"情境中阅读多元表征数量关系，丰富对加法模型的理解

问题2：天天有425元零花钱，乐乐的零花钱比天天多185元，明明的零花钱比乐乐多298元，明明有多少零花钱？

要求：

①列出综合算式。

②思考你列式的理由是什么，可以在下边画一画、写一写。

- 425＋185＋298；
- 425＋(185＋298)。

预设：425元是天天的零花钱，乐乐比天天多185元，425＋185算出的是乐乐的零花钱，明明又比乐乐多298元，所以用算出来的乐乐的零花钱再加上298就是明明的零花钱。

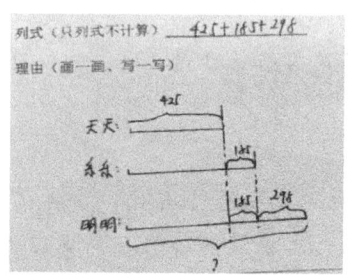

图5-24 结合图

预设：先算185＋298，用乐乐比天天多的加上明明比乐乐多的，就是明明比天天一共多的零花钱，再加上天天的425元就是明明的零花钱。

设计意图：本环节通过多元表征数量关系，帮助学生理解加法模型。在"比较"的问题情境中，引导学生用画图或语言，说明列式理由，并找出不同解题策略的相同点。其意图在于让学生经历建模过程，通过阅读多元表征，以及问题情境，在比较不同策略解决问题的过程中再次理解加法模型是总量等于各分量的和。

(3)环节三：阅读与辨析归纳中提炼加法模型是总量等于各分量之和

师：这两个问题有什么相同和不同之处吗？

生：相同之处是都用了连加。不同之处在于第一个问题是求三件衣服一共有多少钱，第二个是知道天天的零花钱和乐乐比天天多的，明明比乐乐多的，求明明有多少零花钱。情境不同，解决的问题不同。

师：第一个情境是求三件衣服的总价，第二个问题是在比较的过程中求一个人的零花钱是多少。这两个情境不同，为什么都能用连加来解决呢？（学生自己想一想，再小组交流）

生：都是把分量相加求总量。

师：可以结合图具体说一说吗？

小结：虽然两个问题的情境不同，但他们都是把三个分量相加（并排贴图），求总量是多少，我们在求总量是多少的时候，就用连加来解决。（贴板书：连加）

图 5-25　辨析归纳，提炼模型

设计意图：组织学生对两种问题情境进行辨析归纳，解释不同的问题情境都可以用连加解决的理由，理解算式含义，从而提炼出加法模型。

(4)环节四：寻找生活中更多应用连加解决的问题情境，在阅读中再次感受模型的普适性

师：今天学了"总量等于各分量之和"这个数量关系，这个数量关系除了可以解决刚才研究的这两个问题，还可以帮助我们解决生活中的哪些实际问题呢？你能想一个更有挑战性的问题吗？请你在学习单的背面写一写或画一画。（指导更多分量相加）

生1：一本故事书，笑笑第一天看了40页，第二天看了35页，第三天看了20页，第四天看了28页，一共看了多少页？

师：更多分量求总量也可以用连加。

生2：苹果20个，橘子比苹果多10个，橘子比香蕉少5个，问香蕉有几个？

师：分量多了，关系更复杂了，也能用连加解决。

师：通过今天的学习，我们对连加有了更加深刻的认识，之后我们还会解决连减、加减混合的问题，看看我们在解决这些问题的过程中还有什么新的发现。

设计意图：延伸拓展，让学生说一说生活中其他应用连加解决的问题情境，感受加法可以解决一类问题，从而感受到模型的普适性。学生的数学建模过程往往经历"来源现实—抽象建模—回归现实"的数学化过程。这一环节的设计，主要想借助学生提炼出的加法模型举一反三，进一步理解加法模型的意义，以及此模型在生活中的应用，进而打通数学世界与现实世界的通道。

4. 实施效果

(1) 在实际情境中进行阅读，使数学学习有动力

小学生数学阅读中的数学抽象思想是通过数学阅读材料将生活进行数学化的过程，目的是凸显数学问题情境中隐藏的数量关系和空间形式。

通过本节课的学习，学生对于数学课堂有了更高的期待和积极动力。借助他们自主创编的生活情境在课堂上进行讨论学习，给了他们莫大的空间，调动了他们学习的积极性。也激励学生用数学的眼光挖掘现实的、有趣的、具有挑战性的数学阅读情境，有效调动他们已有的数学经验和数学知识，加强学生认知、探索、解决问题的兴趣。

(2) 在辨析归纳中进行阅读，感悟数学基本思想

史宁中教授谈到过："使数学走出数学的世界，构建数学与现实世界的桥梁，实质是一种借用数学语言讲述现实世界故事的过程。"小学生数学阅读中的数学建模思想体现在将数学的一般性结论应用于学生的现实世界，其实质是一个"来源现实—抽象建模—回归现实"的数学化过程。

为了让学生能够理解、归纳出加法基本模型"总量＝分量＋分量"，学生借助生活中常见情境，通过对信息提取，借助语言描述、画图等形式，分析数量关系，最终理解并归纳出加法模型，再根据学生对加法模型的理解，又返回到现实生活，再次理解模型，以及模型在生活中的应用。很完美地在数学世界与现实世界之间建起了桥梁，讲述了生活的故事。

(3) 让阅读成为习惯，从"知识"与"理解"进而走向"生成"

"为了意义而读"是对数学阅读本质的一种诠释，意味着数学阅读要走进儿童的生活世界，激发儿童对数学学习的兴趣和热爱，让冰冷的数学迸发出更多的人文情怀。

在本课学习后，学生通过对加法意义的再理解，将对加法意义的理解和模型的辨析归纳融入到数学阅读中，并逐步感悟数学阅读所带来的成就感。这样的阅读学习，也最终实现把外在的数学世界变为学生自己生活的一部分，让阅读成为一种习惯，一种生活、学习方式。

第二节 科学、信息科技、综合实践等科学类学科阅读学习的策略与案例

在小学的理科类学习中，还有科学、信息科技与综合实践类课程。通过阅读，可以帮助学生拓宽知识面，了解到各个领域的科学原理、技术发展和最新研究成果。这有助于培养学生对科学的兴趣和好奇心，激发他们探索未知的欲望。通过阅读，还能提升学生的信息素养，让他们学会如何获取、分析、评估和运用科学知识和信息。此外，它能促进学生的批判性思维和逻辑思维能力的发展，使他们能够辨别科学信息的真伪和可靠性，形成自己的观点和判断。丰富的科学阅读素材能够为学生提供不同的视角和思路，有助于培养创新思维，为未来持续的科学学习与研究、创新实践奠定基础。

一、科学探究中的阅读学习

小学科学课程是培养学生科学素养的重要课程，旨在通过探究让学生具备基本的科学知识和科学思维能力，使他们能够理解科学概念和原理，并能够应用这些知识解决实际问题。

在这个过程中，阅读发挥着至关重要的作用。通过阅读科普读物和科学实验指导书，学生可以了解到各种科学现象和规律，并将理论知识应用到实际中。这不仅有助于拓宽学生的科学知识面，还可以提高他们的科学思维和实践能力。科学探究是科学课程的重要部分，科学探究提供了实践经验和实证知识，而阅读则提供了理论背景和已有知识。通过结合两者，

学生可以获得更加全面、更加深入的理解。阅读科学文献可以帮助学习者理解科学探究的背景、目的和方法,从而更好地参与和进行科学探究。同时,科学探究中的观察、实验和分析也可以加深对科学概念和原理的理解。科学探究和阅读都有助于培养学习者的多种能力,包括观察、分析、推理、批判性思维等。

(一)阅读学习策略

1. 设置阅读任务

在阅读中设置任务,学生通过完成任务的方式,深刻理解阅读资料。

2. 概括阅读法

对阅读材料进行概括和总结,提炼其主要内容和观点。

3. 运用多媒体资源

利用视频、图片等多媒体资源辅助学生阅读和理解。

(二)课例

"观察身边的微小物体"教学设计[1]

1. 案例背景

(1)学习内容分析

"观察身边的微小物体"是教科版科学六年级上册"微小世界"中的第3课。这节课既是对上一节课"怎样放得更大"的延续,又为后续"观察洋葱表皮细胞"做铺垫。该课分四部分:第一部分聚焦,在放大工具下,昆虫的身体是什么样的?激发学生对观察微小物体的兴趣。第二部分探索,使用肉眼、放大镜和显微镜观察昆虫的不同部分,并对同一部分进行对比。这一部分首先要指导学生使用显微镜,然后对比同一部分在肉眼、放大镜和显微镜下的区别,让学生体会工具的改进对科学研究的重要性。第三部分研讨,让学生充分表达自己在观察中的收获,同时体验不同放大倍数的工具,视野会发生变化。第四部分拓展,通过阅读资料使学生明白生活中的许多物体都源自于对昆虫的研究,从而建立起人、自然与生产生活之间的联系。

"观察身边的微小物体"一课中有一个非常重要的实验——使用显微

---

[1] 课例提供者:北京石油学院附属小学马飞。

镜。显微镜的使用方法十分复杂，包括一系列步骤和注意事项，但是在教材中只有简单的几幅图片。通过阅读这几幅图片，不足以让学生掌握显微镜的使用方法。在以往的课堂中，教师常常以视频的方式补充实验操作过程。学生通过观看视频，了解与掌握使用显微镜的方法。在本次的课堂中，会将显微镜的使用方法以文本的方式呈现，学生通过阅读文本，找寻关键信息，从而了解与掌握其使用方法，最后观看视频查漏补缺。

(2)学情分析

六年级的学生对身边常见的微小物体有所了解，但大多数学生没有利用放大镜、显微镜等工具亲眼观察过这些物体的微小结构。他们对微小世界充满了探究兴趣，教师要利用好学生的这份好奇心和求知欲。同时，六年级学生已经具备一定的探究能力、一定的阅读能力，所以，教师要引导学生自主参与到微小世界的探索中，亲身感受工具的发展使我们的认知范围越来越开阔。

2. 教学目标

(1)通过阅读资料卡掌握使用显微镜的基本方法。

(2)通过比较肉眼和用不同工具观察到的同一物体，得到放大倍数越大，视野越小的结论。

(3)感受使用工具对人类认知发展的重要作用。

3. 教学重难点

(1)教学重点：通过阅读卡掌握使用显微镜的基本方法。

(2)教学难点：通过比较肉眼和不同工具观察到的同一物体，得到放大倍数越大，视野越小的结论。

4. 教学过程

(1)活动一：聚焦微小世界

①出示各种昆虫的图片，并提出问题：有些昆虫很小，如何看得更清楚？

预设：利用放大镜、显微镜这样有放大作用的工具。如果想更加清楚，要用放大倍数更大的显微镜。

②小结：放大镜的放大倍数有限，想要放得更大，看清更小的物体，可以使用显微镜。

设计意图：通过观察生活中常见的昆虫提出本课核心问题——怎样看

得更清晰，引出本课主要实验使用工具——显微镜。

(2)活动二：探索如何使用显微镜

①提出问题：显微镜由哪些结构组成？

教师出示显微镜实物与结构图(图5-26)，学生通过观察实物、阅读图片、交流得到显微镜的组成结构有：镜臂、镜座、镜筒、目镜、物镜、粗准焦螺旋、细准焦螺旋、压片夹、通光孔、转换器、载物台、反光镜、遮光器、镜柱。

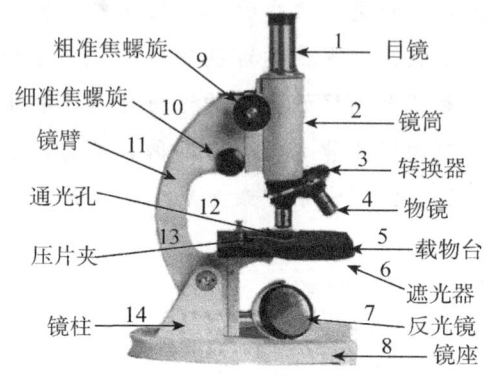

图5-26 显微镜实物与结构图

追问：这些结构还能不能继续分类？

预设：课堂上使用的是光学显微镜，由此可以得到显微镜包括光学部分、照明部分和机械部分。

光学部分包括目镜、物镜，照明部分包括反光镜，机械部分包括镜臂、镜座、镜筒、转换器、准焦螺旋、压片夹、载物台和通光孔等。

设计意图：通过阅读图片了解显微镜的组成结构及部分，明确核心词汇，为后续阅读显微镜的使用方法阅读卡奠定基础。

②提出问题：显微镜各部分的作用是什么？

预设：光学部分中目镜是人用眼睛观察的结构；物镜是对着物体的结构；照明部分中反光镜是调节光线强弱的结构。

机械部分中镜臂、镜座、载物台都起到了支撑作用；准焦螺旋起到调节镜筒的作用，向内侧转动即为抬升，向外侧转动即为降低。压片夹用来固定载玻片(观察标本)；转换器用来转换物镜倍数。

设计意图：先了解各个结构及部分的作用，为后续阅读中掌握显微镜的使用方法奠定基础。

③提出问题：如何使用显微镜？

教师出示阅读卡1——显微镜的使用，学生通读。

设计意图：学生通读阅读卡，先了解整个过程，初步感知使用显微镜的方法比较复杂。

④精读阅读单，总结使用方法。

教师引导学生仔细阅读，此次阅读中提炼每一步当中的重点词汇。

预设：在提炼中应注重操作的结构与操作的方法。

表5-1 提炼显微镜的使用方法

步骤	方法
1	手握镜臂、手托镜座、放平
2	转动转换器
3	调节反光镜
4	调节准焦螺旋、放载玻片
5	调节准焦螺旋
6	调整准焦螺旋、看清标本
7	移动载玻片、观察标本
8	调转换器、空镜头对通光孔、竖反光镜、调镜筒、装镜箱

再次阅读，提出问题：根据关键词，能不能归纳8个步骤？

预设：

表5-2 归纳显微镜的使用步骤

步骤	方法	归纳
1	手握镜臂、手托镜座、放平	取镜
2	转动转换器	对光
3	调节反光镜	
4	调节准焦螺旋、放载玻片	装片
5	调节准焦螺旋	调焦观察
6	调整准焦螺旋、看清标本	
7	移动载玻片、观察标本	
8	调转换器、空镜头对通光孔、竖反光镜、调镜筒、装镜箱	收镜

学生将8个步骤归纳为：取镜、对光、装片、调焦观察、收镜。

设计意图：通过二次阅读将关键信息提取，三次阅读将步骤归纳整理，通过精读阅读卡掌握使用显微镜的方法。

⑤学生观看显微镜的使用方法视频。

⑥学生使用显微镜，教师巡视指导。

设计意图：检验学生阅读成果，指导学生使用显微镜。

⑦学生分小组使用肉眼、放大镜、显微镜观察昆虫的同一部分。

各小组自主选择观察昆虫的部分（蝴蝶的翅、蝴蝶的触角、蝴蝶的足），引导学生将观察到的现象用图画的方式记录在实验记录单中。

设计意图：这是本课的核心活动，在比较中感知工具的作用。此活动中，再次检验学生是否通过阅读掌握了使用显微镜的方法，是否能将阅读中获取的信息应用在实践探究中，为后续研讨环节做铺垫。

(3) 活动三：研讨

①提出问题：在实验中，你观察到了什么？

预设：我们观察了蝴蝶的翅，发现用肉眼观察的蝴蝶翅看不清细节；用放大镜观察的蝴蝶翅会反光，而且上面有翅脉；用显微镜观察到的蝴蝶翅表面有很多鳞片。

我观察了蝴蝶的足，发现用肉眼观察，蝴蝶的足很小，只能看清楚轮廓，使用放大镜后，看到蝴蝶的足明显放大了，但还是看不清细节，用显微镜观察，发现足放得很大，很清楚，足上有很多毛。

我肉眼观察了蝴蝶的触角，发现触角的一端比较细，另外一端比较粗，使用放大镜后，发现蝴蝶的触角上面有一条条的条纹，在显微镜下，发现蝴蝶的触角像竹子一样是一节一节的，越粗的一端条纹越密集。

设计意图：学生在班级内交流自己的发现。这是学生通过阅读得出方法，进行探究后的发现。学生通过探究发现了随着物体放大的倍数越来越大，看得越来越清晰，原来利用工具可以发现得更多，观察到更加微小的细节。

②提出问题：用肉眼、放大镜、显微镜观察同一物体，图像的大小和视野（看到的范围）有什么不同？

预设：用肉眼观察到的图像很小，但是视野（看到的范围）很大，能看清整个物体；用放大镜观察是图像变大了，但是视野（看到的范围）相对小了点；用显微镜观察是能看到很大的图像，但是视野（看到的范围）很小，只能看到一小部分。

小结：我们使用的观察工具放大的倍数越大，物体的图像就越大，但是视野（看到的范围）却越小了，所以我们在观察物体时要选择合适的工具。

设计意图：比较放大倍数与视野（看到的范围）之间的关系，对放大工具有更加深入的了解。

(4)活动四：拓展昆虫的启示

①引出话题：使用放大镜、显微镜等工具使得人类对微小世界的研究更加深入、透彻，人类还从一些昆虫的身上得到了许多启发，发明了很多先进的产品。（出示阅读卡2）

提出问题：通过阅读，你们知道了什么？请将下面的表格补充完整。

预设：

表5-3 以昆虫为启示的发明创造

昆虫的部分	产品
苍蝇的触角	蝇式气味分析监视仪
蝇的复眼	蝇眼照相机、蝇眼雷达、蝇眼探测系统
蝴蝶翅上的鳞片	百叶窗式人造卫星控温系统

②提出问题：你还知道哪些先进产品是从动物的身上得到启发的？

预设：科学家研究发现蝙蝠不是靠眼睛，而是靠嘴、喉和耳朵组成的回声定位系统辨别方向的。蝙蝠在飞行时发出超声波，通过障碍物反射回来的超声波辨别方向。科学家据此设计出了现代的雷达——一种无线电定位和测距装置。科学家通过对海豚游泳阻力小的研究发明了能提高鱼雷航速的人工海豚皮，以及模仿袋鼠在沙漠运动形式的无轮汽车（跳跃机）等。苏联科学院动物研究所的科学家在企鹅的启示下，设计了一种新型汽车——"企鹅"牌极地越野汽车。这种汽车，宽阔的底部直接贴在雪面上，用轮勺撑动着前进，行驶速度可达50千米/小时。

设计意图：生活中的很多工具都可以在大自然中找到原型。人类通过使用工具看到了更加微小的世界。人类对微小世界的研究不只是观察，而是将所观察发现的新事物，运用在创新发明新产品中。新产品有助于人类更好地生活。不断利用科学知识创造新的工具，可以探索更多未知的领域。

5. 板书设计

观察身边微小的物体

显微镜的使用步骤：取镜、对光、装片、调焦观察、收镜

肉眼—放大镜—显微镜：看得更加清晰，视野更小

6. 附件

阅读资料卡1：

显微镜的使用方法

①一只手握住镜臂，另一只手托着镜座，将显微镜向着光摆放在平坦的桌面上。

②转动转换器，将低倍物镜转到镜筒下。

③调节载物台下的反光镜，从目镜往下看，能看见一个亮的光圈。

④调节粗准焦螺旋将镜筒抬起，使低倍物镜离载物台2—3厘米。将想观察的标本的载玻片放在载物台上，用压片夹夹住，要使标本恰好在载物台通光孔的中央。

⑤调节粗准焦螺旋，降低镜筒，使低倍物镜恰好在载玻片的上面。

⑥从目镜往下看，调整粗准焦螺旋，将镜筒慢慢地抬升到标本出现在视野里为止，调整细准焦螺旋使你能尽可能地看清标本。

⑦慢慢移动载玻片，观察标本的各个部分，注意移动的方向和从目镜里看到的方向正好相反。

⑧使用完毕后，调节转换器，使空镜头孔对准通光孔，使反光镜竖起，将镜筒调至最低后装入镜箱。

阅读资料卡2：

受昆虫启发的发明创造

科学研究表明，昆虫头上的触角就是它们的"鼻子"，这个鼻子能分辨各种气味，有的比人的鼻子灵敏得多。人类模仿苍蝇的触角，研制出"蝇式气味分析监视仪"，将它安装在宇宙飞船的密封舱里，不仅可以净化空气，而且在有空气泄露时能立即发出警报。同样，这种仪器也可以安装在煤矿的矿井里，监视瓦斯的浓度，当瓦斯的浓度超标时，它就会发出警

报，以便及时排除险情。

在显微镜下，蝴蝶的彩色翅膀其实是由许多小鳞片组成的。这些鳞片会随着阳光的照射方向自动变换角度，从而调节体温。科学家们受蝴蝶翅膀的启发，将人造卫星的控温系统制成了对温度敏感的百叶窗样式，随着温度变化可调节窗的开合，保持了人造卫星内部温度的恒定，解决了航天事业中的一个大难题。

二、发展科学思维的阅读学习

《义务教育科学课程标准(2022年版)》强调要聚焦核心概念，精选课程内容；激发学习动机，加强探究实践等课程理念。科学思维是课标中提出的需要培养的学生核心素养，主要包括模型建构、推理论证、创新思维等。阅读也有发展思维的作用。

根据学习知识特点的不同，教师要灵活运用不同的教学方法，比如在地球与宇宙领域的学习中，科学阅读就可以作为一个有效方法。促进科学思维发展的阅读学习关键在于为学生提供有可探究的空间的学习资料。教学设计中要通过提问引导学生开展比较、分析、综合等思维过程，通过推理论证寻找所提观点的证据。

(一)阅读学习的策略

1. 问题引导

教学中的提问要精准，并且能够激发学生思考，在促进概念建构、思维发展方面要尽量选择结构不良的问题。这样才能引导学生深入分析问题，解决问题，实现学习目标。

2. 探究实践活动

探究实践不仅是课标中提到的要培养学生的核心素养，也是学生获得科学知识、解决科学问题的途径。在探究实践中，学生要经历完整的探究过程。收集证据，并从证据出发进行分析推理，得出结论，最终实现探究实践能力的发展。

3. 合作学习

合作学习是科学课重要的学习方式，这样能够激发学习动机，提高学习效率。课堂讨论是重要的学习活动，生生与师生间的互动是概念建构的重要过程。合作学习中的组内和组间讨论有助于促进团队的整体学习。

(二)课例

"化石能告诉我们什么"教学设计①

1. 案例背景

(1)学习内容分析

①主要内容

《义务教育科学课程标准(2022年版)》第十个学科核心概念"地球系统",其中10.4学习内容为"地球内部圈层和地壳运动",5—6年级的内容要求中包含"了解化石的形成及科学价值"。为了激发学生学习地球科学领域知识的兴趣,了解科学家如何通过化石开展研究以及化石的科学研究价值,故创编"化石能告诉我们什么"一课。因为,依据2017年版课标的教科版教材"岩石与土壤"单元在四年级下册,这节创编课在实际教学中作为现行教材单元起始课,让学生带着对地质学的学习热情深入探究本单元其他内容。这是有效做好新课标旧教材的过渡。

本节课通过为学生提供与化石有关的学习资料,逐渐丰富学生对于化石能够提供哪些科学研究信息的认识。通过查阅资料、模拟实验等学习活动初步建立化石是有科学价值的科学概念。在阅读材料的同时,也渗透了化石是如何形成的科学知识。本课的教学中要注重对于学生信息提取、分辨、概括能力的培养,以促进科学思维和科学本质观的发展。

②本课中的阅读材料内容

本课的阅读材料主要选自中科院地质地球所微信公众号、云南大学微信公众号、学习强国平台的文本和图片内容。对所选文章的内容进行一定的删减与改写,使其易于学生理解,同时指向学习目标。

阅读材料1:《琥珀中的蚂蚁》体现了化石能够帮助科学家了解古生物的身体结构、古代空气成分等信息。

阅读材料2:《2.5亿年前的化石吐露植物爱"睡觉"的秘密》体现了化石能够帮助科学家了解化石植物存在感夜性,即古代生物的习性。

阅读材料3:《岩石中的始祖鸟》体现了化石能够帮助科学家了解古代鸟类如何适应飞行,以及证实鸟类起源于恐龙时期,支持了现代鸟类演化

---

① 课例提供者:北京石油学院附属小学艾秋实。

的理论。

阅读材料4：《重庆发现4.36亿年前鱼化石》体现了化石能够帮助科学家了解鱼类进化过程。文中的图片体现了科学家可以根据化石中骨骼结构绘制古生物的复原图。

③本课学习单

"化石能告诉我们什么"学习单

关于化石你最想研究的一个问题是什么？

说明：以下阅读材料选自中科院地质地球所、云南大学微信公众号，以及学习强国平台。

阅读材料1：

我是身处恐龙统治的白垩纪时代的小蚂蚁，生活在距今一亿多万年前。我们的蚁穴隐藏在古老的树木下。

有一天，当我正在为蚁群寻找食物时，另一个部落的蚂蚁突然闯进我们的领地，我只好先和它展开搏斗。不幸的是，一颗巨大的松树树脂滴落在我们身上，瞬间将我固定在了原地。虽然我挣扎了很久，但最终

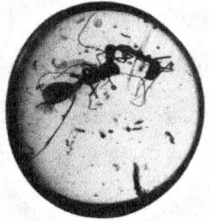

图5-27 蚂蚁琥珀

还是永远地固定在了那里。尽管我无法移动，但树脂的黏性保护了我的身体，使我免受时间和风化的侵蚀。在之后的很长时间里，我们都被埋藏在地下，树脂已经固化成了一颗琥珀。

很久以后，一位年轻的古生物学家在一片白垩纪地层中发现了我所在的琥珀。她使用高分辨率的X光扫描技术来研究琥珀的内部结构，并惊讶地发现了我的微小身影。当她第一次看到我时，她不禁感到震惊，因为我是古代时期的见证者。这位古生物学家将我带回她的实验室。

在实验室中，科学家们使用显微镜和其他高科技设备仔细研究了我的身体结构，包括我的外骨骼、触角和口器，这些信息提供了有关侏罗纪时代昆虫生态和进化的重要数据。她还通过分析琥珀中保存的气泡，了解了

古代空气的信息。我所在的煤层里还有好多的琥珀,包裹了我的昆虫朋友。

阅读材料2:

冯卓等在采集于云南曲靖2.5亿年前的两种大羽羊齿类植物叶片上发现一种对称排列在叶片中脉两侧的昆虫咬蚀结构。

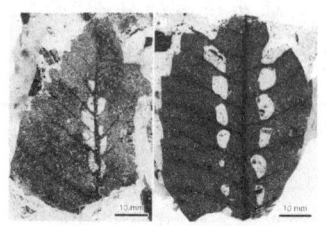

图5-28 古代植物叶片化石

阅读材料3:

我是一只来自大约一亿五千万年前,即侏罗纪时代的始祖鸟。我生活在恐龙统治的时代。我作为最早期的鸟类之一,拥有独特的羽毛和飞行能力,可以在森林里穿梭。我的故事始于一次突如其来的灾难。有一天我实在不想吃虫子了,准备去池塘里找点鱼。结果我一不留神,不慎掉入了一片泥沼中,我的翅膀沾满泥浆,我无法再次飞翔,我越挣扎,结果陷得越深,最终在这个古代泥沼中寂静地消失了。

图5-29 始祖鸟化石

因为陷得很深,所以我没有被其他食肉动物叼走。只是微生物把我分解了,但我的骨架还保留着。不知过了多久,泥潭底部逐渐被压实了,变成了泥质砂岩,我的骨架被其他化学元素替代。几千万年后,地质运动又把我推向了地表。一位古生物学家在一次化石挖掘中发现了我的化石遗骸。当他第一次发现我时,他难以置信:我是一个保留有恐龙特征的鸟类化石,这是古生物学领域的一项重大发现。

研究者将我的遗骸带回了实验室,使用显微镜仔细观察了我的羽毛结构,分析了我的骨骼,还确定了我的年龄。科学家还发现我的大脑结构与现代鸟类非常相似。他们说我已经有类似于现代鸟类的内耳结构,这说明我已经拥有飞行所需要的平衡感、空间感与身体协调能力。然而我们这批始祖鸟的翅膀结构比较原始,并不能进行长时间的振翅飞翔。所以相对于飞翔，我们可能更习惯于在森林中奔跑、追逐猎物。

阅读材料4：

《中国自然资源报》记者日前从重庆市规划和自然资源局获悉，重庆发现了一种全新鱼化石类型。该鱼化石命名为滨海涌洞鱼，是重庆迄今为止最古老的鱼化石，也是重庆迄今为止古生物化石中首个科级生物学命名单位。它的发现填补了中华盔甲鱼类和真盔甲鱼类两个重要形态类型之间的形态学鸿沟，使真盔甲鱼类的形态演化脉络更为清晰，为华南地区志留纪地层的精细划分与对比提供了新的化石证据，具有重要的地层学意义。

 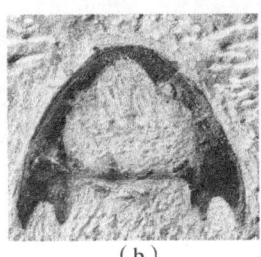 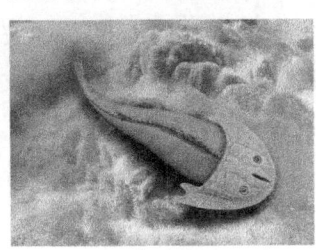

（a）　　　　　　　（b）　　　　　　　（c）
滨海涌洞鱼化石背面　滨海涌洞鱼化石腹面　滨海涌洞鱼复原图

图 5-30　滨海涌洞鱼化石

(2) 学生分析

学生在二年级学习了"我们的地球家园"单元，利用观察法认识了地球上各种自然资源及其相互影响。三年级学习了"天气"单元，学习了进行天气观察的基本方法。前期所学知识和观察方法是本节课的基础，能够帮助学生从化石图片中获取详细的信息，用于建构科学概念、发展科学思维。本课所要研究的问题对于大部分学生比较生疏，前概念相对欠缺。在与学生的访谈中发现，班级中有少部分学生阅读过有关化石的科普读物，但是只能说出什么是化石、化石的形成，对于化石具有的科学价值并不清楚。

四年级学生总体处于具体运算向形式运算过渡阶段。本单元及本课的教学中需要为学生提供获取直接证据的机会，还要注重引导学生合理加工、利用这些证据。另外，根据以往教学实际，学生对于本单元的学习动机不足，影响了学习的效率和效果。阅读学习方式为学生提供了相对充足的学习信息，这为建构科学概念提供支撑性的材料。基于这种情况，我开发了"化石能告诉我们什么"一课，化石作为岩石的一种，是学生比较感兴趣的，是单元教学的一个有力的切入点。因此本课旨在帮助学生认识化石的科学价值，提升学生学习地质学知识的兴趣。

2. 学习目标

(1)科学观念

通过阅读学习单中的材料，能说出化石是保存在地质历史时期的岩层或沉积物中的生物遗体和遗迹。通过对阅读学习单信息的分析，能够解释化石承载着古生物结构、古生物习性、古气候、生物进化、地层划分等重要信息，并能说出化石是具有科学价值的。

(2)科学思维

通过对学习资料中文本资料和图片的分析、概括，能够形成有关化石承载信息的观点，并能说出支持观点的依据。

(3)探究实践

能在阅读资料、描述图片、形成观点的过程中，具有反思学习过程的意识。

(4)态度责任

乐于阅读有关化石内容的资料，乐于探究与化石科学价值有关的问题，能够根据已有学习资源实事求是地表达想法。

3. 实施过程

(1)活动一：聚焦问题，阅读分析材料认识琥珀的学科价值

①请学生先说一说"化石是什么"。

小结：化石是保存在地质历史时期岩层或沉积物中的生物遗体和遗迹。

②请学生写出与化石有关的研究问题。然后小组讨论，推出一个小组内最感兴趣的问题。

③归纳班中的问题，提出本课的任务：化石能够告诉我们什么信息？

④教师介绍化石是一种岩石。出示琥珀图片(图5-27)。请同学说一说从这块琥珀中可以获取哪些信息进行科学研究。

⑤小结学生发言后。请学生阅读材料1，提炼出科学家可以通过什么科学方法，获得什么信息。

⑥总结学生的发言：通过观察、分析琥珀，可以了解古代蚂蚁的身体结构，为昆虫的进化提供证据。通过分析琥珀中的空气，了解古代的空气成分。

设计意图：活动一聚焦了本课的任务——化石能够告诉我们什么？然后，开展本课的第一个学习活动，聚焦科学家对琥珀的研究。在教学活动中，先让学生观察琥珀图片，再提出自己的想法。这样不仅培养了学生的观察能力，也培养了学生进行图片阅读的能力。要特别指导学生收集琥珀化石中能够用于科学研究的证据。随后，为学生提供阅读材料1，并提出问题"科学家可以通过什么科学方法，获得什么信息"。学生通过阅读提取文章中与问题相关的内容，再联系自己之前提出的观点，从而建构琥珀是具有科学研究价值的，即科学家可以通过研究琥珀开展有关古生物身体结构、古代空气成分的研究，为地层划分提供证据。

(2)活动二：通过模拟实验，开展对古代植物习性的研究

①出示古代植物叶片化石（图5-28）。请学生观察图片，发现叶片化石中有特殊痕迹。再提供阅读材料2，引导学生通过阅读获取化石中的特殊痕迹是昆虫咬蚀痕迹。随后，引导学生描述昆虫咬蚀痕迹有怎样的特点。

②通过分析昆虫咬蚀痕迹的特点，思考这种植物可能具有什么习性，并作出假设。

③为学生提供打孔器、纸带。引导学生通过模拟实验，寻找支持假设的证据。

④再出示蔓花生、羊蹄甲，这两种现生的具有感夜性植物被昆虫咬蚀后的图片（图5-31）。请学生继续分析这两种具有感夜性植物出现昆虫咬蚀痕迹的原因。

图5-31 蔓花生与羊蹄甲植物叶片

⑤昆虫咬蚀的痕迹说明这种化石中的大羽羊齿类植物具有什么习性？

⑥总结学生发言：通过分析化石上大羽羊齿类植物叶片上的昆虫咬蚀痕迹，可以了解这类古代植物可能具有的习性，这为植物感夜性的起源与

演化提供了重要线索。

设计意图：活动二先引导学生分析大羽羊齿类植物叶片化石上特殊痕迹的分布特点，培养学生对图片中细节的观察能力和分析能力。再给学生提供阅读材料2，学生通过阅读材料，了解到这些痕迹是昆虫咬蚀痕迹。然后，引导学生思考这些昆虫咬蚀痕迹说明植物具有什么习性。通过模拟实验，学生可以比较直观地获得叶片上出现对称的昆虫咬蚀痕迹是因为叶片闭合造成的。这一过程学生不仅经历了获取证据、验证假设的过程，也经历了类比推理的思维过程。教师再出示现生植物蔓花生和羊蹄甲被昆虫咬蚀后的痕迹，以及提供这两种植物具有感夜性的信息，进一步支持了化石中对称的昆虫咬蚀痕迹是因为大羽羊齿类植物具有感夜性。从而丰富了学生对于化石承载信息的认识，化石承载的信息不都是静态的。

(3)活动三：分组阅读，了解鸟类化石的价值和鱼类进化过程

①出示始祖鸟化石和滨海涌洞鱼化石图片（图5-29，图5-30）。引导学生观察化石图片，并说出从化石中能够获得什么科学研究信息。

②引导学生阅读材料3和材料4。提取阅读材料中关于这块化石的研究信息。

③总结学生发言：始祖鸟化石证实鸟类起源于恐龙时期，支持了现代鸟类演化的理论。滨海涌洞鱼化石提供了鱼类进化和地层分布的证据。

设计意图：基于前两个活动，本活动旨在进一步帮助学生丰富对化石具有的科学研究价值的认识，以此来提升学生学习相关单元的学习动机。本活动中，学生经历了对关键信息的提取，以及形成观点的过程。在此过程中学生主要经历分析、综合的思维过程。同时，本活动给了学生比较自主的学习空间，学生也经历了自己建构化石具有科学价值这一科学概念的过程。

(4)活动四：借助人工智能软件，进一步丰富认识

①总结本课所学内容。本节课我们与化石对话，知道了化石是保存在地质历史时期岩层或沉积物中的生物遗体和遗迹。化石承载了许多有价值的信息，比如古生物结构、古生物习性、古气候、生物进化、地层划分的信息。化石还具有哪些科学价值呢？

②小结学生发言。

③我们可以借助人工智能软件"通义千问"，来丰富我们关于化石具有

科学价值的知识结构。比如化石还可以为矿产资源勘探、古生态学等方面的研究提供信息。但是，人工智能软件只是我们的学习助手，不能代替自身的学习过程。

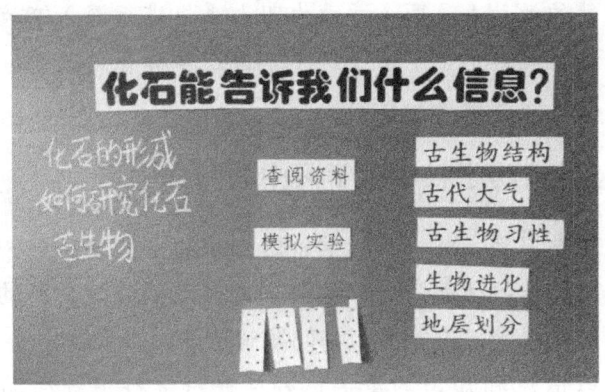

图 5-32　板书设计

4. 实施效果

(1) 提供丰富的学习资源，帮助学生建构科学概念。阅读材料 1 中提到科学家通过琥珀中的气泡，测定古代空气成分。阅读材料 2 引导学生分析化石图片中的细节，学生可以通过研究化石了解古代植物的习性。阅读材料 3 让学生进一步感知到化石还承载着物种进化和地层划分的信息。阅读材料 4 丰富了学生对于化石在物种进化方面作用的认识。这些学习内容为学生建构化石是具有科学价值的概念提供了必要的支撑性知识。

(2) 通过结构化的问题设计，促进学生思维发展。本课通过四份阅读材料和相应图片为学生建构科学概念提供支撑。学生在建构科学概念时需要深度思维。本课以"化石能告诉我们什么信息？"为核心驱动问题，让学生有目标地去思考、去寻找信息，形成观点。在四个教学活动中分别设置了子驱动问题。活动一：科学家可以从琥珀中获得什么信息，可能开展哪些研究？活动二：描述昆虫咬蚀痕迹有怎样的特点，大羽羊齿类植物可能具有什么习性？活动三：观察始祖鸟化石和滨海涌洞鱼化石图片，并说出从化石中能够获得什么科学研究信息。活动四：化石还具有哪些科学价值？在以上问题的驱动下，学生能够准确地收集与问题相关联的信息，并且经历分析、综合、推理的思维过程形成观点。教师也要适时追问，进一步加深阅读材料信息与观点之间的联系，引导学生进行有依据的推理论证。

（3）以合作学习方式，营造论证型课堂学习氛围。本课中设计了讨论出小组对于化石最感兴趣的问题，以及通过模拟实验探究大羽羊齿类植物可能具有感夜性的活动。这两个活动为四人小组进行深入交流互动提供机会，学生间通过互相讨论，丰富了对于本课所学知识的认识，从而提高了学习效率，增强了学习效果。

三、信息科技跨学科主题学习中的阅读学习

跨学科主题学习是一种将不同学科的知识和方法融合在一起，围绕某一中心主题进行的学习活动。这种学习方式打破了传统学科的界限，有助于提升学生的综合思维、创新能力和问题解决能力。

阅读是获取信息和知识的重要途径，在跨学科主题活动中，通过阅读，学生可以接触到不同学科领域的观点和理论，从而拓宽视野，丰富认知。其次，阅读有助于培养学生的批判性思维和跨学科思考能力。阅读不同学科领域的文献，学生可以通过比较和鉴别不同观点，理解不同学科之间的联系和差异，进而形成自己的独立见解。这种思维方式的培养对于学生在未来面对复杂问题时能够综合运用多学科知识进行分析和解决具有重要意义。此外，阅读还可以作为跨学科主题活动中的一种教学手段和媒介。教师可以通过设计阅读任务，引导学生主动探索和发现新知识，激发他们的学习兴趣和动力。通过阅读，学生可以了解到不同学科领域的前沿技术和研究成果，进而激发他们进行实践探索和创新的欲望。

（一）阅读学习的策略

1. 跨学科主题内容的关联阅读

STEM类丛书融合了科学、技术、工程和数学等多个领域的知识，通过阅读这些书籍，学生能够学习到如何将不同学科的知识进行有机整合，形成综合性的思维方式和解决问题的能力。STEM类丛书注重实践和应用，通过书中的案例和项目，学生可以学习到如何运用所学知识进行实际操作，培养动手能力和实验精神。

学生通过阅读3D打印书籍，可以深入了解3D打印的基本工作原理、它们各自的优缺点和适用场景，以及3D打印应用领域，进而拓展对3D打印技术应用范围的认识。另外，还可以了解行业发展趋势，3D打印技术正

在不断发展壮大，新的技术和应用不断涌现。通过阅读，可以及时了解行业的最新动态和趋势。为自己进行3D打印奠定基础。

2. 合作阅读与讨论

通过阅读这些书籍，学生可以学习到如何与他人分工合作、有效沟通等团队合作和沟通技能。另外，在阅读过程中，可能会遇到一些技术难题或挑战。通过思考、研究和实践，可以逐渐培养起解决这些问题的能力，提升自己的综合素质。

3. 批判性阅读与反思

3D打印技术涉及多个学科领域的知识，如机械工程、材料科学、计算机科学等。通过阅读，可以学习到如何将不同学科的知识进行整合，形成综合性的解决方案，增强学生跨学科整合思维能力。3D打印技术为设计师提供了更大的创作空间。通过阅读，可以学习到如何利用3D打印技术将创意转化为实际产品，进而提升自己的创新思维能力。总之，通过阅读这些丛书，学生可以接触到各种创新性的思维方式和解决问题的方法，激发创新思维和创造力。

(二)课例

"绘制汽车模型"教学设计[①]

1. 案例背景

(1)基于项目学习的STEM课程设计背景

①STEM教育理论简述

STEM是科学、技术、工程与数学英文首字母的缩写。STEM教学理论的核心思想是将多学科知识进行融合，提倡利用项目的形式帮助学生运用综合性知识解决实际问题，在解决问题的过程中提升能力。[②]

②项目的选择

众所周知，最早的汽车外形是马车式，没有车棚，因此很难抵挡风雨的侵袭，为了弥补这一缺点，就有了箱式汽车，之后又衍生出甲壳虫形汽车、船形汽车、鱼形汽车等。那么，汽车外形的演变除了审美的变化，还

---

① 课例提供者：北京石油学院附属小学李均。
② 曹培杰：《STEM教育的关键：跨学科、灵活课时与深度学习》，《中小学管理》，2008年第10期，第31—33页。

有没有其他因素呢？研究表明：还与人们对汽车空气动力学的认识有关。

五年级学生能不能做汽车外形与风阻关系这样的研究呢？

为此，教师进行了调研，调研结果如下：

在五年级科学教材中，有两节课为"设计制作小赛车"和"运动与摩擦力"，这两节课为项目的开展提供了有力的支持。教材中提到，如果想要设计一辆小赛车，必须考虑其中的一个重要因素就是减少风阻；另外，风阻也是运动中产生的力。因此"汽车外形和风阻关系的研究"符合学生年龄特点且与教材内容相吻合，可以作为教材中的拓展内容进行补充。

从数学角度分析，五年级的学生对长度、长度单位以及生活中的测量和乘、除法运算，运算律，商不变规律等都进行了学习，具备学习同比例扩大、缩小的知识基础。也就是能够使用同比例扩大、缩小知识测量汽车外形尺寸。

从信息科技角度分析，三维绘图软件和3D打印技术并不是信息教学内容，但我们处在信息时代，学生需要了解新技术，开阔眼界。另外，三维绘图软件的使用方法与二维绘图软件有很多相似之处，学生在三年级就已经掌握"画图"软件的操作方法。那么，在教学时，教师就可以创设情境，帮助学生形成横向迁移，从而降低使用三维绘图软件的难度。

通过以上调研分析，最终我们确定以"汽车外形角度与风阻关系的研究"为载体开展基于项目学习的STEM教育课程。同时，以基于项目培养学生的问题解决能力的策略研究为研究主题。

（2）课程实施对象分析

本课例的实施对象是小学五年级学生。

从能力分析，他们具有一定解决问题的能力，能够使用阅读的方法去解决问题。他们在前面的学习中，已经具有阅读软件说明书解决问题的经验。因此，他们可以阅读SolidWorks软件使用说明书来解决简单问题。

从知识储备分析，五年级学生在数学课上已经认识了正方体和长方体，也就是对三维图形有基本的认识。但学生在认识"体"时，是由"面"旋转而来。五年级学生具有使用画图软件绘制二维图形的经验，但缺乏使用三维绘图软件的经验。基于此，教师对学生进行了前测。在前测中，教师展示打印好的汽车模型，让学生写下"你打算如何绘制？"，其中63%的学生绘制六个面然后拼接而成；23%的学生选择用四个面进行拼接；14%的学生没有思路。本节课新授的"圆角工具"与学生已知的"直线工具"的操作方法都是先选择工具，然后对工具的属性进行设置，因此学生具备知识迁移的基础。但学生没有完整设计三维立体图形的经验，因此要完成整个三维立体汽车的设计对学生来说具有一定难度。

(3) 阅读材料介绍

根据项目整体规划，师生确定了以下两本书作为本次活动的阅读书目。

①"英国儿童经典 STEM 丛书"

这套书从科学(Science)、技术(Technology)、工程(Engineering)、数学(Mathematics)4 门学科出发，细分包含地球和太空科学(宇宙、太阳系等)、生命科学(动物、植物、遗传、生态系统等)、化学(生物化学、高分子化学等)、物理(力学、电磁学等)、数学等 30 多个子学科，真正体现了 STEM 教育的核心理念——多学科融合。书中通过孩子爱玩的走迷宫、找不同、连连看、拼拼图、找字母等 160 多项探索活动，让孩子在快乐玩耍中接触、学活、学透 1000 多个科普知识。

"英国儿童经典 STEM 丛书"从学生的视角出发，带领学生充分体验不同的项目开展过程，为学生开阔视野的同时，帮助他们积累经验，形成自己的知识体系。

②《3D 打印机》

《3D 打印机》是一本给孩子的智能科普书。这本书详细地介绍了打印发展史，并用实例介绍了如何进行 3D 打印和 3D 打印在未来的发展。

③SolidWorks 软件使用说明书

SolidWorks 软件使用说明书充分地介绍了软件的使用方法以及注意事项。

2. 学习目标

(1) 通过阅读"英国儿童经典 STEM 丛书"知道 STEM 项目学习的优势，以及开展 STEM 项目学习的流程，为自己开展项目学习奠定基础。

(2) 通过阅读《3D 打印机》，能够了解 3D 打印技术发展史，知道 3D 打印的过程，以及 3D 打印技术在未来的发展方向。

(3) 在使用陌生软件时，能够找到软件使用说明，并且会通过阅读说明书去解决问题。

(4)形成通过阅读开阔视野的意识,培养学生阅读习惯。

3. 实施过程

(1)回顾项目,明确任务

①请三个小组汇报项目完成情况。

②小组汇报阅读参考书目的收获。

③承上启下,明确本节课任务——根据各小组制定的研究方向,完成图纸的绘制。

设计意图:梳理项目进度,交流收获,相互启迪,明确本节课任务。

(2)游戏激趣,分析方法

①小游戏:如何将买的灯笼由圆面变成球体?

②提问:通过阅读《3D打印机》这本书,你有哪些启发?

(小组讨论)

③小结并板书:面——(拉伸)体。

④这节课我们也要画一个立体的汽车,在阅读过程中,你肯定积累了很多相关知识,谈一谈:你认为我们可以怎么做呢?

预设:可以先画一个面,然后进行拉伸。

⑤阅读 SolidWorks 软件使用说明。找一找 SolidWorks 软件中有没有拉伸的功能?

⑥小结:将画立体汽车的问题转化为画一个汽车面的问题。

⑦在画图软件中,画的就是这种平面的图形,你会如何画这个圆角的汽车平面图形?

预设:直线工具、曲线、多边形工具……

⑧对解决问题的过程进行小结。

设计意图:通过游戏的方式,让学生直观感受面变体的过程,从而启发学生绘制立体汽车时,可以先绘制一个平面;在解决画汽车平面问题时,教师引导学生将画图软件中的绘图方法进行迁移,给予学生解决问题策略的引导;教师从游戏导入,由浅入深,帮助学生分解转化绘制三维汽车模型的复杂问题,从而降低学生学习新软件的畏难情绪。教师通过问题链,帮助学生分析任务,从而突破难点。

(3) 根据研究问题,完成绘图

①出示任务:根据小组研究问题的方向以及分工,阅读 SolidWorks 软件使用说明,完成汽车模型的绘图,并保存。

②完成的同学:完成问卷;尝试画车轮。

设计意图:学生通过迁移已有知识经验以及对学案的学习,完成汽车模型图纸的绘制,落实重点。

(4) 展示作品,交流总结

①以小组为单位进行作品展示。

②根据图纸进行预设。

③教师小结:下一步就来打印作品,验证假设。

④引导学生谈收获。

⑤教师总结:今天我们用直线和圆角工具绘制了汽车模型。在解决如何绘制汽车模型的过程中,我们首先对问题进行了拆分,再将之前画图软件中的经验进行了迁移。希望同学们可以继续使用这种方法解决复杂问题。

设计意图:展示小组设计的图纸,增加学生成就感;在展示作品过程中,发现问题,改进设计;总结学习内容,达成学习目标。

4. 实施效果

(1) 学科知识掌握

学生在收集汽车外形尺寸的过程中,能够阅读不同的材料,结合不同的信息源选取适当的信息工具获取需要的信息。在用三维绘图软件绘制汽车模型的过程中,他们学会用软件说明书来解决问题。在阅读学习再验证的过程中,学生能够认识到用实验验证猜想的重要性,能及时纠正自己的错误概念,充分体会到技术设计需要运用科学概念、相互交流和执行程序。

(2) 阅读能力提升

在阅读说明书时,学生对说明书进行了深度阅读,并对内容进行内化和加工,从而帮助他们顺利解决了遇到的难题。因此,通过阅读来解决问题的能力得到进一步提升。

(3)学习目标达成

通过项目的不断进行，学生明确知道 STEM 项目学习的优势，以及开展 STEM 项目学习的流程。通过阅读《3D 打印机》，能够了解 3D 打印技术发展史，知道 3D 打印的过程，以及 3D 打印技术在未来的发展方向。在使用陌生软件时，能够找到软件使用说明，并且会阅读说明书去解决问题。形成通过阅读开阔视野的意识，培养学生阅读习惯。在小组合作解决问题时，学生能够明确团队分工，并相互协作。

四、信息科技算法课中的阅读学习

"身边的算法"模块是《义务教育信息科技课程标准（2022 年版）》课程内容第三学段中的内容。该模块以身边的算法为载体，使学生了解利用算法求解简单问题的基本方式，培养学生初步运用算法思维的习惯，并通过实践形成设计与分析简单算法的能力。

通过该模块的学习，学生能熟悉一些常用的算法描述风格与方式，理解算法执行的流程；能利用自然语言、流程图等方式，描述求解简单问题 IDE 算法，并对算法的正确性与执行效率进行讨论和辨析。

该模块包括"算法的描述""算法的执行""算法的效率"三部分内容。

(一)阅读学习的策略

1. 阅读与学科知识的结合

(1)提供真实的问题情境故事

在《义务教育信息科技课程标准（2022 年版）》中，提倡真实性的学习，身边的算法也强调解决真实的问题，且在教学提示中建议从《九章算术》等典籍中的适当问题出发，将算法学习的要点贯穿问题求解的过程。

基于此，教师在教学时，可以将适当的问题作为情境故事提供给学生阅读，学生在阅读故事的情境中，快速了解问题，进而发现问题、提出问题，然后进入算法解决问题的探究与讨论中。

(2)阅读算法的概念

学生在课堂上开展完算法探究活动后，需要将探究活动中用算法解决问题的过程归纳为一系列清晰的操作步骤，由于学生此时头脑中算法步骤是感性的，表述方式更生活化，所以教师将算法的概念做成选词填空的形式，指点学生清晰地用更符合计算机解决问题的描述方式表达步骤。

2. 阅读促进问题解决

(1) 阅读分析问题的表格

为了培养学生从具体问题中抽象出算法的关键要素，在学生快速了解问题情境后，教师可以出示表格，引导学生从已知条件、条件关系、求解目标三个维度抽象出解决问题的关键信息，并用数学表达式形式进行表达，锻炼学生分析问题的能力。

(2) 阅读带有标注框的半成品流程图

为了促进学生从平面语言描述过渡到抽象的流程图描述，教师可以提供半成品的流程图，同时标注流程图中每条指令在枚举法中的作用。学生阅读提示框后，结合前面的探究活动，能够比较清楚算法的输入—处理—输出环节。

(3) 阅读推演数据在流程图中变化的视频

算法中的数据在流程图中的变化过程是隐蔽的，学生无法了解计算机是如何实现算法的执行过程的，所以教师可以选择几个关键性数据，用视频的方式呈现数据的变化过程，配合问题链的引导，学生体会到计算机实现算法的执行的过程，提升了算法思维。

3. 阅读与学科思维的培养

在身边算法这一模块的学习中，计算思维是最具有学科特色的核心素养。学生在解决真实问题情境中，都需要经历计算思维的三个阶段：分析问题、求解问题和迁移应用，在解决真实问题的过程中提升了计算思维。

(二) 课例

"韩信点兵——初识枚举法"教学设计[1]

1. 案例背景

(1) 学习内容分析

①主要内容

本节课主要认识枚举算法并初步尝试使用枚举算法设计解决韩信点兵的方法。

本节课是单元的第一课时，也是用枚举法解决韩信点兵问题的第一课

---

[1] 课例提供者：北京石油学院附属小学田爽。

时，属于用算法解决问题四个环节中的前两个环节，为下一节用编程验证算法及优化算法做铺垫。

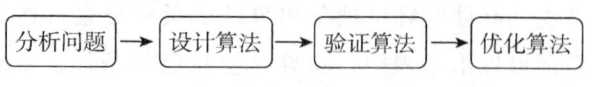

图 5-33　算法解决问题的流程

本节课涉及"身边算法"模块内容中的算法描述部分，主要借助韩信点兵这一经典数学问题，让学生体验枚举算法是通过明确的、可执行的操作步骤描述的问题求解方案，能用自然语言、流程图等方式描述枚举算法。

②本课中的阅读材料内容与学科知识的关联

A. 故事《韩信点兵》，材料形式——文字

a. 内容

版本1：韩信是我国汉代著名的将军，他统计士兵数目的方法很奇怪，韩信统计士兵的人数时，首先让士兵每3人排成一列，多2人，每5人排成一列，多3人，每7人排成一列，多2人，韩信马上就能说出士兵的数量。

版本2：韩信带的士兵数最多不超过1500人。只见韩信统计士兵的人数时，首先让士兵每3人排成一列，多2人，每5人排成一列，多3人，每7人排成一列，多2人，韩信马上就能说出士兵的数量。

b. 与学科知识的关联

在《义务教育信息科技课程标准（2022年版）》中，"身边的算法"模块提出了可以从古典数学问题出发，将算法学习的要点贯穿问题求解的过程，而韩信点兵问题是课标特意提出的问题。

B. 枚举法的概念，材料形式——文字

a. 内容

从枚举范围的起始值开始，根据验证条件去验证。不符合条件就在枚举范围内试下一个，找到符合条件的就得到了查找的结果。不断重复这个过程，直到到达枚举范围的结束值或结束条件就停止查找。

b. 与学科知识的关联

枚举法是"身边的算法"模块中的内容，枚举法是学生能够理解的一项经典算法，是学生在日常生活中解决某些问题时可能会使用的方法。

C. 记录枚举法解决韩信点兵问题的过程，材料形式——表格

a. 内容

表 5-4　活动记录单

x 的值	将 x 的值带入条件进行验证		
	条件1 $x \div 3 =(\ \ )\cdots\cdots 2$	条件2 $x \div 5 =(\ \ )\cdots\cdots 3$	条件3 $x \div 7 =(\ \ )\cdots\cdots 2$
	能/不能　同时满足3个条件		
	能/不能　同时满足3个条件		
	能/不能　同时满足3个条件		
	能/不能　同时满足3个条件		
	能/不能　同时满足3个条件		
	能/不能　同时满足3个条件		
	能/不能　同时满足3个条件		
	能/不能　同时满足3个条件		
	能/不能　同时满足3个条件		
	能/不能　同时满足3个条件		
	能/不能　同时满足3个条件		
	能/不能　同时满足3个条件		
	能/不能　同时满足3个条件		
	能/不能　同时满足3个条件		
	能/不能　同时满足3个条件		

b. 与学科知识的关联

《义务教育阶段信息科技课程标准(2022年版)》指出，学生的认知发展处于从具象思维到抽象思维的过渡时期，教学实践要把握这一阶段的特点，注重具象内容和抽象内容的关系平衡。

D. 分析枚举三要素：

a. 内容

已知条件：有士兵 x 人，满足 3 人排一列多 2 人、5 人排一列多 3 人、7 人排一列多 2 人。

条件关系：$x \div 3 =$（   ）……2，同时 $x \div 5 =$（   ）……，同时 $x \div 7 =$（   ）……2。

求解目标：士兵数 x 是多少？

b. 与学科知识的关联

在《义务教育阶段信息科技课程标准（2022 年版）》中，计算思维是最具有学科特色的核心素养，是身边算法模块着重落实的素养。计算机思维中分析问题是第一阶段，其中分解、抽象是重要的一环。

E. 内容分析——用枚举法解决韩信点兵问题的算法流程图，材料形式——图表

a. 内容

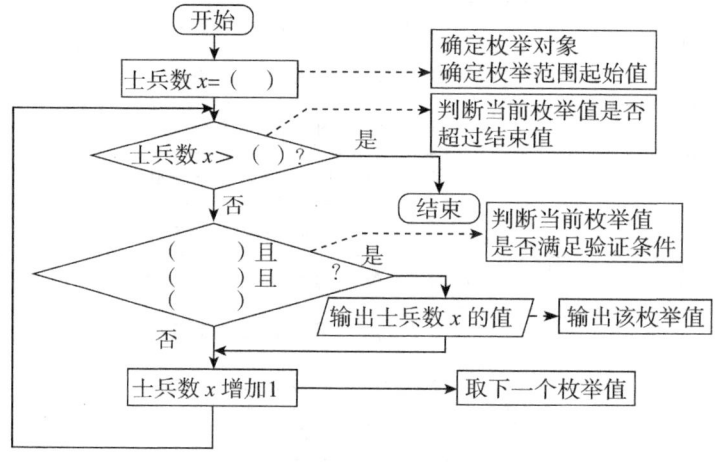

图 5-34　算法流程图 1

b. 与学科知识的关联

在《义务教育阶段信息科技课程标准（2022 年版）》中，要求学生采用自然语言、流程图等方式，运用三种基本结构及其组合，正确进行问题求解的算法描述。

F. 内容分析——用枚举法解决韩信点兵问题的算法流程图，材料形式——视频

a. 内容

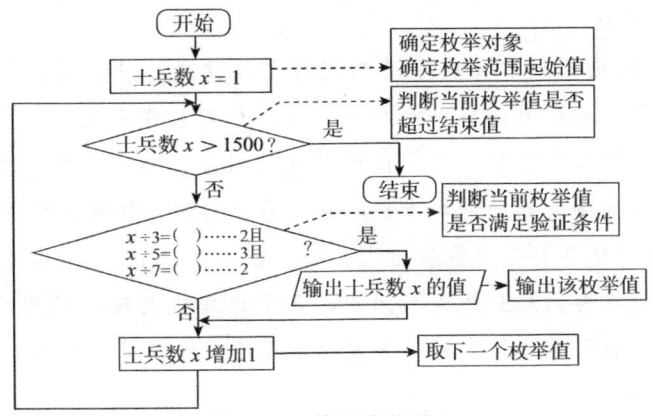

图 5-35　算法流程图 2

b. 与学科知识的关联

在《义务教育阶段信息科技课程标准(2022 年版)》中，学生要基于对算法的理解，能设置和调整参数，观察相应程序的执行。

(2)学生分析

学习枚举法的学生是五年级的学生。学生在前面的信息科技课学习中，已经掌握了算法的三种基本结构的流程图，能够用自然语言或流程图对解决简单算法问题进行描述，能够用图形化编程验证解决累加等简单问题的算法。

课前对五年级未授课的两个班共 74 人进行了关于"枚举法"的课前调研，结果如图 5-36 所示。

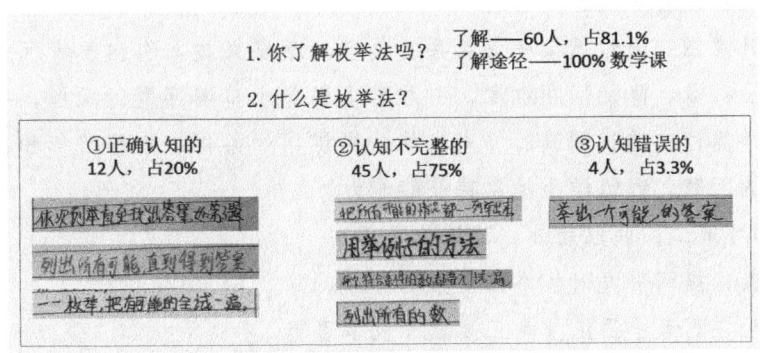

图 5-36　课前调研结果图

从图 5-36 中可以看出，学生对枚举法的认知基本来自数学课，且 85.1%的学生对枚举法处于认知不完整或不正确、不知道的状态，所以让学生理解计算机如何实现应用枚举算法解决问题是本课的重难点。

2. 学习目标

(1)通过阅读问题和体验手动查找韩信点兵最少士兵数的活动，能够用自然语言描述枚举算法解决问题的步骤，认识枚举算法，学会从阅读故事中分析、归纳基本信息，确定出枚举法的对象、范围和判断条件，初步了解枚举算法解决问题的基本步骤，提升分析问题、抽象特征能力。

(2)通过阅读并补全查找韩信点兵士兵数不超过 1500 人的流程图过程，能够有意识地将大问题分解为小问题，理解计算机实现枚举法的流程，进一步感受用流程图梳理问题解决方案的重要性，提升算法描述能力。

3. 实施过程

(1)环节一：了解情境，提炼关键问题

①教师提供韩信点兵故事的文本，提出研究问题：韩信至少带了多少名士兵？

学生阅读文本，了解问题情境。

②抽象特征，提炼关键问题。

教师：假设士兵数是 x，从韩信点兵故事中，用数学表达式提炼出关键问题。

学生：预设有一个数 x，满足 $x \div 3 = (\quad) \cdots\cdots 2$，满足 $x \div 5 = (\quad) \cdots\cdots 3$，满足 $x \div 7 = (\quad) \cdots\cdots 2$，$x$ 至少是多少？

提问：三个条件之间是什么关系？

预设：同时满足。

设计意图：通过阅读韩信点兵的故事，激发兴趣，引出思考问题，同时缩小士兵数，降低问题难度，引导学生聚焦小范围问题的求解，关注点引向枚举算法；通过阅读、补充表格，提炼已知条件、求解目标和条件关系等关键问题，锻炼学生抽象特征的能力。

(2)环节二：获取新知，认识枚举算法

①教师提问引发对枚举三要素的思考。

学生在思考中提炼枚举三要素和枚举思想。

②人工枚举，寻找正确的解。

A. 教师提出活动1：用枚举算法查找符合士兵数 x 最小的数。

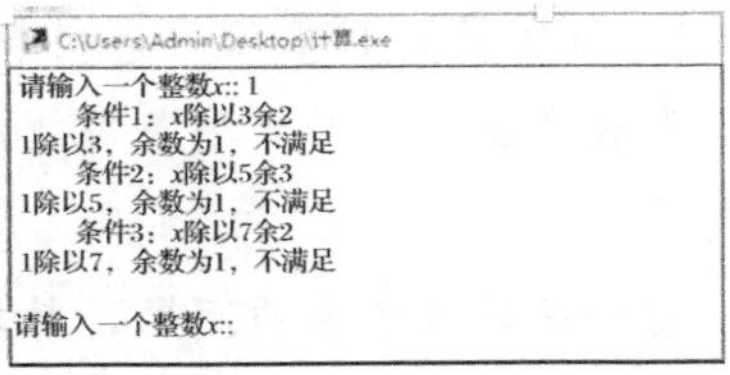

图 5-37　计算小程序截图

B. 学生两人合作，一人操作计算小程序，一人在学习单上记录。

C. 展示学生的几份学习单，学生阅读后围绕"枚举三要素"的内容，归纳枚举的思想。

③学生阅读，并填写枚举法的过程。

设计意图：通过学生归纳人工枚举法的过程，初步厘清枚举算法的三要素及基本原理，初步形成用枚举算法解决问题的流程模型，为后续设计用编程实现枚举算法做好铺垫，突破学习难点。

(3)环节三：算法分析，发展观点

①拓展情境

教师提供新的韩信点兵故事版本，并提问：与刚才的故事版本相比，枚举三要素哪些内容需要调整？怎么调？

学生快速阅读故事。

②教师提出活动2：设计用计算机实现枚举解决韩信点兵问题的算法

A. 教师：以人工枚举过程为基础，如何让计算机实现枚举算法？

输入→逐一列举→逐个验证→正确的解→输出。

教师：逐一列举使用什么结构实现？

教师：逐个验证使用什么结构实现？

学生：逐一列举使用循环结构实现，逐个验证使用分支结构实现。

B. 教师提出活动任务：补全流程图

学生结合分析的枚举三要素，阅读提示框，补全流程图。

设计意图：通过阅读问题，发现士兵数可能范围的变化，学生体验问题情境与枚举三要素、枚举过程的关系，迁移应用前面获得的步骤模型，提升举一反三解决问题的能力；通过阅读提示框、补全流程图、梳理计算机应用枚举法解决问题的方法，显现化呈现学生的思维过程，加深学生对算法的理解，提升学生用算法解决问题的能力。

(4) 环节四：拓展思考，建构重构

①教师提问：对于下节课用编程验证算法，你有哪些疑问或想解决的问题？

②分享更多学生的问题，鼓励学生进一步优化算法、修改完善程序。

设计意图：问题引发学生对算法优化的思考，同时为下一节课用编程验证算法做好铺垫。

4. 实施效果

(1) 学科知识掌握

学生使用表 5-5，对自己本节课的学科知识掌握情况进行了评价。通过教师观察和学生的自评，发现 100% 的学生能够完成分析问题、用自然语言描述算法的学习活动。在用流程图描述算法阶段，24% 的学生能够独立地画出枚举算法解决问题的流程图；76% 的学生能通过补全流程图的方式，描述枚举解决问题的步骤。总之，本节课的学科知识学生都已经掌握。

表 5-5　学生评价表

评价内容	评价维度	自我评价	组员评价
分析问题	A. 准确提取信息，准确确定枚举的三个要素 B. 比较准确提取信息，能确定枚举的 1—2 个要素 C. 不能提取信息，不能确定枚举要素		
用自然语言描述算法	A. 能流畅、清晰地用自然语言描述枚举法解决问题的过程 B. 能在提示的情况下，用自然语言描述枚举法解决问题的过程 C. 不能用自然语言描述枚举法解决问题的过程		
用流程图描述算法	A. 能独立画出枚举算法解决问题的流程图 B. 能通过补全流程图的方式，描述枚举解决问题的步骤 C. 不能使用流程图描述枚举算法解决问题的步骤		

(2) 阅读能力提升

学生在本课学习中，无论是阅读韩信点兵的故事，还是枚举法的概念，阅读速度都很快，并且能够在短时间内结合表格，提炼关键要素。

经过一阵子算法的学习，学生在阅读流程图、设计用流程图解决问题的算法方面有了提升，不仅阅读速度更快，而且流程图中参数位置和内容的填写也更加准确，用算法解决问题的能力不断提升。

(3)学习目标达成

采用了如表 5-6 的评价方式，检验学生学习目标达成情况良好。

表 5-6 评价内容与方式

评价目标		评价量规	评价方式
理解枚举算法		1. 理解枚举算法的内涵及枚举三要素 2. 了解枚举算法的基本思想 3. 能够使用自然语言描述枚举算法解决问题的步骤	1. 探究活动单 2. 师生互动和反馈情况 3. 图形化程序作品
设计应用枚举算法解决问题的方案	界定、分析问题	1. 能够分析问题情境中的已知条件、求解目标 2. 能够将问题转化为用计算机程序解决的问题	
	抽象与建模	1. 在教师的引导下或独立用枚举思想分析问题和设计解决问题的方案 2. 能够使用流程图描述解决韩信点兵类问题的方案 3. 能够迁移到同类问题情境中,建立问题解决算法的模型	

五、综合实践课中的阅读学习

阅读学习在综合实践活动中扮演着非常重要的角色，它能帮助我们积累知识、开阔视野，还能培养我们的思维能力和创新精神。综合实践阅读能力是一项非常重要的能力。在阅读中，我们不仅需要理解文章的字面意思，还需要理解作者的意图，以及文章背后的深层含义。同时，我们还要将所读内容与实际生活相联系，从而做到真正的理解和吸收。这样的能力对我们的学习、工作以及生活都有着很大的帮助。不断提升自己的综合实践阅读能力是非常有必要的。

比如，在阅读一本关于环保的书籍时，你可能会对环保问题有更深入的了解，然后在综合实践活动中提出自己的创新想法，比如设计一款环保产品或者策划一次环保宣传活动。

此外，阅读学习还能帮助我们培养批判性思维和独立思考的能力。在阅读过程中，我们会遇到不同的观点和想法，通过对比和分析，我们可以逐渐学会独立思考，形成自己的见解和观点。这种能力在综合实践活动中同样非常重要，因为我们需要不断地思考和探索，才能找到解决问题的最佳方案。

培养学生在综合实践活动中多进行阅读学习。无论是阅读专业书籍还是文学作品，都能提供丰富的知识和灵感。同时，也能将阅读所得应用到实践活动中去，让知识在实践中得到升华和拓展。

(一) 阅读学习的策略

1. 分组学习与探究

归纳感兴趣且有价值的主题，引导分组开展主题探究，通过课堂引导、课外实践的考察探究，引导学生进一步认识大豆食品。

2. 小组交流与展示

分享自己了解的豆史、豆事、豆食、豆趣。

3. 开展设计与制作

经历观察思考、学习流程等学习过程，学习传统饮食的制作方法，掌握加工的基本技能。

4. 设置阅读任务

课前、课后布置一定的阅读任务，督促学生进行阅读，深入大豆制品的营养知识和文化内涵。

5. 运用多媒体资源

利用视频、图片等多媒体资源辅助学生阅读和理解。视觉是获取信息的重要途径之一，通过观看和观察，学生能更好地理解和学习大豆制品的制作过程。

(二) 课例

"大豆的探究"教学设计[①]

1. 案例背景

(1) 教学内容分析

"大豆的探究"——《豆豆变形记》的第一个主题活动。

① 引导学生展开头脑风暴，分享自己了解的豆史、豆事、豆食、豆趣。

② 引导大家描画"思维导图"，列出对大豆已知与未知的有关问题。

③ 归纳感兴趣且有价值的主题，引导分组开展主题探究。

---

① 课例提供者：北京石油学院附属小学李娟。

通过课堂引导、课外实践的考察探究引导学生进一步认识大豆食品。

(2)本课中的阅读材料内容

通过阅读认识大豆及其制品和文化的文章、营养健康图表、制作豆腐美食方法的视频等。我们可以从多个维度来深入了解和探索这一历史悠久的农作物。大豆起源于中国，拥有五千多年的栽培历史，这一点彰显了其在中国农业文化中的重要地位。大豆在中国的广泛种植，不仅为我们提供了丰富的食材，更在农业生产中占据了重要的位置。

大豆的品种繁多，不同品种的大豆在外观、口感和营养成分上都有所差异。在阅读中，我们还可以深入探索大豆的营养价值。大豆富含蛋白质、脂肪、维生素和矿物质等多种营养成分，被誉为"植物肉"。这些成分对于维持人体健康、增强免疫力等都有着重要的作用。通过阅读，我们可以更加深入地了解大豆的营养成分及其在人体中的作用。

总的来说，关于认识大豆的阅读和实践是一次全面而深入的探索过程。通过阅读，我们可以更好地了解大豆的起源、生长环境、营养价值以及应用等方面的知识。通过实践，进一步拓宽我们的视野，丰富我们的知识体系。

(3)学生分析

①认知水平

我校五年级学生在过去三、四年级的传统饮食课程学习中，参与过"冰糖葫芦""驴打滚"等设计制作的实践活动，对北京地域的传统小吃和节日饮食有所了解，已经初步具有逻辑思维能力、操作实践能力。还需对中国传统饮食有进一步了解，尝试着对观察到的现象进行分析、总结。

②知识储备

学生知道豆酱、豆浆、豆腐、豆皮等日常食品都是大豆的加工食品。了解大豆食品有营养价值；科学课四年级下册"食物"单元已有对食物营养成分、食物变化(生熟、腐败变质)的学习。

③学习能力

我校五年级学生有很强的好奇心、求知欲，动手操作能力较强；通过一年的综合实践活动学习，他们具有初步的自主探究意识和合作能力，有小组合作学习的经验，能够较好地进行小组分工、小组交流。

前测数据：学生对生活中的大豆有初步的了解，对大豆主题有不同方向的兴趣。

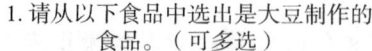

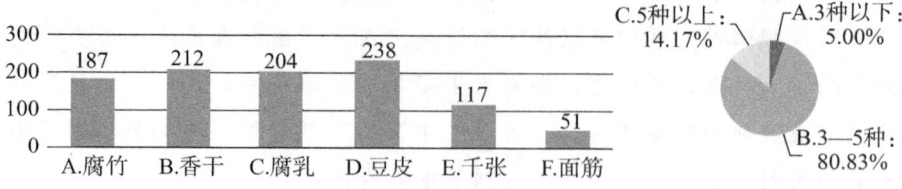

图 5-38　前测数据图($n=240$)

由此,在活动设计上应充分拓展学生对大豆主题的思维,引导学生从生活中确定有兴趣而有价值的主题研究。

2. 学习目标及重难点

(1) 学习目标

① 过程与方法

通过分组开展不同主题的考察探究活动。在信息搜集、调查分析、合作探究及交流分享的过程中了解大豆食品。

② 知识与技能

学生在活动中了解豆制品有哪些,了解大豆的种植、加工、演变、营养、美食及文化等知识,发展对知识的综合运用能力和实践能力。

③ 情感、态度和价值观

学生在活动中体验实践和探究的快乐,启发学生健康饮食和对传统饮食文化的体认,热爱中国食品,感受中国人的智慧,传承中国饮食文化。

(2) 学习重难点

① 学习重点

分组开展大豆主题的探究,对传统饮食产生浓厚的学习兴趣。

② 学习难点

在考察探究活动中分析整理信息及展示交流。

3. 实施过程

(1) 环节一:创设情境,激趣导入

① 教师活动

A. 图片导入——我们的生活中,有许多的豆制美食(展示豆浆、腐竹、小葱拌豆腐、麻婆豆腐等美食图片），你知道它们是用什么原料制作的吗？

B. 引导思考——你还知道哪些食品是大豆制作出来的？它们又是如何加工而成的？

C. 问题激趣——大豆浑身是宝，不仅是美味食品，还有厚重的文化内涵，这些都等待着同学们去探究。（板书：大豆的探究）

②学生活动

A. 畅谈对豆制美食的了解——请学生讲述有关大豆的故事、自己和家人喜欢的大豆美食。

B. 思考大豆美食的由来——请学生讲述大豆加工制作的生活经验。

C. 思考大豆的兴趣话题——说说大豆还有哪些用途，为什么说大豆是中国人日常生活的重要饮食食材？

设计意图：引导学生从生活中发现大豆的食品丰富多彩，激发学生对大豆食品的种类、加工制作、美食等问题的浓厚兴趣。以此引入本课主题"大豆的探究"。

(2)环节二：发散思维，梳理主题

①教师活动

A. 引导思考——关于大豆的兴趣问题。

B. 组织讨论——激发大家畅谈生活中所知的豆制品、豆制美食，引导大家思考它们是如何做出来的。

C. 绘制导图——引导学生绘制大豆有关的已知与未知问题。

D. 评析导图——评析学生的思维导图，引导学生进行兴趣探究。

②学生活动

A. 思考有关大豆的兴趣问题。

B. 小组讨论：畅想自己所知的豆制品、豆制美食，思考大豆美食的制作流程，描画已知与未知的有关大豆的问题。

C. 绘制大豆主题的思维导图。

D. 分享讲述个人的思维导图，回答同学的问题，听取老师的建议。

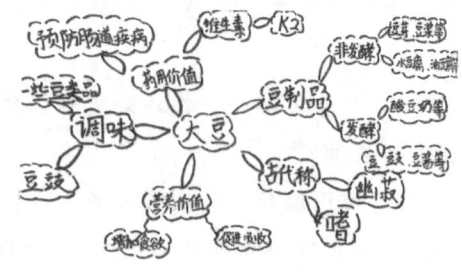
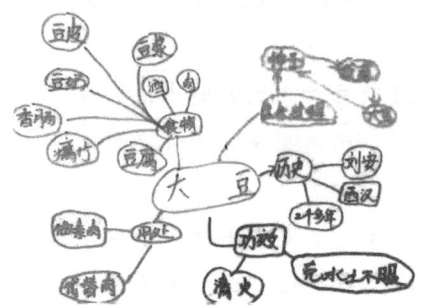
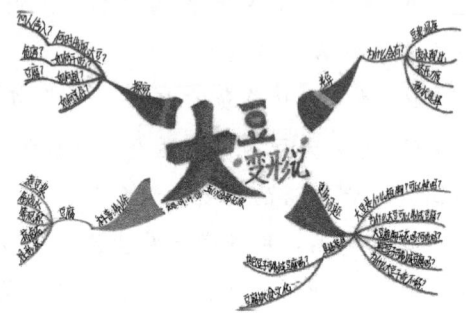

图 5-39　学生思维导图

设计意图：通过头脑风暴，使学生在大豆主题探究的问题全部呈现，并通过"思维导图"的学习形式，引导让学生有条理地梳理大豆探究的主题，明确大豆探究的主题有哪些。"思维导图"是个体思维的闪光，每一张思维导图都是独一无二的、个性化的、富有创造性的。这种表现学生思维过程的工具，核心是尊重每一个学生的个性和差异。

(3)环节三：选择主题，制订计划

①教师活动

A. 分析问题，梳理主题。

探究内容：大豆的种植，大豆食品的加工、种类、营养、文化。

B. 组织分组：根据学生的兴趣，分类成立兴趣小组。

C. 指导探讨：引导各组制订研究计划，交流方案，给予指导意见。

②学生活动

A. 探究内容：大豆的种植，大豆食品的加工、种类、营养、文化。

B. 按归类的问题结成研究小组(3—5人一组)。

C. 小组讨论制订研究计划，各组交流学习，借鉴并修改方案。

指导意见侧重点：任务分工，学生容易直接每人一样任务，合作任务较少。教师建议小组有讨论商量、合作采访、一起梳理资料、决议小组意见、集体展示汇报的部分。活动的步骤方面，学生大多数的讨论步骤为搜集资料—汇总资料—汇报成果。教师建议活动步骤：搜集资料—实践体验—整理成果—展示汇报。

指导搜集资料的途径：上网搜集、书籍查找、调查访谈等。

展示汇报的形式：手抄报、成果报告、图片、PPT、微视频等。

设计意图：分析梳理学生有兴趣而有价值的主题；学生按照兴趣结成研究小组，发挥学习的自主性；制定研究方案，明确学生探究活动的时间、范围、分工、方法。使学生学会有计划有分工有步骤地发现、分析、解决问题。

(4)环节四：分组活动，开展研究

①教师活动

A. 指导学生分组开展探究。

探究活动提示：按照方案分工合作；记录方式(录像、下载等)；汇总小组探究成果。

B. 指导各研究小组整理汇总探究成果。

大豆主题研究表

研究主题：史书中的大豆				
选择这个主题的原因：有很多史书记载大豆				
用什么方法做出的决定：点兵点将(众多感兴趣的方案中选)				
组长：[illegible]				
组员：[illegible]、[illegible]、[illegible]				
任务分工：				
活动步骤	阶段	时间	主要任务	阶段目标
	搜集	2018.5.15	搜集资料	搜集资料
	整理	2018.5.15	制作PPT	制作完PPT
	讲解	2018.5.20	讲解资料	讲解流畅
活动所需的设备 一台电脑、翻页器				
预期的成果（研究报告、实验报告、实物成果等）研究报告				
表现形式（文字、图片、实物、影像资料等）Microsoft Power Point				
指导教师意见：活动时间不用那么紧，可以分几周进行。				
研究成果及经验：大豆早在夏朝(公元前2070年)即开始种植。最初种植于中部平原，后来在北方种植，时至今日，北方肥嫩的土壤仍最适合大豆种植。因大豆不易保存，考古只发掘出了三粒未炭化大豆和两粒炭化大豆。汉代时进口到朝鲜、日本。 资料参考：汉·司马迁《史记·五帝本纪》				

大豆主题研究表

研究主题：豆腐做法：小葱拌豆腐				
选择这个主题的原因：它是一道很简单的菜，做起来方便，吃起来也不错				
用什么方法做出的决定：自己和组员投票选				
组长：[illegible]				
组员：[illegible]				
任务分工：[illegible]做PPT，[illegible]讲PPT				
活动步骤	阶段	时间	主要任务	阶段目标
	一	5月21日	分配工作	分好工作
	二	5月22-24日	制作PPT，查找资料	完成PPT
	三	5月25日	练习讲解内容	语言生动流畅
活动所需的设备 电脑				
预期的成果（研究报告、实验报告、实物成果等）制作美食报告				
表现形式（文字、图片、实物、影像资料等）PPT＋图片				
指导教师意见：美食制作在家中实践，请在家长指导下安全操作。				
研究成果及经验：PPT里面有如何制作小葱拌豆腐的方法，1. 豆腐切块，小葱切丁 2. 搅拌 3. 添加香油，大功告成！				

图 5-40　学生研究计划表截图

②学生活动

分组开展探究活动。

按照方案分工合作；记录探究；汇总小组探究成果；整理汇总探究成果。

设计意图：引导学生自主探究，在信息搜集、调查访谈、思考分析、分工合作、交流汇总的过程中分析问题和解决问题。掌握解决探究主题的关键方法与技能，以突破学习重难点；培养学生探究实践能力、信息意识、分工合作。落实学会学习的核心素养。

(5) 板书

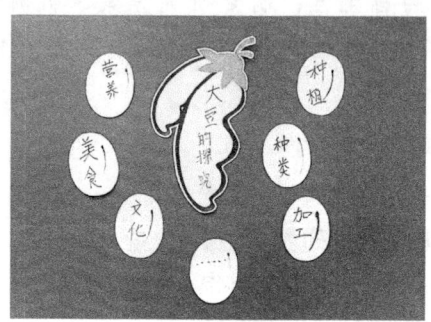

图 5-41　板书设计

(6) 作业与拓展学习设计

① 小组按照研究方案开展研究。

② 做好研究记录，分析整理研究资料。

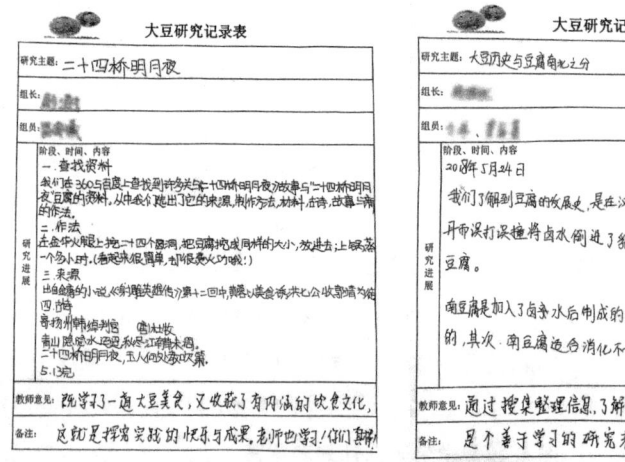

图 5-42　学生研究记录表截图

4. 实施效果

(1) 学科知识掌握

大豆食品是日常饮食中随处可见的传统饮食，学生对大豆加工的食品既熟悉又有许多想了解的问题。从一粒粒小小的黄豆，能加工制出多种豆制品，有可口的菜肴，有饮品，有佐料。形态和加工过程也丰富多样。

(2) 阅读能力提升

广泛阅读：通过查阅大豆来源和饮食文化的各种类型的书籍和文章，包括经典文学作品、科普文章、新闻报道等。这不仅可以扩大知识面，还可以接触到不同的写作风格和思考方式，有助于提升阅读理解的深度和广度。

深度阅读：在广泛阅读的基础上，选择一些具有深度的书籍或文章进行精读。深度阅读需要投入更多的时间和精力，但这也是提升阅读能力的有效途径。在深度阅读过程中，可以尝试分析文章的结构、主题、观点等，并思考作者的意图和写作背景。

做笔记和总结：在阅读过程中，养成做笔记的习惯，记录下关键信息、思考点或感悟。读完一篇文章或一本书后，尝试进行总结和复述，这有助于巩固理解并提高记忆效果。

参加讨论和分享：与他人分享阅读心得，参加阅读俱乐部或讨论小组，可以拓宽自己的思维，从不同的角度理解文本。同时，通过讨论和分享，还可以发现自己的不足，从而有针对性地改进阅读方法。

利用科技工具：现在有很多科技工具可以帮助提升阅读能力，比如电子阅读器、在线词典、阅读应用等。这些工具可以提供便捷的阅读方式和丰富的阅读资源，有助于提高阅读效率和质量。并促进学生保持对阅读的热爱和兴趣，这样才能在阅读中不断成长和进步。

(3) 学习目标达成

①亲近和热爱中华传统大豆饮食。

②能独立或合作完成传统饮食、技艺技术实践，并能通过分析、比较、判断，解决探究遇到的问题。

③能表述制作过程，发展创造性思维。

④具有收集处理信息的基本方法。

⑤热爱和传承中华优秀传统文化。

第六章 艺术与审美类学科中的阅读学习

《义务教育艺术课程标准（2022年版）》指出"义务教育艺术课程包括音乐、美术、舞蹈、戏剧（含戏曲）、影视（含数字媒体艺术）。"艺术源于生活，是人与人、人与社会、人与自然相互作用的表现，是人类创造的文化结晶。"艺术阅读"是依靠头脑中原有的艺术知识，从视听材料中积极获取艺术信息的过程，同时也是不断运用艺术思维想象、分析、获得审美体验的过程。我们通过本章重点结合美术、书法、音乐、舞蹈等艺术学科进行介绍，结合学科特点阐述相应的阅读策略，并通过具体课例进行呈现。

第一节 美术书法学科阅读学习的策略与案例

美术书法学科的阅读重在欣赏和感悟，在教学中应注重体验与品味，既要有知识与技能的学习，也要有实践与应用的掌握。在"阅读"一幅作品时，应提示学生关注艺术语言，对一些元素进行细致的剖析与揣摩，进而对作品形成较为深刻的理解。另外，美术书法学科的阅读不同于文学阅读、科学阅读，它有其自身的特点。

首先，美术书法学科的阅读讲求细节。越是经得起推敲的和历经时间考验的艺术作品，越是在细节上有过人之处。细节是美术书法学科阅读需要重点关注的地方，只有细致、精心的阅读才能领略到艺术的魅力。开展美术书法学科的阅读学习，一方面是为了培养学生审美的眼光和鉴赏能力，在阅读中产生美的体验，懂得欣赏美；另一方面是为了提升学生的审美判断，形成有品位的审美观。

其次，美术书法学科的阅读讲求方法。品读鉴赏是一种基本的阅读方法，在传统的语文教学中经常使用。在美术书法学科的阅读中，这种方法依然适用。与语文阅读稍有不同的是，美术书法学科的品读对象更加多元，除了文字，还会有图像、影像等。从目的上来说，美术书法学科阅读中的品读鉴赏主要是细腻品味艺术作品的精髓，提高鉴赏能力。比较阅读是一种分析相似或相异之处的阅读方法，可以从主题或风格入手，学生可以阅读相关的文字材料并结合艺术作品进行分析。

最后，美术书法学科的阅读讲求情境。情境在美术书法阅读教学中的作用主要有两点：一是激发学习兴趣；二是帮助学生高度聚焦于审美本身。在一个具体、真实的环境里引导学生进行感知，也可以提高学生对艺术感知的专注程度。美术书法教学中的情境既包含实际的艺术现场（如美术馆、博物馆、音乐会、剧场等），也包含教师在教学中根据教学需要而创建的问题情境。教师可利用多媒体新技术，依据阅读内容的特点，结合实际生活，将学生带入一个实际的情境中，拉近他们与艺术的距离。

在教学中还可以尝试跨学科阅读，打通学科边界，艺术是一门综合性的学科，通过深入地探究一些问题，不仅可有效激发学生的兴趣，还会给他们留下深刻的阅读体验，对他们的自主阅读有很大的启发意义。

一、美术"设计·应用"课的阅读学习

美术学科"设计·应用"学习领域在最新版《义务教育艺术课程标准（2022年版）》中被更改为"设计·应用"艺术实践，从学习领域到艺术实践的转变，凸显了美术学科课程已然向课程的艺术性与实践性迈进。同时，新课标在对美术课程内容的介绍中提到，通过"设计·应用"，学生结合生活和社会情境，运用设计与工艺的知识、技能和思维方式，开展基于问题的学习、基于项目的学习，进行传承和创造。而这些都离不开对图像的认知与辨识、分析与解读、鉴赏与审视，这种阅读的能力对"设计·应用"艺术实践尤为重要，通过阅读有启发性的图片能激发学生的造型能力和创造力，更重要的是通过阅读能引导学生理解作品应具备的设计理念和用途，并要达到一定程度的应用性。创意设计教学是实现"设计·应用"教学价值的核心，设计教学要关注并强化学生的设计兴趣。阅读是打开学生设计思路的非常有效的途径，通过阅读欣赏分析成功创意作品的细节，再利用头脑风暴等教学方式可以促进学生进行多样化设计。在对小学美术"设计·应用"艺术实践教学模式的研究中可以看出，教学模式的设定是紧紧围绕学生的设计兴趣、设计思路展开的，通过阅读可以激发学生的学习兴趣，使学生关注作品的创新应用，从而提高学生的创作积极性。

(一)美术"设计·应用"课的阅读学习策略

1. 明确学习目标

通过阅读,填写自主学习任务单,使学生明确设计主题、表现形式、分工安排,在集思广益、头脑风暴的过程中,寻找最佳的设计方案。

2. 激发学习兴趣

通过创设情境,激发学生对设计的兴趣和热情,通过阅读优秀的设计作品,让学生感受设计的魅力和价值。

3. 掌握设计方法

通过阅读制作方法,掌握色彩搭配、构图原理、线条运用等设计方法,提高学生的设计能力和创新思维。

(二)课例

"设计·应用"课"手绘导游图"的阅读学习[①]

1. 案例背景

(1)学习内容分析

①主要内容

美术是人类文化的一个重要组成部分,让美术走进生活,用美术表现生活,通过美术实践活动让学生在生活中领悟美术的独特价值。在"双减"政策的大环境下,美术课"手绘导游图"通过改革教学模式,灵活利用多种现代化的教学策略,以为学生减负为前提,积极践行"双减"政策。运用多种信息技术手段,凸显手绘导游图的视觉性、运用于生活的实践性、关注设计中的人文性以及表达个性和创意的愉悦性。通过混合式学习模式,促进学生之间的互动及交流,围绕大概念打造高品质课堂,减轻学生的学习压力。

教师将"平面设计"单元设定为两课时来完成单元教学目标。两节课的创作主题分别围绕科技和地图展开,都运用到欣赏与借鉴的阅读学习方式,都需要调动以往所学的综合知识,培养学生"关注文化与生活"的素养。"我们的科技小报"为学习"手绘导游图"奠定基础,"手绘导游图"在学习"我们的科技小报"的基础上进行了能力的提升。

---

① 课例提供者:北京石油学院附属小学姚晓丹。

第六章 艺术与审美类学科中的阅读学习

第1课时:"我们的科技小报"是本单元的第一课时。本课通过欣赏、分析精美的报纸,学会归纳和借鉴,体会"关注文化与生活"对设计、制作科技小报的作用和意义,从文化的角度观察精美的小报,理解设计小报的观念。学习科技小报版面组成、设色方式、图文搭配的相关知识,通过探究和小组合作等多种学习方式完成科技小报的绘制。

第2课时:"手绘导游图"是本单元的最后一节课,在学习"我们的科技小报"的基础上,本课通过创设情景,引导学生进一步关注设计的本质,从欣赏、感悟、体验中找到手绘导游图的实际应用价值,增强方位感,明确距离概念。引导学生观察、分析真实的导游图;总结、归纳导游图的特点,以小组合作的形式完成具有实用价值的手绘导游图。

②与学科知识的关联

"手绘导游图"属于"设计·应用"学习领域。通过欣赏真实的手绘导游图,发现手绘导游图的特点以及必备信息,学习手绘导游图的创作方法,设计与自己生活紧密联系的手绘导游图,培养学生热爱生活的情感,树立设计应用生活的意识。电子地图精准,给人们的生活带来了极大的便利。手绘导游图是在地图的基础上,结合手绘艺术的一种实用地图,它更关注人文化需求,是文化与艺术的载体,是人们参观游览的好助手。在数学课里,学生已经学习了"方向与位置",而现在的儿童又具有一定的信息视野,多学科知识的整合,可以给"手绘导游图"课程提供多元的探究方式,帮助学生学习知识与技能的迁移。通过对生活中的手绘导游图以及其他学科的相关知识进行阅读,围绕"大概念"展开的"手绘导游图"课程,旨在形成更深入、持续的学习目标与教育价值,使知识不断生长,互相连接,相互融合。依据建构主义和联通主义学习理论,采用混合式学习模式,在课内与课外相结合的学习环境中,为学生创设真实情境,促进学生协作探究,使学习有效发生。

③本课中的阅读材料内容

A. 课前,布置学生阅读四年级上册教材中第7课"我们的科技小报"与第17课"手绘导游图",使学生建立两节课之间的联系。它们都属于"设计·应用"学习领域,形成了"平面设计单元",成了学生"关注文化与生活"的课程载体。"我们的科技小报"重点是学习版式、设色、搭配。"手绘导游图"在此基础上增加了方位、距离、实用等相关知识。所以说"科技小报"为"手绘导游图"奠定了基础,"手绘导游图"在"科技小报"的基础上进行了能力的提升。

阅读三年级下册"设计紧急避难路线图"与四年级上册"手绘导游图",了解它们都与设计路线有关。"设计紧急避难路线图"突出的是简单、明了。"手绘导游图"在此基础上强调了美观、实用。通过"迁移"使知识得到扩展与延伸。

B. 课堂中,让学生阅读生活中的手绘导游图,通过问题"你的手绘导游图是为什么人设计的?"引导学生站在设计者的视角思考手绘导游图的应用价值。同时,也从与众不同的角度、造型与色彩、地标建筑、道路方位几个方面,了解了学生设计导游图的难点和困惑是什么。为了更好地了解学生的需求,应从学生的角度出发。通过问卷调查了解学生喜欢从什么角度来设计手绘导游图。排名最高的分别是,可以"运动娱乐"的场所、学校周边的"名校学府"以及可以游玩并享用美食的地方。

(2)学生分析

本课的授课对象是四年级的学生,在学习"平面设计"单元第一课"我们的科技小报"时,已经接触了有主题的创作,掌握了版式、设色、搭配等平面设计的方法,初步尝试了通过欣赏、借鉴现实作品,结合生活经验,进行合作学习的方法。在体验中明确了设计是为人服务的理念。通过对学习单的分析发现,大多数学生对手绘导游图并不陌生,很多学生在旅游时见到过。通过学习单的调研,发现见过手绘导游图的学生,都对手绘地图很感兴趣,相比较电子地图,他们更喜欢手绘地图,因为漂亮、有立体感、生动有趣。学生喜欢对学校周边的美食、环境、娱乐、购物进行标示,觉得很方便,愿意介绍给大家。

但是,学生平时用地图的机会很少,所以几乎没有看地图查找位置的经验,在地图上查找需要的信息有一定难度。在表现手绘导游图时,画地形是一个难点,手绘导游图的精准度虽然与卫星电子地图不能相提并论,但所要传达的信息是真实可靠的。因此,手绘地图上的距离和位置不能随意画,四年级的学生对距离的远近对比并不强烈,所以在表现空间距离上会有难度。另外,手绘导游图上会出现的建筑、人物和交通工具等内容,创作的时间需要很长,所以呈现速度很慢。

(3) 学习背景

皮亚杰关于建构主义的基本观点认为：儿童是在与周围环境相互作用的过程中，逐步建构起关于外部世界的知识，从而使自身认知结构得到发展的。本单元把学习者原有的知识经验作为新知识的生长点，通过引导学生"关注文化与生活"，引导学生从原有的知识经验出发，通过建构主义学习设计的6个要素：情景、协同、架桥、任务、展示、分享进行学习环节设计，从而建构出新的知识经验。"我们的科技小报"采用探究式教学模式，以问题为中心通过视觉审美提升学生文化理解能力、文化鉴别能力。"手绘导游图"一课以"我们的科技小报"的学习内容为支架，采用现象分析教学模式，潜移默化地提高学生对图像识别、辨认与理解的阅读能力，提升美术表现和创意实践的素养。

图 6-1 "手绘导游图"一课的教学流程

2. 学习目标

(1) 知识与技能

引导学生融会贯通，在知识点之间建立联系，在协同合作中激发灵感，设计自主学习任务单。了解手绘导游图的特点及指向标、图例等必要信息。设计与自己生活紧密联系的手绘导游图，提升图像识读和创意实践能力。

(2) 过程与方法

通过分组、探究、汇报，培养学生收集、整理信息和运用以往所学知识分析、解决问题的能力。通过欣赏、分析、探究手绘导游图的相关知识，体验、感悟科技引领生活，艺术改变生活。

(3)情感、态度与价值观

通过学习设计手绘导游图，培养学生热爱生活的情感，养成勤于观察、敏于发现、严于计划、善于借鉴、精于制作的行为习惯，树立设计应用于生活的意识。

3. 实施过程

(1)环节一：观察北京城区地图，感受手绘地图的魅力

①出示北京城区地图。

A. 提出问题：人们为什么会需要地图？

B. 提出问题：你见过什么样的地图？

②归纳学生的反馈，地图有电子地图、印刷地图、手绘地图。手绘地图古则有之，介绍1936年北京的手绘地图，它既有实用性又有收藏性，艺术价值很高。

③随着印刷技术的快速发展，地图变得更为精准。卫星电子地图的问世，给生活带来了巨大的便利，但艺术性逐渐消亡。

④ 现代手绘导游图在21世纪初诞生，风靡于各大城市。手绘地图已经脱离了指路这一功能性层面，而更趋向于艺术审美。(出示课题：手绘导游图)

⑤(出示实物教具)老师也带来了两张现代北京城区的手绘地图。我们对比着看一下。

⑥出示北京石油学院附属小学附近的印刷地图，引导学生为学校周边设计手绘导游图。(补充课题：北京石油附小周边)

设计意图：从北京城区的印刷地图到1936年的老北京风俗地图，再到现代的不同风格的北京城区手绘地图，让学生通过阅读同一地区真实的地图进行比较，感受手绘地图的风格及魅力。

(2)环节二：观察真实手绘地图，找出与地图的区别

①发给每组一份导游图，给学生讨论、思考的时间，引导学生通过对比手中的手绘导游图和屏幕上的印刷地图，发现手绘导游图与印刷地图的区别。

②归纳学生的发现，梳理为：手绘导游图与印刷地图的区别在于增加

了地标建筑。

③出示各种指向标图片，提出问题：哪组的手绘地图上出现这个符号了？知道它是什么吗？有什么作用？

④引导学生观察手绘导游图与印刷地图都有的信息，即指向标和图例。总结出手绘导游图其精准度虽然与卫星电子地图不能相提并论，但所要传达的信息是真实可靠的。

设计意图：每组的导游图不同，从不同中找到相同点，使学生通过阅读明确手绘导游图与普通地图的区别及共同点。用思维导图的形式让学生直观了解手绘导游图与普通地图的区别和优势。

(3)环节三：手绘地图风格各异，欣赏借鉴开阔思路

①在教室里给学生挂上各种风格的真实手绘导游图，引导学生在欣赏、借鉴的过程中学习手绘导游图的表现手法和形式。

②发给学生便笺，让学生欣赏后把自己最喜欢的手绘导游图用词概括出来，把便笺贴在手绘导游图相应特点的后面。

③从学生写的反馈中找出几张有代表性的词语，请这些同学说一说是看到哪张手绘导游图后的感受。课件切换到学生介绍的导游图，从手绘导游图的主题、人文化设计、图文的比例几个点作为切入口，引导学生观察手绘导游图的表现手法，为学生创作提供灵感和思路。

④把学生写的便笺进行归纳，结合之前的分析，总结出手绘导游图的特点。

设计意图：这个环节是本课的重点，通过创设情境引导学生从教室展示的多幅手绘导游图中吸取"养分"，通过阅读相关信息，了解手绘导游图的表现方法，设计为人服务的理念。这种学习方式借鉴艺术家的工作方式和思维特点，改变以往教师提问学生回答的形式，用便笺表述自己的想法，让所有的学生都参与到活动中，从"传递型教学"转向"建构型教学"。

(4)环节四：合作分辨周边地图，学会使用方位坐标

①引导学生进行观察，找一找学校三个校区的位置分别在哪儿。

②升级任务，请大家找一找石油大院里的青年园、志新路口的物美超市以及五道口的购物中心。

③请学生站在教室指一指，这三个地点的方向。

④学生指方向时会出现偏差，教师出示教具，指出"北"的方向，再通过

分析地图坐标——上北、下南、左西、右东，让学生在桌子上转一转地图，地图的上方指向"北"，让学生重新分析这三个地点的位置在什么方向。

设计意图：学生平时接触的地图少，大多数学生是第一次这样研究地图，学生的新鲜感和陌生感并存。手绘导游图虽是手绘，其精度虽然与卫星电子地图不能相提并论，但也不是随意乱画，其所要传达的信息是真实可靠、科学严谨的。所以要想画出学校周边的手绘地图，研究附近区域的卫星地图是必不可少的环节。

采用合作的形式进行地图的探究学习，通过阅读开启头脑风暴模式，从而达到事半功倍的效果。从学习单的反馈可以了解，有一半学生可以分辨方向，另一半学生不能分辨方向。小组合作探究的形式，使同学之间可以取长补短，用集体的智慧解决难点。

（5）环节五：示范讲解设计方法，明确任务构思创作

①示范如何通过印刷地图找到手绘地图上相对应的位置。

②引导每组按照资源袋中的主题设计学校周边的手绘地图。主题分别为：北京石油附小周边的美食、娱乐、购物等的手绘导游图。

③演示设计的步骤及方法。

设计意图：通过阅读地图可以帮助学生对应找到地标性建筑，对学生完成手绘地图的设计起到很好的辅助作用，是教师给学生搭的"脚手架"。学生创作时各自负责其中的一部分，展示作品时再组合在一起，促进学生由"个体学习"转向"协同学习"。

（6）环节六：展示主题手绘地图，课后小结延伸拓展

展示设计好、重新拼摆在一起的手绘导游图，请小组派代表上来介绍自己小组的北京石油附小周边主题手绘导游图。

设计意图：重新拼在一起的手绘导游图可以合成一个导游图本，便于携带和保存，这种新颖的形式给学生提供一种拓展的方式和思路。

（7）环节七：示范讲解设计方法，明确任务构思创作

实践要求：根据实地考察，结合学校及周边环境设施，设计一幅新颖、美观、实用的手绘导游图吧！

4. 实施效果

通过阅读真实手绘导游图，学生开阔了思路，知道了手绘导游图的特点及不同的表现风格，对他们进行创作有一定的帮助。用真实的电子地图

作为参照物,能够帮助学生建立距离感,把握方向和位置,设计出有使用价值的手绘导游图。边贴边画的创作过程是学生平时就很喜欢的一种表现方法,这种表现方法激发了他们学习的兴趣、创作的愿望。6张A4纸可分可合的形式,学生很喜欢,能够自由地支配自己的画面,创作不受约束。完成的作品又能和别人的拼在一起,看到整体效果,学生都很兴奋。

本次课堂实践活动围绕创新展开,与科技融合,信息可视化,既注重美术本体,又渗透了人文精神和科技意识。自主学习单、任务群驱动,使学生个性得以舒展,身心得到愉悦。课内与课外、混合式学习,将学习经验内化,形成自主发展。创真实情境、实践中探究,体现大概念,促五育并举,通过阅读助力学生学习"设计·应用"课,让设计源于生活,学以致用。

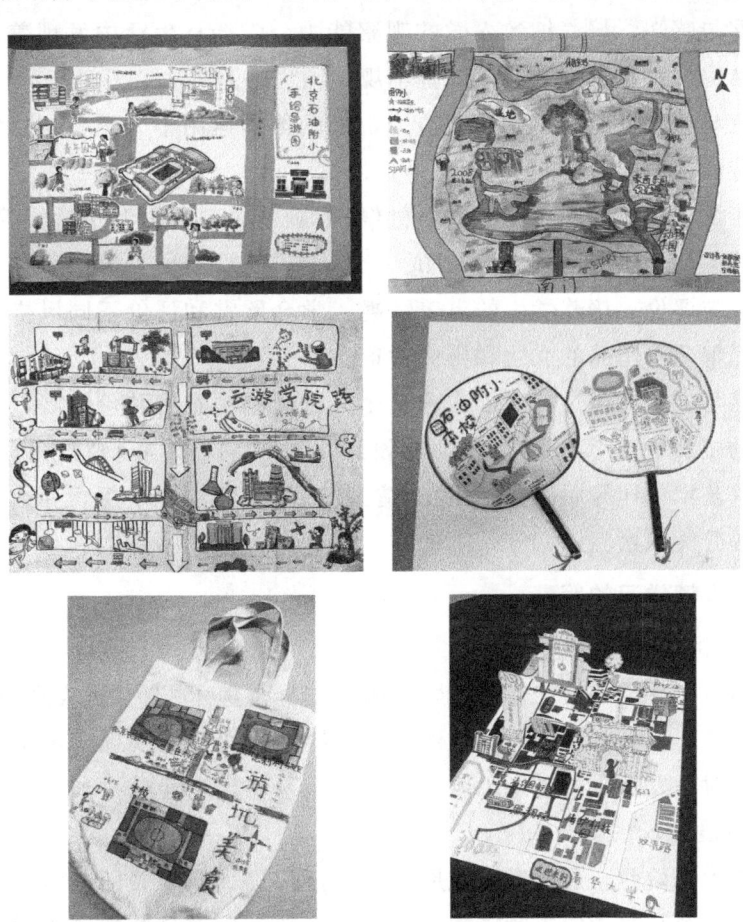

图 6-2　学生作品

二、美术"造型·表现"课的阅读学习

美术教学中的"造型·表现"领域是指学生通过视觉、触觉以及空间知觉等感官体验，运用各种美术媒材和技巧，表达个人情感、观念和创意的过程。"造型"指的是通过线条、形状、色彩、质感、空间等元素的组织和构建，创造出可见的艺术形式；而"表现"则是指借助这些造型元素传达创作者的主观感受、情绪、观念或者讲述故事。在美术教学中，"造型·表现"领域是基础且核心的部分，它不仅涉及绘画、雕塑等传统艺术形式，也包括了现代多媒体艺术、装置艺术等多种表现手法。

这个领域的学习目标通常包括如下内容。

观察与感知：培养细致入微的观察能力，学会从生活中发现美，理解形态、结构、色彩等视觉元素的基本规律。

创意与想象：激发学生的创造力，鼓励他们运用个人经验与想象，创造出独特的艺术形象。

技能与技法：掌握不同的艺术材料（如画笔、颜料、泥塑材料等）和技法，能够灵活运用以实现创作意图。

审美与评价：培养学生的审美情趣，学会欣赏和评价不同风格的艺术作品，理解艺术作品的文化和历史背景。

情感与表达：通过艺术创作表达个人的情感、态度和价值观，增强自我表达的能力。在实践中，教师会设计多种活动，如静物写生、人物描绘、抽象艺术创作等，引导学生在"造型·表现"的过程中探索和成长，从而全面提升美术素养。

(一)阅读学习的策略

1. 绘本结合法

利用图文并茂的绘本作为教学资源，选择与美术"造型·表现"相关的主题，如色彩、形状、线条、构图等，引导学生通过阅读理解美术元素和原理，同时激发学生的创意思维。

2. 情境导入法

在课程开始前，通过讲述或展示与"造型·表现"相关的艺术作品或故事，创建一个与教学内容紧密相连的情境，让学生在具体情境中感受艺术的魅力，进而引发他们对造型表现的兴趣和探索欲。

3. 视觉笔记

鼓励学生在阅读美术理论或欣赏艺术作品时，动手绘制视觉笔记。这包括用简笔画、图表、符号等形式记录关键点，帮助学生更好地记忆和理解美术概念，同时也是一种"造型·表现"的实践。

4. 批判性阅读

教授学生如何批判性地阅读美术文献或评论，引导他们分析艺术家的创作意图、技法特点以及作品的社会文化背景，促进深层次的思考和理解。

5. 互动讨论

组织小组讨论或全班交流，让学生分享自己阅读美术资料后的见解和感受，通过相互交流促进思维碰撞，激发更多的创意灵感。

6. 案例分析

分析经典或现代美术作品中的"造型·表现"手法，结合阅读材料中的理论知识，让学生在具体案例中学习如何分析和评价作品，提升他们的艺术鉴赏力。

7. 创作反思日记

课后要求学生撰写创作反思日记，记录自己在"造型·表现"实践中的所学、所感，以及遇到的挑战和解决方式，这有助于深化理解并促进自我提升。

通过这些策略，可以有效促进学生在美术"造型·表现"领域的综合素养发展，不仅提高他们的技术技能，还培养了艺术感知力、创新思维和批判性思考能力。

(二) 课例

感悟秧歌魅力　传承经典艺术
——记小学美术"快快乐乐扭秧歌"教学案例[①]

1. 案例背景

(1) 学习内容分析

①主要内容

秧歌是中国(主要在北方地区)广泛流传的一种极具群众性和代表性的

---

① 课例提供者：北京石油学院附属小学刘艳。

民间舞蹈的类称，不同地区有不同称谓和风格样式。在民间，对秧歌的称谓分为两种：踩跷表演的称为"高跷秧歌"，不踩跷表演的称为"地秧歌"。近代所称的"秧歌"大多指"地秧歌"。每当扭起秧歌，则是人民用最质朴的方式表达着对土地和生活的赞美与爱，对太平盛世的无限感恩。经济的飞速发展，现代化村落的形成，改变了老百姓的生活方式，不变的是对秧歌的情怀及眷恋。

"快快乐乐扭秧歌"是一节"造型·表现"学习领域的课程。旨在让学生了解秧歌这一民间舞蹈，通过欣赏、分析、探究等方法，发现生活中的"暖色"，学会运用暖色表现热闹、喜庆的秧歌场面，从而提高学生的色彩表现能力和审美水平。

②与学科知识的关联

民间艺术是人类文化的一个重要组成部分，与社会生活的方方面面有着千丝万缕的联系。本单元教学围绕民间艺术展开，通过本单元的学习，引导学生关注身边的"文化与生活"，关注国家非物质文化遗产，使学科育人真正落实到课堂上，体现美术学科的人文价值，推动学科素养的全面发展，同时增强民族文化自信，真正落实立德树人教育理念。第13课"快快乐乐扭秧歌"是一节"造型·表现"课，引导学生欣赏扭秧歌这一传统民间艺术，探究、体验暖色带给我们的审美感受；体验、感受扭秧歌时人物的身体动态特点，认识暖色在艺术作品中的作用，建立学生对民间艺术学习的兴趣和美好生活愿望，并为下一节课学生学习传统工艺与现代艺术相结合奠定基础。第18课"剪挂笺　过新年"是"设计·应用"课，引导学生观察生活中的挂笺，了解挂笺的由来和寓意，通过知识迁移法，结合学生的生活实际，运用探究式学习方式，将传统工艺设计特色和制作方法与现代设计意识的结合，设计制作实用、美观、新颖的挂笺。

(2) 学生分析

本课的参与者是四年级的学生，在语言方面表达能力强，乐于参与美术活动，知识涉猎广泛；在色彩方面，通过前面色彩系列的课程，知道冷色知识与运用；在人物动态方面，经过四年的美术学习，已经初步学习了多个角度的人物学习，能表现人物基本动态；在民间艺术方面，通过有关民间美术的学习，也了解了丰富多彩的民间美术形式；在动手能力方面，通过有关超轻黏土课的学习，也掌握了超轻黏土的技能。

但是，学生平时接触秧歌的机会比较少，通过调查可知，大部分的学生对秧歌是不熟悉的，知道秧歌的学生仅有3.48%，而完全不知道的学生有7.83%，说明在目前的小学生中，对于秧歌文化的了解程度及传承的重视程度上整体较低。

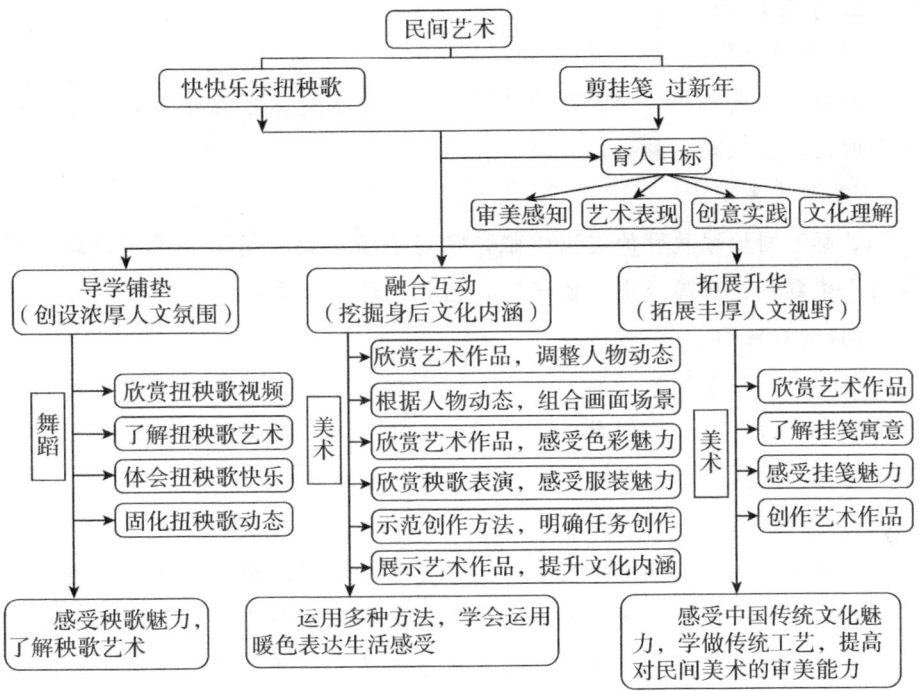

图6-3 民间艺术单元结构图

（3）学习背景

《义务教育艺术课程标准（2022年版）》指出："以习近平新时代中国特色社会主义思想为指导，以落实核心素养为主线，引导学生积极参与各类艺术活动，感受美、欣赏美、表现美、创造美，丰富审美体验，学习和领会中华民族艺术精髓，增强中华民族自信心与自豪感；了解世界文化的多样性，开阔艺术视野，充分发挥艺术课程在培育学生的审美和人文素养中的重要作用。"扭秧歌是我国北方民间喜闻乐见、具有代表性的一种舞蹈，是我国传统民间艺术，历史悠久，它的兴盛源自老百姓对美好生活的追求。在舞蹈课程教学和美术教学中都有关于扭秧歌的教学内容，教师就抓住这一契机，以扭秧歌为切入点，与舞蹈学科进行学科融合。

通过人民美术版小学美术四年级上册第13课"快快乐乐扭秧歌"美术课程的学习，围绕"民间艺术"展开，将"民间艺术"单元设定为5课时来完成单元教学目标。从而领会民间艺术的精髓，激发学生的民族自信心与自豪感。

2. 学习目标

（1）审美感知

在观察、欣赏中发现秧歌的特别之处，感受艺术作品中表现的扭秧歌作品的内涵、风格、魅力。

（2）艺术表现

了解不同地域秧歌的突出特征，学习表现方法，运用合适的材料，创作出风格鲜明、布局合理，能表达自己独特思考的作品。

（3）创意实践

在学习预习导案的基础之上，进行观察、分析、创作等体验活动，掌握表现秧歌动态特点的创意方法；开展小组合作，提升协作能力，利用秧歌舞的色彩元素，组合完成生动有趣的扭秧歌场面。

（4）文化理解

感受秧歌这一传统民间艺术的魅力；通过学习，理解传播、发展优秀民间艺术的行动价值，增强学生的民族自豪感与责任感，感悟民间艺术贴近生活、表达情感的审美特征，培养对传统艺术的热爱之情，提高对民族艺术传承与保护意识。

3. 实施过程

（1）环节一：视频欣赏，回顾旧知

①教师活动

A. 出示课题：扭秧歌。

B. 播放第1课时课件视频。

C. 引导学生把手中的作品展示给旁边同学看一看。

②学生活动

A. 回忆了在操场上扭秧歌时的情景。

B. 回忆在舞蹈课上，欣赏了不同种类的秧歌，了解了扭秧歌这种民间艺术，回忆扭秧歌时的快乐。回忆户外写生时，如何借助阳光摆出扭秧歌的动作，借助影子绘制扭秧歌动态的方法。

C. 展示自己作品，同时欣赏借鉴同学作品。

设计意图：从第 1 课时舞蹈课上欣赏扭秧歌到户外写生扭秧歌，让学生通过视频回顾的形式，再次感受到扭秧歌时人物动态从舞蹈课上的"动"到美术课上的"静"的过程。

(2)环节二：对比艺术作品，调整人物动态

①教师活动

A. 提出问题：你们猜这是什么？

图 6-4　《欢乐庆》部分课件

B. 出示艺术作品《欢乐庆》课件。

图 6-5　《欢乐庆》作品

归纳学生的发现，梳理为：这是艺术作品中的扭秧歌人物，动作更舒展、更夸张。

C. 出示学生跳跃短视频。

图 6-6　学生跳跃视频截图

讲解写生时，有两个同学一直在做跳跃动作，想表现跳跃的瞬间。这时，可以在原有的秧歌动作上进行调整和修改。

D. 示范在原有扭秧歌动作上，利用剪刀进行调整和修改的方法。

②学生活动

A. 学生展开想象，并回答问题。

B. 欣赏艺术家作品，通过对比欣赏，知道艺术作品中的扭秧歌人物动作更舒展、更夸张。

C. 观看视频，了解到两位同学想表现跳跃的动作，知道写生很难抓住跳跃瞬间的问题，可以在原有作品上调整修改人物动态，使人物动作更舒展、更夸张。

D. 学会使用剪刀在原有扭秧歌动作上调整修改人物动态。

(3) 环节三：根据人物动态，组合画面场景

①教师活动

A. 在教室摆放同学们课下制作的背景板。

引导学生把调整修改好的人物动态摆在背景板上。讲解摆放位置及固定方法。

B. 出示实践要求。

实践要求：

a. 修改、调整人物动态，把人物剪下来；

b. 以组为单位，组合出生动、有趣的画面；

c. 给大家 4 分钟时间，音乐声结束后回到座位；

d. 速度最快的三个组，奖励神秘大礼包。

C. 引导学生欣赏同学们组合的画面,发现有同学利用了两个一模一样的人物剪影组合画面。

提出问题:这两个人物长得一模一样,你们怎么做到的?

D. 归纳梳理:速度快的同学可以将两个调整修改好的人物都固定在背景板上。

②学生活动

A. 明确人物摆放位置,可以摆在中间,也可以往上一点,或者往下一点,超出画面也没关系,不能摆在接缝处。用超轻黏土固定人物。

B. 根据实践要求活动,首先利用胶棒在绘画稿背面没有人物的地方点两下,将绘画稿固定在一张彩纸上,利用剪刀调整、修改人物动态,把调整修改好的一个人物,根据要求固定在组内背景板上,速度快的同学将两个人物固定在板上,组合成生动有趣的画面。

C. 欣赏同学们组合的画面,速度快的同学分享经验:采取镜像的方式将调整修改好的两个人物都摆在了背景板上,从而使两个人物产生了互动效果。

D. 学生分享经验。

设计意图:引导学生根据手中调整修改好的人物动态,利用小组合作的形式摆一摆,摆在同学们课下制作的背景板上,通过小组合作探究形式组合画面,使人物在统一的场景内,动作上产生互动,组合生动有趣的画面。

(4)环节四:欣赏艺术作品,感受色彩魅力

①教师活动

A. 引导学生欣赏同学们组合的画面。

提出问题1:但人物不够喜庆?你们知道是为什么吗?

提出问题2:你们觉得什么样的色彩能表现出欢快、喜庆的氛围呢?

B. 出示摄影作品课件。

归纳梳理为:红色、橙色、黄色能渲染出欢快喜悦的氛围,对,它们还有一个共同的名字叫暖色(板书:暖色),暖色能表现出快快乐乐的心情。(补充课题:快快乐乐)

C. 出示《伞头》作品。

图 6-7 《伞头》作品

提出问题1：找一找，画面中用了哪些暖色？

提出问题2：你还能找到哪些颜色？

归纳梳理：暖色画面中也可以出现其他颜色，但要注意色彩搭配的比例，占的面积不能太大。

D. 引导学生再次欣赏农民画《伞头》并介绍伞头：这幅农民画的名字叫《伞头》。在丰收的季节一位身着蓝衣红裤的伞头，手举花伞，踏着铿锵有力的腰鼓声，正神气地引领秧歌队员们沉浸在欢快、愉悦的喜庆氛围中。

②学生活动

A. 欣赏同学们组合的画面，回答问题，发现人物不够喜庆的原因是人物身上缺少色彩。根据已有经验发表意见，红色、橙色、黄色能表现欢快、喜悦的氛围。

B. 欣赏图片，感受图片中大面积的红色、黄色，表现出了欢快、喜悦的氛围。知道了能表现欢快喜悦氛围的红色、橙色、黄色叫暖色。暖色还能表现快快乐乐的心情，明确学习内容。

C. 欣赏农民画，找到画面中的暖色：红、橙、深黄、浅黄。再次寻找到画面中的其他颜色：绿、蓝、白。知道暖色画面中也可以出现其他颜色，要注意色彩搭配比例。

D. 知道这幅农民画的名字叫《伞头》，看到黄色的背景上，一位身着蓝衣红裤，手举花伞的伞头，他的周围是一群动作舒展夸张的人物，在欢快地扭秧歌。

设计意图：这个环节是本节课的重点，欣赏同学们组合的画面，发现人物不够喜庆是因为人物身上没有色彩。引导学生从色彩感知方面，了解暖色能表现欢快、喜悦的气氛。通过分析农民画《伞头》，了解暖色在艺术作品中的作用，让学生对生活中的暖色应用有更广泛的认知，使学生从多角度感受暖色带给我们的美。

(5) 环节五：欣赏秧歌表演，感受服装魅力

① 教师活动

A. 引导舞蹈团学生穿上老师准备的扭秧歌服装，伴着音乐的节奏，表演扭秧歌。

B. 引导学生分析老师准备的扭秧歌服装。介绍衣服特点：整件衣服以暖色为主，点缀了其他颜色，增加了层次性。胸前牡丹花，代表富贵吉祥，成为焦点。

C. 引导学生分析老师准备的扭秧歌服装。这套衣服的特点：白色的上衣、红色的裤子、胸前的剪纸纹样与裤子上的剪纸纹样相互呼应，身上还有腰带。

D. 引导学生欣赏手中资料图，找一找扭秧歌服装中自己喜欢的元素，并告知学生把喜欢的元素运用在作品创作上。

② 学生活动

A. 观看身穿扭秧歌服装同学表演扭秧歌，跟随节奏小幅度地扭动。

B. 欣赏扭秧歌服装，学会欣赏、分析扭秧歌服装。看到红色衣服，整体以红色为主，肩膀、腹部、裤腿处有少量冷色装饰衣服，知道胸前的牡丹图案代表富贵吉祥，还成为整件衣服的焦点。

C. 看到白色的上衣、红色的裤子、胸前的剪纸纹样与裤子上的剪纸纹样相互呼应，腰间系着一根红色的腰带。

D. 看手中资料图，分析服装特点，找到扭秧歌服装中喜欢的元素。

设计意图：欣赏扭秧歌服饰，发现扭秧歌的服装魅力。通过手中的资料图，丰富对扭秧歌衣服细节的认知。

(6) 环节六：示范创作方法，明确任务创作

① 教师活动

A. 介绍扭秧歌的服装色彩鲜艳，在选择衣服颜色时，要参考同学们

课下制作的背景板，让人物和背景形成反差。

B. 出示背景板。介绍人物衣服的色彩，选择要参考背景板，可以改变衣服颜色。

C. 示范用超轻黏土给人物动态"穿衣服"的步骤和方法。

②学生活动

A. 知道衣服的颜色要参考背景板，要让人物的衣服与背景板形成强烈的对比。

B. 知道在浅色背景板上面可以使用饱和的颜色——红色、黄色、橙色。在红色成分多的背景板上，衣服的颜色要与背景形成强烈的对比，不能再用同样的颜色，可以改变衣服的颜色。

C. 学会表现方法。

设计意图：引导学生学会运用暖色来表现热闹、喜庆的秧歌场面，从而提升学生的色彩表现能力和审美水平。衣服的色彩要参考背景板的色彩，可以改变衣服的色彩。

(7) 环节七：展示艺术作品，提升文化内涵

①教师活动

A. 展示创作好的、重新拼摆在一起的扭秧歌艺术作品，引导学生欣赏学生们的作品，请学生上来介绍自己《快快乐乐扭秧歌》的艺术作品。

B. 今天我们知道了暖色能表现欢快、喜悦的气氛，并用超轻黏土成功地表现出热闹、喜庆的扭秧歌场景。载盛世华章，庆国家华诞，我们一起用《快快乐乐扭秧歌》的艺术作品为祖国祝福。

②学生活动

A. 把自己创作的作品拼摆回组内的背景板上，与同组同学的作品组合成有趣的画面。欣赏同学们的作品，介绍自己《快快乐乐扭秧歌》的作品。

B. 回顾本节课学习内容，知道了暖色能表现欢快、喜悦的气氛。知道了自己可以通过艺术作品祝福祖国。

设计意图：重新组合在一起的《快快乐乐扭秧歌》作品，可以合成一个扭秧歌队，让学生感受扭秧歌是群体性民间艺术。从情感上升华，增强文化认同感。

4. 实施效果

(1)在舞蹈、美术学科融合环境下，在第1课时，先是舞蹈老师带领学生欣赏秧歌，介绍秧歌文化，引导学生了解扭秧歌这一民间舞蹈，带领学生体会了扭秧歌的快乐，营造了一种艺术氛围，培养了学生的学习积极性。

(2)同学们去户外写生，两人一组，借助影子进行扭秧歌动作影子的写生，扭秧歌是一种"动"的艺术，对于学生，用绘画的形式直接表现扭秧歌人物的动态有点困难，借助对扭秧歌动作影子写生的方法，帮助学生忽略人物身上的细节，更多地关注人物动态。通过对扭秧歌动作影子的写生，强化了学生对人物动态的视觉体验，提高学生的认知。

(3)在色彩方面，学生观察欣赏农民画《伞头》，身穿扭秧歌服装的两位舞蹈团学生伴随着《伞头》的背景音乐展示扭秧歌表演，不仅从视觉感受，还从听觉上全方位调动学生，使其沉浸在欢快、愉悦的喜庆氛围中，知道暖色能表现欢快喜悦的氛围，近距离欣赏扭秧歌服装，理解扭秧歌艺术的文化内涵，逐步提高学生感受美、表现美、欣赏美、创造美的能力。

三、美术"欣赏·评述"课的阅读学习

"欣赏·评述"实践活动具有两重功能：其一，是帮助学生了解美术语言、形式与内容、发展历程与规律，理解美术的价值，从而建立较为完整的美术观。其二，是为学生的艺术创作提供价值与方法的引导。在以学生核心素养为目标的前提下，"欣赏·评述"实践活动设计需要建构较为完整的观念群，能够涵盖美术的基础知识与价值系统，并依据相应的建构完成任务设计。通过完成项目任务的方式，在真实情境中理解美术文化，解决基本问题，感受美术的魅力。

(一)美术"欣赏·评述"课的阅读学习策略

"欣赏·评述"领域是指学生对自然美和美术作品等视觉世界进行欣赏和评述，逐步形成审美趣味和提高美术欣赏能力的学习领域。除了通过欣赏获得审美感受之外，还应用语言、文字等表述自己对自然美和美术作品等视觉世界的感受、认识和理解。

通过"欣赏·评述"领域的学习活动，学生应该达到以下目标：第一，激发参与"欣赏·评述"活动的兴趣，学习多角度欣赏和认识自然美和美术作品的材质、形式和内容特征，了解中外美术发展概况。第二，逐步提高

视觉感受能力,掌握运用语言、文字和形体表达自己的感受和认识的基本方法,形成健康的审美情趣,发展审美能力。第三,逐步形成崇尚文明、珍惜优秀民族艺术与文化遗产、尊重世界多元文化的态度。

"欣赏·评述"学习领域的教学,应注重学生的积极参与,努力激发学生的主体精神,克服以往以教师讲述为主的弊端,积极探索教学方式的多样化。同时,着重培养学生掌握美术欣赏最基本的方法,不断提高学生的欣赏和评述的能力,并以此作为教学评价的主要依据。应该说明的是,评述并非一种高不可攀的行为,其方式是多种多样的(例如学生在一起谈论艺术就是评述的一种方式),每个学生都可以对自然美和美术作品等视觉世界做出自己的评述。"欣赏·评述"教学也可以利用当地的文化资源,使学生更好地了解艺术与社会、艺术与历史、艺术与文化的关系,培养人文精神。

(二)课例

绘本阅读《谁咬了我的大饼》教学设计[①]

1. 案例背景

(1)学习内容分析

①主要内容

《谁咬了我的大饼》选自《东方宝宝》月刊绘本版,这本图画书被称为"人生路上第一本书",是一本培养孩子阅读的绘本。作为一本绝佳启蒙书,它的内容符合低段孩子的认知特点,语言简短重复,但又涵盖一定知识。故事层层铺排,引导儿童帮助小猪寻找"咬大饼的人",而这需要儿童不断观察、比较、匹配才能做出正确判断。绘本最终将学生引到了谜底面前,找寻的过程也是儿童心智成长的过程,能帮助儿童对生活的世界建立起更好的认知。

②与学科知识的关联

通过"欣赏·评述",学生学会解读美术作品,理解美术及其发展概况。通过"造型·表现",学生掌握美术知识、技能和思维方式,围绕题材提炼主题,采用平面、立体或动态等多种表现形式表达思想和情感。根据

---

① 课例提供者:北京石油学院附属小学叶鑫。

人教版教材"欣赏·评述"教学内容,通过绘本阅读活动教育实践,每一个孩子对于绘本画面的理解、情节的形成,都有着自己理解的方式和独特的想象,学生的想象就是寄托在生动的绘本故事情节里的。提供适宜的机会丰富幼儿想象的素材,激发想象力,引导他们实现从"想不出情节"到"每个人都有生动的故事"的转变,也能从"绘本故事情节"迁移到"生活经历"中去,认识到自己独特的价值。

③本课中的阅读材料内容

A. 课前,布置学生阅读绘本。

B. 课堂中,自主讨论和小组合作的能力逐渐增强,开展绘本游戏时,我们采用"抱团讨论"的方式,让幼儿分组自主商量游戏主题。每组推选一名组长,负责进行表征记录并总结大家的意见。讨论后进行集体分享:有美食游戏、造房子游戏、表演游戏、地图游戏、洗澡游戏等,这些游戏主题的生成真正地来源于幼儿的兴趣和需求。

C. 创设轻松的交流氛围,调动幼儿关于绘本的已有经验,让幼儿有话敢说、有话就说、有话可说。交流中,主动链接绘本、调取阅读经验,采用和幼儿聊天的方式引出话题,生成自己感兴趣的游戏主题,并找出有兴趣的活动和完成的方法。

(2)学生分析

我们在观察中发现存在以下问题:首先,低段学生阅读经验有限,游戏主题固定、单一;其次,学生发展参差不齐,对于文字和词句理解程度不统一,不易产生情感共鸣或任务主线,游戏主题难以深入拓展;第三,解决问题的策略缺失,导致阅读的游戏推进受阻。

(3)学习背景

落实在课标中关于倾听与说话的教学建议中提出,在教学活动中,可采用示范、模仿、游戏、表演等手段,为学生创设丰富的语言环境开展语言训练,《谁咬了我的大饼》整个故事以角色对话为主,语言重复简短,特别适合正处在语言发展阶段的学生学习表演。低段学生的课程以主题教学为主,上完本次绘本课,可以与生活数学、绘画与手工、生活语文多门学科进行有效整合,生成部分校本课程,辅助完成本学期内容。

2. 学习目标

(1)结合课前阅读,激发参与"欣赏·评述"活动的兴趣,学习多角度欣赏和认识自然美和美术作品的材质、形式和内容特征。

(2)通过观察讲解和师生互动游戏，提高视觉感受能力，掌握运用语言、文字和形体表达自己的感受和认识的基本方法，形成健康的审美情趣，发展审美能力。

(3)专项体能练习、阅读速度、发散思维、小组合作等能力的提升。

(4)逐步形成崇尚文明、珍惜优秀民族艺术与文化遗产，尊重世界多元文化的态度。

3. 实施过程

(1)环节一：课前准备

①教师活动：课堂常规

A. 检查工具。

B. 向学生问好。

C. 介绍本节课教学内容并提出要求。

②学生活动

A. 注意坐姿。

B. 向教师问好。

C. 听教师介绍本课内容。

设计意图：了解本班出勤情况，安排见习同学。通过回顾前两节课学习内容引出本次课的新内容，并向学生提出要求与希望。

(2)环节二：分享材料，导入活动

①师生互动

A. 教师活动：老师分享旺旺雪饼，"我请助教老师帮我分一块给你们，吃完以后，请你们告诉我旺旺雪饼好不好吃。"

B. 学生活动：有序品尝。

②引出主角——小猪和书名

A. 教师引出课题：有一只小猪也想吃美味的大饼，于是，它决定自己做一个。美味的大饼做好了，你们看，就是这一个。

B. 教师活动：出示绘本封面。

设计意图：以"分饼"主题与学生互动，营造轻松氛围同时引出课题，通过相同道具，吸引学生注意力，增强兴趣。

第六章　艺术与审美类学科中的阅读学习

(3)环节三：集体分页阅读，初步理解故事内容

①教师活动：推进讲解，提出问题。

讲述第1—2页：小猪做了一个好大的饼，累得睡着了。等它醒来一看：咦，是谁咬了我的饼？你们看，大饼上有一个缺口，是什么形状（半圆形的），我们一起帮小猪找一找，看是谁咬了它的大饼？

②学生活动：找答案。

③教师活动：以故事带动学生，推进讲解。

讲述第3页：小猪走呀走，发现前面一只小动物（老师做展翅的动作），它会飞，你们猜小猪遇到了谁？（通过肢体动作给学生提供支持，引导学生回答。）"是你咬了我的大饼吗？"小猪问小鸟。"是我，你看。"小鸟在大饼上咬了一口。"嗯，果然不一样。"同学们，你们帮小猪看看小鸟咬的大饼是三角形还是圆形？和原来的那个牙印一样吗？是不是小鸟咬的呢？

④学生活动：观察，模仿动作。

⑤教师小结：小兔有三瓣嘴、大门牙，所以，小兔咬出来的形状是这样的。

讲述第5页：小猪又遇见了狐狸，谁来帮助小猪问问狐狸？"狐狸，是你咬了我的大饼吗？"狐狸在大饼上咬了一个大大的三角形，和半圆形的牙印一样吗？是不是狐狸咬的呢？狐狸的咬痕是大三角形，小鸟的咬痕是小三角形，你们说一说，哪个印子是小鸟咬出来的？哪个印子是狐狸咬出来的呢？（个别学生操作。）

讲述第6—10页：小猪又遇见鳄鱼了，第一组同学（A层学生）帮小猪问问："是你咬了我的大饼吗？"（出示鳄鱼咬痕图与半圆形咬痕图，给学生提供视觉支持。）

⑥教师小结：鳄鱼的牙齿尖尖的，像锯齿一样，看来也不是鳄鱼咬的。小猪看到了大河马，它小心翼翼地问："是你咬了我的大饼吗？""河马张开了大嘴巴，在大饼上轻轻咬了一口，咔嚓，大饼被河马咬了一大半，小猪一看，也不是河马咬的。"大饼不是鳄鱼和河马咬的，鳄鱼和河马应该怎么回答小猪呢？（做摆手动作，引导学生回答"不是我"。）

通过对比、匹配，揭晓答案。

讲述第11—12页："小猪累了，它在大饼上咬了一口，也留下了一个咬痕，聪明的小朋友，你们知道，是谁咬了它的大饼吗？"（学生自由

猜测。)

分组对比、匹配动物咬痕与形状,教师示范对比、匹配动物咬痕图。

⑦教师活动:小鸟的嘴巴咬出来的一口是小小的三角形,小兔的是三瓣嘴,狐狸咬了一个三角,鳄鱼咬掉了一个两边都是锯齿的三角,河马咬掉了半个大饼。它们咬的牙印和这个半圆形的牙印都不一样,所以都不是它们咬的。那到底会是谁咬的呢?(边总结边出示小动物咬痕图并示范匹配。)

设计意图:通过学生有效阅读、配比、对比等方法,找到正确答案,加强学生的专注力和语言表达能力,符合低段年龄心智发展特点。

4. 实施效果

(1)内容选择

教学内容的选择简单、有趣、易懂,语言简洁重复,适合培育一年级新生发展特点和学习特点,结合班级学生 IESP 开设本堂课,心思巧妙,设计合理。

(2)教学形式

本次活动教学形式丰富多彩,既有语言引导下的观察、猜测,也有图片操作中的比较、匹配,还有故事演绎下的语言表达,充分调动学生多种感官参与整个学习过程,学生参与积极性很高。

(3)支持策略

教师充分尊重了学生的个体差异,在内容的呈现、教学方法的选择及教学评价的实施中,根据学习能力和学习习惯,给予了支持,课堂的有效性得到了提高。

(4)教学效果

本次活动通过精心制作分层设计教具、录制故事视频、指导学生分角色演绎故事,让学生在听与说的过程中体验了阅读的乐趣,又在操作过程中了解了不同动物的牙印是不一样的,基本达成本次活动教学目标。

(5)本次活动的不足

操作环节还应考虑得更全面。本次操作的教具需要学生自己在课桌上操作。鉴于对应好的图片容易移动,学生还得重新调整,出现了时间浪费的情况,可以给每个学生提供一个小白板,在操作卡背面贴上磁力贴,将图片贴到白板上,学生操作以后不容易移动,能获得更多成功体验。设计环节还可以思考得仔细。应有目的地选取,紧紧围绕教学目标进行,避免"胡子眉毛一把抓"。本次活动分页讲述时间过长,导致操作环节和故事演绎环节时间不够,可以结合延伸活动3—4个课时完成,也可以将演绎环节单独生成一节校本美术表演课。

四、传统文化主题绘画课的阅读学习

主题绘画是一种围绕特定主题进行的绘画创作活动,是一种以特定主题为基础,让学生通过绘画表现自己的想法和感受的艺术形式,有助于培养学生的创造力、表现力和想象力,同时也能提高学生的艺术素养和绘画能力。通过主题绘画,学生可以表达自己的情感和想法,发掘自己的艺术潜能,同时也能促进他们的情感和社交发展。在小学美术教学中,主题绘画是一种有益的教育方式。它能够激发学生的兴趣和创造力,提高他们的自信心和表现力,同时也能培养他们的观察能力和想象力。

传统文化主题绘画是指以传统文化元素、符号、场景或精神内涵为主要创作内容的绘画表现,通过绘画的形式,引导学生了解、感受和传承传统文化。这种绘画活动不仅培养学生的艺术兴趣和创造力,还能让学生感受传统文化的魅力,学习传统文化知识,传承和弘扬传统文化的价值观,从而增强文化自信。传统文化主题绘画内容丰富多彩,可以结合学生的认知特点和兴趣爱好,通过学校活动、社会实践及美术等跨学科教材,选择适合他们的传统文化元素和主题,比如传统节日、传统故事、传统艺术、古代生活、传统符号等。

传统文化主题绘画不仅有助于传承和弘扬传统文化,还能培养学生的艺术兴趣、观察力、表现力、跨学科学习能力、文化自信以及创造力,从而促进其美术学科核心素养的形成。

(一)传统文化主题绘画课的阅读学习的策略

1. 选定绘画主题,明确阅读目标

传统文化主题绘画课的阅读学习首要任务是明确绘画的主题,如春节、中秋、京剧、非遗项目等传统文化元素,并了解这些主题背后的历史、文化和象征意义,再根据绘画主题,设定具体的阅读学习目标,掌握相关传统文化的历史起源、习俗、传说故事等。

2. 预读传统文化，结合校园活动

选择与传统文化绘画主题紧密相关的阅读材料，如书籍、绘本、图片、视频等。绘本通常具有丰富的插图和详细的文字说明，有助于学生直观地了解传统文化。也可以利用互联网资源，如儿童教育网站、传统文化主题网站等，获取更多关于传统文化的信息和图片素材，或结合学校传统文化实践活动及非遗进校园课程内容进行主题创作。确保阅读材料能够帮助学生深入了解主题，为绘画创作提供丰富的素材和灵感。

3. 深入阅读细节，理解文化内涵

教师可以根据阅读材料为学生制定学习任务单，帮助学生在深入阅读绘本、图片和视频资料后，记录关键词汇、重要事件、视觉形象等信息，理解其内在的传统文化内涵，给绘画创作提供参考。在阅读过程中，结合绘画实践进行学习。例如，在阅读关于京剧的书籍时，可以尝试绘制京剧人物的脸谱和服饰；在阅读关于春节的书籍时，可以绘制春节习俗的插画等。

4. 选取阅读素材，创作绘画实践

通过阅读学习，学生可以获取丰富的传统文化元素和创作灵感，为绘画创作提供素材和参考。学生还可以将阅读中学习到的传统文化知识融入绘画作品中，使作品更具文化内涵和深度。老师示范绘画过程，学生进行创作实践，通过不断的实践和学习，学生可以提升绘画技能和表现能力，更好地表现传统文化的魅力和特点。

5. 作品展示分享，注重阅读评价

通过学生的绘画作品展示评估学习成果，观察学生的绘画技巧和创作能力是否有所提升，可以使用评价表格来自评、互评。请学生分享阅读在绘画创作中起到的作用，分享自己的创作思路和心得，通过讨论交流来评估他们对作品中传统文化的理解和感悟。

(二)课例

融美非遗之韵　意绘诗词之境
——"忙趁东风放纸鸢"主题绘画创作"纸鸢之美"阅读学习活动①

1. 案例背景

(1)学习内容分析

①主要内容

绘本《有趣的文化之旅——风筝》；关于风筝的历史、制作工艺的视频资料；清明奇妙游——春耕节实践活动视频资料；《非遗进课堂——听非遗传承人讲风筝》视频资料；北京扎燕风筝作品图片；多种风筝作品图片。多种形式的阅读材料呈现，有利于培养学生的图像识读能力，发展其美术学科核心素养。

②与学科知识的关联

人民美术出版社出版的《美术》二年级下册《我的课程表》一课学习了通过剪、粘、画等方法完成设计和制作，《画日记》一课了解了运用文字和图画相结合的形式表现所感所想，《花羽毛的鸟》初步学习了运用基本形状和色彩的深浅对比表现鸟，《美丽的植物》了解了植物的结构特点及前后遮挡、穿插等变化，学习概括、表现植物的形态和颜色特征。这些美术知识和技能都为本次阅读学习活动，风筝的造型、色彩和图案特点的探究，风筝的绘画、制作和"放纸鸢"的设计做了学科知识和技能的准备。

③本课中的阅读材料内容

A. 课前，布置学生阅读纸鸢相关绘本及文化图书，初步了解清明节及风筝相关传统文化知识。

B. 课堂中，观看非遗进课堂教学视频、"清明奇妙游"活动现场视频、非遗传承人风筝作品讲解视频、风筝历史起源及制作流程视频、风筝作品图片。学生通过仔细观看图片及视频资料，从中可以分析总结出风筝的历史起源及发展、制作工艺、造型特点、色彩及图案特点、文化内涵和吉祥寓意。

C. 教师示范风筝的画法，将画好的风筝剪贴并进行背景的设计与创

---

① 课例提供者：北京石油学院附属小学訚蓓蓓。

作，随后播放优秀学生作品视频，学生观察后进行艺术实践，完成主题绘画创作。

(2) 学生分析

二年级学生的美术学习水平通常处于基础阶段，但已经具备了一定的绘画技能和审美能力，二年级的学生已经能够欣赏一些简单的美术作品，并能够对作品进行简单的评价。他们能够感受到不同颜色、形状和线条所带来的美感，并能够理解一些基本的艺术概念和表现手法。

活动选用的阅读材料适合二年级学生在课前进行阅读学习，在课堂上学习风筝的相关知识、非遗文化，理解风筝图案的内在美感及传统寓意，并借鉴传统风筝作品设计自己的风筝形象。

绘本是图画与文字相结合的儿童读物，精美的插画和简短的介绍文字容易引起这个年龄阶段学生的阅读兴趣，并从绘本的故事情节中联想自己放飞风筝的画面和场景，给主题创作铺垫画面的构思。自身参加活动的视频更能激发二年级学生课堂参与的热情，视频、图片及艺术作品等阅读资料在美术课堂中的有效运用都有助于激发二年级学生的美术阅读兴趣，培养其从阅读中学习美术的学科阅读能力。

(3) 学习背景

"清明奇妙游"是我校德育中心开展的"清明节"项目式学习，二年级活动以古诗"草长莺飞二月天，拂堤杨柳醉春烟，儿童散学归来早，忙趁东风放纸鸢"为引子开展了"放飞纸鸢"项目式学习。风筝作为中华民族优秀的非物质文化遗产，也是会飞的美术作品，北京的扎燕风筝更是影响全国且最具代表性的风筝之一，是很好地了解我国优秀传统文化及美术风格的艺术载体。清明节实践活动为"忙趁东风放纸鸢"主题绘画创作提供了真实的情境氛围，及多样、生动的阅读材料。

2. 学习目标

(1) 初步了解中国风筝的传统文化与制作技艺。

(2) 知道北京扎燕风筝代表性传承人的名字及其代表作品。

(3) 探究风筝图案的艺术特点、吉祥寓意及文化内涵。

(4) 设计绘画具有传统风格的图案的风筝形象。

(5) 设计创作"放纸鸢"背景情境，表达"放飞"意境。

(6) 完成"忙趁东风放纸鸢"主题绘画创作。

第六章 艺术与审美类学科中的阅读学习

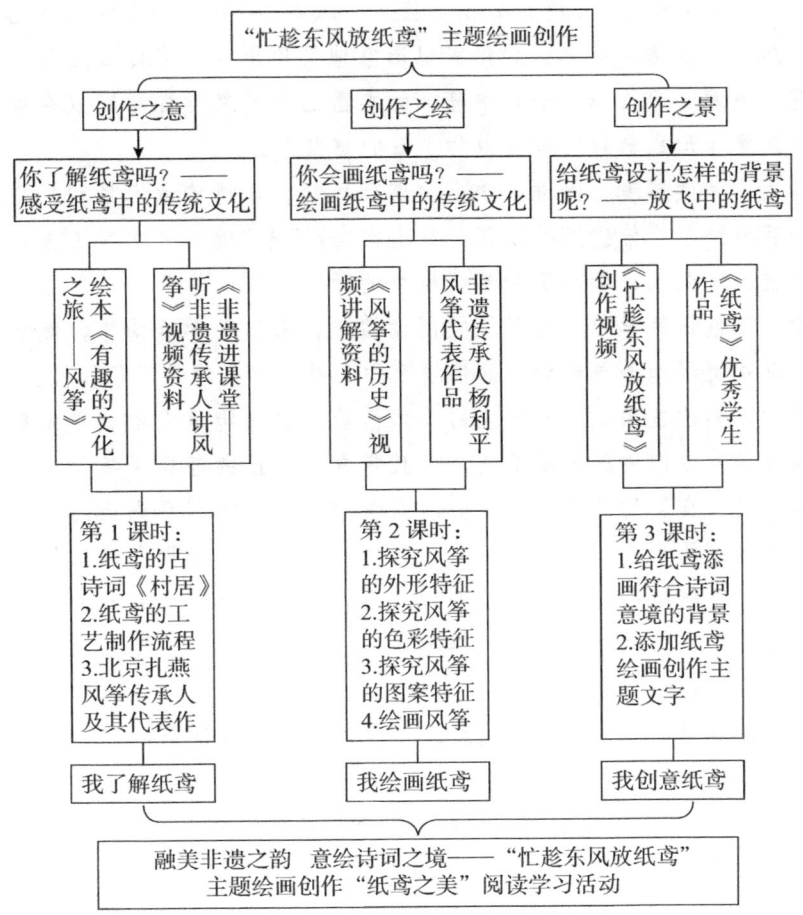

图 6-8 阅读策略流程图

3. 实施过程

"忙趁东风放纸鸢"主题绘画创作以"清明节之放飞纸鸢"跨学科综合实践活动为背景，了解纸鸢的历史及文化、探究风筝图案的美感和寓意，用自己设计的风筝完成绘画作品。

学生在阅读学习的过程中，经历创作之意、创作之绘、创作之景的阅读学习过程，教师运用多种策略方法，旨在培养学生更好地利用阅读来学习美术，提高自己的美术素养和创作能力，美术学科的阅读也可以帮助我们更深入地理解美术作品的内涵和价值，增强对传统文化的了解，以及对我国非遗项目的欣赏和感知能力。

首先，阅读绘本，激发了学生的美术学习兴趣。老师特地在众多关于

265

风筝的绘本中挑选了《有趣的文化之旅——风筝》一书，绘本借助视觉形象将关于风筝的古诗、历史、文化直观形象地呈现出来，可以满足学生的好奇心理，激发学习兴趣，绘本中蕴含的丰富的美术教学资源可以在美术课堂上帮助学生形成敏锐的观察力和丰富的想象力。

其次，阅读情境，促进了学生的感知体验。非遗传承人杨利平先生应邀来到我校给学生传授风筝技艺，学生在"清明节"项目式学习汇报活动上见到了杨利平先生，参与了一起绘风筝的活动环节，这些活动体验都为此次主题绘画创作的学习优化了视觉阅读情境、激发了学生情感，使学生在阅读活动中更好地参与到创设的情境之中，激发学生的学习积极性。

最后，阅读艺术，提升学生的美术素养。非遗传承人杨利平先生不仅来到课堂给同学们讲解风筝工艺，而且带来了自己的经典风筝作品。这是难得的能见到真实的艺术作品机会，同学们可以从杨利平先生的作品中感受到北京风筝的形式美、图案美、色彩美和寓意美。同学们可以从作品的观察比较中得出自己的个性化思考和评价，并尝试用美术语言表达自己的理解和感受，在探究中了解中华传统文化，并以真实的"传统文化美术作品展"任务为驱动，完成主题绘画创作。

本次阅读活动分为3课时完成，下面重点介绍每课时的阅读活动以及阅读任务。

(1) 第1课时：创作之意——感受纸鸢中的传统文化

①阅读活动

A. 阅读绘本《有趣的文化之旅——风筝》，了解最为著名的描述儿童在春天放风筝的场景的诗句——清末诗人高鼎的《村居》，并观察绘本中的插图是怎样描绘诗中的场景的。

B. 观看《风筝的历史》视频，了解风筝的发展历史。

C. 观看《非遗进课堂——听非遗传承人讲风筝》视频1，了解风筝的制作工艺。

②阅读任务

A. 整体感知：通过绘本了解风筝文化，通过古诗《村居》感受风筝的文化内涵。

同学们，你们喜欢放风筝吗？你了解《村居》这首古诗里所描绘的场景吗？仔细观察绘本中的插图，是怎样描绘古诗中的场景的？你能试着也为这首古诗配一幅图画吗？

B. 通过阅读视频资料了解风筝的历史发展及工艺。

阅读了视频《风筝的历史》,你了解到了关于风筝的哪些知识?通过非遗传承人的讲解和演示,你知道一只风筝是怎么制作出来的吗?

C. 小组合作完成"纸鸢之美"阅读学习任务单学习1。

设计意图:阅读绘本,根据本阶段学生的阅读特点,挑选了《有趣的文化之旅——风筝》一书,绘本借助视觉形象将关于风筝的古诗、历史、文化直观形象地呈现出来,可以满足学生的好奇心理,激发学习兴趣,绘本中蕴含的丰富的美术教学资源可以在美术课堂上帮助学生形成敏锐的观察力和丰富的想象力。

"忙趁东风放纸鸢"主题绘画创作

——"纸鸢之美"阅读学习任务单1

班级:_____ 姓名:_____

1. 风筝的历史和用途

(1)风筝起源于_____国,距今有_____年的历史。

(2)风筝最早的名字都和_____有关,古代南方称之为_____,古代北方称之为_____。

(3)中国最早的风筝是用_____材做成的。

(4)风筝最初是被用于_____方面,后来成为人们喜爱的_____活动。

2. 风筝的制作工艺分为_____、_____、_____、_____四道工序。

3. 你能为古诗《村居》配一幅图画吗?

村　居

[清]高鼎

草长莺飞二月天,

拂堤杨柳醉春烟。

儿童散学归来早,

忙趁东风放纸鸢。

(2) 第2课时：创作之绘——绘画纸鸢中的传统文化

① 阅读活动

A. 阅读视频《北京扎燕风筝》，了解北京风筝代表。

B. 阅读视频《非遗进课堂——听非遗传承人讲风筝》视频2，了解杨利平先生的风筝代表作品。

C. 阅读杨利平先生的风筝作品，对比观察找出风筝的不同特点及其图案寓意。

D. 观察扎燕风筝图片，找出风筝外形特点及形象特征。

E. 阅读视频《绘制风筝》，了解风筝用色特点及色彩风格。

② 阅读任务

A. 探究扎燕风筝的外形特征。

扎燕风筝的外形像一个什么字？仔细观察，扎燕风筝是一个有什么特点的图形？扎燕的造型由几部分组成？这几部分分别可以用什么来概括？

B. 探究风筝的色彩特征。

在这两件扎燕风筝作品中，你看到了哪些颜色，这些色彩搭配在一起给你什么样的感觉？

C. 探究风筝的图案特征。

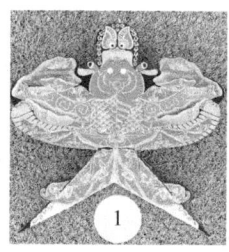   

① 金玉满堂　　　② 蝉福齐天　　　③ 学足三余　　　④ 四世同堂

图6-9　风筝图案的吉祥寓意

同学们，你们还记得杨利平老师是怎么讲解它们的名字的吗？它们的名字来源于风筝的什么？有什么寓意在里面？风筝用吉祥图案向人们传达美好的祝福！

D. 设计一个你喜欢的、有传统风格特点的风筝形象。

同学们，我们知道了扎燕风筝是北京风筝中性能好的风筝，那就是外形像一个"大"字形的"沙燕儿"(又叫扎燕风筝)。"沙燕儿"的头是燕子头的平面变形,它的眉梢上挑,两眼有神,被赋予了人的感情,人们按照大家都喜欢的"大胖小子",扎成了"胖沙燕"和"雏燕";按照亭亭玉立、苗条秀美的少女,扎成"瘦沙燕";按照恩爱夫妻扎成"比翼燕"。人们在沙燕的膀窝、腰节、前胸、尾羽等处加上蝙蝠、桃子、牡丹等吉祥图案,以承载着幸福、长寿和富贵等美好的愿望。

艺术实践:请你创作一幅以"忙趁东风放纸鸢"为主题的绘画作品,运用剪、贴、添、画的方法,表现自己喜欢的风筝造型,用画面营造出"放纸鸢"的氛围。可以将你自己设计的风筝形象直接画在素描本上。

设计意图:"阅读"艺术,学生可以从非遗传承人的作品中感受到北京风筝的形式美、图案美、色彩美和寓意美,从更多的风筝作品的观察比较中得出自己的个性化思考和评价,并尝试用美术语言表达自己的理解和感受,在探究中了解中国传统文化,并以真实的"传统文化美术作品展"任务为驱动,完成主题绘画创作。

"忙趁东风放纸鸢"主题绘画创作

——"纸鸢之美"阅读学习任务单2

班级:_____ 姓名:_____

1. 最具代表性的北京风筝是_____风筝,相传创始人是_____,风筝的外形像一个_____字,是对全国影响最大的风筝。

2. 风筝是利用_____来向人们传达美好的祝福。

3. 沙燕风筝的外形是一个_____图形。

4. 沙燕风筝的造型由哪几部分组成?分别可以用什么来概括?
_____。

5. 风筝图案的色彩大多使用_____色、_____色、_____色和_____色彩,这些颜色对比鲜明,色彩_____,更好地传达美好的寓意。

6. 设计一个你喜欢的、有传统风格特点的风筝形象。

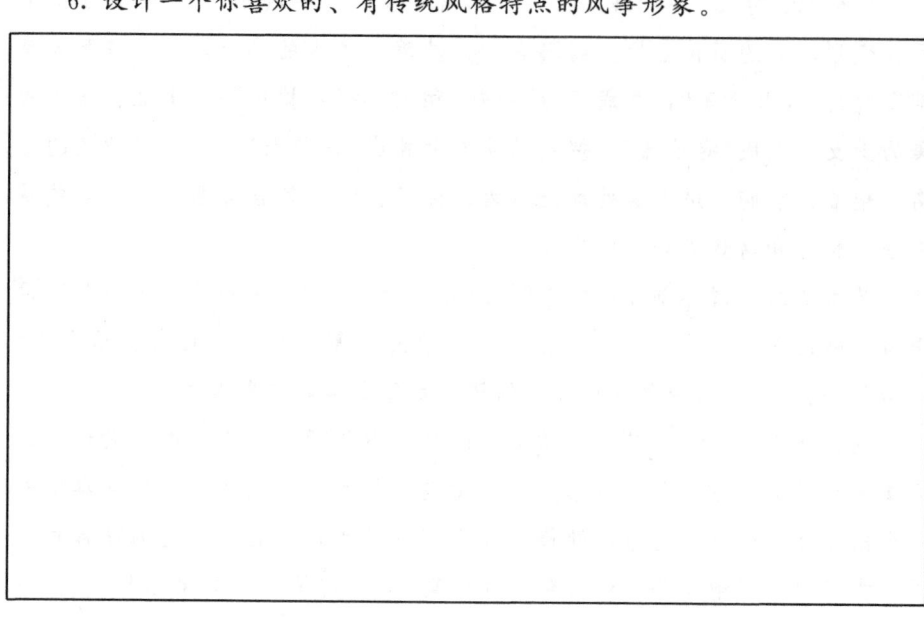

(3) 第3课时：创作之景——放飞纸鸢的风景之美

① 阅读活动

A. 观看《忙趁东风放纸鸢》创作示范视频。

我们画好的风筝要给它添加一个怎样的背景呢？是谁在放风筝呢？在哪里放风筝呢？你想借助风筝表达自己的什么愿望呢？我们画好背景之后，把剪下来的纸鸢贴在背景上，想一想：贴的时候怎样贴会让风筝感觉在飞？

B. 欣赏《纸鸢》优秀绘画学生作品。

同学们，我们画好风筝之后，还可以用怎样的方式来突出我们的创作主题呢？如果要加文字上去，要注意什么呢？加在哪里？怎样安排和画面搭配在一起更好看？

② 阅读任务

A. 把绘制好的纸鸢剪下来，剪的时候可以根据情况留白边。

B. 用新的纸为纸鸢画一个你喜欢的背景。

C. 为画面加上主题文字，注意文字与图画的搭配、版式的协调。

表 6-1　作品评价标准

评价内容	星级
了解风筝的历史用途和制作工艺。	☆☆☆☆☆
了解沙燕风筝的造型和色彩特点。	☆☆☆☆☆
表现自己喜欢的风筝造型并画面完整。	☆☆☆☆☆

设计意图："阅读"示范和作品，学生可以从老师的示范中学习到主题绘画的创作方式、细节展示、绘画技能和创意案例，也可以从学生的作品中了解到更多的设计形象和创意效果，学生可以从作品的观察比较中得出自己的个性化思考和评价，并完善自己的设计和创意，使作品达到更好的画面效果。

4. 实施效果

(1)通过本次的阅读学习活动，学生从不同形式的学科阅读中了解到了风筝的传统文化和制作技艺，也是对传统非遗项目的一次深入了解和学习，不仅欣赏、感知了风筝的历史和文化内涵，还了解了风筝的制作技艺特点。对风筝吉祥图案的初步探究和对传统纹样的用色特点以及色彩搭配初步感知，都大幅地提升了学生对中国优秀传统文化的学习兴趣。同时，对主题绘画创作的艺术表达形式也有了一定的了解，学生在"阅读"绘本、"阅读"情境、"阅读"作品的过程中，激发了学习兴趣，促进了审美体验，培养了审美能力，从而促进了审美素养的提升。

(2)图像识别能力是美术学科的基本素养，本次阅读学习活动通过对非遗传承人的艺术作品的深入阅读、对比探究，不仅提升了学生的图像识读能力，还提升了学生的推断能力和审美能力。而本次主题式的美术阅读活动，不仅是一次对非遗文化美感的深入体验，也提升了学生的美术阅读能力，使其对美日益敏锐，对美的触发越发自然。

(3)此次主题创作中学生通过了解风筝历史和感知风筝文化，再从风筝的艺术作品中提取自己喜欢的图案、色彩，经过加工、简化或是再创造，绘制出属于自己独一无二的具有传统风格的风筝装饰图案，再为纸鸢设计背景，将文字与图画相结合，完成本次主题创作。

图 6-10　学生样例 1

这两幅作品是一年级学生作品，创作者用稚嫩的线条和图形表现出可爱的风筝形象，通过阅读"忙趁东风放纸鸢"的诗句联想到了自己放风筝的经历，表现出自己的故事，描绘出独特的放风筝的场景和景物。

图 6-11　学生样例 2

这两幅学生作品运用了自己学习画植物的方法，设计了具有独特风格的风筝形象，为风筝设计了与风筝图案相呼应的风景画背景，将风筝倾斜摆放，营造出"放纸鸢"的画面氛围。

图 6-12　学生样例 3

这两幅学生作品，学生通过阅读非遗风筝艺术作品，学习到传统风筝的形象特点和图案风格，通过简化、重组设计出具有传统风格且有自己特色的风筝形象和图案花纹，再通过阅读绘本插画，理解传统文化内涵，为风筝设计出具有传统绘画风格的海浪及风景为风筝添加背景，营造出更具有传统文化意境的"放纸鸢"的画面效果。

五、动物主题绘画课的阅读学习

动物主题绘画课是将美术课中的"动物"主题单元与绘本中的"动物"主题故事相结合。美术以图画为主，绘本也以图画为主，可以说是画出来的书，故事形式的图画，再加上简单的文字解说，使小学生能够对其中的内容准确掌握，同时还可以感受到生动形象的绘画图像所带来的乐趣。小学美术课中采用绘本图像鉴赏，使学生在观赏、临摹绘本图像时，掌握了美术教学的知识点，使课堂氛围更加活跃。

将绘本融入美术课中是非常不错的方法，主要是由于绘本中图画较多，丰富的画面、精彩的故事情节，极易吸引学生注意力。引导学生在鉴赏中掌握绘画技巧，用故事带动画面，进而激发他们学习美术的兴趣以及积极性，在此基础之上情感迸发，在绘画方面突显出自己的个性，想象力、创造力、审美能力等在此过程中都得到了升华，促进了美术教学更好地开展。

(一)阅读学习的策略

1. 创设阅读情境

教师通过创设生动的场景和氛围，利用色彩鲜艳的动物图片、声情并茂的画面营造出轻松愉快的阅读氛围。

2. 合理选择阅读材料

课前，教师要求学生根据自身的认知水平灵活选择动物的科普文章或者童话故事等。开展"动物"主题阅读周，从绘本中感受动物的外貌、特点以及有趣的故事。

3. 运用多媒体资源

利用视频、图片等多媒体资源辅助学生进行阅读，儿童是根据色彩、形象、声音来思考的，影视作品富有动态，集声音、画面于一体，是对语言文字生动形象的可视化呈现，这种直观视觉感官方式深受学生喜欢，在阅读课外书目中，可借用真实动物的影视作品激发学生的阅读兴趣。

4. 数字媒体绘画方式

教师可以通过数字绘画电脑版绘的方式直观地将动物跃然纸上，还可以借助软件将平面的动物做成逐帧动画，激发学生创作的热情。

(二)课例

以动物为主题绘画课"可爱的动物"

——人民美术出版社版一年级下册"动物"主题阅读学习活动[①]

1. 案例背景

(1)学习内容分析

①主要内容

本阅读材料为人民美术出版社美术教材一年级下册动物主题单元内容。本单元以"动物"为主题，编排课文有：第六课"动物与我们同行"，第七课"北京动物园"，第八课"撕纸真有趣"，第九课"让动物站起来"，第十课"鸟是人类的朋友"。这些都是围绕动物主题展开的课题研究，学生通过欣赏、撕纸、纸造型、绘画创作等多种方式呈现，美术教材中孩子们喜闻乐见的动物和绘本创作中常常把动物拟人化讲故事相联结。让动物主题成为孩子们笔下创作的主题，从欣赏到设计到造型表现，激发学生了解动物和大自然的兴趣，培养学生热爱动物和大自然的情感。

---

① 课例提供者：北京市海淀区学院路小学崔屹艺泽。

②与学科知识的关联

《义务教育艺术课程标准(2022年版)》中,"突出课程综合"理念占有极显要的位置。学科融合和跨学科教学是目前国际教育的一个趋势,也是新课标修订的依据之一,"综合化"和"跨学科"理念重点在于培养学生的核心素养。本单元的美术学科知识为"动物"主题,通过阅读绘本带给同学们更多想象力和创新力。根据学生年龄段特点,不仅丰富了课程内容,培养学生阅读习惯,还提高了学生阅读能力,和语文、科学等学科进行学科融合,提升动手操作能力和审美能力,发展美术素养,达到提质增效的效果。

③本课中的阅读材料内容

A. 课前布置学生观看与"动物"主题相关的绘本,引进优秀的绘本《逃家小兔》《猜猜我有多爱你》,中国原创绘本《别让太阳掉下来》《斑马噗噗》,科普类绘本《这是谁的家》,为学生的创作预设情境。

B. 课堂中,观看教师原创绘本《我的帽子不见了》《这是谁的家》,从两本原创绘本中找到动物的特征,并为自己接下来的创作增添故事性。

C. 课后通过阅读提高课程的延展性,培养学生热爱动物、热爱大自然的情感升华。

(2)学生分析

《义务教育艺术课程标准(2022年版)》指出,坚持以学生发展为本的教育理念,坚信每一位学生都具有学好艺术的潜能。一年级刚入学的小学生需要教师营造积极参与、敢于质疑、了解与交流的学习氛围,需要教师尝试以丰富的艺术实践活动调动学生观察、体验、表达的热情,激发每一名学生学习美术的兴趣,更需要老师创造展示交流的机会,校内举办的"美术绘本润童心"作品展,鼓励学生大胆展示自己的作品,交流自己的创作体验和成果。

(3)学习背景

基于以上学习内容和对学生的分析,设计了本单元阅读学习活动主题——"美术绘本润童心",课前引导学生了解身边的动物,课中美术教材里学生创作绘画动物,课后通过绘本阅读丰富的动物知识。鼓励学生选择多种材料和媒介,采用平面、立体的形式,大胆并有创意地展示自己独特的创意。在整个学习过程中,教师要努力为学生提供丰富的艺术表现方式和认识周边自然、动物的途径，更要尊重并鼓励学生独特的感知体验和多样化的艺术表达。

下面就人民美术出版社教材与《义务教育艺术课程标准（2022年版）》"动物"主题单元的教学内容进行梳理，如图6-13。

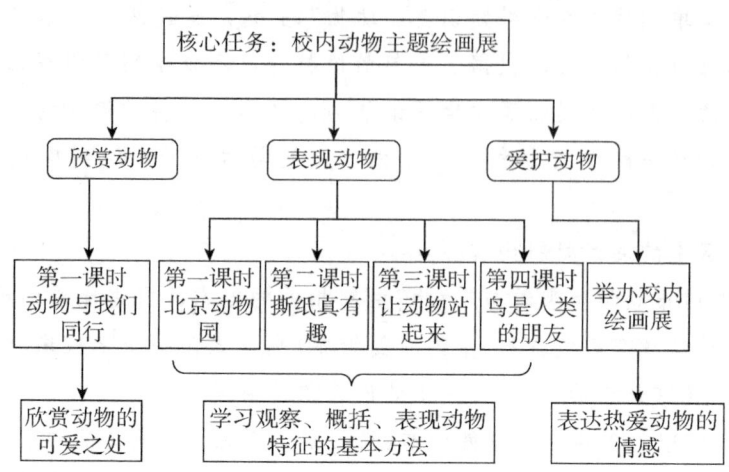

图6-13 单元教学内容梳理图

2. 学习目标

（1）了解多样的艺术表现形式，能用简单的语言从内容、造型、颜色方面进行描述，并表达自己的感受。

（2）了解动物园里的动物，尝试通过观察，抓住动物的基本特征，组织有情趣的画面。

（3）学习运用撕纸造型的基本方法表现动物的特征，在体验式学习中掌握撕纸造型的要领和方法，提高学生眼、脑、手的协调性。

（4）能运用纸材表现动物的主要特征，设计制作出简单的动物造型，构思巧妙，动物能站稳。

（5）将绘本中的动物故事与书中结合，根据阅读活动"美术绘本润童心"举办校内动物主题画展，培养合作意识，激发学生热爱大自然、热爱动物、热爱生活的情感。

3. 实施过程

课前，布置学生阅读以"动物"为主题的绘本，为接下来的动物创作搭建脚手架。

(1)环节一:阅读绘本中的动物朋友

课前以"动物"绘本为载体,围绕动物主题开展研究专题。

①教师活动

我们一起共读以"动物"为主题的绘本,同学们通过课前小阅读都了解了哪些关于"动物"的绘本,谁能跟大家分享一下?

②学生活动

根据教师所分类型进行阅读。

A. 引进优秀的书籍《逃家小兔》《猜猜我有多爱你》。

B. 中国原创绘本《别让太阳掉下来》,画家运用具有典型中国特征的色彩,以及浓烈民间风味的动物玩具形象,讲述了一个天真烂漫又温暖的故事。

C. 童书《斑马噗噗》中的条纹游戏,专属于孩子的纯粹快乐和无边想象力。《叮咕隆咚锵》用热烈的孩子气,激发无限的创造力。

D.《这是谁的家》以科普的形式展现出12种动物居所大探秘。

E.《兔子公寓》讲述了23间公寓住着各种各样的兔子——学者、魔术师、画家、侦探等,每间公寓都发生了1个故事,学生每次读都有"拆礼物"的惊喜感,很好地展现出了细节的表现。

设计意图:以绘本这一独特的读物为主要内容和载体,展现儿童视域中的审美世界图景,结合美术教材中动物这一主题,引导和协助儿童生活、学习和成长,为儿童的继续学习与发展做深厚的铺垫,展开一系列有计划、有步骤的教学过程,以实现特定目标的课程。让学生爱上读书,养成阅读兴趣的动力,也进一步落实了美术课程下绘本的延展与创新。阅读融入小学美术课堂教学,无形中能够促进孩子的观察能力、思维能力和创造力的发展。

(2)环节二:体会绘本中的动物朋友

①教师活动

A. 教师展示原创绘本《我的帽子不见了》作为阅读媒材,以自身创作力带动身边学生的创作激情。以第一作者的身份和学生讨论,让学生去画书中的角色,讨论书中的故事情节,极大地调动了学生的学习积极性。开展了"与绘本的邂逅"学科实践专题活动,并将作品发布在学校公众号上,遵循低年龄段学生特点,借助油画棒这一常见的画材结合单元主题课程,创新媒材，使用方式抹、擦、刮等技法表现小动物们在睡梦中有趣的样子。

B. 以教师原创绘本《这是谁的家》为启发点，在书中用绘本图＋文的形式表现出来。让语文学科参与其中，和语文老师分享文本。"咚咚咚！这是谁的家？"这个家吃起来美滋滋的。利用押韵和简洁的文字启发学生独立思考。

图 6-14　教师作品

②学生活动

A. 学生观看教师原创绘本，启发绘画思路，激发创作兴趣。

B. 学生发现动物的特征、造型特点、生活环境等，为下一步的创作提供帮助。

设计意图：教师作为一线教育者同时作为绘本创作者，将自己创作的绘本《我的帽子不见了》《这是谁的家》作为阅读媒材，以自身创作力带动身边学生的创作激情。以第一作者的身份和学生讨论，让学生去画书中的角色，讨论书中的故事情节，极大地调动了学生的学习积极性。开展了"与绘本的邂逅"学科实践专题活动，并将作品发布在学校公众号上。

(3) 环节三：实践、创作不同的动物作品

①教师活动

在本次的美术实践活动中老师打破一张纸一个画面的常规，增加翻页的趣味性，把握画面的节奏。把纸对折，形左右对开页，左页画的是小房子，右页画的是小房子中住的人、事、物，利用三要素进行启发性思维：谁？在干吗？怎么了？谁住在里面，他在干吗？插上想象的翅膀让孩子学会在画中叙事，画前同学们会先用文字写出想要表达的画面，提高学生的

图 6-15　学生作品

表达能力，同时做到学科融合。

　　动物如何选择，职业和爱好如何符合动物自身的特点，都是需要学生前期积累并有大量阅读的经验，比如在绘本中鳄鱼就跟牙齿有关系，它的职业就可以是牙医，爱好就是爱吃糖。兔子的房子可以是以形画形的胡萝卜造型。孩子们的想象力就像翻页书籍一样停不下来，一个个新奇的想法迸发出来。奶酪屋子里面住着小老鼠，金黄色的颜色运用让人眼前一亮。企鹅的冰激凌店在冰屋里隆重开业，四面八方的小动物都排队前来。漂亮的向日葵里面住着的瓢虫在弹钢琴，传出了悦耳的声音。交通管理局的斑马先生在对自己的斑马线进行新的规划。

②学生活动

通过合作的方式，结合绘本中重复的节奏进行创作，学生确定创作的动物和特征，选择合适媒材进行创意实践。通过多种教学方法，让学生自主积极地完成作业，体验到美术创作带来的无穷乐趣。

设计意图：利用低年龄段学生特点，通过阅读内容，借助油画棒这一普通的画材结合单元主题课程，创新媒材，使用方式抹、擦、刮等技法表现小动物的特征，突出趣味性。

(4) 环节四：交流、评价动物主题的学习成果

①教师活动

学校以"美术绘本润童心"为例，依托绘本的课程研发，设计结构化、项目式、主题式学习内容，开展以"可爱的动物"为主题的校内画展。

②学生活动

学生自评、互评和教师评价相结合。在聆听其他同学分析和见解的过程中，丰富自己对于动物主题更多的认知，学习别人的优点，提升自己综合表现的能力。

设计意图：调动学生的多种感官，引导学生发现、认识各种动物的可爱和美感之所在，了解动物与人类生活环境的密切关系，从而培养学生的环境保护意识，并在阅读过程中发展形象思维及合作能力，培养学生的探索和创新精神，使学生在参与美术活动中体验造型活动的乐趣，提高观察、感受和想象力，促进学生个性发展。

4. 实施效果

(1) 本单元第6课"动物与我们同行"、第7课"北京动物园"、第8课"撕纸真有趣"、第9课"让动物站起来"和第10课"鸟是人类的朋友"，同为以动物为题材的教学内容，旨在引导学生通过"欣赏·评述""造型·表现""设计·应用""综合·探索"等不同领域的学习，调动学生的多种感官，引导学生发现、认识各种动物的可爱和美感之所在，了解动物与人类生活环境的密切关系，从而培养学生的环境保护意识，并在学习过程中发展形象

思维及合作能力,培养学生的探索和创新精神,使学生在参与美术活动中体验造型活动的乐趣,提高观察、感受和想象力,促进学生个性发展。

(2)学校以"美术绘本润童心"为例,依托绘本的课程研发,设计结构化、项目式、主题式学习内容,开展动物狂欢节,提高学生审美感知。当教师和学生一起遨游在阅读绘本的世界中,借助想象世界不断挖掘到如金子般的真谛时,就好像看到一朵朵智慧之花在争先恐后地开放。最美妙的是老师好像什么也没做,一切如此自然地发生了。

(3)在美术教学的研究过程中,我们要根据课程的标准,遵循学生的认知规律,结合教育的新观念,勇于实践和创新。核心素养集中凝练了学生通过课程学习应形成的正确价值观、必备品格和关键能力,具有独特的育人价值。审美感知素养的培育,要有助于学生发现美、感知美、丰富审美体验、提升审美情趣。

(4)小学美术教学中教师将儿童绘本合理地融入各种教学方式中,形成了适合于低年龄段小学生的新型教学模式,不仅有效地提高了美术教学的效果,还激发了学生的学习兴趣、理解能力和学科素养。因此,教师需要坚持不断创新,将绘本资源充分利用在美术课堂教学中,学生可以借助绘本的图画形象,依托绘本的文字形式,对于美术学习会更有兴趣和动力。自创绘本内页的成功使学生获得强烈的成就感,这样的成就感会让他们更有自信心,激励他们爱上艺术创作,从而逐渐提升整体的美术综合能力,坚持以美育人,重视艺术体验,突出课程综合。总而言之,经过实践探索,深刻体会到在核心素养时代的今天,教师应不断创新教学方式,促进发展学生核心素养,帮助学生全面发展。

六、书法文化课的阅读学习

书法学科中的阅读学习,是指在书法艺术学习过程中,通过阅读相关文献、理论书籍、历史资料以及名家碑帖等,来增进对书法艺术深层次理解和鉴赏能力的一种活动。阅读书法史、书法理论书籍,了解书法艺术的发展脉络、历代书风变迁、著名书法家及其作品特点、书法美学原则等,构建起系统的书法理论知识体系。通过阅读提升个人的审美眼光,学会如何欣赏和评价书法作品的艺术价值,理解作品背后的文化内涵、情感表达和时代背景。书法学科中的阅读学习是一个综合性的过程,它不仅仅是技巧的学习,更是文化和艺术修养的积累，旨在全面提升学习者的书法艺术素养。

(一)阅读学习的策略

1. 精选阅读材料

选择权威的书籍、文献或文章。

2. 深入理解文化背景

在阅读过程中，注意理解文本中所蕴含的文化寓意和历史背景。

3. 结合书法作品欣赏

在阅读文字描述的同时，寻找相应的书法作品进行观赏。

4. 实践与创作

通过在书写过程中体会书法的韵律美和意境美。

(二)课例

"墨香月韵——书法中的诗意时光"的阅读学习[①]

1. 案例背景

(1)学习内容分析

①主要内容

人民美术出版社五年级上册教材在承接四年级下册"左右偏旁的写法"内容的基础上，继续开展对汉字上下结构的学习。

五年级上册教材由两个单元组成：第一单元是右偏旁的写法，学习主题为左右结构，继续探讨四年级学习的左右偏旁部件以及左右结构的合体字；第二单元学习字底的写法。本单元共计8节技法课，包括14种字底，学会字底形态写法的同时理解上下部件搭配的方法。

第二单元主要练习字底的写法。讲解了心字底、皿字底、木字底、四点底、日字底、口字底、土字底、王字底、走之旁、建之旁、月字底、贝字底、儿字底、系字底等14个字底。掌握每一课所列举的字底的形体特征、各笔画间组合关系及其与上部笔画的搭配关系。仔细临摹并学会该种字底的写法，能举一反三，掌握同类型字底的写法规律。从而培养学生对汉字的书写兴趣，提高他们对书法造型的审美能力。

[①] 课例提供者：北京石油学院附属小学李明。

学习皿字底中的范字"孟"的时候，教师出示了"孟夏"这个词语作为本节课要书写的作品内容，并提出问题：谁来说一说"孟夏"是什么意思？学生们说估计就是夏天的意思，教师接着追问，那"孟夏"的"孟"怎么理解呢？学生们面面相觑，没有人举手，不知道怎么回答，纷纷摇头表示疑惑。于是教师开始讲解"孟"的造字本意，在许慎的《说文解字》中是这样说的："孟，长也。"学生们还是不特别理解，教师又接着解释可以理解为古代兄弟姐妹排行中的老大，或者指每个季节的第一个月。那现在谁能说说"孟夏"的含义？学生们这才理解了孟夏指的是夏季的第一个月。教师又补充，按照农历的划分，农历一、二、三月为春季，四、五、六月为夏季，七、八、九月为秋季，十、十一、十二月为冬季，那么"孟夏"是指几月呢？同学们抢答了："是指农历四月。"教师继续追问："请问孟春是什么意思？"大家都争先恐后地高举自己的手，教师让一个学生回答，他回答得非常准确："孟春是春季的第一个月也就是农历一月份。"于是教师又问："秋季的第一个月怎么称呼？冬季的第一个月呢？"学生们顺利地理解了"孟"的意思。

通过本节课萌生了让学生对书法这种传统文化形式章法中关于落款的课外知识的拓展，所以本节课是一节衍生课，虽然没有教材，却是书法书写实践中必须具备的常识。

②本课中的阅读材料内容

A. 课前，布置学生阅读《说文解字》《古诗三百首》《诗经》等书籍。查找关于月份雅称的网络资料。

B. 课堂中，观看月份雅称的小视频片段，了解每个月不同的月份雅称有哪些。

(2)学生分析

五年级学生课外知识比较丰富，但专业的书法知识欠缺，对于很多字的字义并不能说清楚说明白，个别从小学习书法的学生来说，对于月份的雅称知道的比其他学生多一点，但是也非常有限。学生步入五年级，已经是高年级的学生了，他们对于工具书的使用，借助各种载体查找相关知识的能力已经具备，阅读理解的水平也比较高了，所以完全可以在老师的引导下，理解不同的月份为何有不同的叫法。

(3) 学习背景

在源远流长的中华传统文化中，书法不仅是一门艺术，更是一种承载历史和文化的载体。其中，月份落款作为书法作品中的重要元素，不仅增添了作品的韵味，还蕴含了丰富的文化内涵。

2. 学习目标

书法作为中华传统文化的瑰宝，其艺术魅力不仅体现在笔法和结构上，更在书法家如何将个人的情感和文化修养融入作品之中。落款，作为书法作品的重要组成部分，不仅记录了作品的创作时间，更成为书法家展现个性和情感的窗口。其中，月份雅称的使用，既体现了书法家对自然规律的尊重，也反映了他们对传统文化的继承和发扬。

(1) 通过阅读相关知识，学习并理解中国传统书法中月份雅称的文化背景。

(2) 掌握不同月份雅称的书写方法，提升书法作品的艺术性。

(3) 需要的阅读方法有：利用工具书解决字意，并能够放在词中进行加工理解的能力。

(4) 对词语进行揣摩，理解其意，透过语言文字深入思考，理解体会思想内容和感情。

(5) 理解后实践，在书法落款中恰当地运用月份雅称。

3. 实施过程

(1) "用阅读来学习"策略方法

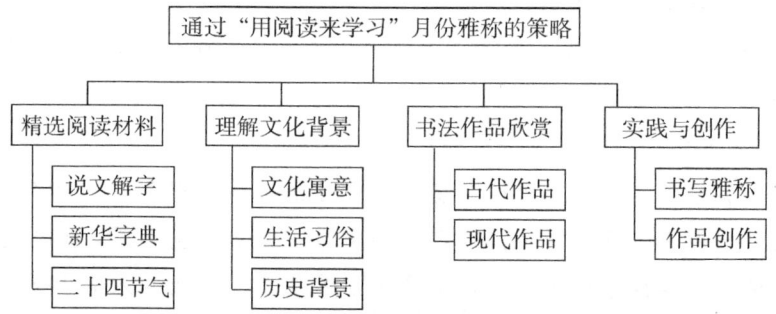

图 6-16　通过"用阅读来学习"月份雅称的策略

通过阅读学习关于书法的月份雅称，是一种非常传统且有效的方法。这不仅可以帮助学生深入了解每个月份与书法相关的雅称背后的文化意义和历史渊源，还能提升其在书法艺术领域的文学素养。以下是一些建议的学习策略：

①精选阅读材料

这些资料通常包含详细的月份雅称介绍、来源，它们与自然景观、节日习俗的关联。学生可以查阅书法史、古典文学作品、历书或专门介绍中国传统节气文化的书籍。

②理解文化背景

在阅读过程中，注意理解每个雅称所蕴含的文化寓意和历史背景。书法月份雅称往往与古代文人的生活习俗、自然观察及哲学思想紧密相关。

③书法作品欣赏

在阅读文字描述的同时，寻找相应的书法作品进行观赏。许多书法家会在作品中题写当月的雅称，通过观察这些作品，学生可以更直观地感受到书法艺术与月份雅称的完美结合。

④实践与创作

在了解了月份雅称后，不妨尝试自己书写这些雅称，通过实际操作加深记忆，并在书写过程中体会书法的韵律美和意境美。

(2)环节一：阅读活动

古人常以天干地支和十二生肖来纪年，而月份则常以数字或节气来表示。随着时间的推移，月份落款逐渐形成了独特的书写方式和艺术风格。通过阅读这些经典文献，学生可以深入了解月份落款的历史渊源和文化内涵。

①教师布置"月份雅称"交流学习任务，按喜爱的季节进行分组，并研究感兴趣的月份雅称。

②小组讨论初步交流各月份的不同雅称，进行小组任务分工。

③立足阅读来分享交流小组学习获得的结果，得出每个季节的多种月份雅称以及自己所查阅的书籍。

(3)环节二：阅读任务

按提前分好的以不同季节划分的小组，完成学习单的任务。同学们根据学习单的内容进行查阅归类整理，我们可以分别从月份的大小排序来收集月份雅称；从中国的二十四节气收集月份雅称；从不同季节的景物来收集月份雅称；从中国传统文化来收集月份雅称。

表 6-2 "墨香月韵——书法中的诗意时光"学习单(春季)

分类	农历一月	农历二月	农历三月	阅读内容	备注
按月份大小	孟春,初月	仲春(因二月为春季之中,所以又叫仲春)	季春、暮春、晚春	《说文解字》	也就是老大、老二、老三,将"孟仲季"与农历十二月结合,就形成了"孟春、仲春、季春"
按节气	立春、雨水	惊蛰、春分	清明、谷雨	《二十四节气》	
按景物特点	柳月(取自柳树萌发之景)	杏月(春色满园关不住,一枝红杏出墙来)、花朝(取自繁花盛放之景)、如月	桃月("桃花尽日随流水,洞在清溪何处边"。暮春季节,落英缤纷,好似溪水流霞,于是三月的别称又为桃月)	《古诗三百首》	二月杏花闹枝头,其由来与春天和花有关。在春天,杏花盛开,人们称之为"杏花月"。这个名称不仅表达了春天的美好,也寓意着万物复苏、生机勃勃的景象
按干支纪年	寅月	卯月	辰月	《诗经》	
按古诗典故	孟陬(取自《尔雅》典故)				

表 6-3 "书法与月份雅称的奇妙交融"学习单(夏季)

分类	农历四月	农历五月	农历六月	阅读内容	备注
按月份大小	孟夏	仲夏	季夏	《说文解字》	
按节气	立夏、小满	芒种、夏至	小暑、大暑	《二十四节气》	
按景物特点	槐月	榴月	荷月		
按干支纪年	巳月	午月	未月	《诗经》	
按古诗典故	麦月	鸣蜩	天贶、林钟		

(4)环节三:分享交流

①按小组分季节汇报查阅到的月份雅称。

②互相补充。

③汇总。

④学习单展示并贴于书法教室。

4．实施效果

(1)欣赏书法作品，品味月份雅称

①在分享交流了月份落款的起源和魅力之后，教师出示了几幅书法作品，进行欣赏；说一说这些作品的落款上有哪些关于月份的雅称。

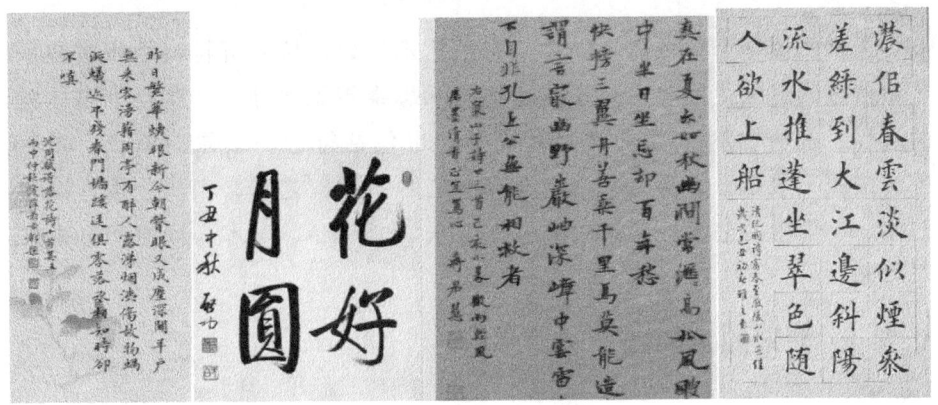

图 6-17　多位书法家的书法作品

②引导学生进行实践探索，掌握月份落款的书写技巧。首先，教师可以向学生介绍月份落款的基本格式和书写规范。

(2)书法创作

让学生选择自己喜欢的月份雅称，用毛笔在纸上书写出来。学生一边书写，一边感受着传统文化的韵味。并通过互相交流和评价来不断改进和提高。在实践探索的过程中，教师还可以引导学生关注一些细节问题，如笔画的粗细、墨色的浓淡等，以提高学生的书写技巧和审美水平。

(3)总结

在源远流长的中华传统文化中，书法不仅是一门艺术，更是一种承载历史和文化的载体。其中，月份落款作为书法作品中的重要元素，不仅增添了作品的韵味，还蕴含了丰富的文化内涵。本节课学生通过阅读相关文献和经典作品，了解月份落款的由来、演变和书写技巧，对于提升学生的文化素养和书法技能具有重要意义。书法落款中的月份雅称，是中华传统文化与书法艺术完美结合的产物。它们不仅丰富了书法作品的视觉效果，更赋予了作品深厚的文化内涵和历史底蕴。通过对月份雅称的起源、演变以及在书法和诗歌中的应用进行研究，学生不仅能够更好地理解和欣赏书法作品，还能够深入探索中国传统文化的精髓。在现代社会，学生更应该继续发扬这一优秀的传统，让书法艺术在新的时代背景下焕发出更加璀璨的光芒。

第二节 音乐舞蹈学科阅读学习的策略与案例

艺术阅读是个体依靠头脑中原有的艺术知识，从视听材料中积极获取艺术信息的过程，同时也是不断运用艺术思维想象、分析、获得审美体验的过程。视听材料主要是文字和图片，也包括符号、影像、声音、图表等。按照一般划分方法，艺术包含造型艺术、语言艺术、表演艺术、综合艺术，小学中的艺术教育集中定位在音乐（含舞蹈）、美术、戏剧和影视几个方面。

一、艺术阅读的特点

（一）阅读内容：多元、丰富

音乐是听觉艺术，声音是学习音乐必不可少的元素，对声音的阅读是音乐阅读中的重要内容。除此之外，文字、声音、画面都可以成为音乐阅读的对象，音乐阅读的内容较为多元与多彩。

（二）阅读的方法：精细、综合

1. 细节阅读

细节是艺术阅读需要重点关注的地方，所以艺术的阅读应该是精细化的阅读，只有细致、精心的阅读才能领略到艺术的魅力。例如：人们在聆听音乐作品时，一个段落的尾音往往就是整部作品的精华所在。

2. 综合阅读

艺术阅读的素材有视觉有听觉，还有试听结合的二综合形式。这就要求读者充分调动各种感官参与阅读，不仅用眼睛观看，还要用耳朵倾听，并将二者结合起来感受与思考。

（三）阅读视角：感性与理性并重

艺术教育不只有感性体验，也需要理性思考。开展艺术阅读，一方面为了培养学生的审美眼光和鉴赏能力,在阅读中产生美的体验,懂得欣赏美;另一方面为了提升学生的审美判断,形成有品位的审美观。

二、艺术阅读的价值

在基础教育阶段的艺术教育,是通识性的艺术教育,教学内容包含两个方面:一方面是理论部分,如艺术知识、艺术批评等;另一方面是实践部分,即各种艺术技能。不管是理论部分还是实践部分的学习,阅读都是学习的基础和重要的教学辅助手段,可以激发学生的学习兴趣,加深对艺术的理解与领悟,提升鉴赏力与审美批判能力。

三、艺术阅读教学策略与方法

艺术阅读重在欣赏和感悟,在教学中应注重体验与品位,既要有理论学习,也要有实践应用。

1. 品读鉴赏

品读鉴赏是一种基本的阅读方法,当前艺术品读的对象更加多元,除了文字,还有图像、影像、声音等。从目的上来说,艺术阅读中的品读鉴赏主要是细腻品味艺术作品的精髓,提高鉴赏能力。

2. 比较阅读

比较阅读是通过分析阅读内容的相似或相异之处,以对艺术有相对深层的认识。

3. 情境教学

情境的创设与使用是当前被广泛接纳与采用的教学方法,几乎可以应用于各个学科的学习。情境在艺术阅读教学中有两点作用:一是激发学习兴趣;二是帮助学生高度聚焦于审美本身。帮助学生更好地去淡化陌生感,使其在一个具体、真实的环境里,被感知、被触碰。结合生活实际,将学生带入一个实际的情境中,拉近他们与艺术的距离。

4. 跨学科专题探究

艺术是一门综合性学科,围绕某一专题,进行跨学科探究,也是当下开展阅读活动的一个趋势。在教学中尝试跨学科阅读,打通学科边界,深入地探索问题。

5. 艺术创作实践

通过艺术实践找出自己的学习问题,能够有针对性、深入地开展阅读并改进实践,注重创作对阅读的反哺作用。实践既是检验阅读效果的有效手段,也是激发学生创新与灵感不可或缺的重要一环,鼓励学生多实践、多参与,让他们真正感受到艺术的魅力。

四、音乐欣赏中的阅读学习

"欣赏"一词源于哲学,在音乐意义上,它被描述为"情感体验的一种形式上的类比"。音乐欣赏是音乐学的一个分支,旨在教导学生如何理解和描述音乐创作所涉及的背景、情境以及创作过程。在高等教育中,音乐欣赏更多关注西方艺术音乐,即"古典音乐"。

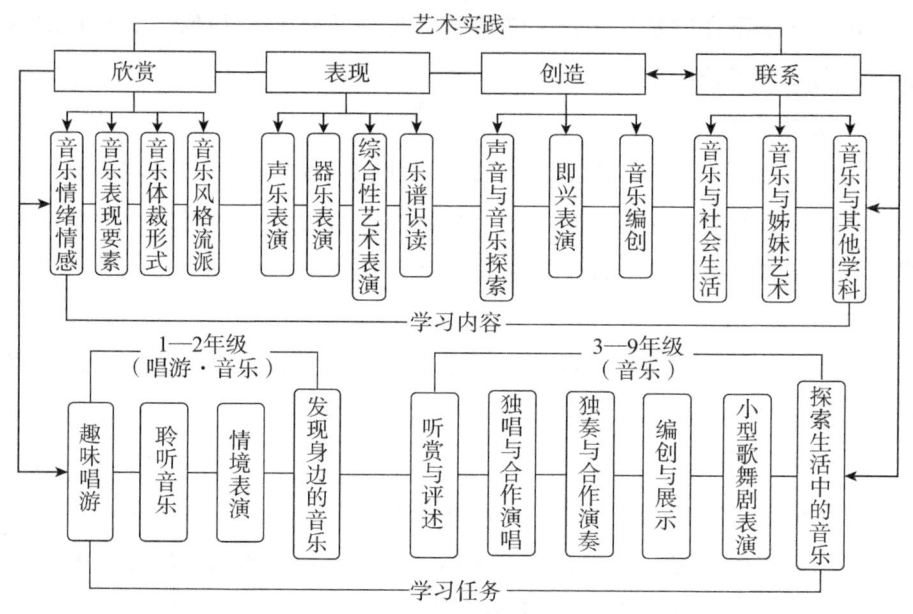

图 6-18　音乐学科课程内容框架

在小学音乐教育中,《义务教育小学音乐课程标准(2022 年版)》针对不同年龄段学生进行音乐欣赏有着较全面的指导及要求。音乐课程作为艺术实践的重要一部分,旨在引导学生体验音乐的情绪与情感,了解音乐的表现要素、表现形式,感知、理解音乐的体裁与风格等,发展音乐听觉与感知能力,丰富音乐审美体验,深化音乐情感体验,提升审美感知和文化理解素养。

引导学生多感官参与音乐体验,从有趣地听(1—2年级),到理解地听(3—4年级),再到批判地听(5—6年级),学生在聆听学习的过程中不断提升音乐综合素养以及音乐实践能力。

(一)阅读学习的策略

1. 分析音乐标题

有感情地朗读课题,初步感知音乐形象、情绪及风格。

2. 感受音乐形象

观看视频、图片,辅助学生进行阅读与感受。

3. 理解歌词。

(1)有感情地朗读歌词。

(2)有感情地按节奏朗读歌词。

在朗读中进一步加深对音乐的情绪、风格及音乐要素的体验。

4. 歌唱乐谱

识读乐谱,了解并熟识音符所在位置,分析旋律与音乐情绪之间的关系。

5. 理解音乐记号

通过查找、标记、朗读对乐谱进行进一步的观察、分析与理解,深入了解创作背景以及作曲家对音乐的处理。

6. 运用多媒体资源

借助视频、音频、图片、绘本等方式,结合视觉、听觉、触觉、动觉等多感官参与体验,加深学生对于特定主题音乐的体验与理解。

(二)课例

《北京欢迎你》教学设计[①]

1. 案例背景

(1)学习内容分析

①主要内容

《北京欢迎你》为人民音乐出版社三年级下册的教学内容,单元中4首

---

① 课例提供者:北京石油学院附属小学周恺妮。

作品包括《北京欢迎你》《七子之歌》,《嘀哩嘀哩》《虫儿飞》。

本单元以聆听为前提,以多感官参与体验为手段,以阅读为媒介,在音乐学习过程中,从音乐的角度循序渐进地体验与感受音乐要素的变化。通过聆听、模仿、演唱、编创等多种音乐实践活动,让学生在审美体验中激发想象力与创造力,增强中华民族自信心和自豪感,将核心素养的培育贯穿艺术教学的全过程。

②与学科知识的关联

听赏与评述是中年级学生重要的学习任务。《义务教育音乐课程标准(2022年版)》对3—9学段提出的目标是:"以中国作品为主,体验音乐的情绪与情感变化,探究变化原因,能区分独唱、合唱等基本演唱形式,乐于参与各种演唱活动,能够自信、有感情地独唱或与伙伴进行齐唱、固定音型伴唱,享受艺术表现的乐趣,学习和领会中华民族艺术精髓。"本单元依据该目标的基本理念进行教学设计。

在音乐情感方面存在并列关系,在充分感受人与自然密切联系的同时,逐步深入家国情怀的体验与表达中,激发中华民族自信心与自豪感。

表6-4 分析单元间与单元内容的关联

曲名	体裁	情绪	节拍	节奏	调式	曲式结构
《嘀哩嘀哩》	独唱 (表现领域)	欢快活泼	2/4	节奏明快 典型节奏	F大调	二段体
《北京欢迎你》	领唱、齐唱 (感受与欣赏)	热情奔放	4/4	节奏明快 典型节奏	五声G 宫调式	二段体
《七子之歌 ——澳门》	领唱、合唱 (表现领域)	连贯悠扬	4/4	舒缓连贯 附点节奏	F大调	单二部 曲式
《虫儿飞》	合唱 (表现领域)	连贯悠扬	4/4	节奏连贯 跨小节连音	F大调	二段体

对本单元中3首作品进行多角度细致梳理,从内容情绪、情感、风格、创作手法等方面入手,找到3首作品的共性与联系。

表6-5　3首作品的共性与联系

曲　名	分析维度	共性与联系
《北京欢迎你》 《七子之歌——澳门》	内容、情绪、情感	1. 都以体验家国情怀为情感基础 2. 通过音乐与历史及文化的融合，提升学生的音乐素养 3. 激发学生的民族信念
《七子之歌——澳门》 《虫儿飞》	风格、创作手法	1. 都是舒缓、连贯的旋律 2. 都是由单声部及多声部融合的音乐作品 3. 对于思念情感的递进体验

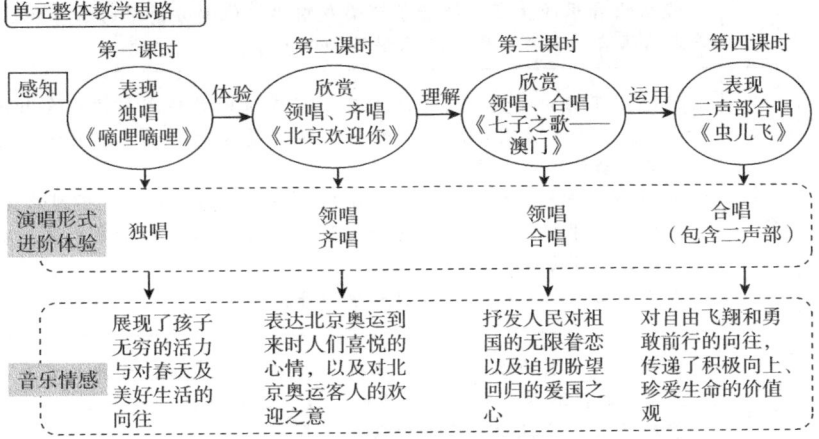

图6-19　单元整体教学思路图

③本课中的阅读设计

A. 有感情地朗读音乐标题、歌词与音乐记号。

B. 阅读与北京相关的文字、图片及视频，加深学生对于"北京情"的体验、理解与表达。

C. 阅读与奥运会相关的文字、图片及视频，加深学生对于2008年北京夏季奥运会以及历届奥运会上中国运动员奋勇夺冠精神的体验与理解。

D. 教师与学生进行动作编创，在相互学习中加深对歌曲情绪及音乐要素的体验。

(2)学生分析

①学生已有知识与技能

表 6-6　学生知识技能表

维度		知识技能储备
欣赏		1. 聆听或表现音乐的过程中，能感受出音乐情绪与情感的变化，探究其变化原因，能用语言简单描述音乐要素的特点。 2. 能听辨歌唱中的男声、女声、童声音色，区分独唱、齐唱、合唱等基本演唱形式。 3. 乐于参与各种音乐活动，能听辨音乐力度、速度的变化，并用动作、图示等做出相应的反应，并借助律动、舞蹈等方式做出相应的体态反应。 4. 能听出音乐的主题，随音乐哼唱或默唱，能划分简单的乐句和乐段，并能用语言、动作、图示或乐谱等加以表示。
表现	声乐表演	1. 能够用正确的姿势、自然的声音，有感情地独唱或与同伴合作进行齐唱、固定音型伴唱，以及其他形式较为简单的合唱，能在演唱中加入适当的动作进行表演。 2. 能跟随琴声或音响模唱旋律，能用线条、图形等表示所听到的音乐。 3. 演唱时能根据音乐术语或记号，适切地表达歌曲的情感，并对指挥动作做出恰当反应。 4. 能对自己和他人的表演做出简单的评价。
	器乐表演	1. 能用打击乐器为歌曲伴奏，正确表现歌曲的节拍、节奏和音高，能根据音乐的情绪和特点采用合适的力度、速度演奏。 2. 能较为客观地评价自己和他人的演奏。
	综合性艺术表演	1. 能按要求随音乐进行动作模仿、声势律动、音乐游戏、角色扮演，并用身体律动表现音乐的基本要素。 2. 会演奏简单的节奏型，为演唱和游戏伴奏。 3. 能遵守游戏规则，初步建立合作意识。
	识读乐谱	1. 知道 2/4、3/4、4/4 拍及强弱规律并认识简单节奏型。 2. 能够视唱 D 大调乐谱，知道乐句中的相同与不同。 3. 能够用自然的声音模唱与视唱简单的旋律。

续表

维度	知识技能储备
创作	1. 能根据音乐特点进行动作创编或即兴表演，与同伴一起体验表现造型、扮演角色的乐趣，表达自己的情绪和情感。 2. 能选择合适的表现形式，根据一定的情境、主题或表演要求进行编创和表演。 3. 能够使用打击乐器演奏强弱、长短不同的声音并尝试用打击乐器为作品编创简单的伴奏。
联系	1. 能举例说明生活和自然界中声音的特点，能运用人声、乐器或动作进行模仿、表现和创造。 2. 能通过广播、网络等多种媒介听赏音乐，养成在生活中聆听音乐的习惯。

②学生发展需求、学习路径

A. 学生发展需求

发展学生音乐基本能力，包括：感知、记忆、想象、表现、创造、思维。

B. 学习路径

在活动体验中学习，夯实音乐基础知识和基本技能；在情境中学习，联系生活，将生活经验迁移到音乐相关学习上，引发联想与想象，在此基础上大胆创编，逐步将生活经验转化成音乐经验，不断地丰富审美体验。

(3) 学习背景

歌曲《北京欢迎你》是人民音乐出版社小学音乐三年级下册中的一首五声调式、二段体结构的歌曲，是为2008年北京奥运会倒计时100天活动创作的主题歌，林夕作词，小柯作曲。

这首歌曲的角度新颖，第一，是从主人翁的角度出发，抱着一种欢迎的态度，这本身就体现了中华民族好客友好的优良品质。歌曲轻松欢快的节奏，使人产生了一种宾至如归的感情。第二，歌词内涵丰富，群星版的《北京欢迎你》亲切不失大气，轻快不失庄重。歌词充满了浓厚的东方元素，具有十分丰富的意蕴。第三，歌曲中主题歌词运用诗歌的形式，产生了余音袅袅的抒情效果。第四，歌曲MV中，北京地理、人文景观自然地融入音乐中，使其具有浓厚的北京文化特色，可以说这是一张独特的2008年北京奥运会音乐名片。

① 歌曲主要音乐要素分析

表 6-7 音乐要素分析表

音乐要素	特点	歌谱
节拍	4/4	
速度	中速	
节奏	A段：节奏平稳、等分、紧凑	
	B段：宽阔舒展	
旋律	A段：小波浪式，旋律平稳，叙事性较强	
	B段：起伏较大，音区变高，抒情性较强	
调式	中国的民族五声调式（宫调式）	
演唱形式	领唱、齐唱	A段：领唱 B段：齐唱

② 歌曲曲式结构分析

歌曲为二段体结构，开头以方整性的4＋4乐句形成方整性结构，结构规整，调式明确。并伴以平稳的等分节奏营造一种平稳、规整的音乐环境。其次，在歌曲高潮部分分别运用连线和切分节奏引出高潮，形成一种活泼、欢快、抒情的音乐氛围。最后通过完全终止，结束在宫音上。通过多次的缩减反复，强化音乐主题，最后在主音上结束。

A段：歌曲第一乐段大量使用二八节奏，节奏紧凑，旋律起伏较小，小波浪式，叙事性较强。

图 6-20 《北京欢迎你》A 段歌词

B段：第二乐段相对于第一乐段，节奏比较宽松，旋律起伏较大，音区变高，抒情性较强。

图 6-21 《北京欢迎你》B 段歌词

（4）音乐风格及词曲特点分析

旋律简单上口，歌词浅显易懂，老少皆宜。前奏中的京剧唱腔、自行车的铃声、空竹的抖动声，让人仿佛置身于清晨北京历史悠久的胡同里。而无伴奏童声独唱的开场"迎接另一个晨曦，带来全新空气"体现了"新北京新奥运"的理念,再加上曲作者小柯巧妙地运用中国特色的五声调式,把古老而文明的中国展现给了全世界。

歌词采用传统民谣形式,娓娓道来,表现了中国人用自信的姿态迎接奥运会的到来,用友好的态度欢迎五湖四海的宾朋来到北京,使之享受奥林匹克带来的快乐与激情,感受古老而又现代的北京的城市气息。

"我家大门常打开,开放怀抱等你",奥运会的召开使中国人期盼多年的梦想得以实现,开放怀抱等待的不仅仅是奥运,还有整个世界。

"不管远近都是客人,请不用客气",人们眼睛里的笑意表达了人们的热情好客和真挚感情。

"我家种着万年青,开放每段传奇",歌声传达着我们的悠久历史和文化底蕴。我们有着生生不息的文化基因,有创造传奇的智慧。

"为传统的土壤播种,为你留下回忆",奥运会这一全球性的运动会在中国召开,意味着奥运精神和奥运文化在我们古老文明的国度里生根发芽,开出更美丽的花朵。

"北京欢迎你,有梦想谁都了不起,有勇气就会有奇迹",这是歌曲的高潮部分——朴实、感人。一曲热情的欢迎词充满了自信、朝气、期待、激情,让世界发现中国,让中国走向世界。

(5)音频、视频分析

因为本课的音乐时长6分56秒,视频MV时长7分钟,时间较长,所以将视频和音乐剪辑为A+A+B的结构,时长为3分钟。

为了让学生更加深入地体会歌曲情感内涵,教师剪辑了《北京申奥成功》视频片段、《奥运赛事集锦》视频片段。

2. 学习目标

(1)在欣赏中感受歌曲轻松欢快的情绪,体验音乐所表达的人们喜迎奥运及欢迎远方客人到来的喜悦心情。乐于参与和同伴合作的编创与表演活动,为音乐即兴编创动作。

(2)在聆听、模唱、律动、编创表演、阅读等多种音乐实践活动中,感知音乐情绪、歌唱方法、演唱形式等音乐要素的变化,并用音乐的语言评述。

(3)能够随着音乐演唱歌曲,能够和同学合作演唱《北京欢迎你》。

(4)能为歌曲划分乐段并用身体动作表现出来。

3. 实施过程

(1) 环节一：视听结合，激发兴趣

①结合学生生活情境，引入奥运话题

教师出示鸟巢、水立方图片，请学生观看。

提问：孩子们，这是哪儿呀？你们知道这是为什么赛事修建的吗？

②播放视频，通过音乐阅读，感受北京申奥成功时的喜悦之情

教师播放2001年北京申奥成功时各地人们欢呼雀跃的视频片段，请学生观看后谈谈感受。

提问：你看到了什么？听到了什么？了解到了什么？

③揭示课题，了解歌曲创作背景及词曲作者

教师出示课题，请学生有感情地读一读。

导语：奥运申办成功了，全世界的奥运健儿都要到我们北京来展示努力拼搏的精神，那我们怎么迎接他们的到来呢？有一个词作者叫林夕，有一个曲作者叫小柯，他们共同创作了一首特别热情的歌曲——《北京欢迎你》。

设计意图：通过音乐阅读（视听结合）的方式，从学生已有的生活经验入手，从观看鸟巢、水立方的图片引出奥运话题，并欣赏北京申奥成功时各地人们欢呼雀跃的视频片段，让学生初步感知申奥成功的喜悦，了解歌曲的创作背景和词曲作者，建立歌曲与学生的情感连接，为之后的歌曲欣赏做好铺垫。

(2) 环节二：完整聆听，感受歌曲情绪及内容

①播放《北京欢迎你》MV，初步感知歌曲情绪及内容

教师播放歌曲MV片段，完成歌曲的初步听赏。

提问：感受到了什么？

学生进行音乐阅读后，教师引导学生从歌曲情绪、内容、演唱形式及不同的人声及乐段等方面自由谈感受。

②声势律动感知乐曲结构

教师再次播放歌曲A+B段，带领学生律动。

提问：歌曲有几个乐段？

设计意图：用音乐阅读（视听结合，声像一体）的方式激发学生的学习兴趣，用MV中出现的丰富多彩的画面创设与音乐相关的情境，初步感知

歌曲的情绪、速度、内容、演唱形式等音乐要素，引导学生对音乐的听赏，并进行简单评述，在律动中感知歌曲的结构。

(3)环节三：分段聆听，感知A段音乐要素

欣赏A段

A. 初次聆听，感受A段的情感与内容。

第一次聆听：教师出示歌谱，播放A段歌曲，聆听后引导学生从歌曲的情绪、描绘的内容来回答。

提问：歌曲A段给你什么样的感受？这一段都唱了什么？

B. 再次聆听，师生探究歌词中的"北京情"。

提问：哪些词让你感受到北京人的亲切与温暖？

C. 体会北京民谣的风格及歌词娓娓道来的意境。

第三次聆听：教师弹吉他范唱歌曲A段，然后加入歌词范唱，结合教师的吉他伴奏，请学生轻声跟唱。

D. 探究歌曲旋律特点。

a. 第四次聆听：教师播放A段片段，请学生边听边画旋律线，感受歌曲旋律特点，引导学生用音乐的语言来评述。

旋律特点：平稳、叙事性较强。

b. 教师钢琴弹奏旋律，请学生用"la"轻声模唱歌曲旋律。

E. 探究歌曲节奏特点。

第五次聆听：教师边唱歌词边引导学生打出节奏，师生总结节奏特点，根据学生的回答出示节奏图，请学生划拍打一打。

节奏特点：平稳、等分、紧凑。

F. 加入说唱与声势律动，体会歌词所表达的情感内涵。

教师引导学生用说唱的方式，选择自己喜欢的歌词有感情地读一读，并加入声势律动体会歌词表达的情感内涵。

评价标准：说唱时的动作、语气、节奏感、情感是否到位。

G. 师生有感情地演唱歌曲，鼓励学生即兴加入动作表现歌曲。

教师吉他伴奏，请学生一起有感情地演唱歌曲。要求：用有活力的声音唱出北京人热情好客的情感。

H. 视听结合，感受古老而又现代的北京城市气息，加深情感体验。

教师播放《魅力北京》宣传视频，请学生观看。

相约好了在一起,我们欢迎你!那我们要向全世界的人们展示北京的什么?

设计意图:围绕音乐要素,引导学生在聆听、音乐阅读、演唱、表演及律动中感受音乐A段旋律及节奏特点,通过找歌词中表现温暖情谊的关键词,加入说唱、即兴创编动作表演歌曲体会北京人自信、友好的态度迎接各国友人到来的情感内涵。通过观看《魅力北京》的视频感受北京城古老而又现代的城市气息,激发学生的民族自信心与自豪感,加深对歌曲的情感体验。

(4)环节四:分段聆听,感知B段音乐要素

①对比聆听,探究音乐要素的变化。

出示歌谱,教师播放B段歌曲,请学生对比聆听,引导学生从歌曲情绪、节奏、旋律、音域等方面探究音乐要素的变化,并对学生音乐语言的描述进行规范指导。

②感知五声音阶。

教师演唱B段旋律,引导学生感知歌曲中的五声音阶 d r m s l 并唱一唱。

③综合性艺术表演,体会B段情感内涵。

教师在学生演唱时加入声势律动及中国的民族打击乐器——堂鼓,师生共同表演B段,并让学生对自己及他人的表现给予肯定性评价。

设计意图:围绕音乐要素,引导学生在阅读曲谱的同时进行对比聆听,在合作演唱中感受B段音乐要素的变化及五声音阶,加入声势律动及中国的民族打击乐器堂鼓为歌曲伴奏,在综合性艺术表演中使学生感受B段热烈激情的氛围,达到情感的升华,同时体验音乐表演带来的愉悦和成就感。

(5)环节五:视听结合,艺术表现

①视听结合,体会奥运精神。

播放2008年北京奥运赛事精彩片段,请学生进行沉浸式阅读,感受自我挑战、勇敢拼搏的奥运精神。

②完整聆听、表演歌曲。

教师播放歌曲音频,请学生选择自己喜欢的方式与同伴合作表演歌曲,并对自己及他人的表演给予肯定性评价。

设计意图：通过观看奥运赛事片段，深入体会奥运精神，达到与歌曲共情的目的，增强对于歌曲内涵的理解与表现。教师时刻引导学生关注音乐的聆听，在聆听中训练学生的音乐感受力和敏捷的反应能力，加深对作品情感内涵的理解，提升学生的综合音乐素养。

五、音乐表现中的阅读学习

(一)音乐表现课的内容

学生的音乐表现是检验学生音乐表现能力最直接、有效的方式。其主要内容如下。

1. 对音乐作品的深入理解和诠释

学生要学会分析作品的情感内涵、风格特点等，以便更准确地进行表达。

2. 演唱能力的训练与提升

包括发声方法、音色、气息、情感表现、咬字等，以便更好地展现音乐的魅力。

3. 音乐创造力的激发

鼓励学生进行音乐创编、即兴表演等尝试，展现独特的音乐表达。

4. 音乐审美能力的培养

让学生能够分辨和欣赏不同层次的音乐表现。

(二)音乐表现课的特点

1. 强调实践体验

让学生通过音乐实践、音乐表演锻炼、提高音乐表现能力。

2. 注重音乐个性化培养

通过音乐表现尊重每个学生的独特风格和特点，引导他们采用适合自己的表现方式，突出情感表达，使学生真正理解并能传达出音乐中的情感。

3. 提高学生音乐综合能力

音乐表现融合了演唱、演奏、表演、创作等多方面的知识和技能，具有较强的互动性，可促进音乐表现力的提升。

(三)阅读学习策略

1. 阅读旋律

通过阅读旋律(聆听)提取音乐要素——速度、力度、旋律线等,初步感知音乐形象及风格。

2. 阅读情绪

通过阅读歌曲创作背景及作者生平资料,与旋律相结合,感知音乐本体所表达的情感特点。

3. 阅读乐谱

通过阅读乐谱中的节拍、音符、旋律走向、音乐记号等,准确分析乐句特点,了解作品曲式结构。

4. 阅读歌词

通过阅读歌词进行朗诵、情景表演等实践活动,感受音乐的美。

(四)课例

《送别》教学设计[①]

1. 案例背景

(1) 关于音乐阅读

音乐阅读包括识别音乐要素、理解音乐结构、感知音乐情感等。通过音乐阅读可以帮助学生更好地感受、理解音乐本体和背后的文化和历史,以及音乐与其他艺术形式的关联。

(2) 关于案例《送别》

从音乐阅读出发,通过"阅读旋律"(聆听)、"阅读情绪"(感受)、"阅读乐谱"(演唱)、"阅读歌词、背景"(探究)为主,引导学生参与音乐活动,感受歌曲旋律沉沉相思、歌词内容淡淡哀愁的风格及影视音乐的情感和意境,让学生在感受的同时了解作者的创作愿望。

(3) 学生分析

五年级学生音乐阅读能力强,思维活跃。通过阅读音乐要素,阅读歌曲情感,阅读旋律、节奏,积极感受音乐,并在音乐中获得愉悦和审美体验;阅读文本资料分析作品,阅读作者介绍及创作背景等资料提升学生对

[①] 课例提供者:北京石油学院附属小学王盈。

歌曲的理解与认识，建立文化认同；阅读歌词并朗诵，参与情景表演等实践活动，感受音乐的美，体验歌曲中对友人依依不舍的离别之情。

2. 学习目标

(1) 通过阅读旋律分析歌曲音乐要素及结构，能用连贯、自然的声音，有感情地演唱歌曲《送别》。

(2) 通过阅读文本和视频资料，了解词作者李叔同及歌词创作背景，体会歌曲意境，感受歌曲的离别情绪。

(3) 运用歌词朗诵、情景表演等阅读活动，培养学生的音乐学习兴趣，使其积极主动地参与表现歌曲。

3. 教学重难点

(1) 教学重点

通过音乐阅读，深入了解、读懂歌曲，抓住歌曲中的音乐要素。

(2) 教学难点

通过阅读歌词，体会歌曲的诗中有画、意境深幽。

4. 实施过程

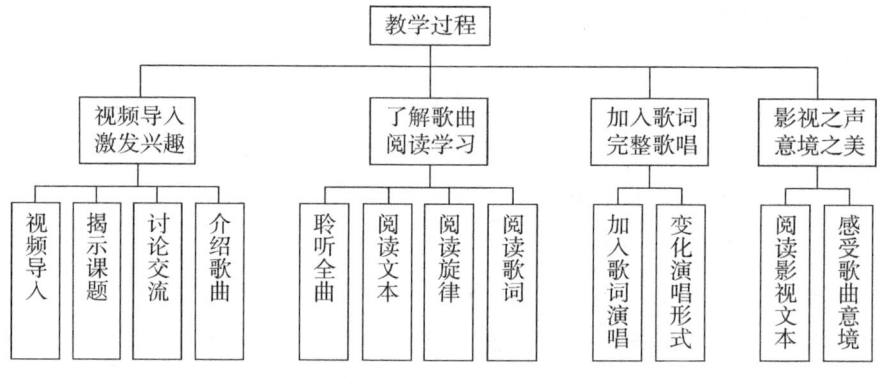

图 6-22　思维导图

(1) 环节一：视频导入，激发兴趣

① 视频导入

A. 教师活动

a. 播放歌曲《送别》片段。

b. 问学生观看感受。

B. 学生活动

a. 观看歌曲《送别》片段。

b. 表达观看后的感受。

② 揭示课题

A. 教师活动

揭示课题《送别》。

B. 学生活动

了解本课学习主题。

③ 讨论交流，介绍歌曲

A. 教师活动

发起讨论，请学生介绍歌曲。

B. 学生活动

讨论交流。

设计意图：通过观看阿卡贝拉表演形式的《送别》，激发学生的学习兴趣，拉近歌曲与学生的距离，鼓励学生大胆分享自己的感受，引导学生感受音乐不同的表现方式及情绪，激发学生的学习热情，为后面的音乐阅读活动做好准备。

(2) 环节二：了解歌曲，阅读学习

① 聆听全曲，感受情绪

A. 教师活动

a. 播放歌曲《送别》。

b. 提问：从歌曲中体会到了什么样的情感？

B. 学生活动

a. 聆听歌曲。

b. 表达体会到的情感。

② 阅读文本，了解学堂乐歌

A. 教师活动

引导学生阅读文本1(详见附件)，了解学堂乐歌的起源与发展。

B. 学生活动

阅读文本1。

③阅读旋律，感受体验

A. 主题旋律

a. 教师活动

出示乐谱，弹唱主题旋律。

b. 学生活动

阅读歌曲高声部乐谱，了解主题旋律。

B. 画旋律线，感受主题旋律特点。

a. 教师活动

引导学生以画旋律线的方式了解旋律走向，感受歌曲流畅、连贯的旋律特点。

b. 学生活动

边唱边画旋律线。

C. 分组阅读，分析主题旋律。

a. 教师活动

提出问题：

乐句的结束音是什么？

是否出现相同或相似乐句？

旋律的走向带给你什么样的感觉？

b. 学生活动

小组讨论、分析每组负责乐句。

学生得出结论：

第一组：第一乐句落音为 re，旋律舒缓起伏不大，娓娓道来意味深长。

第二组：第二乐句落音为 do，是第一乐句的变化，旋律开头相似，后半部分旋律线走向相同，但落音的不同使乐句带有强烈的结束感。

第三组：第三乐句落音为 re，音区集中在高音区，好似深沉的感叹。

第四组：第四乐句落音为 do，是第二句的重复乐句。

④阅读歌词，了解词作者及歌词创作背景

A. 教师活动

a. 出示阅读文本 2（详见附件）及视频资料。

b. 提问：歌曲表达了作者怎样的心境？

B. 学生活动

a. 阅读文本 2 及视频资料，了解词作者及歌词创作背景。

b. 讨论《送别》表达了李叔同怎样的心境。

⑤阅读歌词，诵读表演

A. 教师活动

分析歌词，感受意境。

a. 提出问题。

提问①：作者选取了"长亭""古道""芳草""晚风""弱柳""残笛""夕阳"等景物和环境描写，体现了作者的心情及当时的场景是怎样的？

提问②："天之涯""地之角""知交""零落""浊酒"等词在着重强调什么？

b. 带领学生诵读表演。

B. 学生活动

a. 小组讨论，感受意境。

b. 师生诵读表演，感受歌曲意境。

设计意图：通过阅读文本资料，分析乐谱，阅读、理解歌词意境等活动，了解词作者及歌词创作背景，层层递进，由初步体会到深入理解歌曲意境。

(3)环节三：加入歌词，完整演唱

①加入歌词，轻声演唱

A. 教师活动

a. 弹琴范唱，纠正演唱问题。

b. 利用口风琴解决问题。

B. 学生活动

a. 跟琴轻声演唱，小组讨论找出演唱中出现的问题：音准、音色、时值、力度等。

b. 每组组长负责吹奏口风琴，在口风琴和教师的引导下解决以上问题。

②变化演唱形式，情感提升

A. 教师活动

出示多种演唱形式，让学生选择喜爱的形式有感情地演唱。

B. 学生活动

选择自己喜欢的演唱形式表现歌曲。

设计意图：旋律与歌词的结合可以更好地传达作者对音乐的感悟，让学生在感受旋律美的同时，领悟歌词意境之美。在小组合作学习中提升学生的合作能力与音乐表现能力。

(4)环节四：影视之声

结合文本，感受歌曲在电影中的作用。

①教师活动

出示阅读文本3(详见附件)及电影片段，讲解歌曲在电影中的作用。

②学生活动

阅读文本3，并欣赏歌曲出现在电影中的片段，感受歌曲在电影中的作用。

5．实施效果

(1)学科知识掌握情况

以过程性评价为主要评价方式，在学生的活动中运用多元化的评价方法，如生生互评、自评，师评的方式将课堂教学评价贯穿整个教学环节，从而及时了解学生对本课知识的掌握情况。

表6-8　篮球大单元学习效果评价标准

教学活动	评价内容	评价标准	评价方式
知识积累	是否能够利用阅读文本初步分析音乐要素	★★★：能够利用阅读文本分析音乐要素、了解作者及创作背景等相关知识，感受歌曲的内涵和情感。 ★★：能够利用阅读文本分析音乐要素、了解作者及创作背景等相关知识。 ★：能够利用阅读文本了解作者及创作背景等相关知识。	生生互评、自评、师评
旋律演唱	从音准、音色、力度等方面进行评价	★★★：感受、了解歌曲情绪、旋律线、歌词等音乐要素，能富有感情地演唱作品。 ★★：节奏、音准基本正确，能有感情地演唱作品。 ★：能够哼唱歌曲旋律。	生生互评、自评、师评

(2) 阅读能力提升情况

本课学习对学生阅读能力提升起到了积极的作用。通过音乐活动——阅读乐谱分析歌曲结构，阅读文本了解作者及创作背景、歌词分析等，帮助学生提高语言表达和音乐理解能力，增强学生音乐记忆能力和注意力，从而提高学生的阅读能力。

(3) 学习目标达成情况

①学生通过阅读旋律能完整地分析歌曲音乐要素及结构，并用连贯、自然的声音，有感情地演唱歌曲《送别》。

②通过阅读文本，能够了解、记住作者李叔同，知道歌曲的创作背景，能够体会歌曲意境，感受歌曲的离别情绪。

③通过阅读、分析歌词，学生能积极进行歌词朗诵、情景体验等阅读活动，并乐于参与歌曲表演。

6. 附件

阅读文本1

学堂乐歌是随着新式学堂的建立而兴起的歌唱文化，一般指学堂开设的音乐(当时称唱歌或乐歌)课或为学堂唱歌而编创的歌曲，它是一种选曲填词的歌曲，起初多是归国的留学生用日本或欧美的曲调填词，后来用民间小曲或新创曲调。学堂乐歌的倡导者、推广者以沈心工、李叔同、曾志忞等启蒙音乐教育家为代表。

清末民初，当时的政治改革家们主张废除科举，效法欧美建立新型学校，于是一批新型的学校逐渐建立了起来。当时把这类学校叫作"学堂"，把学校开设的音乐课叫作"乐歌"课。所以"学堂乐歌"，一般指出现于清朝末年、民国初年的学校歌曲(类似当今的校园歌曲)。今天的年轻人可能很少有人知道，但它们在我国近代音乐史上却占有很重要的地位。

阅读文本2

李叔同(1880年10月23日—1942年10月13日)，又名李息霜、李岸、李良，字息霜，别号漱筒。著名音乐家、美术教育家、书法家、戏剧活动家，是中国话剧的开拓者之一。他从日本留学归国后，担任过教师、编辑之职，后剃度为僧，法名演音，号弘一，晚号晚晴老人，后被人尊称为弘一法师。

阅读文本 3

林海音的著作《城南旧事》多次提到《送别》这首歌曲，歌曲在影片《城南旧事》中反复出现了七次，影片对此段旋律的重复性运用是高度尊重原著的体现，每一次的出现都对电影起到了不一样的作用。

第一次《送别》在语气舒缓的独白后开始，直到影片名字及演职人员表放映完毕才停止。这是一段背景音乐，它具有很大的作用：一是它给整个影片定下了哀愁忧伤的基调；二是借着音乐把我们拉回到半个世纪之前，起转换空间的作用；三是使冗长的字幕不至于显得太单调。

第二次《送别》是在英子回忆她与妞儿在一起的生活时响起的，也是一段背景音乐。忧伤的旋律伴着忧伤的回忆，《送别》的音乐声中，小英子想起刚刚送别的旧友，离别之情被很好地渲染出来。

第三次《送别》是一段场景音乐，出现在小偷弟弟的毕业典礼上。在场的老师和学生完整地唱了这首歌，未经任何艺术加工，听起来非常真实可信，让人有身临其境的感觉。同时，这段音乐很符合英子的学生身份，也具有强烈的时代感。

第四次《送别》用在英子告别小偷的时候。小偷以为是英子告发了他，朝英子吐了口唾沫，英子伤心地望着他走远，音乐缓缓响起。这里的音乐不只渲染了气氛，细腻深刻地表达了英子的情感，更有声音转场的功能，因为下一个镜头接的是老师在教室里带着孩子们唱歌弹琴。此处，背景音乐无声无息地转换为场景音乐，与第三次一样是由人声唱出来的，但不同的是英子的心情，这次远不如上一次那么轻松快乐，英子开始有了心事。同一首曲子，在相同的情景下，既有相同的效果，又有不同的感受。

第五次《送别》是以《送别》的变奏形式出现的，出现在英子得知妞儿的父母不是她亲生父母的时候。这段音乐恰到好处地与画面结合，与剧情融为一体。

第六次《送别》出现在英子与爸爸离别之时，生离死别的痛楚在《送别》的乐音中，显得更加悠长。

第七次《送别》长达五分钟。五分钟里，人物没有大动作，没有台词，然而仅仅凭借这段音乐就足以扣住观众的心弦。

以上七次《送别》的反复使用是非常有技巧性的，它们出现的场景与在影片中承担的作用是不一样的。因此当我们在不同的场景氛围、情感集约处听到这支曲子，不仅不会觉得厌烦，反而会被其深深地吸引。

六、音乐与其他学科的阅读学习

艺术课程强调艺术课程的综合性，加强不同艺术门类之间的交叉与综合，促进了课程的相互融合。通过音乐中的阅读学习，增强课程的丰富性，提升学生的综合素养。

因此，音乐中的阅读学习是一种跨学科、综合性的学习方法，旨在通过结合其他学科知识，深入理解和欣赏音乐作品。在阅读学习过程中，我们深入挖掘音乐作品的文化内涵和艺术特色，我们不仅关注音乐作品本身的旋律、节奏和和声，还结合文学、历史、舞蹈等相关学科，探索音乐作品背后的文化内涵和艺术特色。通过阅读相关书籍、观看视频和实践体验，我们引导学生了解音乐作品的创作背景、历史渊源以及与其他艺术形式的关联，从而更全面地理解音乐作品所表达的情感和意境，提升我们的音乐审美能力和跨学科学习能力。同时，音乐中的阅读学习也是一种创造性的过程。通过阅读学习，我们可以激发自己的想象力和创造力，将音乐作品与自己的生活经验相结合，形成独特的艺术感悟和表达方式。

接下来，我们将结合文学、历史、舞蹈等相关学科的特点，深入探索音乐领域的阅读学习策略，并通过《阿细跳月》来呈现这些策略的实际应用。

(一)音乐与文学中的阅读学习

音乐与文学作为艺术的不同表现形式，在表达情感、传递思想等方面有着异曲同工之妙。音乐的旋律、节奏与文学的韵律、情节相呼应，共同构建出丰富多彩的艺术世界。

因此，在音乐学习中，阅读文学作品是理解音乐内涵、提升音乐素养的重要途径。通过阅读文学作品，学生可以更深入地理解音乐作品背后的故事、情感和文化，从而更好地把握音乐的精髓。

在阅读文学作品时，学生应关注作品的情节发展、人物形象、情感表达等方面，并结合音乐作品进行分析和对比。例如，在阅读小说时，可以关注小说中的音乐元素，如歌曲、乐器等，思考它们如何与故事情节和人物形象相映衬；在欣赏音乐作品时，可以想象与之相关的文学场景，从而更深入地理解音乐作品的内涵。

诗歌作为文学的一种重要形式,其韵律、节奏与音乐有着天然的联系。在音乐学习中,阅读诗歌可以帮助学生更好地理解音乐的节奏和旋律。

在阅读诗歌时,学生应关注诗歌的韵律和节奏,感受其独特的音乐性。同时,学生还可以尝试将诗歌与音乐作品进行对照,分析它们之间的相似之处和差异点,从而更深入地理解音乐与诗歌的关系。

(二)音乐与舞蹈中的阅读学习

音乐与舞蹈作为艺术的不同表现形式,在表达情感、塑造形象等方面有着密切的关联。音乐的旋律、节奏与舞蹈的动作、姿态相呼应,共同构建出动态的艺术画面。

在阅读学习音乐与舞蹈时,我们不仅需要关注音乐作品本身的旋律和节奏,还需要结合舞蹈动作和形象进行深入理解。通过阅读相关的舞蹈教材、观看舞蹈视频等方式,我们可以更全面地了解舞蹈背后的文化内涵和艺术特色,从而更好地理解音乐作品所表达的情感和意境。

以《阿细跳月》为例,这是一首具有浓郁民族特色的音乐作品,同时也是一部经典的舞蹈作品。在阅读学习时,我们可以首先了解作品的创作背景和历史文化内涵,包括阿细人的风俗习惯、音乐舞蹈的传统等。然后通过阅读舞蹈教材或观看舞蹈视频,我们可以学习舞蹈的基本动作和技巧,感受舞蹈与音乐之间的紧密关系。

(三)阅读学习策略

1. 跨学科阅读

鼓励学生阅读涉及音乐与舞蹈的交叉学科的书籍和资料,如舞蹈史、音乐与舞蹈关系研究等,以开阔视野、丰富知识储备。

2. 对比阅读

将音乐作品与舞蹈作品进行对比阅读,分析它们在节奏、旋律、动作等方面的异同点,加深对音乐与舞蹈关系的理解。

3. 观看视频

利用网络资源观看舞蹈视频,直观感受舞蹈动作与音乐旋律的协调配合,提高审美能力和鉴赏水平。

4. 实践体验

鼓励学生尝试学习舞蹈动作,亲身感受舞蹈与音乐的融合,增强对音乐作品的理解和感受力。

(四)课例

民乐悠悠
——品民乐合奏《阿细跳月》中音乐与舞蹈的关系[①]

1. 案例背景

(1)学习内容分析

《义务教育艺术课程标准(2022年版)》强调,艺术教育应致力于培养学生的审美感知能力、艺术表现能力和文化理解能力。基于这一标准,本单元旨在引导学生通过演唱和聆听不同风格的音乐作品,感受不同地域的文化特色,理解并表达其中的情感内涵。

民乐合奏《阿细跳月》,也称作《跳月歌》,是流行于云南彝族的一首歌舞曲。曲调多由"do、mi、sol"三个音组成,采用5/8拍,全曲以第一小节为主题,每个乐句有一些变化,旋律活泼跳跃,富有鲜明的民族特色。歌词内容则是召唤伙伴们去跳舞。民乐合奏的《阿细跳月》便是根据《跳月歌》改编的。

本单元一共四首作品。首先,通过演唱《故乡的小路》和《雪绒花》,锻炼学生的艺术表现能力,同时增强对家乡和传统文化的热爱。其次,聆听《大河之舞》并学习踢踏舞步,将使学生领略到爱尔兰民族音乐的独特魅力,感受其热情奔放的音乐风格,这有助于培养学生的审美感知能力和文化理解能力。最后,学习彝族舞蹈《阿细跳月》的音乐主题和舞步,让学生接触到中国多元文化的魅力,体验不同民族音乐的欢快情绪,进一步拓宽他们的艺术视野。

通过这一单元的学习,学生不仅能够提升音乐技能和艺术表现能力,更能够深入理解不同地域和民族的文化特色,培养跨文化的理解和尊重,实现艺术教育与文化素养的有机结合。

(2)相关文化背景

彝族文化的文化背景

[①] 课例提供者:北京石油学院附属小学唐敏。

①彝族文化的人文性

彝族主要分布在滇、川、黔、桂的高原与沿海丘陵之间，彝族自治州是全国最大的彝族聚居区。彝族是中华民族最古老的一员，拥有悠久的历史、古老迷人的彝族风情。在悠久的历史长河中，彝族人民养成了能歌善舞的特性，拥有丰富多彩的民族民间音乐舞蹈艺术，民族节目灿烂多姿。此外，他们还拥有独特的饮食、起居、服饰、待客及庆典礼仪，尽可让人返璞归真，体验古老文明之韵味。彝族对于"火把"是非常崇拜的，平时跳舞也会有火把工具。

②彝族舞蹈文化

彝族舞蹈艺术种类繁多，风格各异。最主要有柔韧灵活的《烟盒舞》、浑厚古朴的《彝族打歌》、热情奔放的《阿细跳月》等民间歌舞、乐舞，成为中华民族百花园中的一道亮丽的风景。彝族谚语曰："歌多多不过彝家，跳舞扭不过彝家，天上的星星能数尽，彝家的歌舞数不完。"这是彝族民间歌舞多姿多彩、形式繁多的真实写照。可以说，彝族是一个能歌善舞的民族，有着丰富的民间歌舞和音乐艺术，无论是劳动间隙，还是年节，都要以歌舞抒发其情感，歌舞音乐是彝族精神文化的重要内容。

2. 彝族舞蹈《阿细跳月》

《阿细跳月》为云南彝族支系阿细人和撒尼人喜爱的自娱性民间舞蹈，节奏鲜明，情绪欢快，俗称"跳乐"，阿细语称"高斯比"，意为"高兴地跳"，也称"跳大三弦"。它的由来有很多民间传说，例如，阿细的先辈为了扑灭一场山林火灾，族人的青年领袖阿者和阿娥带领全族男女老幼纷纷赤足上阵灭火，为了避开火桩刺尖和沟沟坎坎，人们必须得闪跳着前进，这就是弹跳动作的由来。为了追忆因救火而献身的阿者和阿娥，每当傍晚月亮出来之际，人们就点燃篝火，边打边跳，人们在打跳中碰响了背在身上的弓弦，从而引发了联想，造出了最初的伴跳乐器——葫芦三弦，《阿细跳月》流传至今。

3. 《阿细跳月》背后的传说

(1)很久以前，彝族阿细人一直过着刀耕火种的生活。每到播种季节，为了抢时间，人们不等到烧荒火星熄灭，就赤着脚在滚烫的田野上劳作，为使双脚少受田野上余火的灼烧，便一边跳跃一边劳作。

(2)传说在古代刀耕火种时，烧过的灌木桩容易刺伤脚掌，撬窝播种时常跳起跳落,所以劳动几下就要甩一甩被扎疼的脚,而形成今天"跳月"的基本动作。

(3)阿细山寨因"天火"成灾,阿细儿女阿者与阿娥率民众奋勇扑火,因大地被烧烫,便双脚轮换弹跳,而形成今天"跳月"的基本动作。

(4)在最古老的时代,有一对阿细青年阿者和阿娥,两人情投意合,结为恩爱夫妻。一天,天上突然出现十个太阳,大地炙热如火,水牛和山羊为争夺藏身之地而争斗不休,两角相撞,溅出火星,烧着了大地。阿者和阿娥带领民众扑火。因大地被烧烫,人们双脚轮换弹跳,形成了跳跃的基本动作,渐渐演变成了阿细人的"跳乐"舞蹈。

4. 本课中的阅读方法

在《阿细跳月》的跨学科音乐教案中,我们可以采用以下阅读学习策略:

(1)文化背景阅读

在阅读《阿细跳月》的相关资料时,注重了解彝族阿细人的文化背景,包括其历史、风俗、信仰等。这有助于我们更深入地理解音乐作品所表达的情感和内涵。

(2)舞蹈动作解读

结合舞蹈教材或视频资料,对《阿细跳月》的舞蹈动作进行解读。注意分析舞蹈动作与音乐节奏、旋律之间的关系,以及舞蹈动作所表现的情感和意境。

(3)情境模拟阅读

在阅读学习中,可以尝试通过情境模拟的方式,想象自己置身于《阿细跳月》的表演现场。这有助于我们更好地感受舞蹈与音乐的融合,增强对作品的理解和感受力。

通过运用这些阅读学习策略,我们可以更全面地了解《阿细跳月》这部作品的文化内涵和艺术特色,提高我们的音乐审美能力和跨学科学习能力。同时,这些策略也可以为我们学习其他音乐与舞蹈作品提供有益的借鉴和启示。

5. 学习目标与重难点

(1) 学习目标

①赏析民乐合奏《阿细跳月》，感受作品描绘的意境，并学唱歌曲的主题旋律，初步了解彝族阿细人"跳月"的文化背景。

②欣赏《阿细跳月》的舞蹈，能够用自己的语言表达舞蹈的动作特点，并学习舞蹈的"颠跳步""勾脚""踢""拍手"等基本动作组合。

③在聆听、体验、探究、律动等综合性音乐活动中，感知音乐的节奏、结构和旋律特点，能够分辨出主奏乐器。

④能够和同伴合作，参与音乐活动"阿细跳月"，通过舞蹈与音乐欣赏的结合，提高学生的音乐审美能力和舞蹈表现力。

(2) 学习重点

理解《阿细跳月》的音乐特点，掌握舞蹈的基本动作和表达方式。

(3) 学习难点

能够准确感受并表达出音乐中不同乐器所表现的情感和场景。

6. 实施过程

(1) 环节一：创设情境，用舞蹈感知"火"的形象

①教师活动

A. 播放视频，引出火的形象。

播放视频请学生观看。

提问：你们从视频中看到了什么？

B. 引导学生观察火的动态。

②学生活动

A. 观看视频后自由发言。

B. 用动作模仿小火、中火、大火的形象。

设计意图：通过视频激发学生兴趣，引入舞蹈主题，通过模仿火的形态，为后续的舞蹈动作打下基础。

(2) 环节二：了解《阿细跳月》，学习基本舞步

①教师活动

A. 讲解《阿细跳月》创作背景。

B. 创设情境，引导学生体验"烧荒"。

创设情境"烧荒"，引导学生体验烧荒、踩火的场景。

提问：如果咱们是阿细的小朋友，现在要踩灭地上的火苗，你会用什么动作？空中的火苗呢？

C. 学习"跳月"基本舞步。

教师引导学生发现动作的规律，按照规律提取动作元素，示范引导。

a. 后踢步，要求：立腰，绷脚，踢臀。

b. 踢腿，要求：脚后跟发力快速下踢，身体随动。

c. 拍手，要求：立腰，微微转体，向上拍。

D. 要素连接，学习基础。

教师引导学生进行要素连接并跟随音乐进行体验。

E. 揭示课题。

教师揭示课题，播放《阿细跳月》的舞蹈视频，引导学生发现舞步特点。

F. 游戏——男女对跳。

教师引导学生体验男女生配合的动作表演。

师：刚才我们一起学习了《阿细跳月》的基本舞步，在这个舞蹈中，阿细的男孩会弹起三弦，吹起竹笛，女孩会拍着手，让我们一起来跳这个舞蹈。

G. 引出民乐合奏视频与欣赏衔接。

师：下面就让我们一起来欣赏由彭修文老先生根据彝族传统舞蹈音乐《跳月歌》改编的这首民族管弦乐曲——《阿细跳月》。

②学生活动

A. 聆听。

B. 用动作表现"烧荒""踩火"的情景。

C. 发现规律并体验动作。

D. 将要素连接进行表演。

E. 观看后自由谈感受。

F. 分成男女两组对跳。

动作要求：男生抱着大三弦跳舞的动作，用第 2 组踢腿的动作跳。女生用第 2 组踢腿和拍手的动作跳。

G. 聆听并观看。

设计意图：通过教师介绍作品的创作背景，引导学生了解《阿细跳月》

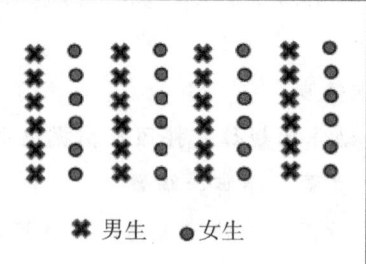

图 6-23 队形 1

背后的文化,理解音乐与历史文化、社会生活的关系,增强文化认同感。创设"烧荒"的情境,使学生更加深入地体验舞蹈所表现的情感和场景。教师示范并讲解动作,帮助学生提炼基本动作并给予学生技术上的支持,促进学生掌握并了解舞蹈元素的运用。

通过观看《阿细跳月》的舞蹈视频,帮助学生直观地感受舞台表演,体会舞蹈的情绪,并引导观察演员间的互动,感受民族舞蹈对舞的特点,并引发学生的思考和模仿,进行学习并结合音乐表现舞蹈。

(3)环节三:完整聆听,初步感受民乐合奏《阿细跳月》

①教师活动

教师播放民乐合奏《阿细跳月》。

师:我们刚才听到的是一首民乐合奏,名字叫《阿细跳月》,我们一起来读一读这首曲子的名字吧。

②学生活动

学生观看后有感情地朗读课题,围绕乐曲情绪自由谈感受。

设计意图:通过视频引入音乐欣赏环节,明确课题,完整感知乐曲情绪。

(4)环节四:分段聆听,感知乐曲节奏和旋律特点

①教师活动

A. 体验快乐的节奏。

教师哼唱音乐,拍出节奏(4句),请学生跟着音乐拍一拍。

B. 体验切分节奏。

a. 教师唱谱,在切分节奏的地方拍手,学生聆听。

b. 教师唱谱，边拍切分边引导学生一起拍。

c. 引导学生边唱主题旋律边在切分的地方拍手。

d. 跳出感受，体验切分节奏的跳跃感。

师：你看这节奏，多有跳跃感啊，来，咱们跳一跳。

C. 感知旋律特点，找主干音。

教师唱旋律，请学生聆听后跟唱，找出旋律主干音 DMS，教师介绍西南音乐特点。

提问：你发现了吗？主题旋律中主要唱了哪三个音？

D. 举例：联系旧知导入新知。

教师分别演唱《乃哟乃》和《苗岭的早晨》歌曲片段，联系旧知再次感受西南音乐用"do、mi、sol"三个音创作音乐的特点。

E. 编创。

教师打恒拍，学生用 DMS 三个音编创旋律进行接唱，教师唱第一句。

F. 唱主题旋律，记忆主题旋律。

师：那我们再来唱一唱《阿细跳月》的主题旋律，感受一下它的魅力。

G. 听辨主题旋律次数。

教师播放视频，请学生听辨次数并用手比出来。

②学生活动

A. 跟着音乐拍节奏。

B. 聆听音乐在切分节奏的地方拍手，然后用跳跃的动作表现切分。

C. 聆听后跟唱，找出旋律主干音 DMS。

D. 聆听，回忆歌曲，感受西南音乐的创作特点。

E. 边打恒拍边用 DMS 三个音编创旋律进行接唱。

F. 再次跟琴演唱主题旋律。

G. 再次观看民乐演奏视频，边听边数主题旋律出现的次数。

设计意图：通过体验快乐的节奏和切分节奏，让学生感受音乐的节奏特点，通过分析旋律中的主干音和联系旧知，让学生感受音乐的旋律特点。在听辨主题旋律的次数时，能够整体感知音乐作品及结构，加深对主题旋律的感知与记忆。

(5)环节五：分段聆听，探究音乐要素

①教师活动

A. 复习旧知——民乐分类。

师：这是一首民乐合奏，你们还记得民乐的分类吗？

B. 了解《阿细跳月》主奏乐器及演奏形式，想象舞蹈场面。

教师出示主奏乐器图片，引导学生观察并聆听乐器音色，想象表现的跳舞场面。

a. 感知女生跳舞场面。

教师播放主题音响，引导学生感受音色和力度，想象跳舞场面并请女生跟着音乐跳一跳。

b. 感知男生舞蹈场面。

教师播放9—11主题音响，引导学生聆听演奏形式，想象舞蹈场面并请男生跟着音乐跳一跳。

师：再听听这段音乐，是主奏还是合奏？你觉得是男生还是女生在跳舞呢？

C. 感知群体舞蹈场面及音乐要素的变化。

师：听听这段音乐，是主奏还是合奏？像谁在跳月？还是刚才的弹拨乐合奏吗？

所以你们感受到力度怎么样？速度怎么样？

②学生活动

A. 复习民乐分类。

B. 分段聆听，围绕主奏乐器的音色、力度等音乐要素自由谈感受，想象舞蹈场面并分角色跳一跳。

a. 聆听并了解主奏乐器，想象女生舞蹈场面。

b. 聆听并分辨演奏形式，想象男生舞蹈场面。

C. 聆听音乐，围绕音乐的演奏形式、力度、速度等音乐要素自由谈感受，想象音乐表现的舞蹈画面。

设计意图：通过视听结合、图文并茂的方式让学生了解民乐合奏《阿细跳月》的主奏乐器及不同的演奏形式，感知、探究音乐要素的变化，进一步理解这首作品的音乐内涵。启发学生想象音乐表现的舞蹈场面，通过跳舞的方式，一方面巩固了之前学过的"跳月"舞蹈动作，另一方面加深了学生对音乐表现的不同舞蹈场面的情感体验。

(6)环节六:综合性艺术表演——音乐与舞蹈的融合

①教师活动

教师谈话创设火把节篝火晚会的情境,学生围成两圈,教师做举火把点火的动作,加入歌曲《月亮出来了》片段,师生表演。

②学生活动

学生围成两圈,和教师一起跟着音乐表演乐曲《阿细跳月》。

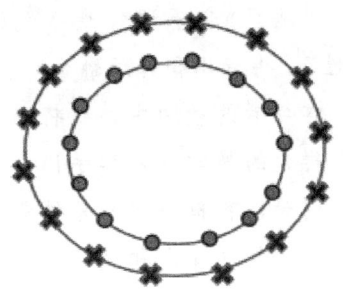

图 6-24 队形 2

设计意图:通过谈话创设情境,为后续的表演环节营造氛围。通过集体表演,结合队形的变化,让学生将所学的舞蹈和音乐知识综合运用,展示学习成果,从而培养学生的合作意识,在感受中国民族舞蹈集体舞特点的同时进一步体会和感受作品《阿细跳月》音乐与舞蹈结合的魅力。

7. 实施效果

在《阿细跳月》的跨学科音乐课教学中,我们注重将舞蹈、音乐、文化等多元素进行有机融合,引导学生通过多感官体验,深入理解并感受这首传统舞蹈音乐的魅力。

首先,在舞蹈部分,通过观看视频和模仿火的形态,激发学生对舞蹈的兴趣,并为后续的舞蹈动作教学打下基础。通过情境导入和男女对跳游戏,学生能够在轻松愉快的氛围中掌握舞蹈的基本动作和表达方式。这一环节的教学效果较好,学生积极参与,表现出浓厚的兴趣和热情。

其次,在音乐欣赏部分,通过引导学生感受音乐的节奏和旋律特点,以及听辨主题旋律次数和主奏乐器,帮助学生深入理解音乐的结构和演奏形式。同时,通过联系旧知和感知不同舞蹈场面的情感和氛围,学生能够更好地将舞蹈与音乐结合,提高音乐审美能力。然而,在引导学生分析旋律特点时，发现部分学生对于一些音乐术语的理解还不够深入，需要在今后的教学中加强相关知识的讲解和训练。

最后，在表演环节，通过谈话创设情境，引导学生将所学的舞蹈和音乐知识综合运用，进行集体表演。这一环节不仅检验了学生的学习成果，还锻炼了学生的舞台表现力和团队合作精神。在表演过程中，学生表现出较高的自信心和表现力，但也存在一些动作不够规范、节奏不够准确的问题，需要在今后的教学中加强指导和训练。

综上所述，本次《阿细跳月》音乐课体现了《义务教育艺术课程标准（2022年版）》中的"综合性"，将音乐和舞蹈融合，教学取得了一定的成效，但也存在一些不足之处。在今后的教学中，我将更加注重学生的个体差异和学习需求，采用更加多样化的教学方法和手段，激发学生的学习兴趣和积极性，加强教学效果。同时，我也将不断总结教学经验，反思教学中的问题和不足，不断完善自己的教学理念和教学方法，为培养更多具有跨学科素养的学生贡献自己的力量。

七、舞蹈表演与创作中的阅读学习

舞蹈作为一门身体的艺术，借由身体姿态抒发情感，给予人们美的享受，也是一门关乎美的认知和提升创造力的艺术学科。它凭借身体动作，既能展现现实生活，精准传递人们的情绪。舞蹈创作可以通过观察象形文字和阅读书籍等途径汲取灵感，将这些不同艺术形式的元素融合，从而创作出独具风格的作品。阅读，堪称提升舞蹈创造力的优质源泉，通过阅读舞者能够拓宽视野，接触到丰富多样的人物、情节与故事，进而更高效地将文学作品中的情感内涵与意义传递出来。文学作品常常能点燃舞蹈创作者的灵感火花，影响舞蹈作品的风格走向与主题表达。舞蹈与文学的共通之处在于，二者皆借助特定表现形式传递情感与思想，以艺术表达触动人心。

（一）阅读学习策略

1. 讲解与示范结合

通过观察生活，以生活中的现象以及形象引导学生提取舞蹈动作的形态表达。

2. 分析舞蹈动作

观察视频或图片,模仿动作形态。例如:火焰、小草、动物形象以及生活场景。

3. 分组讨论,集思广益

学生进行小组讨论,观察视频并提取形象以及动态。

4. 设置阅读任务

课前、课后设置阅读任务,督促学生进行阅读,对于人物形象以及背景进行深入了解。

5. 发散思维与创造力

舞蹈发散思维是突破常规、跨界联想,将生活万象、艺术元素等转化为独特舞蹈动作、编排、情境的能力,是驱动舞蹈创造力源源不断、使作品呈现崭新风格与深刻内涵的核心动力。

(二)课例

"小报童的一天"教学设计[①]

1. 案例背景

(1)学习内容分析

"小报童的一天"课例,是为小学五年级学生设计的综合表演课程。培养学生能够运用身体表现生活中的事物、人物与情感。帮助学生在情境中展开想象,培养学生的创新思维能力。本课由旋律和歌词带入,让学生通过肢体语言的表达方式表现故事场景。在舞蹈中学习重心的控制。贴合形象、塑造形象、创作形象造型。动作节奏的把握,以及动作与动作间的连接、动作连接造型的控制力,形象的造型创作。

(2)音乐内容

音乐选自歌曲《卖报歌》。乐曲曲调简单,朗朗上口,曲调明快、流畅。以朴实生动的语言,辛辣诙谐的笔调,体现了小报童在卖报时的苦中作乐,虽生活困苦,历经苦难,但仍对生活充满渴望。

2. 教学目标

(1)倾听:专注倾听《卖报歌》的旋律,想象歌词所描绘的故事场景。

[①] 课例提供者:北京石油学院附属小学魏巍。

(2)形象：抓住当时环境中报童的形象并体会当时报童艰苦的生活以及卖报时的神情与状态。

(3)表演：用肢体语言结合音乐表现报童们争先恐后卖报纸的状态。

3. 教学重难点

(1)教学重点

学会聆听音乐，结合故事背景，感知歌曲塑造的形象。

(2)教学难点

动作的控制力以及创造舞蹈造型部分，结合歌词塑造场景。

4. 教学过程

(1)利用游戏还原场景

游戏导入：在聆听音乐的同时让学生在教室里任意走动1/4拍后停下，与就近的同学利用手持的报纸互相打招呼。在音乐中不停地行走，更换目标。再根据教师的口令更换移动行为，走、跑、跳等方式。

设计意图：学生在游戏中感受小报童卖报时的场景。

(2)引出形象，创造动作

在教师语言的引导中，让学生自主提炼卖报时的动作。教师将学生做出的动作反应整合成为舞蹈动作。

设计意图：引导学生寻找小报童卖报时的形象，以及创作形态。

(3)结合故事场景，创造造型

结合歌词利用拍照的游戏，让学生创造出4个小报童在卖报时的动作造型。

设计意图：引导学生创造造型，在舞蹈中形成动与静的对比。

(4)结合歌词，合作表达

舞蹈结合戏剧的表演形式，根据歌词设定场景。两两合作完成场景表演，例如歌词"我是卖报的小行家，大风大雨里满街跑，走不好，滑一跤"。利用舞蹈动作来表达故事场景。

设计意图：利用歌词赋予的场景，以舞蹈动作还原场景中的画面。

(5)舞蹈展示

教师：今天我们"遇到"了面对艰难生活也无惧无畏的小报童，感受了小报童在卖报时的快乐与无奈，也感受了快乐才是打败所有艰难的最佳方法。老师希望同学们在这节课中感受到舞蹈带来的快乐，也希望同学们能将这份快乐传递给你身边的每一个人。

教学提示：教师总结这一节课的体验并把整堂课学习的动作进行梳理。过程中，教师注意每个孩子的动作准确性和造型控制，再结合音乐进行集体展示并提示注意事项。

设计意图：通过主题动作的学习和创作创编的造型综合成舞蹈作品，使学生沉浸在故事背景中和人物特点里，学会在音乐的节奏里形成舞蹈片段并整合成属于自己的舞蹈作品。

(6)课堂小结

教师总结本节课所学习的内容，并提出优缺点以及要求。

(7)队形图解、课前准备与动作分解

①队形图解

队形以8位男生、8位女生为例，图标□为男生，图标○为女生。

队形：16人分别为四横排(图6-25)。

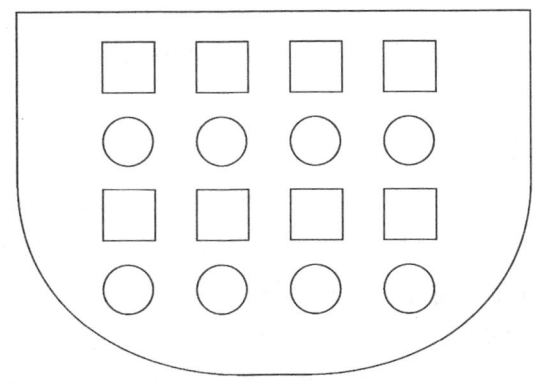

图 6-25　队形图

②课前准备

A. 按照 ABA 的音乐结构梳理课堂框架。

B. 结合音乐与人物形象设计课堂主题动作。

C. 利用歌词配合动作完成戏剧表演。

③动作分解

A. 主题动作1

a. 前三个8拍动作

1—2拍：身体面向8点钟方向，由左腿开始做高抬腿动作，左、右、左三次，停顿在身体前倾的动作造型上。

3—4拍：再由右腿开始做高抬腿动作，右、左、右三次，停顿在后仰动作姿态上。

重复做2次。

每个8拍换一个方向，分别为：8点钟、1点钟、2点钟方向。

b. 第四个8拍动作

1—8拍：重复第一个8拍动作。

c. 第五个8拍动作

1—8拍：双手向上抬起，左右交替做招手动作，双脚打开，身体重心随招手的方向向前倾斜。

d. 第六个8拍动作

1—8拍：利用拍照游戏的形式，让学生创作报童卖报的各种造型。两拍一换，造型共变化4次。

B. 主题动作2

分组配合动作，以竖列为分组。分为单数列与双数列，单数列为一组、双数列为二组。

a. 第一个8拍动作

1—8拍：1—4拍，左右对列，身体前倾，利用原地小跑的动作转向面对面状态。5—8拍，身体直立，双脚并拢，双手捂在胸前。随后双脚打开，身体前倾，双手向前伸直抬起，拇指朝上。

b. 第二个8拍动作

1—8拍：1—4拍，两组面对面。身体前倾，碎步向前跑动，与对面同学交叉。手臂弯曲至胸前，随碎步摆动。5—8拍两组配合，二组上身后仰，脚下后退。一组身体保持前倾，脚下后退，双手向前伸直挥动。两组形成统一的借力造型。

c. 第三个8拍动作

1—8拍：二组做戏剧性动作，扯衣角、扯袖子、看后背等动作形态。同时一组做捂嘴嘲笑的动作。

d. 第四个8拍动作

1—8拍：做拍衣服、拍裤子、拍袖子等形象动作，边做边走回到分开的队形中。

e. 间奏动作

1—8拍：膝盖弯曲，脚下碎步逆时针自转一周。手臂弯曲贴紧身体并随碎步摆动。

C. 主题动作3

整段重复第一段主题动作。

D. 结尾动作

两个8拍：集体队形向正后方集中，收成小方形。

1—3拍：选一个创编的造型作为最后造型动作。

5.教学方法建议与反思

(1)本课在导入中给学生充分地讲解，让他们体会报童在行走时和打招呼时的心情以及状态，同时要与音乐的节奏配合，因为本课的音乐学生比较熟悉，因此可以让学生边跳边唱，这样有助于对节奏的把控。

(2)教师教授动作时，建议反复要求高抬腿的动作，利用节拍静止的方式让学生在动作中迅速停顿在造型上，练习学生的身体控制力。再结合诙谐的音乐让学生在表情以及心情上与环境相结合。多启发学生，让学生自发地找到报童在卖报时的经典动作形态，使学生在情境中感受音乐赋予的形象，以及在形象中感受动作的形态变化。

(3)在戏剧表演环节中，教师应出示歌词，在歌词中寻找动作行为，通过教师语言的引导让学生自主地在歌词中寻找相应的动作表达，教师再加以讲解以及修饰。

(4)建议教师多鼓励、启发学生创意想象，灵活运用教师所教内容，并学会互相学习、借鉴，提升学生思辨、创想能力，增强其艺术修养。

第七章　道德与健康类学科中的阅读学习

第一节　体育与健康学科阅读学习的策略与案例

体育与健康学科以"健康第一"为指导思想，强调的是健身育人能力的培养，重视培养学生的学科核心素养。在强调提高体能、运动技能、学习体育文化的同时，还要融合与学生成长相关的健康教育知识和方法，关注学生健康与安全意识的培养以及健康文明的生活方式。在体育活动中，要重视培养学生团结合作、不怕困难、挑战自我、顽强拼搏、公平竞争和遵守规则等体育品德，促进学生拥有健康的身心、强健的体魄，获得全面发展。

因此，体育与健康的阅读范围关乎人的身体、精神和心理方面的知识，包括身体知识、运动知识、项目知识、健康知识、奥运会知识、营养知识、养生知识、体育文化、体育伦理等。体育与健康阅读还应重视中华优秀传统文化中的武术、民族民间体育活动和养生知识。体育课中的阅读，可以是课前、课后阅读体育相关的书籍，如体育人物传记、健康知识等。

看视频和观察动作是体育学科中形式特殊的"阅读"。这种方式的阅读，学生可以通过视觉直观地感受各种体育动作、比赛场景等，从中获取信息，就像阅读文字一样，在脑海中形成对动作的认知和理解。观察动作更直接地对实际的运动表现进行"阅读"，学生可以仔细观察他人的动作技巧、身体姿态、节奏等细节，进而进行学习和模仿。这种"阅读"有助于培养学生的运动感知能力、动作分析能力和技能掌握能力，是体育教学中非常重要的学习方式。

一、开放式运动技能学习中的阅读学习

开放式运动技能是指在复杂、不可预测的情景下执行某些动作的能力。它的主要表现是：运动员在做出技术动作之前要事先判断周围情景的变化，再决策下一步需要运用什么样的技术动作。开放式运动技能的特点

包括：完成动作时需要根据外界环境的改变而相应调节自己的动作；在运动结构上表现出多样性和非周期性特征；完成动作时需要多种分析器参与工作，并综合总的反馈信息，其中往往是视觉分析器起主导作用。

开放式运动技能的学习需要考虑到情景因素的变化，在教学中应注重培养学生的判断能力、应变能力和综合运用技术的能力。常见的开放式运动技能项目包括球类、摔跤、散打、击剑、柔道等。

(一)阅读学习的策略

1. 讲解与示范结合

在讲解动作时，学生观察、分析、理解动作的要点和原理。

2. 分析比赛案例

通过阅读篮球比赛案例，让学生学会分析战术和技巧。

3. 小组讨论与分享

组织学生进行小组讨论，分享观察动作、视频的心得和体会。

4. 设置阅读任务

课前、课后布置一定的阅读任务，督促学生进行阅读，观看篮球比赛视频，深入了解篮球运动的规则和技术动作要领以及合理运用。

5. 运用多媒体资源

利用视频、图片等多媒体资源辅助学生阅读和理解。视觉是获取信息的重要途径之一，通过观看和观察，学生能更好地理解和学习体育动作。观看视频和观察动作可以帮助学生形成正确的运动知觉，为掌握动作技能奠定基础，主动构建对动作的认知和理解，促进知识的内化。

(二)课例

以篮球项目——真实情境下技战术运用与小篮球半场对抗赛为例[①]

1. 案例背景

(1)学习内容分析

①主要内容

人民教育出版社出版的《体育与健康·五至六年级(全一册)》第六章球类运动中第一节小篮球为真实情境下技战术运用与小篮球半场对抗赛。以"立德树人"为体育教学的根本任务，依据《义务教育体育与健康课程标准

---

① 课例提供者：北京石油学院附属小学林秀珍。

(2022年版)》的基本理念，坚持"健康第一"的指导思想，以学生发展核心素养为引领，更好地落实"以体育人"的目标。篮球运动是一项具有综合性、游戏性、对抗性、竞争性和集体性的运动项目，深受学生的喜爱。通过对小篮球的技战术学习，能够更好地锻炼身体，促进速度、力量、灵敏、协调等身体素质的发展。在小篮球活动和比赛中，培养学生勇敢、机敏、果断、顽强的心理品质和团结协作的集体精神，还可以培养学生遵守规则、尊重对手、勇于承担责任、服从裁判的良好体育品德。

②与学科知识的关联

本单元主题为真实情境下技战术运用与小篮球半场对抗赛，依据《义务教育体育与健康课程标准(2022年版)》水平三篮球项目要求，在教材中选取本年级大单元学习内容及课时分配，如表7-1所示。

表7-1 小篮球大单元学习内容

主题	内容分类	内容要点	建议课时	
			小计	总计
真实情境下技战术运用与小篮球半场对抗赛	基本知识与技能	1. 基本知识：了解篮球运动的相关知识和文化，篮球场上的角色、国内外重大篮球赛事、违例与犯规行为、裁判手势。 2. 基本技术 运球：行进间运球、急停急起。 传接球：行进间双手胸前传接球。 投篮：原地双手胸前投篮。 移动与防守：侧身跑、变速跑、滑步、交叉步。 组合技术：运传组合、接投组合、运投组合等。	11	18
	技战术运用	进攻：运球突破、运球投篮、接球投篮等组合动作技术和传切配合。 防守：人盯人、"关门"等防守基本方法。	2	
	体能	基本移动步伐，发展灵敏性和协调性。 行进间不同方式的运球，发展心肺耐力。	1	
	展示或比赛	简化规则 3V1、3V2、3V3、4V4 篮球教学比赛与游戏。 篮球比赛的基本礼仪。	2	
	规则与裁判方法	了解篮球比赛的基本规则和判罚动作，如，违例的"二次运球、走步、出界、5秒等"和犯规的"拉人、推人等"，并能承担班级内比赛部分裁判工作。	1	
	观赏与评价	观看篮球比赛，并从赛场礼仪、技战术使用、团队协作等方面选择1—2点进行评价。	1	

③本课中的阅读材料内容

A. 课前，布置学生阅读篮球比赛相关资料或观看篮球比赛视频，为了解篮球比赛规则做好充分准备。

B. 课堂中，观看NBA季前赛的两个比赛小视频，这两个短视频主要引导学生观看双手胸前传接球和传接球运球等动作，学生通过仔细观看动作在比赛实战中的运用，从中可以分析、总结出在赛场上快速传接球的重要性和运传的动作衔接运用。

C. 教师和学生做快速双手胸前传接球、快速传球后加速跑、无防守接球后运球以及传球后变防守的攻防转换的动作示范，学生观察后，分组讨论练习，从而掌握动作要领，为后面的学习做好充分准备。

(2) 学生分析

大单元教学以"学会、勤练、常赛"为抓手，五年级学生正处于青春期发育阶段，相比中低年级学生在身体力量、速度和协调性方面较好，在球类课程学习中具备了基本的身体素质，能够完成本课的学习内容。心理特点：在青春期发育阶段，学生不善于表达，对具有挑战性和竞争性的学习内容比较感兴趣。学生虽然掌握了小篮球的运球、原地双手胸前传接球、双手投篮的基本技术动作，并能在简单的游戏和比赛中进行运用，但是由于疫情原因学生多为线上学习，缺乏对篮球项目的真实体验。因此，学生的控球能力以及在有防守情境下运用已学技术的能力较弱，男生更愿意参加对抗性活动，个别女生存在畏难心理，参与度不高，对于篮球活动的兴趣较低。

(3) 学习背景

根据教材中小篮球项目教学内容，本单元学习任务设计时，在原有基本技术动作与简单动作组合的基础上，结合五年级学生身心发育和已有知识技能特点，引导学生学练行进间运球、行进间双手胸前传接球和原地双手投篮的基本技术动作，以及运球、传球、投篮的简单组合技术动作与简单技战术配合。通过游戏和比赛，激发学生对篮球项目的学习兴趣，并培养学生在学练赛中学会团队合作、勇于挑战自我，遵守规则，尊重对手，能正确看待胜负、控制情绪和运用预防运动损伤的简单方法。让学生感受篮球运动的魅力，达到享受乐趣、增强体质、健全人格、锤炼意志的目的。

下面就教材与《义务教育体育与健康课程标准(2022年版)》小篮球项目的教学内容进行梳理，如图7-1所示。

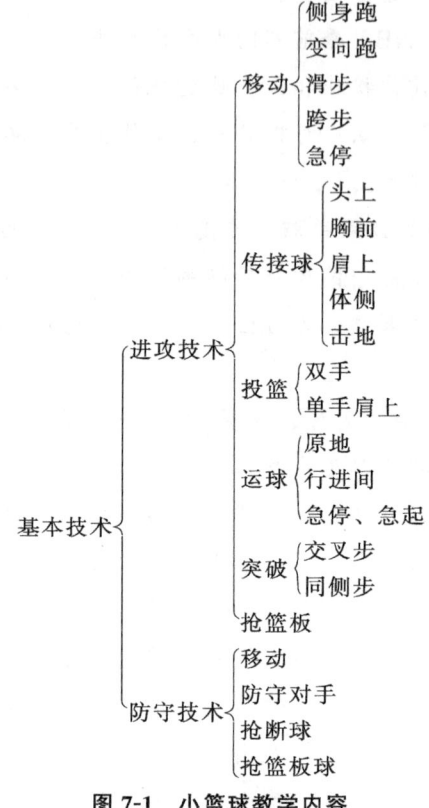

图7-1 小篮球教学内容

2. 学习目标

(1)结合课前阅读、观看比赛视频，课上能说出2个以上篮球基本比赛规则，能正确做出3种以上违例或犯规的裁判手势，知道国内外主要篮球赛事。

(2)通过观看视频和师生动作讲解，分析总结出运球、传接球、投篮等基本技术在比赛情境中的运用，并能够根据防守人和队友的位置比较合理地运用基本技术及组合技术；能运用移动技术展开进攻和防守。

(3)专项体能练习，提高快速起动、变向的能力，发展灵敏、协调、力量等体能。

(4)积极参与学练活动，比赛中出现失误时能相互鼓励、及时调整情绪，能够适应不同场地和不同对手的比赛环境，注意学练中的安全，不做犯规动作。

(5)勇于承担责任,和队友团结一致、配合默契;正确面对输赢,积极反思并寻找改进动作的方法;比赛中遵守规则,尊重他人,共同营造文明公正的比赛氛围。

3. 实施过程

课前,让学生阅读篮球比赛相关资料或观看篮球比赛视频,了解篮球比赛规则,为本课做好充分准备。

(1)环节一:开始部分(2—3分钟)

①教师活动:课堂常规

A. 检查场地及器材。

B. 向学生问好。

C. 介绍本节课教学内容并提出要求。

D. 检查服装,安排见习生。

②学生活动

A. 体委整队,报告人数。

B. 向教师问好。

C. 听教师介绍本课内容。

D. 检查自己服装,见习生向教师请假。

③组织队形(如图7-2所示)

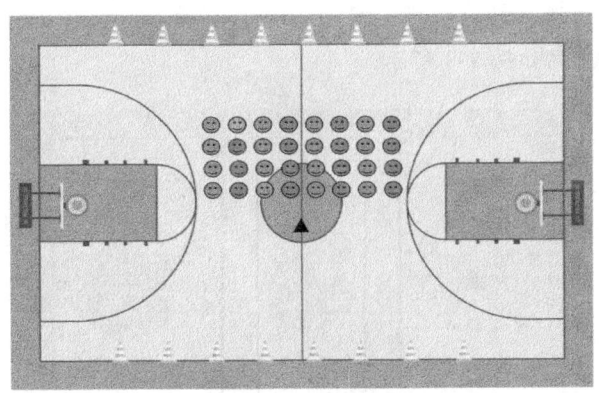

图7-2　队形图1

设计意图:了解本班出勤情况,安排见习生。通过回顾前两节课的学习内容引出本次课的新内容,并向学生提出希望与要求。

(2)环节二：准备部分(7—8分钟)

①教师活动1

统一口令带领学生原地做关节操。

②学生活动1

原地做关节操：8拍×4组。

A. 肩关节。

B. 膝关节。

C. 踝腕关节。

要求：动作幅度大，充分活动关节。

D. 四列横队体操队形。

③教师活动2

跟随音乐带领学生做行进间准备活动。

④学生活动2

做行进间准备活动(15米往返×2组)

A. 慢跑。

B. 后退跑。

C. 侧滑步。

D. 交叉步。

E. 急起急停＋小碎步后转身＋后退跑。

要求：动作规范到位，脚下灵活。

F. 组织队形(如图7-3所示)

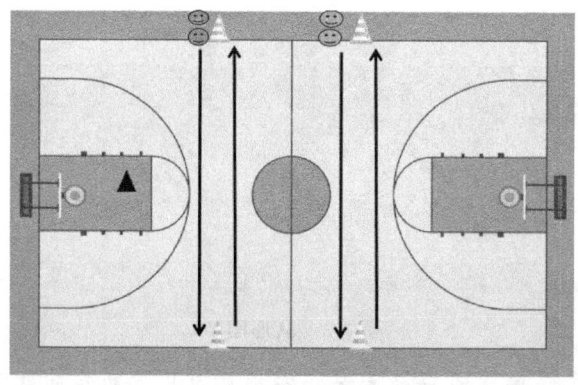

图7-3　队形图2

⑤教师活动3

组织学生做行进间专项运球练习。

⑥学生活动3

行进间运球练习。

A. 直线运球(左右手)(15米往返×2组)。

B. 运球急停(左右手)(15米往返×3组)。

要求：手形与按拍球的位置正确，动作连贯，上下肢协调配合。

设计意图：活动关节避免练习中受伤。行进间准备活动，主要以小篮球项目中的移动步伐为练习内容，通过行进间准备活动练习了移动攻防步伐，为主教材学习攻防移动步伐运用奠定基础。专项运球练习，主要规范动作，熟悉动作，上下肢协调配合，为主教材学习运传组合动作奠定基础。

(3)环节三：基本部分(27—28分钟)

①复习

A. 教师活动1

利用大屏幕视频导入，教师播放NBA季前赛的两个比赛短视频，这两个短视频主要引导学生观看双手胸前传接球、传接球与运球、运球与投篮以及有球和无球队员的跑位等技能的运用。

B. 学生活动1

认真观看视频，并积极回答问题。学生通过仔细观看视频中的连续快速传接球、运球与传球的组合动作以及有球队员和无球队员的跑位在比赛实战中的运用，从中可以分析、总结出在赛场上快速传接球的重要性和运传的动作衔接运用。

设计意图：通过观看精彩视频，结合前两节课学习的运球、运球与投篮组合的个人进攻技术，这节课开始学习团队的进攻技术，引导学生在学习篮球进攻技术时懂得运球与传接球是比赛中非常重要的进攻技术。让学生知道比赛中有多种传球方法，同时无球队员是在跑位置中要球，并且在接球瞬间，根据防守队员的位置判断是投篮、传球还是运球突破。同时，一定要传得准接得稳，成功率才能更高。

C. 教师活动2

组织学生复习原地双手胸前传接球。

D. 学生活动2

两人一组，距离2.5米，练习原地双手胸前传接球(20次×1组)。

要求：传接球动作要领，做到传得准接得稳。

E. 教师活动3

组织学生计时30秒原地双手胸前传接球。

F. 学生活动3

两人一组，距离2.5米，计时练习原地双手胸前传接球(30秒×1次)。

要求：快速传接球，伸手接球，传得准接得稳。

G. 组织队形(如图7-4所示)

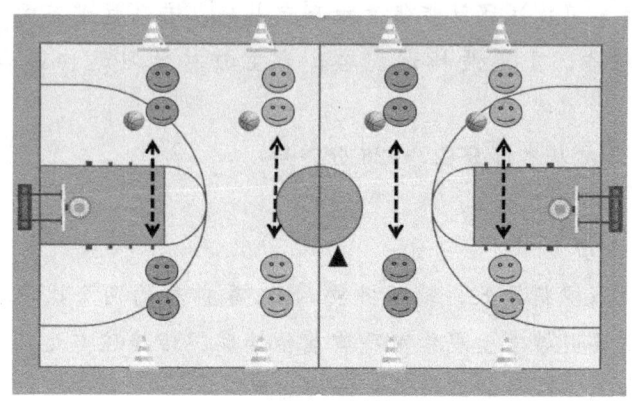

图7-4　队形图3

设计意图：通过复习原地双手胸前传接球动作方法，提高学生传球的准确性和熟练程度，并在快速传接球中，体会传接球的快速转换，以及适应比赛中快速传接球节奏。

②学

A. 教师活动1

用大屏幕播放双手胸前传接球跑队尾的教师示范动作视频。

B. 学生活动1

通过认真观看视频示范，理解接球后快速移动，跑到对面队员的队尾，这是从有球到无球的一个跑位过渡。

C. 教师活动2

a. 组织学生练习。

b. 巡视，个别指导。

c. 组织学生计时30秒双手胸前传接球跑队尾练习。

D. 学生活动2

a. 四人一组，尝试练习2.5米距离双手胸前传接球跑队尾(24次×1组)。

b. 四人一组，30秒计时练习双手胸前传接球跑队尾(30秒×1次)。

要求：传球后快速移动跑到对面；接球要伸手、注意力集中；互相学习，互相配合。

E. 组织队形(如图7-5所示)

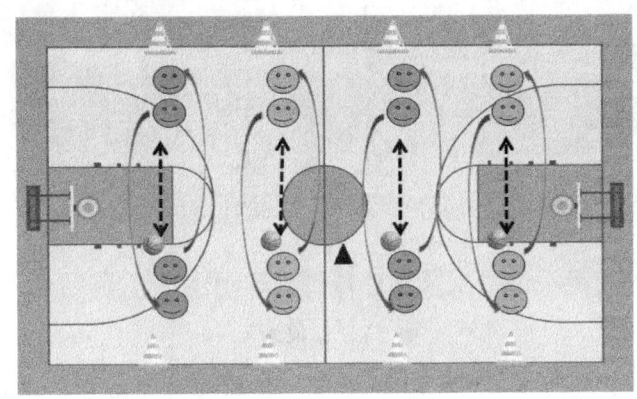

图7-5　队形图4

F. 教师活动3

a. 学习运球与传接球的组合，教师请学生协助进行运几次球双手胸前传接球跑队尾示范，说明练习方法和要求。学生通过认真观察示范，理解接球与运球的衔接动作要领。

b. 巡视，个别指导。

c. 请优秀组展示，教师讲评。

d. 组织小组继续练习。

e. 巡视，个别指导。

G. 学生活动3

a. 四人一组，练习运几次球双手胸前传接球跑队尾(16次×1组)。

要求：运球与传球的动作衔接；传得准接得稳。

b. 观看优秀组展示并思考，积极回答问题。观看优秀组接球与运球的衔接是否连贯，运球与快速持球传球是否连贯，理解从无球到有球，又从有球到无球后的移动跑位。学生通过观看优秀组示范，基本能够理解运几次球双手胸前传接球跑队尾的动作要领。

c. 四人一组，继续练习运几次球双手胸前传接球跑队尾(20 次×1 组)。

要求：运球注意抬头，控制力度，接球要主动伸手，传得准接得稳，配合默契；运球与传球的动作衔接，动作连贯。

H. 组织队形(如图 7-6 所示)

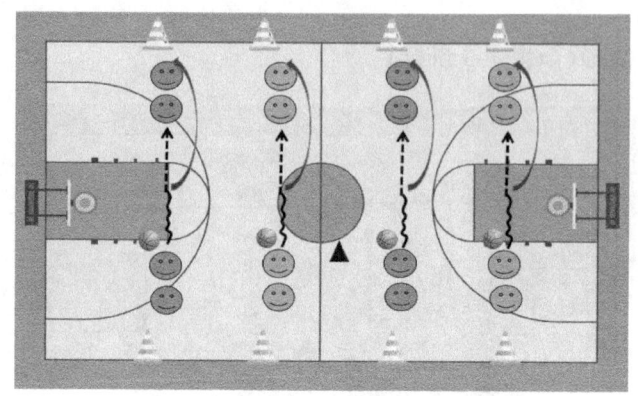

图 7-6　队形图 5

设计意图：通过观察"阅读"运球与传接球的动作组合，理解规则和要求，明确运几次球双手胸前传接球跑队尾的动作方法，提高学生运球与传接球的动作衔接的流畅度。同时，通过练习，培养在运动中要注意运球抬头观察场上情况、传球控制力度和接球要主动伸手的习惯。

③练

A. 教师活动 1

a. 学习运球与传接球的组合，有防守运几次球双手胸前传接球跑队尾，教师讲解练习方法和要求，请学生协助示范。

练习方法：运球到指定区域，传球给对面同学，继续跑到接球同学前面进行防守，防守后再跑到队尾。

b. 教师巡视，个别指导。

c. 教师讲解遇到防守时，怎样做判断，组织学生继续练习。

d. 教师计时 1 分钟组织学生继续练习。

B. 学生活动 1

a. 四人一组，练习有防守运几次球双手胸前传接球跑队尾(12 次×1 组)。

要求：运球与传球动作连贯，运球抬头，传得准接得稳；防守队员要主动迎上防守。

b. 四人一组，继续练习有防守运几次球双手胸前传接球跑队尾（12次×1组）。

要求：接球瞬间判断防守队员位置；运球与传球动作连贯，抬头运球，传得准接得稳。

c. 四人一组，计时练习有防守运几次球双手胸前传接球跑队尾（1分钟×1组）。

要求：在有防守的情况下及时做出判断；快速运球与传接球，做到传得准接得稳；互相配合。

C. 组织队形（如图7-7所示）

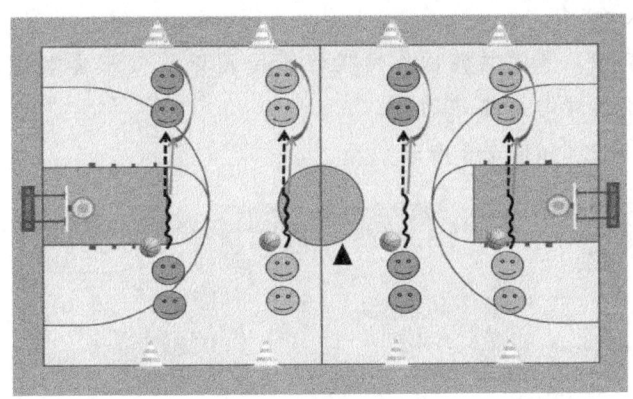

图7-7　队形图6

设计意图：通过学习运球与传接球的组合，有防守运几次球双手胸前传接球跑队尾的动作方法，解决运传动作衔接连贯，抬头运球，传得准接得稳。让学生感受有防守的情况下，接球瞬间及时做出判断，同时在快速运球与传球后做到攻防转换。

D. 教师活动2

a. 三对一运球与传接球的对抗，教师讲解练习方法和要求。

b. 教师巡视，个别指导。

c. 请优秀组展示，教师讲评。

d. 教师组织学生继续三对一练习。

e. 教师组织学生继续三对一运传对抗练习，传接10次换防守队员。

f. 教师小结。

E. 学生活动 2

a. 四人一组，体验练习三对一运球与传接球的对抗练习(20 秒×1 次)。

要求：运用运球与传接球的动作；防守队员要积极防守；小组合作互相学习。

b. 观看优秀组展示，互相学习。

c. 四人一组，继续练习三对一运球与传接球的对抗(10 次×3 组)。

要求：有球队员要运传动作衔接连贯，无球队员要跑位接球；防守队员积极防守，进攻队员主动要球。

d. 四人一组，继续练习三对一运球与传接球的对抗，传接 10 次换防守队员(10 次×2 组)。

要求：有球队员要运传动作衔接连贯，无球队员注意跑到合理位置要球；合理运用运球与传接球动作。

F. 组织队形(如图 7-8 所示)

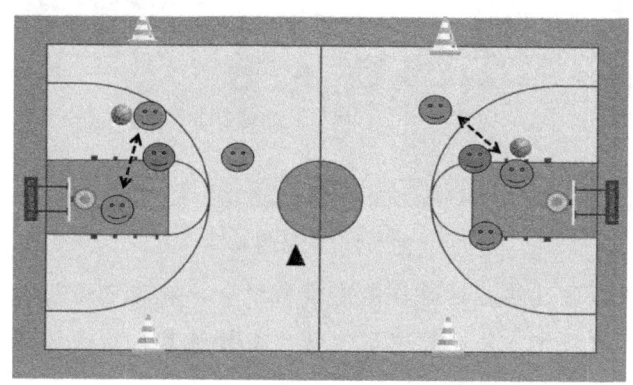

图 7-8　队形图 7

设计意图：通过三对一对抗练习，帮助学生在对抗中合理运用运球与传接球的组合动作，同时提高有球队员的观察与判断能力，无球队员积极跑位要球意识，以及防守队员的快速移动和积极防守能力。

④赛

A. 教师活动

a. 教师讲解四对四对抗游戏的方法、规则，并对游戏场地进行介绍。

游戏方法：八人一组，分为两小组，进行四对四对抗游戏，两小组各选出一名队员在边线外指定区域接球,场内进行三对三运球与传接球对抗,进攻方传球给边线外队员接住得一分,没接住或落地不得分,然后攻防转换,在规定时间内得分多的组获胜。

游戏规则:遵守规则,犯规和违例都要交出出球权;未接住球和落地球不得分。

b. 教师组织学生游戏,巡视并进行小组指导。

B. 学生活动

八人一组,四对四对抗游戏(4—5分钟)。

要求:运用所学运球与传接球的技术动作;遵守规则;注意安全,互相配合。

C. 组织队形(如图7-9所示)

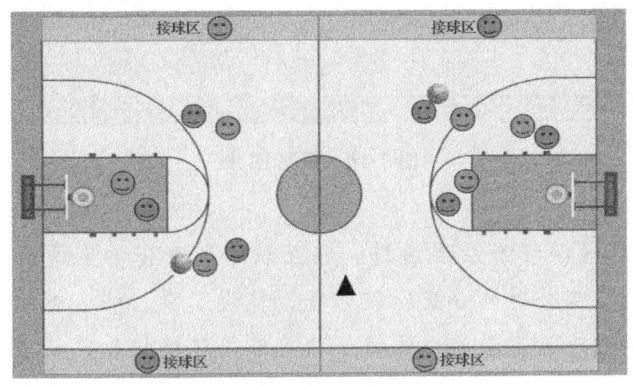

图7-9 队形图8

设计意图:通过四对四对抗游戏,让学生观察并感受在真实情景下对抗游戏中,合理运用运球与传接球的组合动作,从而提高有球队员的判断能力和无球队员的合理跑位意识,发展身体的灵敏、协调性。在游戏中,培养学生互相配合、团队协作、勇敢果断以及遵守规则、尊重对手的体育品德。

(4)环节四:结束部分(2—3分钟)

①教师活动

A. 伴随音乐,教师带领学生做动态拉伸放松。

B. 教师小结本节课学习情况。

C. 安排收拾器材,教师宣布下课,向学生道再见。

②学生活动

A. 学生跟随音乐与教师一起完成拉伸放松活动。

B. 学生回顾本节课学习内容。

C. 学生向教师道再见，协助教师收拾器材。

③组织队形（如图7-10所示）

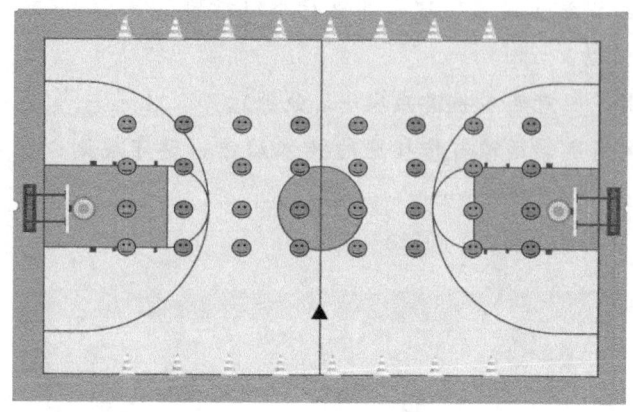

图7-10　队形图9

4. 实施效果

（1）本节课教学环节层层递进，相互联结，符合学生的认知和运动技能形成规律。各部分时间分配比较合理，体现了学、练、赛的递进并突出解决重点和突破难点。教学中的每个环节都是环环相扣，从准备活动的行进间各种步伐练习、运球练习，到运球与传接球的组合动作学习，到最后的对抗游戏，都是紧紧围绕本节课重难点展开的，以达到良好的学习效果。

（2）播放音乐和精彩视频片段，通过音乐提高学生练习兴趣，通过视频导入本节课学习内容和教师示范，学生更直接地观看教师示范，节省了教师现场讲解、示范的时间，从而留出更多的时间给学生进行练习。熟悉了技能，提升了体能，促进了学习。

（3）本教学游戏环节设计较好，在人多、场地小、没有篮筐的场地上课，通过四对四对抗游戏解决了这些问题。通过游戏，学生将本节课所学技能进行了运用，同时场外接球队员接住球得分的规则，提高了学生对篮球学习的兴趣和得分的成功体验。通过比赛实践，学生的运动能力、健康行为及体育品德等核心素养得到全面发展。

二、封闭式运动技能学习中的阅读学习

封闭式运动技能是指处于不经常变化的环境中的技能，具有相对的稳定性和可预测性。当允许一定程度的运动规划时，任务中涉及的不确定性和动态变化就会减少。封闭式运动技能的特点是：完成动作时，基本不因外界环境的改变而改变自己的动作；在运动结构上多属周期性重复动作；完成动作时，反馈信息只来自本体感受器。多数单人运动项目属于封闭式运动技能，如田径、游泳、自行车、武术、体操等项目。

(一)阅读学习的策略

1. 结合体育教材和资料

引导学生阅读《体育与健康》教材、相关书籍和视频资料，并设置了课前引导学生阅读进行预习，课中阅读抓重难点、直观掌握运动技术方法，课后阅读进行查漏补缺的三个阶段，来提高课程的质量，从而深入了解体操技术技巧的动作要领，通过阅读后的学、练、评、赛培养学生良好的阅读习惯。

2. 欣赏、记录展演型竞赛项目

通过完成记录体操展示比赛，了解体操项目比赛特点：要求按照规定的顺序和动作去完成比赛，强调动作的难度、美感和完成性。从而学会观赏比赛，了解展演型项目与非展演型项目在评判规则上的不同。

3. 观看体操比赛

通过观看体操比赛，感受体操赛场的真实情境，在阅读比赛中，体会公平公正的体育品德和不断超越自我，实现更高、更快、更强的体育精神。

(二)课例

以体操项目——前滚翻直腿坐接肩肘倒立为例[①]

1. 案例背景

(1)学习内容分析

①主要内容

人民教育出版社出版的《体育与健康·三至四年级(全一册)》第五章体操类活动第三节技巧练习，本单元以《义务教育体育与健康课程标准(2022

---

① 课例提供者：北京石油学院附属小学马洁。

年版)》为依据,坚持"健康第一"的教育理念,引导学生通过科学的体育与理论知识学习和技能练习,掌握技巧体操的基本知识与训练方法,其内容丰富、形式多样、简便易行、实用性强、贴近生活,深受学生喜爱。技巧练习是人体的基本活动,发展学生灵敏、柔韧、协调等素质,增强肌肉力量和空间感,提高学生的平衡能力、健康水平,增强体质,建立正确的身体观、体育观、健康观和生活观,还能培养自信、勇敢、坚毅、顽强和克服困难的意志品质。注重全面提高学生核心素养,掌握基本方法,树立崇尚体育、热爱体育运动的现代体育意识。

②与学科知识的关联

本单元技巧组合前滚翻直腿坐接肩肘倒立的学习内容,依据《义务教育体育与健康课程标准(2022年版)》水平二技巧项目要求,在教材中选取本年级大单元学习内容及课时分配,如表7-2所示。

表7-2 技巧组合大单元学习内容

主题	内容分类	内容要点	建议课时 小计	建议课时 总计
技巧组合	基本知识与技能	1. 基本知识:技巧运动学习和体验相关基础动作,完成多个动作的衔接和组合,说出技巧运动的相关动作术语、参与技巧运动对身心健康的益处和安全防护知识。 2. 基本技术 前滚翻:前滚翻成直腿坐。 后滚翻:后滚翻成蹲撑。 跪跳起:跪跳起接前滚翻。 肩肘倒立、仰卧推起成桥、横叉纵叉等。 组合技术:跪跳起接前滚翻、前滚翻交叉转体180度接后滚翻、前滚翻直腿坐接肩肘倒立等。	12	18
	技战术运用	在游戏中运用基础动作进行衔接练习,并完成多个动作的小组合。	1	
	体能	参与体能游戏,发展上下肢、腰腹肌肉力量,通过个别技巧动作练习,发展柔韧性等。	2	
	展示或比赛	在小组和班级内敢于展示技巧基本动作,知道技巧动作中连贯与稳定的要求,初步学会展示前和结束时的礼仪。	1	
	规则与裁判方法	了解技巧运动的稳、美、新等基本规则和要求,能基本判断动作的对错,并尝试评价。	1	
	观赏与评价	通过现场、网络或电视观看技巧运动的比赛,并评价。	1	

③本课中的阅读材料内容

A. 课前，给学生提出疑问，引导学生阅读体操中技术技巧相关的书籍、体育人物传记、健康知识等书籍，也可以观看相关比赛、技巧运动的视频以及裁判规则，从中获取信息，就像阅读文字一样，全方位地进行体操中技术技巧的"阅读"，为课堂中的学习与练习打下良好的基础，做好铺垫。

B. 课中，教师讲解示范，学生进行"阅读"。在课程中可以通过其他的阅读方式，如观看PPT以及多媒体视频，引导学生找到重难点，再结合课前的"阅读"内容，快速理解本节课的动作方法与技巧，抓住重难点进行练习，提高了学习的效率，在练习的过程中脑海里也会出现正确的认知和理解。在分组练习时，可以仔细观察他人的动作技巧、身体姿态等细节，理性而正确地采用预习的裁判规则进行交流，取长补短的同时，也加深了对正确动作的认知。在这个过程中，学生各方面的能力也会有很大的提升。

C. 课后，我们总结本节课的不足，通过课后"阅读"进行查漏补缺，对比前后的"阅读"，会有不一样的体会，根据自己出现的问题更加深入地学习掌握技术技巧，在下次课练习时，便会更加具有针对性地去解决。

所以，了解运动项目以及规程，观看视频和阅读书籍是体育学科中特殊形式的"阅读"，也是极为重要的一个环节。

(2) 学生分析

大单元教学以"学会、勤练、常赛"为抓手，四年级学生骨化尚未完全，关节的活动范围大，关节的柔骨较厚，骨骼硬度较小，关节囊及肌肉的伸展性也很强，可以较好地完成本单元所选内容。他们模仿能力较强，对有挑战性的内容有较高的学习兴趣，自主活动能力较好，合作意识较强，注意力能够集中，具备较好的自我约束能力。因此，在教学中应多采用合作式、讨论式练习进行教学，以激发学生的学练兴趣。学生在前三年已经学习过滚动、滚翻等内容，有一定的基本运动技能和体能基础。男生更愿意尝试这种具有挑战性的难度动作，个别女生存在畏难心理，所以积极性不高。

(3) 学习背景

四年级的学生处于生长发育的高峰期，对于速度、灵敏、反应力的训练都有了基础，但力量训练偏少。此时，正是力量发展的好时期，但也要循序渐进地进行大小肌肉群的训练，让学生在技巧训练中体验其中的乐趣，感受吃苦耐劳的精神。四年级学生也是柔韧性和灵敏素质发展的敏感时期，运动技能比低年级有较大提高，对动作的模仿能力较强，感知事物以直接视听和形象为主，抽象思维能力还较差，思维方式和认知事物往往离不开具体形象事物。本节课多采用直观示范法、练习法、展示法、比赛法来激发学生的学习动机，让学生初步掌握前滚翻直腿坐接肩肘倒立的动作要领，提高技术动作水平。

下面就教材与《义务教育体育与健康课程标准（2022年版）》技巧项目的教学内容进行梳理，如图7-11所示。

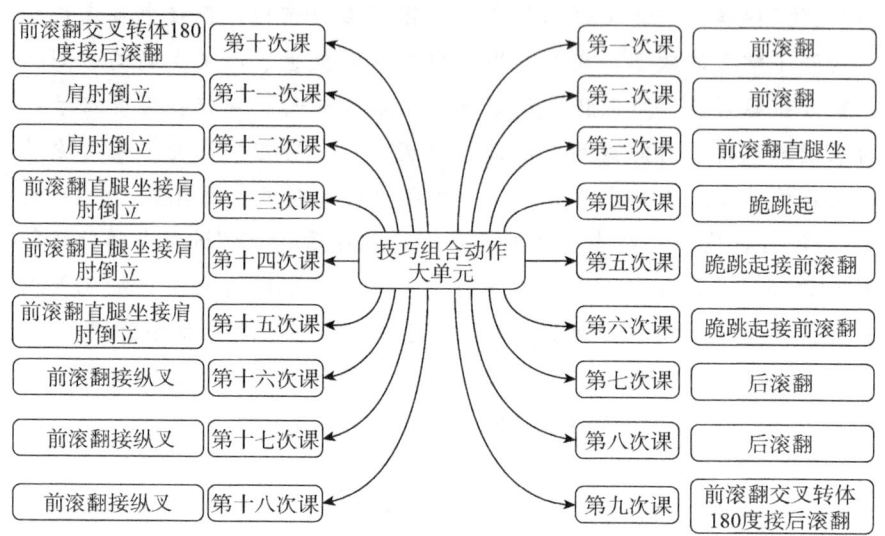

图7-11 技巧组合动作大单元课时分配

2. 学习目标

（1）通过课前阅读体操比赛视频，研读其中的技术技巧动作和规则，了解体操项目的特性与价值，说出3种在生活中与体操息息相关的动作，说出3个以上技巧动作以及组合，能正确判定3个动作是否正确，并尝试打分。

（2）通过观看视频和讲解示范，分析总结出技巧动作都在哪些项目中出现（2—3个项目），怎样才能够灵活地运用。

（3）技巧专项体能练习，提高快速起动、变向的能力，发展腰腹、上肢力量以及灵敏、柔韧、协调和平衡能力。

（4）积极参与学练活动，活动中学生参与保护与帮助队友，比赛中出现失误时能相互鼓励、及时调整情绪，注意学练中的安全，尽量把动作做到位。

3. 实施过程

(1)环节一：开始部分

①教师活动

A. 提前到场，教师检查场地及器材。

B. 师生相互问好。

C. 宣布本节课内容，提出教学要求。

D. 检查服装，询问学生健康情况安排见习生。

E. 队列队形练习：向右看齐——向前看；原地踏步走。

②学生活动

A. 体委整队，报告人数。

B. 师生相互问好。

C. 认真听讲。

D. 反馈健康状况，见习生到指定位置等待教师安排。

E. 完成队列练习。

③组织队形(如图 7-12 所示)

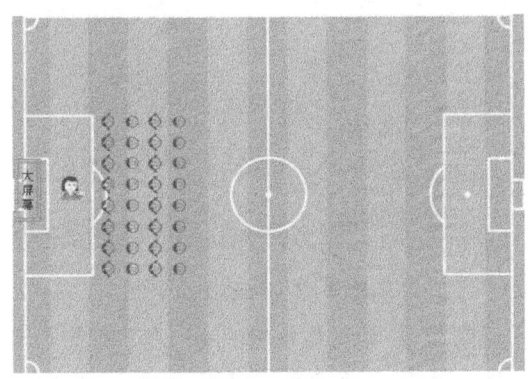

图 7-12　队形图 1

设计意图：了解本班出勤情况，安排见习生。通过回顾前两节课的学习内容引出本次课的新内容，并向学生提出希望与要求。通过队列练习，培养学生队列纪律意识，提高学生身体形态要求。强调安全，保证教学高效、有序完成。

(2)环节二：准备部分

①教师活动

教师播放大屏幕的示范视频，同时教师跟随大屏幕讲解并示范。

A. 专项热身：围绕垫子慢跑，吹一声哨学生原地团身抱腿蹲下，吹两声哨学生原地挺身跳（展髋），一声长哨完成动作以后继续前进。

B. 热身操：教师带领学生跟随音乐进行自编垫上热身操。

②学生活动

认真观看（阅读）大屏幕的示范视频，认真听老师讲解。

A. 慢跑时前后保持安全距离，手臂前后摆动。

B. 热身操努力跟上教师节拍，充分发挥个人表现能力。做垫上操，跟随音乐和教师示范完成动作。

要求：注意力集中听清楚哨声马上做出反应，不要跪或坐在地上，要注意安全。

③组织队形（如图7-13所示）

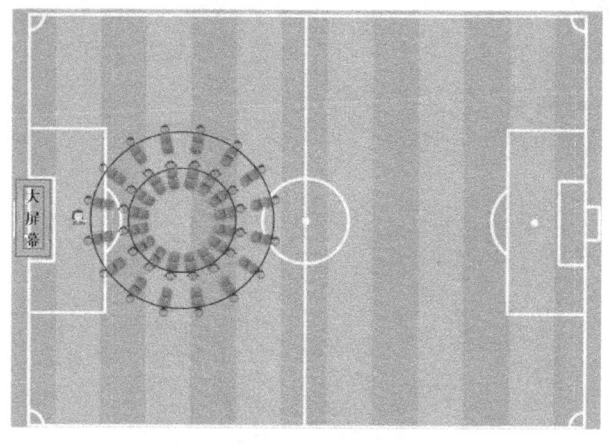

图7-13　队形图2

设计意图：通过慢跑激活身体，带队到指定位置。通过热身操运动，降低学生肌肉黏滞性，提高运动表现，使学生进入热身状态，减少运动中受伤的可能性，培养学生不怕苦、不怕累的精神。专项练习充分做好肩、颈、腰的准备活动，避免运动损伤。回忆并复习前滚翻和肩肘倒立动作要点，为接下来的技巧组合动作学习做准备。

(3) 环节三：基本部分

①前滚翻直腿坐

动作方法（多媒体播放视频）：直立，蹲撑，两手与肩同宽体前撑垫，两脚蹬地（腿蹬直），重心前移，使后脑、肩、背、腰、臀依次着垫，当滚至背部着垫时，迅速屈膝收腿，臀部着地时腿自然前伸成直腿坐。

保护方法：保护者单腿跪立在练习者的侧前方，练习者前滚时一手放于颈部，一手放于大腿后侧进行帮助保护。

②肩肘倒立

动作方法（多媒体播放视频）：两腿伸直并腿坐垫，上体前屈，胸部靠近大腿，双手触脚面，接着后倒，收腹举腿压臀，当脚尖至头上方时，两臂在体侧用力下压，向上伸腿展髋，同时两臂屈肘，两手撑于腰背的两侧（肘内夹），成肘、头和肩支撑的倒立姿势。在同伴的保护下完成3次，自己完成3次。

保护方法：保护者站在练习者的侧面，两手握其小腿或脚踝上提。如果姿势不正确或者不能充分伸展，可用膝盖顶其背部，使其充分伸直。

③前滚翻直腿坐——肩肘倒立（技巧小组合）

动作要点：前滚翻蹬地有力，团身紧；肩肘倒立伸髋立腰，两手撑腰背，动作连贯。

重点：前滚翻蹬地有力，团身紧，肩肘倒立，肘撑腰背紧身立腰，脚面绷直。

难点：身体重心稳，前滚翻与肩肘倒立衔接流畅自然。

保护方法：同前滚翻与肩肘倒立的保护方法。

A. 教师活动

a. 播放视频的动作示范，并进行讲解和现场示范。

b. 根据视频对学生进行提问，引出本节课重难点。

c. 时刻强调重难点并进行巡视指导。

d. 总结找优秀的学生示范，集体再进行练习。

B. 学生活动

a. 看大屏幕阅读前滚翻直腿坐和肩肘倒立的视频和PPT内容，回忆并思考之前学习的动作方法和要领。

b. 和教师一同看视频，回答教师的问题，并引出本节课重难点。

c. 带着重难点进行练习。

d. 优秀的学生进行示范，集体再反复练习。

要求：主动积极，注意力集中，认真思考，认真练习。

④游戏：爬行——钻圈前滚翻接力（拓展练习）

方法：四人一组，共9组。从起点出发，先爬到放圈的位置，进行钻圈前滚翻，然后再起立跑到标志桶，绕桶加速跑回，和同伴击掌，同伴出发，依次进行练习，最先跑回终点并且圈不倒的组算赢（如前滚翻后圈倒了，立马扶好再进行练习）。

A. 教师活动

a. 观看大屏幕示范，教师和学生一起阅读游戏要求。教师随示范视频进行讲解，让学生思考如何前滚翻钻过圈不碰圈。

b. 组织学生调整成四人一组进行讨论，教师强调注意安全。

c. 教师各组巡视，并及时对学生进行保护与帮助。

d. 教师结合学生练习情况进行评价、总结、表扬。

B. 学生活动

a. 学生认真观看大屏幕上介绍和动作示范，进行要求的阅读。

b. 小组四人合作，思考并讨论如何用前滚翻动作过圈不碰圈。

c. 各组尝试练习1次，总结经验。

d. 比赛正式进行2次。

要求：小组合作仔细思考如何前滚翻过圈不碰圈，利用器材认真练习。有秩序轮流进行练习，队伍中不许嬉戏打闹，认真进行评价，如需帮助举手示意老师。

设计意图：能说出所学技巧简单组合动作，并运用于游戏练习中。在学练中能相互帮助，在参与游戏时表现出自我安全防护行为。利用大屏幕播放PPT以及视频，直观地对学生进行讲解示范，节约时间，提高效率。

(4) 环节四：结束部分

①教师活动

A. 教师带领学生伴随音乐做拉伸放松活动。

B. 教师给学生播放前滚翻在日常生活中的实用视频。

C. 教师小结本节课学习情况。

D. 教师宣布下课，教师向学生道再见，收拾器材。

②学生活动

A. 学生跟教师伴随音乐做拉伸放松活动。

B. 学生观看视频。

C. 学生向教师道再见，协助教师收拾器材。

③组织队形(如图7-14所示)

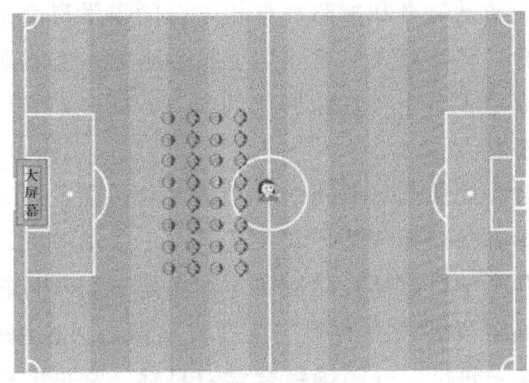

图7-14　队形图3

设计意图：在教师的带领下跟随音乐进行拉伸，使身心得到充分的放松。观看技巧动作在日常生活中实用的视频，使学生可以直观地感受到技巧的实用价值并增强学生的安全意识。理解体育锻炼对健康的重要性，并在遇到困难时能克服困难，坚持到底。梳理一节课的收获，肯定成绩，提出希望，为下节课做好铺垫。

4. 实施效果

(1)整节课以关键问题"前滚翻与肩肘倒立怎样进行有效衔接？"为引导，通过小组探讨、示范、纠错来学习前滚翻直腿坐＋肩肘倒立，设计菜单式选项组合任务，充分发展学生的合作、探索与思考能力。在比赛游戏环节，将小组体能游戏与体操动作进行组合，在检验肩肘倒立稳定性的同时不断发展孩子们的体能。

(2)以中国女子体操队在奥运会上的视频为切入点，通过冠军的表现引出肩肘倒立的腿部造型，引导学生掌握规范动作。采用小组合作的形式进行教学，在发挥组长作用的同时，充分挖掘每一个学生的潜力。整节课堂教学中贯穿小组间互评、师生互评，采用小组化组织形式，发挥学生的主体作用。

三、跨学科主题学习课的阅读学习策略

跨学科主题学习一直是学生提高运动能力、学习健康知识和传承中华传统体育文化的重要方式和途径。体育与健康课程应融合多门课程，充分发挥育人功能，促进学生全面发展。体育与健康课程的跨学科主题学习部

分主要立足于核心素养，结合课程的目标体系，设置有助于实现体育与德育、智育、美育、劳动教育和国防教育相结合的多学科交叉融合的教学内容，实现五育融合、整体育人、培养学生核心素养。它基于学科特点，又超越学科范畴，有助于学生实现结构化的学习，同时，它也是让书本知识走进真实世界的桥梁。

有效跨学科合作的关键是不同学科教师共同协商设计，并确保教师之间有效设计的指导方针。无论是一堂课还是一个活动单元，无论是一个学科教师授课还是几个学科教师共同授课，都需要不同学科教师在跨学科主题学习的最初规划阶段共同协商确定主题或话题，讨论综合概念和技能，确定学科知识的学习进度，并明确综合学习目标。常见的跨学科学习主题有《钢铁战士》《劳动最光荣》《破解运动的"密码"》等。

(一)阅读学习的策略

1. 多学科融合的跨学科阅读

围绕跨学科主题内容，分别阅读各学科涉及的相关知识和内容，帮助学生更好地进行跨学科主题活动。

2. 学习、评判竞赛项目

通过记录田径——全能挑战赛活动成绩，让学生了解田径项目的比赛特点，计算成绩有客观指标和标准，即以时间、距离等具体数据作为评定名次的标准依据。

3. 欣赏田径比赛

通过观看田径比赛，感受真实的田径赛场情境，发现赛场中的不同角色，从而了解田径比赛的组织与实施。同时，通过观看优秀运动员的视频，引导学生向榜样学习，培养学生你追我赶、奋勇拼搏的精神和品质。

(二)课例

以田径项目——发展耐久跑能力与游戏为例[1]

1. 案例背景

（1）学习内容分析

①主要内容

人民教育出版社出版的《体育与健康·五至六年级(全一册)》第四章体

---

[1] 课例提供者：北京石油学院附属小学蔡栓柱。

育运动技能中的跑、跳和投掷的学练。本单元设计以《义务教育体育与健康课程标准(2022年版)》为理论依据，坚持"健康第一"的指导思想，落实"立德树人"的根本任务，明确"以体育人"的价值取向。在教学设计中突出以学生发展为中心，遵循科学发展规律，面向全体学生落实"教会、勤练、常赛"要求，注重"学、练、赛"一体化教学。培养学生适应未来发展的正确价值观、必备品格和关键能力。因此，制定了本单元教育教学内容。

田径类运动具有较强的育体、育智、育心等多重价值。随着学生体质水平的提升，对其掌握的程度也逐渐加深，要求从"知道"到"了解"再到"理解"。水平二要求学生知道所学田径类运动项目的基础知识，养成积极的学练态度。水平三的教学则更加突出结构化的知识和技能，要求从"知道"提高为"了解"，在原有的基础上重点对跑、跳、投相关技术动作进行改进与提高，并在学练中对身体体能提出更高要求，同时增加了运动项目中常见运动损伤的处理方法。最终，让学生得以在展示和比赛中灵活运用。

②与学科知识的关联

在田径教学中融入跨学科主题学习，可以让学生运用所学的多学科知识来解决体育锻炼、健康生活中遇到的问题，带给学生更强的主体参与感。所以，在田径单元设计时，挖掘田径运动中的跨学科要素，引导学生将多学科知识与运动技能学习相关联，通过体验活动，进一步认识田径运动的价值，了解体育锻炼中的科学，提升自主锻炼的安全性和有效性，努力让看似枯燥的田径课变得有趣、有用、有挑战性。

本单元由激趣游戏、耐久跑、蹲踞式跳远、助跑投掷以及综合比赛5个部分组成18次课。在本单元学习中渗透了多学科知识，例如数学中的测量与统计、音乐中的节拍、科学中的运动系统等，都是学生已经学过的知识，这些知识与体育活动相结合，有助于学生更好地理解动作要点和竞赛规则。

在耐久跑课时中，将科学、数学、音乐和道德与法治等学科知识进行融合。这些学科的渗透确实能够帮助学生解决实际问题。例如本节课就要解决学生跑步步幅和节奏的问题，那就将他们在音乐课当中所掌握的节拍与频率知识进行融合。同时，选取的音乐和设计的卡牌环节也都与家国、少年有关，结合了道德与法治学科知识，为学生树立正确的价值观，培养了他们的家国情怀。

本单元通过各种游戏与练习，让学生掌握跑、跳、投相关动作的技术要点以及提高学生技术动作的准确性和稳定性，了解田径相关规则，并能运用到比赛当中。学练中采用不同方法激发学生自主学习能力，充分发挥学生的主观能动性，培养学生自主探究、善于思考的主人翁精神。为开展全能挑战赛或其他田径活动奠定实用性基础。因此，基于田径项目的特性，整个单元始终以小组、集体的形式进行教学，学生以参与个人积分赛、小组赛、团体赛等活动，实现真实情境的体育课堂。切实立足学生实际获得，实现体育学科育人功能。

另外，本单元田径全能挑战赛主题学习内容，依据《义务教育体育与健康课程标准（2022年版）》水平三田径项目要求，在教材中选取本年级大单元学习内容及课时分配，如表7-3所示。

表7-3 田径大单元学习内容

主题	内容分类	内容要点	建议课时 小计	建议课时 总计
田径全能挑战赛 发展耐久跑能力与游戏	基本知识与基本技能	1. 基本知识：了解田径运动的相关基本知识和文化，学练和描述田径类基本动作技术，了解常见运动损伤的处理办法。 2. 基本技术 跑：耐久跑。 跳：蹲踞式跳远。 投：助跑投掷垒球。	11	18
	技战术运用	跑：在耐久跑中运用正确的跑姿、呼吸方式以及合理分配体力。 跳：在蹲踞式跳远的游戏或比赛中，体验适合自己的助跑距离、步数与节奏。 投：在投掷垒球的游戏或比赛中，运用正确的投掷姿势、发力顺序以及协调用力。	2	
	体能	在所学田径类运动项目中加强位移速度、上下肢肌肉力量以及身体协调性等方面的练习。	2	
	展示或比赛	参与不同距离、不同起跳点、不同重量、不同姿势以及不同形式的个人或小组比赛，展示出正确的跑、跳、投动作技术。	2	
	规则与裁判方法	学会与同伴合作完成场地、器材、着装等安全检查，以及发令、成绩记录等。	1	
	观赏与评价	通过现场、网络或者电视观赏田径比赛，同时了解与田径有关的重要比赛，并能够对这些比赛进行简要评价，与同学分享交流。	0	

③本课中的阅读材料内容

A. 课前：通过教师引导布置观看田径项目比赛，以及阅读相关书籍资料，为课中的学练做好铺垫，学生能够更快理解学习内容，从而达到高效率的学习效果。

B. 课中：通过课上认真倾听和阅读教师的动作讲解，来理解动作要领及练习方法，通过观看视频阅读练习要求并快速理解动作要领，在脑海中形成对动作的认知和理解。学生可以仔细观察优秀生示范的动作技巧、身体姿态、动作节奏等细节，从而加深自己对技术动作的认知。"阅读"优秀生的技巧分享，使自身运动能力、动作分析能力和技能掌握能力逐步提升。

C. 课后：学习后学生能够阅读整堂课所学内容的关键点，并能够结合自身总结出优点与不足。

(2) 学生分析

① 体能基础

本单元授课年级为六年级，高年级学生有较好的运动能力，但耐久跑方面仍需提高。学生已经学过快速跑、耐久跑、障碍跑、跨越式跳高、助跑跳远、单手和双手投掷等田径基本动作，能够比较熟练完成多种田径类游戏，知道田径课上的基本安全要求。

② 认知基础

本班学生已经具备了比较丰富的体育学习经验，能够较好地约束自己的行为，具备自主学习的能力；在数学、科学、道德与法治等学科中，已经学习了数据收集与整理、绘制平面图、运动系统组成等知识，理解速度、角度、节拍、周长等概念，这些都为本单元教学渗透跨学科知识奠定了基础。

③ 预测困难及解决方法

第一，学生非常熟悉田径项目技术，在学练过程中容易失去兴趣，需要用多样化的游戏和比赛激发学生的竞争意识，在练习过程中渗透运动原理知识，帮助学生理解动作要点和练习方法；第二，学生存在个体差异，在练习时需要依据体测数据进行分层，避免出现安全事故，同时要及时对体弱生进行鼓励和指导，帮助其建立自信；第三，学生第一次自行组织班级教学比赛，要做好任务分工，提高学生与他人合作解决问题的能力。

(3)学习背景

以《义务教育体育与健康课程标准(2022年版)》"有效培养学生核心素养"作为大单元教学设计的主要依据,对教学内容进行系统分析和整体规划,提高教学效率。使学生通过学习基础知识与基本技能、技战术运用、体能、展示或比赛、规则与裁判方法、观赏与评价六个方面,掌握田径运动项目的核心知识与技能,增强田径项目的完整体验和深度理解,强化"以体育人"的课程本质。

在整个大单元教学18次课程实施中(如图7-15所示),采用多种器材,结合多种练习方式和比赛,遵循由易到难、层层递进的学习理念,满足学生从原有基础进阶到"会学、会练、会赛"这一学习过程。单元后期将所学技术动作融汇一起,开展一次由教师引导、学生执裁,规则简单的田径全能挑战赛,从而提高学生的运动乐趣,培养学生的规则意识和执裁能力,切实达到学以致用。

与此同时,通过课堂教学活动对学生渗透体育品德教育,做到个人学练体现拼搏进取、不屈不挠的体育精神,合作学练体现互相尊重、诚信自律的体育道德以及在团队学练中体现敢于担当、文明礼貌等体育品格。学习预防运动损伤和处理简单运动损伤的方法,养成良好的课外体育锻炼习惯等健康行为。综上所述,落实学科核心素养,实现学生身心全面发展。

	田径:全能挑战赛						
	激趣游戏(1)	耐久跑(2—6)		蹲踞式跳远(7—10)		助跑投掷(11—15)	综合比赛(16—18)
情境	利用绳梯提高协调、灵敏等体能	定时和定距跑	多种路线和地形跑	助跑跳远游戏	跳远比赛	助跑投掷沙包	助跑投掷不同器材	个人与团队赛
关键概念	体验体能游戏的乐趣	保持稳定的跑动与呼吸节奏	调整并适应不同环境	助跑和踏跳衔接连贯是跳得远的前提	垂直测量距离	上下肢协调发力,向前上方投出,出手时有鞭打动作	投掷动作是多样的	根据不同情境选择技战术
学习任务	体验体能游戏的乐趣	探索跑得更轻松、更持久的奥秘		快速跑动中准确踏板,不断刷新纪录		运用所学投掷动作,完成不同大小、形状器材的掷远比赛		分工合作,运用所学知识完成比赛
跨学科渗透	【科学】关节、骨骼与肌肉 【道法】规则的制定与遵守	【数学】有效运动负荷的计算;速度的测量 【科学】循环系统的作用 【音乐】适合长跑的背景音乐 【道法】爱祖国,爱学校		【数学】角度;距离测量 【道法】规则制定与遵守		【数学】角度;距离 【劳动】投掷器材制作 【道法】规则制定与遵守		【数学】测量与统计 【道法】规则制定与遵守

图 7-15 田径大单元课时分配图

2. 学习目标

(1)通过阅读比赛，知道田径运动的健身价值，能够说出所学运动技能的要领，运用跑、跳、投技术独立或与同伴合作完成班内比赛，同时了解田径项目的简单规则，并能正确运用规则为同伴执裁。

(2)能展示2—3种提高灵敏、耐力、爆发力等体能的方法，达到《国家学生体质健康标准(2014年修订)》六年级的合格以上水平。

(3)能主动完成课外作业，会运用所学健康、科学、数学等知识确保自主和小组练习时的安全，适应不同的练习场地和天气，面对失误或者比赛发挥失常，能在教师的指导下调节情绪，主动与同学交流并分析问题。

(4)遵守比赛规则，在有挑战性的学练中表现出敢于挑战、不断拼搏的意志品质，在团队游戏或比赛中表现出团结同学、勇于承担的精神。

3. 实施过程

课前，布置学生阅读田径比赛相关资料或观看田径长跑的比赛视频，了解田径比赛规则，为本课做好充分准备。

(1)环节一：开始部分

①教师活动

A. 课堂常规

a. 检查场地及器材。

b. 向学生问好。

c. 介绍本节课教学内容并提出要求。

d. 检查服装，安排见习生。

B. 队列队形练习

a. 踏步走与立定。

b. 四列横队变二列横队。

②学生活动

A. 课堂常规(1次)

a. 体委整队，报告人数。

b. 向教师问好。

c. 听教师介绍本节课内容。

d. 检查自己服装，见习生向教师报告。

B. 队列队形练习（1—2次）

a. 踏步走与立定。

b. 四列横队变二列横队。

③组织队形（如图7-16所示）

图7-16　队形图1

设计意图：了解本班出勤情况，安排见习生；教师介绍本节课学练内容，调动学生积极性；通过队列练习观察学生上课精神面貌，集中注意力，增强集体纪律意识，为学习做准备。

（2）环节二：准备部分

①教师活动

A. 教师带领学生进行行进间准备活动。

B. 教师带领学生进行专项准备活动。

②学生活动

A. 跟随教师进行行进间准备活动（1次）

a. 扩胸运动。

b. 振臂运动。

c. 胯下击掌。

要求：动作轻快、协调自然。

B. 跟随教师热身跑并进行深呼吸练习（1次）

要求：听到哨声排头由两侧绕到排尾跟跑；熟悉场地路线，认真练习；鼻吸口呼，增加呼吸深度。

③组织队形(如图 7-17 所示)

图 7-17　队形图 2

设计意图：通过热身跑，学生充分活动各肌肉关节，并在跑步过程中熟悉场地，为后续练习做铺垫。通过呼吸操，学生增加呼吸肌的肌力和耐力，充分打开气道，促进二氧化碳的排出。

(3)环节三：基本部分

①复习

A. 教师活动

定距跑——收集"代码"获取信息。

教师引导学生完成收集"代码"练习。

方法：学生分为四组分别到指定位置准备，开始后绕场慢跑，途中每跑半圈收集一张"代码"；收集完后按照"6674102"的顺序拼好获取重要信息。

B. 学生活动

学生完成收集"代码"练习(1 次)。

要求：跑步时控制速度保持距离；排头拿到"代码"后要跑至排尾跟跑；跑完正确调整呼吸，不蹲、坐。

②学

A. 教师活动

教师讲解耐久跑呼吸节奏与方法口诀。

　　　　　　　跑时呼吸很重要，
　　　　　　　要与动作配合好，
　　　　　　　两步一呼和一吸，
　　　　　　　步幅均匀永记牢。

B. 学生活动

踊跃分享练习感受，认真倾听教师讲解口诀含义(1次)。

要求：牢记耐久跑口诀(如图7-18所示)，练习时做到两步一呼两步一吸。

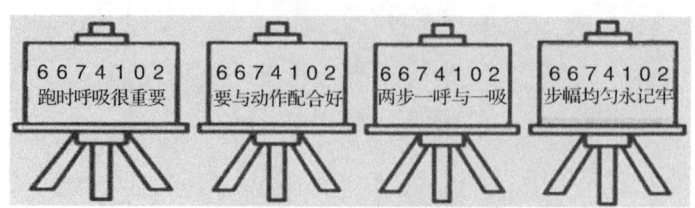

图7-18　耐久跑口诀

C. 组织队形(如图7-19所示)

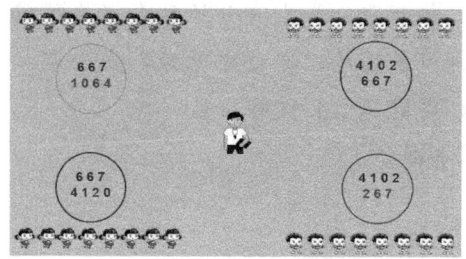

图7-19　组织队形图3

设计意图：通过定距跑游戏练习让每名学生体会领跑和跟跑的感受，以及体会呼吸和跑步节奏的重要性。收集的代码"6674102"为后面练习环节做铺垫，增强学生的练习乐趣以及团结协作的品质；将收集的"代码"拼在一起获取有助于提高耐久跑能力的口诀，进一步提高学生耐久跑能力。

③练

A. 教师活动

图形跑——不同图形的轮换排头跑。

a. 依据六年级过程性考核50米×8成绩分组。

b. 讲解收集卡牌要求并组织学生完成图形跑。

c. 带领学生测量脉搏。

d. 讲解运动最佳心率区间值。

提示：脉搏数值范围21—30次/10秒(相当于125—178次/分)。

B. 学生活动

a. 按照教师要求进行分组。

要求：快、静、齐。

b. 按照要求完成收集卡牌任务(1次)。

要求：图形跑时不穿插队伍，主动避让，牢记动作口诀，听到哨声排头进图形内收集卡牌，随后到排尾跟跑。

c. 跟随教师一起测量脉搏(1次)。

要求：测量脉搏认真且准确。

d. 了解运动最佳心率区间值(1次)。

要求：认真倾听，牢记运动最佳心率区间值。

C. 组织队形(如图7-20所示)

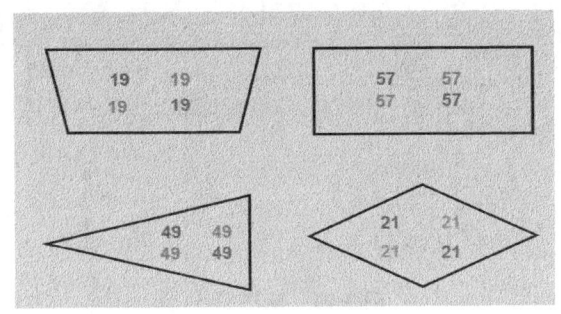

图7-20　队形图4

设计意图：关注学生个体差异性，同时学生通过本轮练习来巩固呼吸节奏，牢记动作要领，再通过测量脉搏，明确运动最佳心率区间值。

④赛

定时跑——收集"代码"破解信息。

A. 教师活动

a. 组织学生在规定时间内完成所有卡牌收集。

b. 引导学生再次测量脉搏。

c. 引导学生拼好"代码"获取信息。

d. 讲解"代码"含义。

e. 宣告胜利，总结收获。询问学生练习感受，并结合学生练习情况进行评价、总结、表扬。

B. 学生活动

a. 按要求完成定时跑(1次)。

要求：跟随音乐配合呼吸节奏，两步一呼和一吸。

b. 按照要求进行 10 秒钟脉搏测量。

要求：测量准确，如实报告。

c. 按照"19214957"的顺序拼好卡牌并尝试破解信息。

要求：积极参与，善于商讨。

d. 倾听教师讲解"代码"含义。

要求：认真倾听，善于思考。

e. 分享练习感受，认真听教师评价、总结(1 次)。

要求：学生认真听讲并主动分享练习感受。

C. 组织队形(如图 7-21 所示)

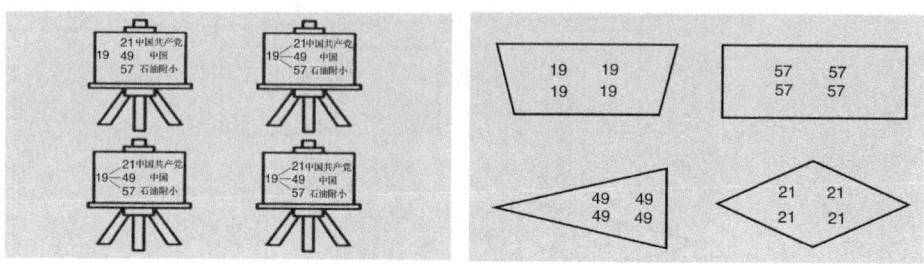

图 7-21　队形图 5

设计意图：在定时跑环节中，根据自身能力水平和上轮的心率值来决定本轮跑的速度和路线。在此过程中，学生将收集图形内的所有卡牌，为破解信息做准备。最后，了解学生练习情况，通过交流分享以及评价总结，使学生感受通过自身的坚持与努力收获最终胜利的喜悦。

⑤整理"代码"——俯撑侧向移动游戏

A. 教师活动

引导学生完成整理"代码"游戏。

游戏方法：学生分为四组，将"代码"卡牌打乱顺序扣放在折返点位置；各组同时出发两名学生，采用俯撑侧向移动的方式到折返点翻看卡牌，按照"6674102"的顺序摆好。

游戏规则：动作规范，四点支撑；每人每次只能翻看一张卡牌，若不是目标卡牌则需要扣放好；最先完成排序的获胜。

B. 学生活动

完成整理"代码"游戏(1—3 次)。

要求：遵守游戏规则，动作规范，善于商讨策略，有团结协作意识。

C. 组织队形(如图 7-22 所示)

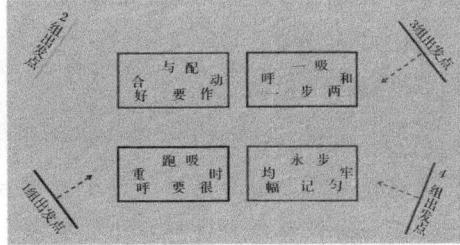

图 7-22　队形图 6

设计意图：游戏练习中让学生巩固口诀，牢记耐久跑要领；通过游戏练习再次让学生牢记重大时间节点，1921 年建党（103 周年），1949 年中华人民共和国成立（75 周年），1957 年建校（67 周年）；增强学生团结协作的精神，提高学生上肢力量，同时锻炼学生坚持不懈的意志品质。

(4) 环节四：结束部分

①教师活动

A. 带领学生做拉伸放松活动。

B. 小结本节课学习情况。

C. 宣布下课，向学生道再见，整理器材。

②学生活动

A. 跟随教师做拉伸放松活动。

B. 回顾本节课学习内容。

C. 向教师道再见，协助教师收拾器材。

③组织队形(如图 7-23 所示)

图 7-23　队形图 7

设计意图：在教师的带领下进行拉伸活动，使身心得到充分的放松。最后，梳理一节课的收获，肯定成绩，提出希望，课后养成锻炼习惯。

4. 实施效果

(1) 数字"代码"的设计

本节课将数字"代码"贯穿始终并将其作用发挥到极致，虽然这只是一节课的辅助点，但正是通过这个点学生们不仅收获了耐久跑的动作要领口诀，帮助自身提高耐久跑能力，还通过收集"代码"练习，"阅读"出关于中国共产党、国家、学校的成立年份，传承红色精神。

(2) 音乐的设计与内涵

本节课练习搭配了很多轻松愉悦、节奏感强以及有正能量的音乐，队列练习结合《红星闪闪》歌曲，学生在走队列的同时能够阅读出歌词中的含义，同时也在暗指接下来的"代码"是有关党和国家的。在图形跑和挑战跑中分别搭配了《骄傲的少年》《雪龙吟》《少年中国说》歌曲，激励学生要勇于挑战自我、突破自我、面对困难不退缩。

(3) 利用大屏高效讲解

本节课的练习内容较多、方法多样且复杂，如现场讲解很有可能花费大量时间来让学生阅读，于是将练习方法制作成图文并茂的PPT，使学生更加直观明确阅读练习方法与意图。

(4) 分层教学

六年级学生个体差异非常明显，尤其是在这种耐久跑项目中更为突出，本节课按照50米×8的体测成绩进行了高、中、低的分组，确保不同能力水平的同学通过本节课学习都能够清楚自身能力，并在原有基础上有所提高，确实做到因材施教，关注个体差异。

(5) 科学有效锻炼

练习中引导学生进行脉搏测量，使学生明确关于有氧运动最佳运动心率区间值，同时在练习中提醒学生量力而行，跑完不立刻蹲或坐，帮助学生养成良好的运动行为习惯，能够准确"阅读"自己身体机能变化，并能做出正确判断，有助于学生在自主锻炼时能够高效且安全地进行锻炼。

四、体育健康课的阅读学习

体育健康学习是学校体育健康课的有力补充，可以把体育与健康课程从课内延伸到课外。体育健康课的作业包括身体锻炼类作业和健康知识类作业等。体育健康课不但可以有效地提高学生的各项身体素质和体育技能，还可以多方面丰富学生的健康知识。

体育健康课的主要学习方式是学生自主学习，学生可以借助家长，可以借助 AI 智能，可以借助体育教师提供的视频包，还可以借助阅读书籍等手段，完成项目式学习。

(一)阅读学习的策略

1. 健康知识类学习时，根据教师布置的任务，可以利用书籍寻找答案，并完成相应的作业。

2. 身体锻炼类学习时，根据不同身体素质锻炼任务，选择体育锻炼视频包内容、AI 智能、网络视频等，完成相应的锻炼。

3. 体育知识类学习时，可以借助视频直播、现场观看等形式，完成相应的学习任务。

(二)课例

传承铁人精神——体能与健康作业实践[①]

1. 案例背景

(1)学习内容分析

①主要内容

以《义务教育体育与健康课程标准(2022 年版)》为依据和指导，设计具有学校特色的体育学科作业，在六年级发展体能练习——"传承铁人精神体能挑战赛"教学单元中，关注教学内容的基础性、多样性，引导学生学习和掌握知识技能，并能够在生活中进行运用，为学生形成良好锻炼习惯、健康生活方式、塑造健全人格奠定基础。在学校"聚能于石 油然而生"的办学理念下，以"传承铁人精神"为中心，以"体能挑战赛"为项目主题任务驱动学习，通过健康知识的学习，对力量、灵敏、速度、柔韧多方面的练习，帮助学生在学习进程中形成丰富的运动体验，将健康知识内容与体能练习有机结合，引导学生将健康知识、增强体能方法运用到日常的锻炼和竞赛中，增强学生的理解力和实践能力。

---

① 课例提供者：北京石油学院附属小学孟龙、赵宇田。

内容框架如图 7-24 所示。

图 7-24 "传承铁人精神体能挑战赛"内容框架

②体育作业设计中阅读方面的内容

借助体育与健康方面的书籍或视频学习,可以有效地提高学生对于健康知识与体育技巧的理解与认识,阅读学习也是体育教学中的重要组成部分。教师可以把日常的教学与阅读学习相结合,提高学生的自主学习能力。

阅读汲取知识的方式是多样性的,可以是传统书籍,可以是网络,可以是 AI 智能,还可以是体育教师提供的视频学习包等,利用多种手段提高学生的认知能力与学习能力,让阅读成为体育教学的有力补充。

(2)学生分析

我校六年级学生共 535 人,此阶段的学生生理和心理特点变化明显,身体发育处于高峰时期。速度、灵敏、柔韧的最佳发展阶段即将过去,但力量和耐力素质的敏感期即将到来,特别是大肌肉群的发展。学习和掌握技术动作较快,可塑性强,能够完成本节课的学习内容。

(3)学习背景

在单元学习前,选择了年级平均成绩居中的六年级(7)班,对学生的具体体能状况及学生课后锻炼情况进行了调研,调研结果如表 7-4 所示。

表 7-4 学生体质监测各指标测试平均分

评价项	BMI	肺活量	50米	坐位体前屈	一分钟跳绳	一分钟仰卧起坐	50米×8往返跑	附加分	总分
男生	94.40	88.40	84.80	82.80	99.70	84.00	76.10	14.20	101.20
女生	91.60	94.39	82.90	87.60	97.30	87.40	78.10	11.20	99.50
平均	93.00	91.40	83.85	85.20	98.50	85.70	77.10	12.70	100.35

本次测试时间为2023年9月。通过本次测试可以发现，全班37名同学(18名男生、19名女生)测试平均分为100.35分，说明学生的整体身体素质较好。好成绩的背后得益于跳绳的加分项，男女生均有超过10分的加分。但也会发现学生的50米×8成绩是整体成绩中的薄弱项，仅为及格成绩。同时，50米、坐位体前屈、仰卧起坐平均成绩也在良好区间。因此，从侧面也反映了学生的奔跑、柔韧、核心、速度、灵敏等身体素质还有较大的发展和提升空间。

因此本单元要通过多种形式帮助学生提升心肺耐力、肌肉力量、爆发力，促进灵敏、协调素质的发展。

单元学习前教师对学生进行了问卷调研，结果如图7-25所示。

体育课后作业调查问卷

1. 你每周放学后锻炼次数是多少？(包括校外体育类俱乐部训练)
　　A. 7次　　B. 5—6次　　C. 3—4次　　D. 1—2次　　F. 从不
　　70.43%　　20.85%　　　7.02%　　　1.70%　　　0%

2. 你每次放学后锻炼的时长是多少？(包括校外体育类俱乐部训练)
　　A. 3小时以上　B. 2—3小时　C. 1—2小时　D. 0—1小时　F. 从不
　　6.16%　　　　32.14%　　　56.81%　　　4.89%　　　0%

3. 你觉得课后锻炼对于你来说有难度吗？
　　A. 有难度　　B. 有点难度　　C. 一般　　D. 比较简单　　F. 简单
　　2.34%　　　21.06%　　　　34.47%　　27.02%　　　　15.11%

4. 你对自己的训练内容或项目感兴趣(喜欢)吗？
　　A. 非常喜欢　　B. 比较喜欢　　C. 一般　　D. 不太喜欢　　F. 很不喜欢
　　51.43%　　　　24.45%　　　　21.25%　　2.25%　　　　0.62%

5. 经过一学期的训练，你的身体素质(体质监测成绩)是否提高？
　　A. 有明显提高　　B. 略有提高　　C. 保持不变　　D. 略有下降　　E. 明显下降
　　24.89%　　　　　61.49%　　　　13.19%　　　　0.43%　　　　0%

6. 你每天睡眠时长？
　　A. 10小时以上　　B. 9—10小时　　C. 8—9小时　　D. 7—8小时　　F. 7小时以内
　　1.91%　　　　　11.28%　　　　　84.89%　　　　1.71%　　　　0.21%

图 7-25　体育课后作业调查问卷结果

从图7-25可以看出，学生在课后能够积极主动参加锻炼，并且课后能够保证一定的运动时长，选择的大多是自己感兴趣的运动项目，不仅提升了自己的专业运动能力，也在自己热爱的运动项目中身体素质得到提升。适当的运动也保证学生的睡眠保持在合理时间。

单元以"传承铁人精神体能挑战赛"为主题创设情境，落实"教会、勤练、常赛"的基本要求。通过提供视频资源、批改反馈作业，帮助学生在日常练习中提高动作的规范性；每周在云端发起挑战，教师给予学生评价反馈，让每一名学生都能找到自己的兴趣和特长，实现"增强体质、健全人格、磨炼意志"。

2. 学习目标

(1) 运动能力

利用体育锻炼视频包及AI智能模仿学习锻炼，学生能够根据不同锻炼主题，提升心肺耐力、肌肉力量、灵敏性、爆发力及反应能力等体能，增强自身各项身体素质，达到《国家学生体质健康标准（2014年修订）》六年级的合格以上水平。

(2) 健康行为

通过课后阅读体育与健康书籍，学生能够合理膳食，制订健康家庭食谱和锻炼计划，掌握简单处理意外伤害和日常急救的知识与方法。

(3) 体育品德

通过观看体育比赛以及平时的学、练、赛，能够做到积极参与每一项练习和比赛，面对困难不退缩，勇于担当，正确对待输赢，不推卸责任，善于分析问题。

3. 本案例中的阅读手段与方法（如图7-76所示）

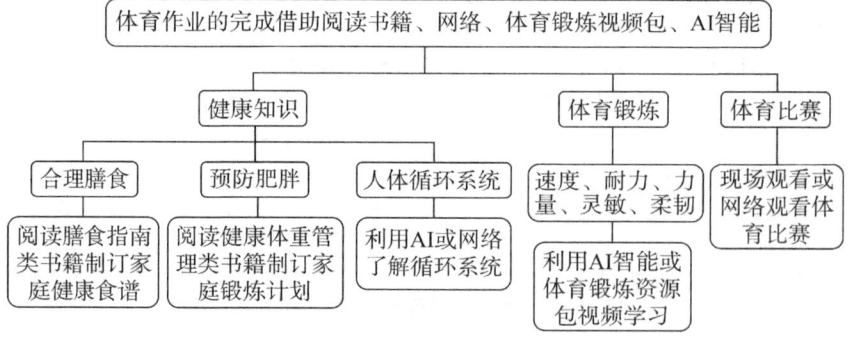

图7-26 体育作业阅读手段与方法

4. 实施过程

(1) 课题1：饮食卫生、合理膳食

①课时作业目标

A. 能够判断生活中的食品是否安全。

B. 知道饮食对于生长发育的重要性。

②课时作业内容

根据课上学习的合理膳食及饮食卫生内容，结合自己家庭的饮食习惯和日常饮食，与家长一起设计一份家庭健康食谱。

③课程引导与作业布置

师：平时生活中，我们在饮食方面应该注意些什么？

生：不吃过期食品，不吃过夜剩菜……

师：同学们平时喜欢吃哪类食物？

生：肉类，蔬菜，水果……

课后，学生和家长一起阅读健康科普类书籍，如《中国居民膳食指南(2024)》《食物营养与健康》等，结合饮食卫生与合理膳食制订自己的家庭健康食谱。

(2) 课题2：怎样预防肥胖

①课时作业目标

A. 了解身体质量指数(BMI)的计算方法和标准。

B. 学会运用公式计算自己及家人的身体质量指数。

②课时作业内容

A. 运用公式评估自己及家人的健康水平。

B. 和家人一起设计一份健身和锻炼计划。

③课程引导与作业布置

师：同学们知道什么是健康的身高体重吗？

生：不肥胖、胖瘦合适……

师：身体质量指数是有计算方法的，老师推荐给大家一些书籍，大家自己去寻找。

课后阅读《国民营养科普丛书——健康体重管理指导》书籍，运用从书中或多媒体学到的计算方法，给自己和家人计算BMI数值，了解健康体重的状况。并根据阅读所学控制体重的方法，制订自己的家庭锻炼计划。

(3) 课题3：人体循环系统

①课时作业目标

A. 知道人体的循环系统构成。

B. 了解提高肺活量的方法。

②课时作业内容

A. 健康知识。

B. 了解人体的呼吸、血液循环是怎样完成的。

C. 提高肺活量的方法。

a. 有氧600—800米走跑交替（两步呼吸法）。

b. 两分钟跳绳2组。

c. 小游戏。

家庭吹气球大赛（准备气球若干，在规定时间内，家长和学生一起比赛吹气球，看谁吹得多）。

家庭规定距离吹蜡烛比赛（准备一根点燃的蜡烛，分别站在不同的距离，看谁能够在更远的距离将蜡烛吹灭）。

③课程引导与作业布置

师：哪位同学知道人体的循环系统有哪些？

生：呼吸循环系统，血液循环系统……

师：那循环系统是怎样在身体里运转的呢？

生：吸入空气，排出二氧化碳。

师：要想了解人体循环系统的奥秘，咱们可以借助网络或书籍来进行深入探秘。

课后通过网络或阅读《图解人体·神奇的身体》书籍，了解人体循环系统的构成及循环过程。完成相应的锻炼，提高自身的循环系统功能。

(4)课题4：力量、灵敏、柔韧

①课时作业目标

A. 了解如何预防运动损伤。

B. 根据作业要求完成今天的练习内容。保证动作标准，活动到位。

C. 进行一次一分钟仰卧起坐测试并记录成绩。

D. 能够说出自己练习到了身体的哪部分肌肉。

②课时作业内容

A. 健康知识。

如何预防运动损伤【多选题】(　　)

a. 运动之前做好热身　　b. 正确的姿势和技术

c. 适当的运动装备　　　　d. 注意身体状况

　B. 准备活动：根据教师提供的视频资源练习。

　C. 聚能加油站。

　要求：在有关力量素质的练习中，选择3—5个内容进行练习；并将自己在练习过程中用到的肌肉，在图上涂红。

　D. 聚能小游戏：灵敏素质游戏。

　E. 拉伸放松：将自己涂红的肌肉部位进行拉伸。

③课程引导与作业布置

课后阅读《体育运动伤害防护》书籍，了解一些预防运动伤害的知识，观看视频资源包完成聚能加油站锻炼任务。

（5）课题5：灵敏、力量、柔韧

①课时作业目标

　A. 了解轻度损伤的自我处理方法（轻度烫烧伤、割伤、刺伤、擦伤、挫伤）。

　B. 能够根据教师的要求高质量地完成有关灵敏素质的练习。

　C. 根据自身的运动情况进行放松拉伸。

②课时作业内容

　A. 健康知识。

遇到烧伤烫伤的处理方法【排序】（　　）

　　a. 保护受伤部位　　　　b. 迅速脱离热源

　　c. 创面处理　　　　　　d. 冷水冲淋

　B. 准备活动：根据教师提供的视频资源练习。

　C. 聚能加油站。

　要求：在有关灵敏素质的练习中，选择3—5个内容进行练习。

　D. 聚能小游戏：力量素质游戏。

　E. 拉伸放松：对相应练习部位进行拉伸。

③课程引导与作业布置

师：在生活中，如果自己被烫伤应该怎样处理？

生：去医院找医生，找东西包扎，冷敷等。

课后阅读急救类书籍如《家庭急诊自救全书》《看图学急救》等，学习简单处理烧烫伤的方法，完成聚能加油站锻炼内容。

(6)课题6：速度、灵敏、柔韧

①课时作业目标

A. 了解轻度损伤的自我处理方法（轻度烫烧伤、割伤、刺伤、擦伤、挫伤）。

B. 能够根据教师的要求高质量地完成有关速度素质的练习。

C. 有条件的进行一次50米跑的测试。

D. 根据自身的运动情况进行放松拉伸。

②课时作业内容

A. 健康知识。

遇到轻度割伤的处理方法【排序】（　　）

a. 酒精或者碘伏消毒　　　b. 按压止血

c. 包扎或贴创可贴　　　　d. 淡盐水或凉白开冲洗

注意：如果伤口较深，应时去医院处理。

B. 准备活动：根据教师提供的视频资源练习。

C. 聚能加油站。

要求：在有关速度素质的练习中，选择3—5个内容进行练习。

D. 聚能小游戏：灵敏小游戏。

E. 拉伸放松：对相应练习部位进行拉伸。

③课程引导与作业布置

师：在生活中，如果遇到了割伤应该怎样处理？

答：去医院找医生，找东西包扎。

课后阅读急救类书籍如《家庭急诊自救全书》《看图学急救》等，学习简单处理轻度割伤的方法，完成聚能加油站锻炼内容。

(7)课题7：灵敏、速度、柔韧

①课时作业目标

A. 了解轻度损伤的自我处理方法（轻度烫烧伤、割伤、刺伤、擦伤、挫伤）。

B. 能够根据教师的要求高质量地完成有关灵敏素质的练习。

C. 根据自身的运动情况进行放松拉伸。

②课时作业内容

A. 健康知识。

遇到轻度刺伤的处理方法【排序】（　　）

a. 检查伤口是否有异物　　b. 出血后按压 3—5 分钟　　c. 取出异物

d. 包扎或贴创可贴　　e. 用酒精或者碘伏进行消毒

注意：如果刺伤较重，应及时到医院处理。

B. 准备活动：根据教师提供的视频资源练习。

C. 聚能加油站。

要求：在有关灵敏素质的练习中，选择 3—5 个内容进行练习。

D. 聚能小游戏：速度小游戏。

E. 拉伸放松：对相应练习部位进行拉伸。

③课程引导与作业布置

师：在生活中，如果遇到了刺伤应该怎样处理？

生：去医院找医生，找东西包扎。

课后阅读急救类书籍如《家庭急诊自救全书》《看图学急救》等，学习简单处理轻度刺伤的方法，完成聚能加油站锻炼内容。

(8) 课题 8：耐力、速度、柔韧

①课时作业目标

A. 了解轻度损伤的自我处理方法（轻度烫烧伤、割伤、刺伤、擦伤、挫伤）。

B. 能够根据教师的要求高质量地完成有关耐力素质的练习。

C. 根据自身的运动情况进行放松拉伸。

②课时作业内容

A. 健康知识。

遇到轻度擦伤的处理方法【排序】（　　）

a. 用水冲洗损伤部位　　b. 用酒精或碘伏进行消毒　　c. 包扎

注意：在冲洗过程中可用干净棉球将脏物擦除；消毒时尽量不要将酒精或碘伏涂抹到伤口内；包扎时绷带不要缠绕过紧；保持创面清洁干燥。

B. 准备活动：根据教师提供的视频资源练习。

C. 聚能加油站。

要求：在有关耐力素质的练习中，选择 3—5 个内容进行练习。

D. 聚能小游戏：速度小游戏。

E. 拉伸放松：对相应练习部位进行拉伸。

③课程引导与作业布置

师：在生活中，如果遇到了擦伤应该怎样处理？

生：去医院找医生，找东西包扎。

课后阅读急救类书籍如《家庭急诊自救全书》《看图学急救》等，学习简单处理擦伤的方法，完成聚能加油站锻炼内容。

(9)课题9：速度、耐力、柔韧

①课时作业目标

A. 了解轻度损伤的自我处理方法（轻度烫烧伤、割伤、刺伤、擦伤、挫伤）。

B. 能够根据教师的要求高质量地完成有关耐力素质的练习。

C. 根据自身的运动情况进行放松拉伸。

②课时作业内容

A. 健康知识。

遇到轻度挫伤的处理方法【排序】（　　）

a. 用冰块冷敷　　　b. 停止活动

注意：冰块不可直接接触皮肤，可用湿毛巾保护好皮肤再冷敷；每隔15—20分钟休息5分钟；如果出现不适或疼痛立即停止冷敷，伤情加重立即到医院处理。

B. 准备活动：根据教师提供的视频资源练习。

C. 聚能加油站。

要求：在有关耐力素质的练习中，选择3—5个内容进行练习。

D. 聚能小游戏：耐力小游戏。

E. 拉伸放松：对相应练习部位进行拉伸。

③课程引导与作业布置

师：在生活中，如果遇到了挫伤应该怎样处理？

生：去医院找医生，冷敷。

课后阅读急救类书籍如《家庭急诊自救全书》《看图学急救》等，学会简单处理挫伤的方法，完成聚能加油站锻炼内容。

(10)课题10：选择一项自己喜欢的运动

①课时作业目标

A. 了解生活中的危险源，学会识别各种危险源的标志。

B. 能够选择一项自己喜欢的擅长的运动，进行 30 分钟及以上的活动。

C. 教会家长 1—2 个简单的体育动作。

② 课时作业内容

A. 安全知识。

将"生物危险标志"与其名称连接起来。

易爆　　高压　　易燃　　剧毒　　放射性　　生物危害

B. 准备活动：根据教师提供的视频资源练习。

C. 聚能加油站。

要求：活动时注意环境安全；根据自己的身体条件量力而行。

D. 拉伸放松：对相应练习部位进行拉伸。

③ 课程引导与作业布置

师：在我们的生活环境中，有哪些危险因素？

生：电击，车祸，溺水……

师：你们在生活中看到过危险标志吗？在什么地方看到的？

生：医院的放射室，室外电闸箱，运输汽油、天然气的货车等。

课后利用网络或观看安全标志方面的书籍如《安全标志国家标准汇编》等，完成课后连线作业，加强防范意识。完成聚能加油站锻炼内容。

(11) 课题 11：力量、速度、柔韧

① 课时作业目标

A. 了解奥运会中的体育项目。

B. 能够根据教师的要求高质量地完成有关力量素质的练习。

C. 完成一次一分钟仰卧起坐与之前对照看是否有进步。

D. 根据自身的运动情况进行放松拉伸。

② 课时作业内容

A. 奥运小知识。

奥运会的项目都有哪些？请在空白处写出 5 个及以上。【简答题】

B. 准备活动：根据教师提供的视频资源练习。

C. 聚能加油站。

要求：在有关力量素质的练习中，选择3—5个内容进行练习；并将自己在练习过程中用到的肌肉，在图上涂红。

D. 聚能小游戏：速度小游戏。

E. 拉伸放松：对相应练习部位进行拉伸。

③课程引导与作业布置

课后利用网络或阅读《奥运百科》等书籍，寻找自己喜欢的奥运项目，并回答相应问题。完成聚能加油站锻炼内容。

(12) 课题12：速度、力量、柔韧

①课时作业目标

A. 了解奥运知识，完成相关题目。

B. 能够根据教师的要求高质量地完成有关速度素质的练习。

C. 根据自身的运动情况进行放松拉伸。

D. 进行一次50米的测试，对照之前的成绩看是否有所提高。

②课时作业内容

A. 奥运小知识。

a. 中国奥运历史上第一枚金牌由谁获得？（　　）

b. 中国第一枚冬奥会金牌在什么项目中获得？（　　）

c. 2008年北京奥运会中国代表团获得了多少块金牌？（　　）

B. 准备活动：根据教师提供的视频资源练习。

C. 聚能加油站。

要求：在有关速度素质的练习中，选择3—5个内容进行练习。

D. 聚能小游戏：力量小游戏。

E. 拉伸放松：对相应练习部位进行拉伸。

③课程引导与作业布置

课后利用网络或阅读《奥运百科》等书籍，回答相应问题。完成聚能加油站锻炼内容。

(13) 课题13：灵敏、速度、柔韧

①课时作业目标

A. 了解奥运知识，完成相关题目。

第七章　道德与健康类学科中的阅读学习

B. 能够根据教师的要求高质量地完成有关灵敏素质的练习。

C. 根据自身的运动情况进行放松拉伸。

D. 进行一次50米跑的测试,对照之前的成绩看是否有所提高。

②课时作业内容

A. 奥运小知识。

奥运标志是什么？它由哪几种颜色组成？请你完成回答后将它画出来。【简答题】

B. 准备活动：根据教师提供的视频资源练习。

C. 聚能加油站。

要求：在有关灵敏素质的练习中,选择3—5个内容进行练习。

D. 聚能小游戏：速度小游戏。

E. 拉伸放松：对相应练习部位进行拉伸。

③课程引导与作业布置

课后利用网络或阅读《奥运百科》等书籍,回答相应问题。完成聚能加油站锻炼内容。

(14)课题14：速度、灵敏、柔韧

①课时作业目标

A. 了解奥运知识,完成相关题目。

B. 能够根据教师的要求高质量地完成有关速度素质的练习。

C. 根据自身的运动情况进行放松拉伸。

D. 进行一次50米跑的测试,对照之前的成绩看是否有所提高。

②课时作业内容

A. 奥运小知识。

北京夏季奥运会在(　　)年举办,冬季奥运会在(　　)年举办。北京夏季奥运会是第(　　)届奥运会,北京冬季奥运会是第(　　)届奥运会。【填空题】

B. 准备活动：根据教师提供的视频资源练习。

C. 聚能加油站。

要求：在有关速度素质的练习中,选择3—5个内容进行练习。

D. 聚能小游戏：灵敏小游戏。

377

E. 拉伸放松：对相应练习部位进行拉伸。

③课程引导与作业布置

课后利用网络或阅读《奥运百科》等书籍，回答相应问题。根据锻炼视频完成聚能加油站锻炼内容。

(15)课题15：力量、耐力、柔韧

①课时作业目标

A. 了解奥运知识完成相关题目。

B. 能够根据教师的要求高质量地完成有关力量素质的练习。

C. 完成一组耐力跑或跳绳练习。

D. 根据自身的运动情况进行放松拉伸。

②课时作业内容

A. 奥运小知识。

请写出5个奥运会径赛项目。【简答题】

B. 准备活动：根据教师提供的视频资源练习。

C. 聚能加油站。

要求：在有关力量素质的练习中，选择3—5个内容进行练习；并将自己在练习过程中用到的肌肉，在图上涂红。

D. 拉伸放松：对相应练习部位进行拉伸。

③课程引导与作业布置

课后利用网络或阅读《奥运百科》等书籍，回答相应问题。根据锻炼视频完成聚能加油站锻炼内容。

(16)课题16：耐力、力量、柔韧

①课时作业目标

A. 了解奥运会的小知识。

B. 能够根据教师的要求高质量地完成有关耐力素质的练习。

C. 完成一次一分钟跳绳并记录成绩。

D. 根据自身的运动情况进行放松拉伸。

②课时作业内容

A. 奥运小知识。

请写出5个冬季奥运会的比赛项目。【简答题】

B. 准备活动：根据教师提供的视频资源练习。

C. 聚能加油站。

要求：在有关耐力素质的练习中，选择3—5个内容进行练习；进行一次一分钟跳绳。

D. 聚能小游戏：力量小游戏。

E. 拉伸放松：对相应练习部位进行拉伸。

③课程引导与作业布置

课后利用网络或阅读《奥运百科》等书籍，回答相应问题。根据锻炼视频完成聚能加油站锻炼内容。

(17)课题17：选择一项自己喜欢或擅长的体育活动

①课时作业目标

A. 观看一场自己喜欢的运动项目比赛。

B. 能够选择一项自己喜欢或擅长的运动，进行30分钟及以上的活动。

C. 教会家长1—2个简单的体育动作。

②课时作业内容

A. 观看一场自己喜欢的运动项目比赛视频。

B. 准备活动：根据教师提供的视频资源练习。

C. 聚能加油站。

要求：活动时注意环境安全；根据自己的身体条件量力而行。

D. 拉伸放松：对相应练习部位进行拉伸。

③课程引导与作业布置

师：同学们喜欢哪些体育比赛？你们看过哪些体育比赛？

生：游泳、乒乓球、足球等。

利用课余时间观看一场现场体育比赛或视频直播比赛，完成相应作业。根据锻炼视频完成聚能加油站锻炼内容。

(18)课题18：模拟考

①课时作业目标

根据教师要求完成体育模拟考试。

②课时作业内容

表7-5 课时作业

项目	成绩
身高(m)	
体重(kg)	
肺活量(ml)	
坐位体前屈(cm)	
仰卧起坐(个/分)	
50米跑(秒)	
50米×8折返跑(分/秒)	

A. 准备活动：根据教师提供的视频资源练习。

B. 聚能拉力赛。

要求：按照要求完成所有项目并填写成绩卡。

C. 拉伸放松：对相应练习部位进行拉伸。

③课程引导与作业布置

根据国家体质测试标准，完成项目测试。

5. 实施效果

(1)通过此次体育作业实践改革，学生能够更加自主地学习体育与健康知识，并且学习深度与广度比课堂教学效果更好。

(2)学生在阅读体育与健康书籍过程中，潜移默化地提高了阅读理解能力，因为他们要把学到的知识，应用于自己制定的计划或体育锻炼中。

(3)学生完成的作业，无论是身体素质、健康行为，还是体育品德，较之平时都有进一步提升。

第二节 道德与法治学科阅读学习的策略与案例

习近平总书记在党的二十大报告中强调："培养什么人、怎样培养人、为谁培养人是教育的根本问题，也是建设教育强国的核心课题。"党的二十大报告指出"落实立德树人根本任务，培养德智体美劳全面发展的社会主义建设者和接班人"。2024年全国教育工作会议提出，着力构建落实立德树人根本任务新生态新格局。

"立德"即培养崇高的品德,"树人"即培养高素质的人才,立德树人就是让学生成为德才兼备、全面发展的人才。把立德树人融入道德与法治学科全过程、各环节,实现全程育人、全方位育人,增强教育的针对性、实效性和亲和力、感染力,为学生健康成长营造良好的环境氛围。

道德与法治课程"以培养社会主义合格公民为中心,遵循生活逻辑,整合道德、心理、法律及国情等相关内容,旨在促进学生道德品质、健康心理、法律意识和公民意识的进一步发展,形成乐观向上的生活态度,逐步树立正确的世界观、人生观和价值观"。

道德与法治学科与人们的生活紧密联系,很多知识都是源于生活的实际经验,在阅读中,重视调研、观察、体验等。

一、探究活动课中的阅读学习

《义务教育道德与法治课程标准(2022年版)》指出,本课程立足于发展学生核心素养,以引导学生学习和掌握道德与法律的基本规范,提升思想政治素质、道德修养、法治素养和人格修养为主旨。同时本课程是以社会发展和学生生活为基础而构建的综合性课程,要增强教学内容的针对性和现实性,突出问题导向。

探究活动作为道德与法治学科的一种重要活动,学生可以在探究的过程中,进行合作、讨论、分析、整合等一系列的活动,从这样的活动中,提高学生的价值辨析能力,锻炼学生的思维整合能力,从而提升学生的核心素养。

阅读作为探究活动的一种手段,可以让探究活动变得丰富起来,学生通过多种阅读形式,对某一问题进行探究,可以使探究活动变得更加直观、深入且贴近学生的现实生活,学生在这样的探究活动中,才能层层深入,对问题进行分析,对思维进行整合,从而真正提升学生本学科的核心素养。

(一)阅读学习策略

1. 利用教材中的阅读材料进行探究活动

教材作为教师和学生之间的桥梁,能有效地为教学提供引导,道德与法治学科教材的内容和呈现形式上都贴近学生的现实生活。因此,在道德与法治学科的探究课上，教师就可以利用教材上的阅读材料，作为上课的重要工具。教师可以深入挖掘教材上的阅读材料，包括人物对话、图片呈现、绘本故事、阅读角等内容，使学生通过深入阅读教材，进入教材、感知教材、理解教材，在此基础上进行深入探究，让学生把教材和自己的生活联系起来，真正理解教材背后的意义，提升学生的核心素养。

2.利用调研与观察中的阅读进行探究活动

通过调研及观察思考，学生对调研材料进行探究，包括对材料的整理、分析整合等，从这样的以调研与观察中的阅读为重点的探究活动中进行知识的重组与建构，引导学生进行深层次的感悟，从中总结规律和经验。

3.利用信息化技术中的阅读进行探究活动

视觉是获取信息的重要途径之一，在道德与法治的探究课中，可以利用视频、图片等多媒体资源辅助学生进行阅读和理解。通过视频、图片等方式让学生进行阅读与思考，学生能更好地理解、更准确地学习技能，从而更好地指导实践。

(二)课例

道德与法治学科探究活动课中的阅读学习
——以关心家庭生活为例[①]

1.案例背景

(1)案例介绍

道德与法治作为一门德育课程，道德教育中对家庭的关心与关爱是本学科非常重要的一部分。本案例是《道德与法治》四年级上册第二单元"为父母分担"第一课"少让父母为我操心"的第2课时。

"少让父母为我操心"这节课旨在引导学生了解和理解父母、体谅父母的辛苦和不易，知道要管理好自己，不给父母添麻烦。本案例是在学习完第一课时，学生已经了解父母的辛劳、体谅父母的基础之上，学会管理好自己，少让父母操心，做个懂事的孩子。

本案例旨在通过探究活动，例如探究材料、探究自身经历、阅读视频

[①] 课例提供者：北京石油学院附属小学刘雯。

进行探究以及阅读发生在身边的故事进行探究等方式,引导学生转变视角,尝试站在父母的角度去看待问题,能做到在生活中照顾、管理好自己,能主动为父母分忧,用实际行动来展现对父母的爱,以此来对学生进行道德教育。

(2)阅读材料介绍

本课所选取的阅读材料,均来自学生的现实生活。通过阅读自身生活,阅读家庭成员的生活,阅读事例、联系生活,以及阅读表格进行分析等方式,一方面激起学生的学习兴趣,另一方面通过这样的阅读材料,联系学生的现实生活,打破阅读与现实生活的壁垒,让学生通过阅读进行思考,再作用于他们的现实生活,提升学生在阅读中分析材料、整合信息的能力。学生通过阅读进行探究,从而理解知识,学会生活,提升学生的核心素养。

(3)学生分析

四年级学生已经具备家庭的概念,知道父母对自己的爱,也能表达对父母的爱。但我们大多数人的家庭生活都不会如敲锣打鼓般热闹,而是如同涓涓细流一般温润无声。所以很多孩子每天生活在这样的环境里,习惯了父母家人对他们无微不至的照顾,对于家人的付出,他们早就习以为常。因此他们对父母的爱的认知,更多的是认为父母对"我"的付出,而对于父母对整个家庭的付出,了解不多,缺乏全面的认知;同时,对父母爱的表达,更多是停留在知道不惹父母生气、自己的事情自己做、好好学习这个层面上,对于管理好自己就是不给父母添麻烦这一观点,认知并不十分清楚,对于主动为父母分忧这一概念,也并不十分清晰。

2. 教学目标及重难点

(1)教学目标

①通过探究活动,例如阅读自身生活经验、阅读调查表,了解父母的烦恼有哪些。

②通过小组探究活动,例如阅读事例、阅读生活经验,探索少给父母添麻烦的好方法。

③在生活中能做到少给父母添麻烦。

(2)教学重点

通过探究活动,能阅读自身、阅读生活经验,反思自己日常行为的不足，了解给父母添麻烦的原因。

（3）教学难点

能用自己的实际行动，真正做到少给父母添麻烦。

3．实施过程

（1）探究活动：爸爸妈妈的烦恼

①通过阅读故事会，探究爸爸妈妈的烦恼有哪些。

A．学生阅读故事会。

故事会

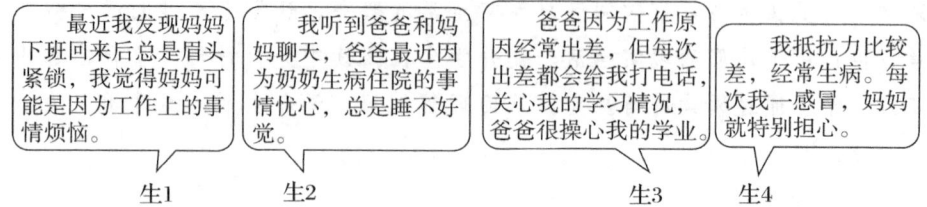

图7-27　家长的烦恼

B．同桌探究，通过回忆生活，探究父母是否遇到过一些烦恼。

C．总结：父母有烦恼。

设计意图：学生首先通过阅读故事会，从阅读中知道这几位同学的父母都会遇到一些烦恼；再通过阅读自身经验，把认知从故事会中的事例迁移到自己的家庭生活，回忆自己父母遇到的烦心事，从而实现学习目标的达成：知道自己的父母有烦恼。

②探究活动：通过调查表，探究我们的哪些做法会给父母添麻烦。

A．出示调查问卷1。

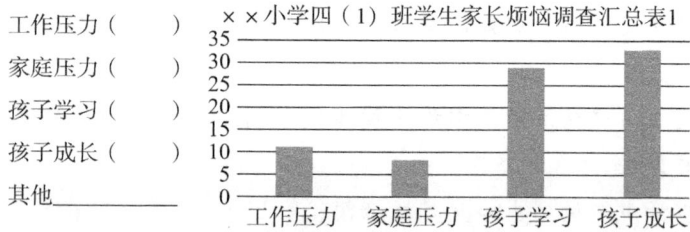

图7-28　调查问卷1截图

B. 观察汇总表，发现：父母的烦恼更多来自我们。

设计意图：学生通过阅读调查表，进行思维的构建，从调查表中自行发现父母烦恼的来源，从而实现通过阅读提升学生的思考和总结能力。

C. 出示调查问卷2。

问卷2：对于您的孩子，您比较担心（烦恼）哪方面呢？（多选）

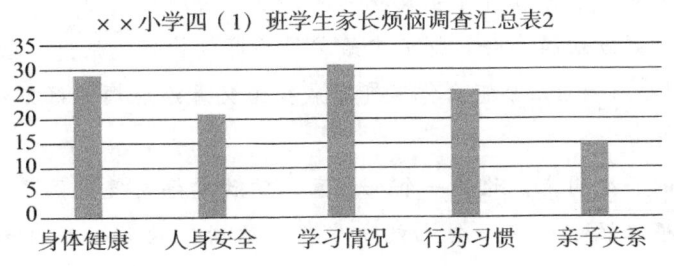

图7-29　调查问卷2截图

D. 观察汇总表，发现：我们的很多事情都给家长带来了烦恼。

E. 总结：应该反思自己的行为。

设计意图：通过阅读调查表，学生从阅读中思考并进行分析、整合，从中进行思维的锻炼，从阅读中自主发现、自主总结，最后自行得出结论，实现教学目标。同时这样的阅读，也可以有效锻炼学生的思维整合能力。

(2) 探究少给父母添麻烦的好方法

①阅读材料，探究少给父母添麻烦的好方法——管好自己的言行。

A. 阅读材料1和材料2，思考给家长添麻烦的原因。小组合作探究，两位同学怎么做，才能少给父母添麻烦。

材料1：

放暑假后，斌斌把房间弄得很乱，玩具、衣服、书本到处都是，妈妈生气了。对于收拾房间这件事情，斌斌和妈妈有着不同的想法。斌斌的想法是：房间乱点儿也没关系，我想休息一会儿再收拾房间。而斌斌妈妈的想法是：房间这么乱也不收拾，这么大了还没养成良好的行为习惯，真让人操心。

材料2：

王芳在学校上课时没有认真听讲，导致作业不会写。妈妈晚上回家后，要做晚饭、收拾屋子，还要辅导王芳功课。妈妈心里想：工作了一天好累啊，还有家务没做，但为了孩子，还是先辅导她学习吧！这孩子真不让人省心……

B. 小结：没有管理好自己的行为，就会给父母添麻烦。

设计意图：通过阅读两个材料，学生从中自行发现给家长添麻烦的原因，并反观自身行为，最后得出结论：如果没有管理好自己的言行，就会给父母添麻烦。从中提升学生发现问题、分析问题的能力。

②参加好方法推介会，探究少给父母添麻烦的好方法——管好自己。

A. 阅读材料3，小组合作探究欣欣少给父母添麻烦的好方法。

材料3：

夏天的一个周末，欣欣一个人在家。欣欣觉得天气太热了，就从冰箱里拿了一根冰糕吃。不一会儿就吃完了。这时，欣欣心里开始琢磨了起来：冰糕真好吃啊，吃完一根还想吃一根。就在欣欣想拿第二根冰糕的时候，心里又有一个声音响了起来：可妈妈说冰糕吃多了容易生病，我病了爸爸妈妈就会很担心，还要带我去医院，耽误工作。我该怎么做才能既解暑又少给父母添麻烦呢？

B. 汇报好方法：管理好自己就是少给父母添麻烦。

设计意图：本环节首先通过阅读材料3，学生从材料中分析如何做才能少给父母添麻烦，再通过后续的好方法推介会，阅读自身生活经验，知道能管好自己的言行，就会少给父母添麻烦，从而实现教学目标。

③通过情景化阅读，探究少给父母添麻烦的好方法——做到换位思考。

A. 阅读材料4，并思考：琳琳的做法会给妈妈带来什么麻烦？

材料4：

早上琳琳因为磨蹭，晚出发了10分钟，7点还没出门。于是妈妈对琳琳发火了。琳琳觉得很委屈，心想：自己只是晚走了10分钟，妈妈怎么发了那么大的火呢？而当时妈妈心里在想：上次琳琳晚出门了10分钟，等把她送到学校，我再去上班，路上就开始堵车了，因此我耽误了一个很重要的会议，领导还批评了我……

B. 探究活动：进一步阅读材料，思考怎样做才能做到换位思考；联系生活，说一说自己在生活中遇到的类似的事，站在自己的角度和父母的角度分别说一说感想。

C. 小结：做事之前多换位思考，就会少给父母添麻烦。

设计意图：本环节通过阅读材料，学生先从给出的材料中思考可能带来的后果，再深入分析原因，初步感知当我们只站在自己的角度考虑问题，没有换位思考时，有时无意中就会给父母增添麻烦；接下来进一步阅读材料，尝试站在父母的角度去看待问题，再联系自己的生活，把阅读材料和生活对接，打通阅读和生活的壁垒，学生从中知道要换位思考，就会少给父母添麻烦，从而突破本节课的重点。

④通过阅读事例，探究少给父母添麻烦的好方法——主动替家长分忧，主动照顾家人。

A. 探究活动：阅读下列材料，说一说你更喜欢谁的做法，原因是什么。

材料5：最近到了收割庄稼的季节。周末放假时，欣欣主动帮助爸爸下地干活儿。

材料6：小宇每天做完作业后，主动陪奶奶出去散步。奶奶可高兴了，小宇说要经常陪奶奶散步，主动照顾家人。

材料7：明明的妈妈辛苦工作了一天。吃完晚饭后，妈妈刷碗，明明就直接下楼玩去了。

B. 联系自己的生活，想一想你有遇到过类似的事情吗，说说你当时的做法。

C. 小结：主动为父母分忧，主动照顾家人，就是少给父母添麻烦。

设计意图：本环节通过阅读材料，进行辨析及分析原因，学生先从阅读材料中感知少给父母添麻烦的做法；接下来再回归学生现实生活，通过材料对接到生活实际，用现实生活对学生进行启示，学生明白主动照顾家人，就是少给父母添麻烦。

(3)总结少给父母添麻烦的好方法

①阅读现实生活，回忆与父母的生活日常，总结少给父母添麻烦的好方法。

②制订行动记录表。

表 7-6　行动记录表

项目	是否完成	
	是	否
按时起床		
自己整理房间		
自觉完成作业		
……		

③总结：给爸爸妈妈少添一点儿麻烦，让他们多一些放心、多省一点儿心，是我们对家人最好的回报。

设计意图：本环节作为结束部分，通过前面的阅读指导学生现实生活，把通过阅读、思考、整合之后的结论，作用于学生的现实生活中，学生实现阅读—思考—整合—行动这样完整的思维过程，真正提升学生的核心素养，实现用阅读引领生活。

4. 实施效果

(1) 学科知识掌握

学生在课后，知道父母的烦恼很多来自自身，也能反思自身的一些行为，知道原来的某些行为给家长增添了麻烦；同时也知道以后少给父母添麻烦的一些好方法。

(2) 阅读能力提升

学生通过这节课的学习，整体的阅读能力有所提升，可以根据给出的阅读材料进行较为深入的分析，从阅读材料中提取到关键信息，在小组合作中进行整合、提炼，得出结论；同时通过阅读，能作用于学生的现实生活，帮助学生真正解决生活中遇到的问题。

(3) 学习目标达成

本节课的学习目标基本达成，学生通过阅读自身生活经验、阅读调查表、阅读事例等，能认识到给父母添麻烦的原因，学会少给父母添麻烦的好方法，并在以后的生活中能运用所学的方法，少让父母担心，少给父母添麻烦。

二、道德教育课中的阅读学习

道德与法治学科核心素养之一就是提升学生的道德修养，这不仅是个人成长的需要，也是社会全面进步和人的全面发展的必然要求。道德教育从个人道德、家庭美德、社会公德和职业道德四个方面，培养学生正确的价值观和行为准则，它帮助学生理解并内化社会公认的道德规范，从而形成良好的道德品质和行为习惯。

(一)阅读学习的策略

1. 跨学科整合阅读

结合多学科知识，通过阅读帮助学生全面理解道德观念，培养其综合素养。

2. 问题导向阅读

以问题为引导，促使学生带着疑问去阅读，寻找答案，深化道德认知。

3. 情境化阅读

通过创设具体情境，让学生身临其境地体验道德问题，提高道德判断和决策能力。

4. 实践体验阅读

将阅读与实际行动结合，通过实践活动加深学生对道德观念的理解和应用。

5. 情感激发阅读

选择富有情感的阅读材料，激发学生的情感共鸣，从而增强其对道德价值的认同和内化。

(二)课例

生态文明建设
——以"大自然，谢谢您"为例[①]

1. 案例背景

在当前的教育大环境下，跨学科的全阅读活动成了培养学生综合素养的重要手段。小学道德与法治课程作为培养学生道德品质、法治观念和行为举止的基石，其阅读材料的选择至关重要。本案例选自《道德与法治》一年级下册第二单元"我和大自然"，旨在通过阅读与实践，让学生更加亲近

---

① 课例提供者：北京石油学院附属小学康莉。

和理解大自然，从而形成热爱和保护自然的意识。

（1）阅读材料内容

本次阅读材料主要包括两部分内容。

第一部分是课本中关于大自然的基础知识，如自然界的生态系统、动植物多样性及其与人类的关系等。这些知识以图文并茂的形式呈现，旨在让学生通过直观的方式了解大自然的奥秘。

第二部分是特色阅读内容——"听习爷爷的话"，主要摘录了习近平总书记关于生态保护和环境治理的重要论述。这部分内容以文字和视频的形式呈现，让学生通过习近平总书记的话语，深刻理解人与自然和谐共生的重要性，以及作为新时代青少年应承担的生态责任。

（2）学生分析

大自然对于一年级的学生来说是一个充满神秘和吸引力的世界，因此与大自然相关的阅读材料很可能激发他们的阅读兴趣。让学生通过自身的感受来理解生态保护的重要性。

2. 学习目标

（1）学生能够通过阅读了解大自然生态系统的基础知识，了解动植物多样性以及它们与人类生活的紧密联系。学生能够识记并理解习近平总书记关于生态保护和环境治理的重要观点，认识到生态保护的重要性。学生能够通过阅读材料，促进对道德与法治课程中关于人与自然和谐共生理念的理解和应用。

（2）培养学生通过阅读提取关键信息的能力，学会使用分析、归纳等阅读方法，提升对文本内容的理解和概括能力。学生在阅读过程中，能够运用推理、判断等高级思维技能，深化对阅读材料中生态观点和道德观念的理解。学生能够通过阅读材料中的案例，学习如何联系实际生活，分析和解决与生态保护相关的问题。

（3）激发学生对大自然的热爱，增强他们保护自然的意识，培养责任感。通过阅读和讨论活动，培育学生的批判性思维，使其能够独立思考并表达自己的观点。鼓励学生在小组合作中共同学习和探讨，培养他们的团队合作精神和对学科学习的积极态度。

3. 实施过程

(1)单元整体教学思路

一年级下册第二单元"我和大自然"定位为"生态文明建设"主题下的重要单元。为深化这一主题，教师巧妙整合了社会大课堂资源，组织学生走进自然，亲身参与实践活动，同时结合校本课程中的小厨房课程——制作桃酥，让学生在动手制作美食的过程中，感受大自然的馈赠，培养对大自然的敬畏与感恩之心。

在整体教学设计上，重新整合了教材资源，创新性地设计了本单元的"大任务"：描绘我眼中的大自然——"我"（大自然）有许多小秘密。这一大任务旨在引导学生通过观察、体验、探索，发现大自然中隐藏的小秘密，从而建立起与大自然的深厚情感连接。

为了完成这一大任务，教师设计了一系列挑战任务。这些任务从简单到复杂，层层递进，让学生在完成任务的过程中逐渐了解大自然的"小秘密"。比如，组织学生进行户外观察活动，让他们用画笔记录下自己发现的自然之美；通过制作桃酥等小厨房活动，让学生了解大自然提供的食材是如何变成美味的食品的。

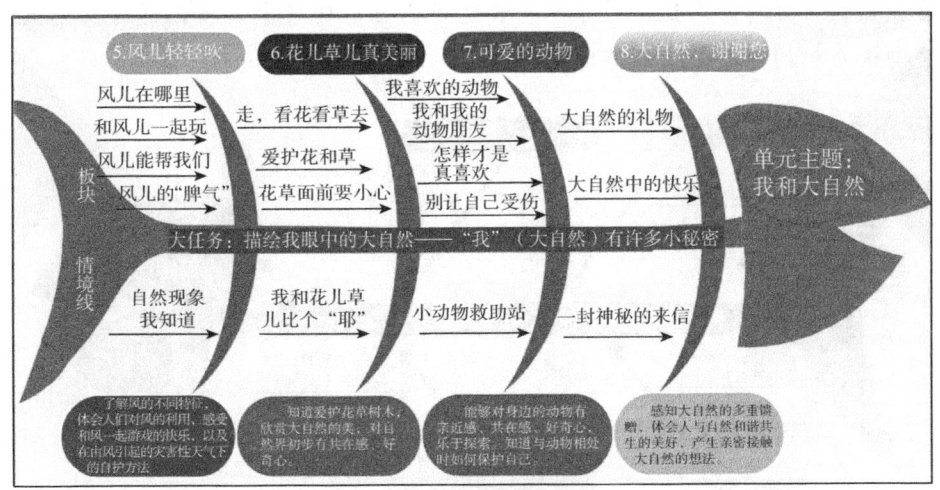

图 7-30　单元整体教学结构图

通过这些活动，学生不仅能够提升观察能力、动手能力，还能在实践中培养环保意识，学会珍惜大自然的资源，从而为生态文明建设贡献自己的力量。这样的整体设计既符合学生的认知发展规律，又能够激发他们的学习兴趣，使他们在快乐中成长，在成长中收获。

（2）单元驱动性问题及问题链

为了更有效地落实核心素养并达成育人目标，我们根据单元整体教学设计思路及定位，为整个单元设计了驱动性问题并形成问题链，目标指向明确。本单元的问题线索为：你眼中的大自然是什么样子的？

在"风儿轻轻吹"一课中，教师设计了分问题。"你知道风儿藏在哪里吗？"引导学生寻找风的踪迹，感受风的存在；"你知道自然现象的小秘密吗？"则进一步激发学生的好奇心，探究风的成因和特点。

在"花儿草儿真美丽"一课中，问题设计为："你都发现了哪些花儿草儿的小秘密？"引导学生通过观察和实践，了解不同花草的生长特点和美丽之处。

在"可爱的动物"一课中，教师提出问题："你身边的小动物都有哪些特点？"让学生通过观察和了解身边的小动物，发现它们的可爱之处和独特个性。

最后，在"大自然，谢谢您"一课中，教师设计问题："如果让你给大自然回信，你会怎么说？"引导学生表达对大自然的感激之情，同时反思人类与大自然的关系，培养环保意识。

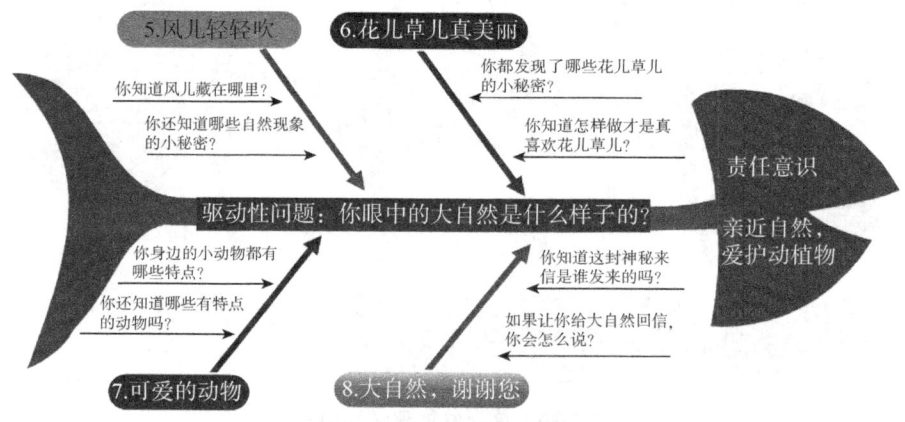

图 7-31　单元驱动性问题及问题链

这一系列问题链的设计，旨在引导学生通过阅读探究逐步深入了解大自然，发现其中的奥秘和美丽，同时培养他们的环保意识和爱护自然的情感。这样的设计既符合学生的认知发展规律,又能够激发他们的学习兴趣和探究欲望,从而更好地达成育人目标。

(3)单元整体任务学习设计

单元大观念:人与自然和谐共生。在单元整体大观念基础上,设计大任务学习,并通过阅读探究达成育人目标。

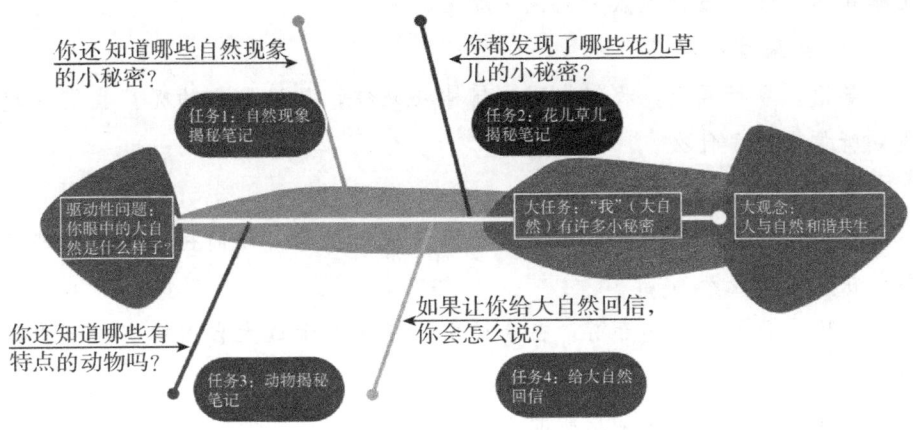

图 7-32 单元整体任务学习设计

(4)教学过程

下面,将深入探索一年级《道德与法治》第二单元第 8 课"大自然,谢谢您"的教学方法。这一课的教学设计,采用任务驱动的教学策略,教师引导学生通过阅读相关材料,获取知识,培养环保意识和社会责任感,从而达到全面育人的教学目标。

①任务一:礼物大搜索

A. 任务目标:通过礼物大搜索的活动,激发学生学习兴趣,学生从猜一猜、辩一辩的过程中解决问题,初步感受大自然提供的礼物丰富多彩。

B. 任务描述:请学生把礼物袋里的物品拿出来,将你认为的"大自然的礼物"分类摆放;同时,可以在小组内交流你的想法。

C. 主要问题:橡皮是不是大自然的礼物?

D. 教学情境:教师提供知识锦囊,学生在遇到"橡皮是不是来自大自然"这一关键问题时,提供橡胶加工成为橡皮的过程拼图碎片;同时,教师和学生通过将过程碎片正确拼凑的过程,从而理解大自然提供了原材料。

E. 阅读材料：大自然美景视频、大自然邀请函、橡皮制作过程拼图。

F. 支撑活动：辩论会。

G. 评价量规表使用说明：评价主体为小组互相评价，评价对象为课堂表现的评价，评价要点为是否可以将锦囊中"橡胶加工成橡皮"过程碎片正确拼凑，清晰表达观点并能说明理由。

H. 实施过程

导语：今天早上，我们收到一封神秘来信，是谁发来的呢？我们一起听一听信上说了什么。

播放："大自然的来信"视频。

提问：在大自然中我们总能找到最简单的快乐，你们在大自然中都有哪些快乐故事呢？

追问：我们参加了春游，在春游中，有哪些亲近大自然的有意思的事情呢？

学生分享春游中所见、所闻。

过渡：大自然听了心里乐开了花，大自然发来了邀请函，我们听一听它说了什么。

播放："大自然邀请函"视频。

提问：大自然送来的礼物就装在袋子里，你们猜一猜有哪些礼物呢？（礼物猜想）

学生根据要求分别介绍自己认为的大自然馈赠的礼物，其他同学轮流介绍自己最喜欢哪种"礼物"。

任务要求：请你将大自然的礼物分类，并在小组内进行交流。

学生将大自然的礼物进行归类：植物、动物……

追问：根据以上的分享，你们的感受是？

学生分析总结：大自然馈赠给我们的礼物多种多样。

有同学提出质疑：橡皮是人做的，不是大自然的馈赠。有的同学觉得是大自然的馈赠，但是说不清楚。

讨论话题：橡皮是不是大自然送来的礼物？（礼物话题辩论）

知识锦囊：教师引导学生利用知识锦囊的拼图线索找到答案。

学生自主发现，自主总结：借助锦囊中的图片拼凑出线索。

小结：大自然提供了各种各样的资源，通过加工就能变成更加丰富的物品。

设计意图：以学生现有的生活经验为起点，以学生的自主发现为学习素材，以学生喜爱的礼物猜想、拼图找线索为手段，激发学生学习兴趣，学生通过阅读、交流、讨论，辩证理解大自然提供了各种各样的资源，通过加工就能变成更加丰富的物品。

②任务二：礼物大变身

A. 任务目标：设计递进的问题，连接学生已有的生活经验，换角度思考问题的方式，从衣食住行四个方面使学生能够初步感知人与自然共存的关系，体会到生活的方方面面都离不开大自然提供的资源。

B. 任务描述：用同一盘子中的教学材料，请同学选择一份原材料，围绕"它通过加工能变成什么？"，小组内进行交流，比一比谁发现的"礼物大变身"后的物品最多。

C. 主要问题：盘子中的礼物可以作为原材料变成什么？

D. 教学情境：学生在选择原材料时，会选择自己比较熟悉的，但是对于一些不常见的材料还是存在困惑，需要教师进行点拨。

E. 阅读材料：选择关于衣食住行四个方面的阅读内容。

F. 支撑活动：结合生活经验，可以通过观察家庭照片、学校公共设施，以及身边环境来进一步思考。

G. 评价量规表使用说明：评价主体为教师评价，评价对象为课堂表现，评价要点为教师观察学生是否能够选择一份原材料表达出加工后的物品，并表达出多种生活物品。

H. 实施过程

教师：快来想一想，盘子中的礼物作为原材料可以变成什么？

学生选择：木头、蚕丝、石头、食物……

想一想：选择一份原材料，它通过加工能变成什么？

比一比：哪位同学能说出最多礼物变身后的物品？

过渡：生活中的方方面面都来自大自然。礼物变得更加丰富，又有谁参与其中了？

学生：通过阅读、交流发现生活中的方方面面都离不开大自然，认为"工人"把资源进行再创造。

小结：我们的衣食住行，都离不开大自然提供的资源，大自然给了我们丰富的礼物，但是也少不了人们灵巧的双手、智慧的大脑、辛勤的劳动，将这些礼物变得更加丰富。

设计意图：为了解决教学难点，在学生初步感知大自然丰富的馈赠的同时，引导学生在礼物如何变身的思考和交流中，逐步体会人与自然的关系。

③任务三：一粒小麦的旅行方案制订——桃酥的制作

A. 任务目标：通过学生已有的校本课程（小厨房课程）做过的桃酥学习经验，引导学生追根溯源探究美食与大自然有关，搭建大自然的礼物如何转变成美食的知识关联以及对人们辛勤劳动的珍惜。

B. 任务描述：教师搭建情景剧平台，让学生通过扮演一粒小麦，联结他们已有的学习体验，将碎片化知识点进行串联，强化自我参与的感受，搭建理解"人与自然共存"关系的情感架构。

C. 主要问题：一粒小麦从田间到餐桌都经历了哪些变化？需要哪些辛勤的劳动呢？

D. 教学情境：举办一粒小麦的旅行方案制订会，从小麦的旅行角度，感受大自然中阳光、土壤、温度、天气……都在孕育这一粒小麦种子；同时，农民的耕种，再到面粉的加工，最后到制作桃酥的过程，每一步也有人们的辛勤劳动。

E. 阅读材料："听习爷爷的话""一粒小麦的旅行"视频和阅读资料。

F. 支撑活动：一粒小麦的旅行方案制订会；角色"自然条件、种子、农民及工人、食堂师傅、学生"分场景讨论交流。

G. 评价量规表使用说明：评价主体为教师和学生共同评价，评价要点为教师观察学生是否能够准确选择桃酥的原材料，通过角色转变，可以准确表达人与自然的相互依存关系。

H. 实施过程

一粒小麦的旅行方案制订：教师设置探究任务。

任务要求：结合小厨房制作桃酥的课程内容思考。

a. 桃酥的原材料是什么？

b. 小麦到桃酥经历了什么样的旅行？请小组内进行讨论，并创作小剧本进行表演。

c. 巡视指导：组织学生从小麦的生长、初加工、制作美食的过程进行旅行设计。思考：这一旅行需要哪些辛勤的劳动呢？

学生小组讨论、交流。

过渡：我们接收到了大自然这封信，也明白大自然给予了我们无私的爱，有美丽的风景、丰富的资源，给勤劳的人们创造了丰厚的回报，你们肯定有很多心里话想对大自然说吧。

小结：我们呼吸到的每一口空气，脚下踩到的每一块土地，享受到的每一缕阳光，都来自我们的大自然。我们就生活在大自然中，我们的吃穿住行都与大自然关系密切。让我们由衷地说一句："大自然，谢谢您！"

设计意图：小组合作探究，让学生感悟大自然丰富的馈赠以及人们辛勤的劳动，才让生活更加多彩。利用学生已有的小厨房课程做过的桃酥学习经验，引导学生追根溯源探究美食与大自然有关，搭建大自然的礼物如何转变成美食的知识关联以及对人们辛勤劳动的珍惜，由浅入深地引导学生追根溯源探究并发现身边熟悉的事物与大自然有关，逐渐发现我们的"衣食住行"都离不开大自然，从而由衷地表达对大自然的感恩之情，使他们更乐于亲近大自然，爱护大自然。

4. 实施效果

(1) 学科知识掌握

通过"大自然，谢谢您"这一节课的实施，学生对大自然与人类生活的关系有了更深刻的理解。他们不仅认识到大自然的丰富馈赠，还能准确描述出原材料如何经过加工变成日常生活中的各种物品。在课程结束后的测试中，学生能够清晰地解释"橡皮是不是大自然的礼物"这一问题，显示出他们对学科知识的扎实掌握。

(2) 阅读能力提升

本课程通过大量的阅读材料引导学生学习，明显提高了学生的阅读速度和理解能力。在实施过程中，学生能够迅速从视频、文字等多种阅读材料中提炼出关键信息，并结合自己的生活经验进行辩证思考。同时，他们在解决问题时也展现出了更强的逻辑性和条理性，这表明学生的阅读能力得到了显著提升。

(3) 学习目标达成

通过任务驱动的教学策略，本节课引导学生通过阅读相关材料，不仅获取了知识，还培养了环保意识和社会责任感。学生在知识与技能方面，能够基本识别和分类大自然的礼物，并了解这些礼物如何经过加工变成我们日常生活中的物品。在过程与方法方面，学生学会了如何通过阅读、交流和讨论来解决问题。在情感态度与价值观方面，学生更加珍惜大自然的馈赠，对大自然产生了由衷的感激之情，并意识到保护大自然的重要性。

第三节　劳动学科的阅读学习

劳动教育是发挥劳动的育人功能，对学生进行热爱劳动、热爱劳动人民的教育活动。组织学生参加日常生活劳动、生产劳动和服务性劳动，让学生动手实践、出力流汗，接受锻炼、磨炼意志，培养学生正确的劳动价值观和良好的劳动品质。小学学段的劳动教育注重活动化、游戏化、生活化的学习设计。强调学生直接体验和亲身参与，注重动手实践、手脑并用，知行合一、学创融通，倡导"做中学""学中做"。

因此劳动学科的阅读学习，注重引导学生从现实生活的真实需求出发，亲历情境、亲手操作、亲身体验、经历完整的劳动实践过程。

一、生活劳动课中的阅读学习策略

(一)阅读学习的策略

1. 观察与描述

通过观察劳动，用语言描述出劳动的完整过程，使学生对劳动有了初步认知。

2. 示范与体验

通过示范动作和模拟体验，使学生掌握关键技能。

3. 信息化手段

利用视频、图片等多媒体资源辅助学生阅读和理解。视觉是获取信息的重要途径之一，通过观看和观察，学生能更好地理解，更准确地学习技能，从而更好地指导实践。

(二)课例

生活中的劳动
——以自主开发课程"巧手帮厨——剥花生"为例①

本课例是一篇劳动学科的实践教学设计案例,在教学中运用了多种阅读策略作为推进教学的有效手段,一是通过复述策略让学生了解花生相关知识,二是通过内容重构策略让学生体验并总结归纳剥花生的方法,三是通过经典重读策略让同学们阅读中国现代作家许地山的散文作品《落花生》,引导学生树立不图虚名、默默奉献的价值观。这些阅读策略各有侧重但又相互联系,层层递进,有助于课程内容的有效推进并提升教学效果。

1. 案例背景

(1)阅读材料内容

生活中离不开劳动,劳动中离不开阅读,阅读可以让学生了解到劳动的种类、意义和价值。比如,阅读说明书,可以掌握家用电器的使用、保养与维护方法;阅读纸工符号图例,就能做出一幅精美的作品。

本课从烹饪与营养任务栏出发,以了解食物的营养价值以及简单的食材粗加工为主要内容来进行开发,针对二年级的学生开展劳动教育。

(2)学生分析

家长层面:通过家长调查问卷,调查发现82.5%的学生偶尔参与过洗菜、择菜,10.26%的学生从未参与过择菜,12.82%的学生从未参与过洗菜,仅有极为少数的孩子经常参与到择菜和洗菜的家务劳动中。因此可以通过课前观察记录、课上探究方法、课后实践等学习路径进行学习。

学生层面:在已有知识方面,学生能认识生活中常见的食物;在之前学校的"聚能·小厨房"活动中,体验过制作桃酥,具有一定的动手实践能力。另外,对学生进行了采访调查,设计了四个问题。

问题1:你阅读过关于美食的书籍或文章吗?

问题2:你认识这些食物吗?

问题3:你知道需要哪些步骤才能将食材加工成美味的食品吗?

---

① 课例提供者:北京石油学院附属小学孙嘉怡。

问题4：你处理过油菜、韭菜、花生、土豆吗？

通过调查发现学生大都阅读过与美食相关的书籍或文章，对于食材粗加工有所了解，但大多数学生并没有参与过，缺少科学处理食材的意识和能力。

2. 学习目标

(1) 知识目标

初步了解常见食物的营养价值和科学的食用方法；通过掌握择韭菜、择油菜、剥花生、削土豆皮、洗菜等食材粗加工的技能，学会迁移与应用，积极参与到简单的家庭烹饪劳动中。

(2) 技能目标

通过观察和探究总结出"撕""掰""剥""削"及洗菜的方法；通过自主体验实践掌握技能。

(3) 价值观目标

激发学生对劳动的兴趣，初步形成自主劳动的意识；初步感知劳动带来的艰辛与乐趣，具有积极参与家务劳动的热情并参与其中。

3. 本案例中体现"用阅读来学习"的策略方法

(1) 策略方法流程

开始学习 → 确定学习目标与需求 → 选择阅读材料 → 预览与规划 → 深入阅读 → 阶段性总结 → 实践应用 → 反思与调整

(2) 主要策略

① 阅读与知识的结合

通过阅读材料中的内容来学习和初步了解蔬菜、水果等食物的营养价值和科学食用方法。

② 阅读与实践技能的应用

通过阅读教师提供的阅读材料，让学生了解、掌握撕、掰、剥、削等择菜的关键步骤，浸泡、清洗、冲洗等洗菜的流程和方法，引导学生在学习和实践的过程中，了解食物的营养价值，会使用简单的烹饪工具。

③ 阅读与劳动思维的培养

通过阅读培养和发展学生的劳动思维，使他们感知到劳动带来的艰辛与快乐，感悟到劳动成果来之不易。

4. 实施过程

(1)教学主题：巧手帮厨——剥花生

(2)教学过程

本单元的教学内容以螺旋上升的方式呈现，从掌握简单的择菜技巧到使用工具进行择菜，由易入难，层层递进，逐步强化课程设计和整体性。

本节课以学生阅读与花生有关的知识开始，以帮助食堂大师傅完成一道菜品为情境线让学生熟练掌握剥花生的方法和技巧。分三次体验剥花生。初次体验，探究和分享剥花生不同的方法和技巧，感知剥花生的不易，感悟劳动的艰辛；再次体验剥花生的过程，提出质量标准"卫生"和"完整"，让学生在实践过程中优化方法，掌握剥花生的技能。第三次以"快"为标准体验剥花生，分小组进行剥花生大比拼，让学生更熟练地掌握剥花生的方法。经过三次剥花生的体验和品尝花生，结合对与花生相关的文章、诗词的阅读，让学生体会到劳动带来的艰辛与快乐。

①观察盆栽花生：引入主题

请学生猜事先准备好的盆栽种的是什么。

请学生代表将植物拔出来并揭晓答案。

请学生代表揪下花生分别送到各组并让学生进行观察。

师：你观察到花生有什么样的特点？

②阅读材料：了解花生相关知识

阅读《植物百科全书》，了解花生的相关知识。花生，豆科一年生草本植物，根部具根瘤；茎直立或匍匐，有棱；托叶被毛，小叶卵状长圆形或倒卵形，先端钝，基部近圆，全缘；花冠为黄色或金黄色；花柱伸出萼管外；荚果长，膨胀，果皮厚；花期6—7月；果期9—10月。

根据学生的回答贴花生有坚硬外壳的图片和花生仁的图片的板书。

设计意图：通过阅读花生知识，猜盆栽、拔植物引出本节课的主题——花生。一是根据年龄特点，利用学生的好奇心设计了本环节，从而更好地激发学习兴趣，更积极地参与到活动中来。二是让学生亲历情境，观察整株花生及其被拔出来的过程，知道花生成熟后的状态。通过学生代表揪下花生送至每组，让学生直观地观察花生的外形，更加全面地描述花生。

③组织抢答接龙：介绍美食

阅读书籍《食物背后的秘密——花生，你从哪里来》。以花生为食材的美食种类非常多，组织学生以快速接龙的方式，说出吃过的美食名称。

阅读营养小博士介绍花生知识，花生富含蛋白质、脂肪、多种维生素和矿物质，能促进我们大脑的生长和发育，小朋友们可以适当地多吃一些花生。

④初体验：初探方法，感悟劳动艰辛

阅读《花生传真情》，认识到剥花生并不是一件容易的事情，同时感悟到作者对父母的感恩之情。

播放视频，情境引入：食堂的大师傅想做一道学生爱吃的菜，但需要大量花生仁，请同学们帮助。

师：我们该如何帮到大师傅呢？

出示课题板书：巧手帮厨——剥花生。

组织学生初次体验剥花生，并在剥的过程中探究剥花生的方法。

出示操作要求：使用1号筐子里的花生；每人一组托盘，果仁放白盘里，果壳放绿盘里；音乐停，坐端正。

温馨提示：花生壳坚硬，操作时注意安全。

询问同学们在初次体验剥花生的过程中都有什么样的感受，总结并板书：劳动艰辛。

询问学生剥出花生仁都用了什么方法，总结并进行板书。

请几名学生代表到讲台前，利用实物投影，边展示边介绍剥花生的方法和要领。

老师展示剥花生的方法，编成儿歌让学生阅读并朗诵。

剥花生

尖头上、圆头下，

双手交叠捏三下，

上捏、中捏、下捏，

花生中间开缝了，

两手用力两边掰，

取出果仁放盘里。

带领学生边说儿歌，边体验剥花生。

设计意图：这个环节是本节课的重难点，将食堂大师傅寻求帮助的视频引入，设置了真实的任务驱动。在操作前提示花生壳坚硬，让学生具有安全操作的意识；通过初体验，引导学生总结出不同的剥花生的方法，提高学生总结、概括的能力；通过阅读儿歌、朗诵儿歌总结剥花生的方法和要领，引导学生在学习的过程中找到适合自己的方法。通过询问学生初次体验剥花生的感受，感悟出劳动的艰辛。

⑤再体验：优化方法，智慧创造劳动

阅读《巧剥花生》的故事，让学生认识到在学习知识或解题的过程中，要学会思考、分析和总结，节省时间，从而达到事半功倍的效果。

播放视频，情境贯穿：食堂大师傅针对剥花生提出了质量要求，一是卫生，二是完整。

询问学生大师傅提出的要求并进行板书。

板书：卫生、完整。

按照大师傅的要求选择不同的方法再次体验剥花生。

要求学生争当"小老师"，相互帮助，组内每一名学生都剥出符合标准的花生。

出示操作要求：使用1号筐子里的花生；每人一组托盘，果仁放白盘里，果壳放绿盘里；音乐停，坐端正。

温馨提示：花生壳坚硬，操作时注意安全。

请学生进行自评，是否符合卫生和完整的标准，不卫生和不完整的花生都要挑拣出来。

请学生说明为什么有花生不符合标准，怎样解决。

师：初次体验和再次体验中，哪一次剥的花生又多又好？为什么？

总结并板书：智慧劳动。

设计意图：这个环节设计是本节课的重难点，食堂大师傅对剥花生提出了质量标准，让学生结合第一次剥花生的方法进行优化，达到卫生和完整。同时，让小组内同学合作学习，共同剥出符合标准的花生仁。通过自评花生的质量标准，让学生将方法再次优化。在第一次和第二次体验剥花生的过程中感受到劳动也需要动脑子、想办法，感悟智慧创造劳动。

⑥三体验：熟练技能，品味劳动幸福

阅读《花生仁奇遇记》，知道这是一个关于两颗花生仁被老鼠追赶快速奔跑的故事。

播放视频，情境贯穿：食堂大师傅需要大量的花生仁，提出了速度快的要求。

板书：快。

组织学生以小组为单位开展剥花生的大比拼。

大比拼要求：以小组为单位，合作完成；用2号筐子里的花生；最先剥完的小组举手示意。

大比拼开始，进行巡视。

针对大比拼进行评价：

剥花生速度最快的组，"剥花生高效组"；

主动清理垃圾的组，"爱护卫生文明组"；

相互帮助合作的组，"团结协作奋进组"。

请组长上讲台领奖状。

请学生品尝花生，并进行询问。

师：好吃吗？为什么今天的花生格外好吃呢？有什么样的心情？

总结并板书：品味劳动幸福。

请同学们把各自盘子里的花生倒在组里的中碗里，你们发现了什么？

请各组学生代表把中碗里的花生倒在老师手里拿的大碗里，你们又发现了什么？有什么样的感受？

教师对学生的感受进行总结。

设计意图：本环节依然是本节课的重难点，为了让学生更加熟练掌握剥花生的技能，通过大师傅的要求升级，设计了剥花生大比拼，激发学生积极参加劳动的兴趣。依据学生的年龄特征和学习特点采用了技能测试的评价方式，针对剥花生的速度、卫生等方面，精心设计了多种富有童真的奖项证书进行现场颁发，激发学生劳动的热情。经过三次体验剥花生的铺垫，让学生在品尝花生时不仅觉得好吃，还能感受到劳动带来的艰辛与快乐。通过让学生观察花生从小碗到中碗再到大碗的汇聚，感受到劳动带来的成就感，劳动成果来之不易。

⑦阅读与价值观培养

带领学生阅读中国现代作家许地山的散文作品《落花生》。这是一篇叙事散文，全文围绕"种花生—收花生—吃花生—议花生"来写，真实地记录了作者小时候的一次家庭活动和所受到的教育。散文描述了一家人收获花生的情景，通过谈论花生的好处，借物喻人，揭示了花生不图虚名、默默奉献的品格。说明人要做有用的人，不要做只讲体面而对别人没有好处的人，引导学生树立不为名利，只求有益于社会的人生理想和价值观。

5. 实施效果

(1) 学科知识掌握

评估学生在课后对关于花生的劳动知识的掌握情况，包括关于花生的植物学知识、文学知识、劳动实践知识等的掌握。

(2) 阅读能力提升

提升学生在阅读速度、理解深度、问题解决等方面的能力。

(3) 学习目标达成

学习目标达成，学生初步了解常见食物的营养价值和科学的食用方法；学会迁移与应用，积极参与到简单的家庭烹饪劳动中。学生能够观察和探究总结出剥花生的方法并通过自主体验实践掌握技能，激发学生对劳动的兴趣，初步形成自主劳动的意识；初步感知劳动带来的艰辛与乐趣，具有积极参与家务劳动的热情并参与其中。同时，通过散文的阅读引导学生树立不图虚名、默默奉献的价值观。

第四节 心理学科阅读学习的策略与案例

心理健康教育，旨在提高全体学生的心理素质，充分开发他们的潜能，培养学生乐观、向上的心理品质，促进学生人格的健全发展。心理健康教育是个体从对外部客观世界到对内部主观世界的认知的塑造。心理课堂是心理健康教育的主阵地，是促进学生人格健康发展的重要途径。

表情行为实际上是内心情感的映射——人的表情动作是交流和表达情感的重要方式，它可以揭示我们的心理状态和情绪。表情动作是我们情绪的第一反应，通常发生在理智思维之前，是一种无法真正控制的心理反应。这也就导致我们在想要刻意表现出某种情绪时，会难以避免地出现与该种情绪不一致的行为，即很难做到"真情实感"。因此，心理学科中的阅读学习，主要通过观察表情，进行情绪识别，探究心理世界。

探索自我情绪管理的阅读学习是一个系统化过程，旨在通过阅读心理学书籍及相关文献，提升个人对情绪的理解、自我认知与调节能力。通过运用多种策略，阅读不仅成为自我情绪管理的有力工具，还能促进个人成长，提升情绪智力，增强对生活各方面的适应力和幸福感。

一、阅读学习的策略

1. 信息化手段的运用

利用视频、图片等多媒体资源辅助学生阅读和理解。视觉是获取信息的重要途径之一，通过观看和观察，学生能更好地理解，更准确地学习技能，从而更好地指导实践。

2. 笔记与标注

重要概念、定义、关键词、例子、疑问处做标记或摘录，帮助回顾和复习。

3. 讨论与应用

与他人讨论观点，分享理解，从不同角度理解概念，并应用理论到个人现实层面解决问题。

二、课例

情绪的色彩
——探索自我情绪管理的艺术[①]

1. 案例背景

针对二年级学生的情绪管理心理阅读活动设计，进行背景分析时，我们需要考虑以下几个关键方面：

(1)阅读材料以及与学科知识的关联

①精选阅读材料：选择一本或几篇关于情绪管理的科普文章或书籍章节，如《情绪是什么？》《情绪ABC理论》《情绪调节的五种有效方法》《情绪智慧：为什么它比智商更重要》。

②阅读与心理学科知识之间存在紧密的关联的情绪管理的文章，这种关联体现在理论基础、实践应用、个人成长和科学研究等多个层面。阅读情绪管理的文章不仅能够帮助学生深化对心理学理论的理解，而且能够促

[①] 课例提供者：北京石油学院附属小学韩旭。

进理论知识与实际生活应用的结合，进而提升个人的情绪管理技能，为个人发展和心理健康打下坚实的基础。

(2)年龄与发展特征

①认知发展

二年级学生大约7—8岁，处于皮亚杰的认知发展理论中的具体运算阶段。这个阶段的孩子开始能够运用逻辑思维处理问题，但主要限于具体情境，抽象思维能力尚在发展中。

②情感与社交发展

此时的学生开始形成更为复杂的情感理解，能识别并表达多种基本情绪，如快乐、悲伤、愤怒等。同时，他们的同理心也在增强，能够开始理解他人的情绪反应。

③自我意识

随着年龄增长，二年级学生开始更加关注自我形象，对成功和失败变得敏感，这可能会影响他们的情绪表达和管理。

(3)学校与家庭环境

①学习压力

虽然相对于高年级，二年级学习任务较为轻松，但学业竞争、成绩比较也可能开始让学生产生压力，引发焦虑等负面情绪。

②同伴关系

这一阶段，同伴关系对孩子的影响日益显著。良好的同伴关系有助于情绪健康发展，而矛盾和排斥则可能引起情绪困扰。

③家庭因素

家庭环境的稳定性和父母的教养方式直接影响孩子的情绪管理能力。温暖、包容的家庭氛围有助于孩子学习情绪表达和调节技巧。

(4)心理阅读活动的价值

①情绪认知

通过阅读有关情绪管理的书籍或故事，帮助学生认识各种情绪，理解情绪的正常性，减少因不理解自身情绪而产生的困惑和不安。

②技能培养

心理阅读材料通常包含情绪调节的具体方法和策略，如冷静下来的方法、积极思考的引导等，有助于学生掌握实际可用的情绪管理技巧。

③社会与情感学习

通过角色扮演、小组讨论等活动,促进学生之间的相互理解和支持,增强他们的同理心和社会交往能力。

综上所述,为二年级学生设计的情绪管理心理阅读活动,应紧密结合该年龄段学生的心理发展特点,注重培养其情绪认知、情绪表达能力和社交技能,同时提供一个安全、包容的环境,让他们在阅读和互动中学习如何有效管理自己的情绪。

2. 学习目标

阅读与情绪管理班会的学习目标旨在通过结合阅读材料与互动活动,帮助学生理解、识别和有效管理自己的情绪,促进其情感智力的发展和社会适应能力的提升。具体学习目标可以概括为以下几个方面:

(1)情绪认知与表达

①使学生能够识别和命名自己的情绪,理解情绪的多样性与正常性。

②鼓励学生通过阅读材料和班会活动,学习健康的情绪表达方式,包括如何适当地表达自己的感受和需求。

(2)情绪理解与同理心

①通过阅读故事和案例分析,增强学生对他人的感受和情绪的理解,培养同理心。

②让学生认识到情绪对人际关系的影响,学会从他人角度思考问题,促进人际关系和谐。

(3)情绪调节策略

①引导学生掌握一系列情绪调节技巧,如深呼吸、正念冥想、积极思考、写情绪日记等,通过阅读材料中的实例学习如何应用这些技巧。

②教授学生如何在遇到挑战或压力时,运用所学策略调整自己的情绪状态,保持心理平衡。

(4)自我反思与成长

①通过阅读后的讨论与写作活动,鼓励学生反思个人情绪管理的经历,认识自己的情绪触发点和应对模式。

②培养学生设定个人情绪管理目标,制订行动计划,并在日常生活中实践,促进自我成长。

(5)社会与文化意识

①通过阅读多元文化背景下的情绪管理故事，增强学生的文化意识和尊重差异的能力。

②让学生理解情绪管理的社会文化因素，学习如何在不同文化背景下适当表达和调节情绪。

(6)阅读兴趣与习惯培养

①激发学生对心理学和情绪管理相关读物的兴趣，鼓励形成持续阅读的习惯。

②教授有效的阅读策略，如批判性阅读、归纳总结等，提升学生的信息筛选与整合能力。

阅读与情绪管理班会旨在帮助学生构建积极的情绪管理框架，为他们的心理健康、社会交往及终身学习奠定坚实的基础。

3. 实施过程

情绪智慧之旅单元名称：情绪的色彩——探索自我情绪管理的艺术。

实施过程以4课时为例。

(1)第1课时：情绪探索

活动1：情绪初印象

①阅读材料：《情绪是什么?》科普文章。

②活动内容：学生自读文章，记录下对情绪的新认知和疑问。

③小组讨论：分享阅读收获，讨论情绪的多样性及其对个人行为的影响。

设计意图：该活动旨在通过阅读与讨论结合的方式，多层次地促进学生对情绪这一心理学科核心概念的深入理解，培养他们的批判性思维、交流能力、情绪意识。这一系列的活动设计不仅增强了学生对情绪概念的学术理解，更是在培养他们的认知、情感、行为和社会交往能力，为情绪智力的发展打下坚实的基础。

(2)第2课时：情绪理论与认知

活动2：情绪理论探秘

①阅读材料：《情绪ABC理论》。

②个人作业：学生阅读后，绘制情绪ABC模型，理解情绪与认知之间的关系。

③角色扮演：通过角色扮演，模拟不同认知如何影响情绪反应，加深理解。

设计意图：该活动意图通过实践操作和体验式学习，帮助学生深刻理解情绪ABC理论的核心原理，即事件、信念、后果三者之间的动态关系，该活动综合运用了多种教学方法，旨在全面提升学生的认知、情感、行为和社会交往能力，为他们提供了一套有效理解和管理情绪的工具。

(3) 第3课时：情绪管理技巧

活动3：情绪管理工具箱

①阅读材料：《情绪调节的五种有效方法》。

②实践应用：学生选择一种方法进行实践，如正念冥想、写情绪日记等，并记录体验。

③小组分享：分享实践经历，讨论不同技巧的适用场景和效果。

设计意图：该活动意图通过实际操作和同伴交流的方式，深化学生对情绪调节方法的理解与掌握，通过实践、反思、分享和讨论的综合流程，全方位地提升学生的情绪调节能力，促进他们的个人发展和社会适应能力的提升。

(4) 第4课时：情绪智慧的构建

活动4：我的情绪智慧地图

①阅读材料：《情绪智慧：为什么它比智商更重要》。

②个人反思：学生阅读后，结合前三课时的学习，撰写个人情绪管理计划。

③班级展览：制作"情绪智慧地图"，展示每个人的情绪管理策略，互相学习借鉴。

④总结反馈：师生共同总结单元学习，讨论如何在日常生活中持续应用所学。

设计意图：该系列活动的设计旨在通过深度阅读、个人实践、集体创作与反思讨论等多元环节，综合提升学生的情绪智慧与情绪管理能力，这一系列活动的意图在于通过系统性、递进式的教学设计，使学生在理解、实践、分享、反思的过程中深化对情绪智慧的理解与应用，培养出更为成熟的情绪管理能力，为学生的全面发展与幸福生活打下坚实的基础。

(5)评估与反馈

①自我评估：学生完成个人情绪管理计划后，进行自我评估，反思学习成果。

②同伴评价：针对小组成员间情绪管理实践的相互评价，提供建设性反馈。

③教师评价：基于学生的参与度、作业完成情况、实践应用的创新性与有效性进行评价。

设计意图：评估与反馈活动的意图在于构建一个全面、多维度的评价体系，促进学生自我成长，强化实践与理论的结合，增强个体间的互动与理解，以及确保教育的针对性和有效性。

(6)扩展活动

①情绪管理工作坊：邀请心理学专家或心理咨询师进行专题讲座，进一步深化学生对情绪管理的理解。

②情绪主题读书会：推荐相关书籍，如《情绪急救》《情绪的解析》，鼓励学生在课余时间阅读，组织读书分享会。

设计意图：扩展活动的意图在于通过引入专业资源和社交互动学习，深化理论与实践，鼓励自主探索，促进情感智力的全面发展，同时培养学生的社会责任感和终身学习习惯。

通过这一单元的阅读活动设计，学生不仅能够获取新知，发展出对情绪管理的深入理解，还能在实践中逐步构建和重构自己的情绪智慧，为个人成长和心理健康奠定坚实的基础。

4. 实施效果

(1)学科知识掌握

通过阅读情绪的定义、分类、情绪理论、情绪与大脑的关系、情绪管理的基本策略等，检验学生对基本理论知识的理解深度，确保学生能准确回忆并解释关键概念。

(2)阅读能力提升

提升学生的情绪管理能力，阅读活动是一个循序渐进的过程，通过观察和评估发现学生在阅读速度、理解深度、解决心理情绪、管理问题能力等方面有着很大的进步。

(3)学习目标达成

为了确保情绪管理阅读课的学习目标得以达成,我们可以从知识与技能、过程与方法、情感态度与价值观这三个维度来设计评估方案,以全面评价学生的学习成效。

①知识与技能

学生对情绪管理的基本理论、情绪识别、情绪调节策略等知识有所了解,初步具备应用这些知识解决实际情绪问题的能力。

②过程与方法

学生在阅读、讨论、实践过程中的学习方法运用,包括批判性思维、自我反思、合作学习的能力都有所提高。

③情感、态度与价值观

学生对情绪管理的重要性有了一定的认识,自我情绪管理的态度在转变,同理心和责任感在不断提升。

通过上述内容,可以全面、深入地了解学生在情绪管理阅读课上的学习成效,及时调整教学策略,促进学生在知识、技能、过程方法及情感、态度、与价值观上的全面发展。

第八章 阅读学习的评价

阅读学习的评价可以说是对阅读这一学习行为及其效果的全面审视和判断。它就像是一面镜子，反映出学生在阅读过程中所取得的收获、所面临的挑战，以及学生在知识获取、思维拓展、情感体验等方面的成长。

第一节 阅读评价的重要性

阅读评价在学生阅读学习过程中尤为重要，成为不断提升阅读能力、改进阅读方法的重要依据。

阅读评价有助于学生全面而深入地了解自己阅读学习的效果。通过对阅读过程和结果的评估，能够清晰地认识到自己在知识获取、理解能力、思维拓展等方面取得的成绩。这不仅让学生对自己的阅读能力有更准确的认知，也为学生进一步提升阅读学习水平提供了依据。当学生看到自己在阅读中取得的进步时，会增强自信心，激发更大的学习热情；而当发现不足时，也能及时采取措施加以改进，从而不断提高阅读的质量和效率。

阅读评价能够帮助教师和学生发现阅读中存在的问题。在阅读过程中，学生可能会遇到各种困难和挑战，如理解困难、注意力不集中、阅读速度慢等。通过评价，学生可以找出这些问题的根源所在，进而有针对性地进行调整和改进。例如，如果发现自己在理解某些复杂概念时有困难，可以加强相关知识的学习，或者尝试采用更有效的阅读策略；如果阅读速度过慢，可以通过训练提高阅读效率。学生通过不断地发现问题和解决问题，能够逐步优化自己的阅读行为，提升阅读能力。

阅读评价还具有重要的激励作用。当学生得到积极的评价时，会感到备受鼓舞，更有动力去继续阅读。这种激励不仅来自外部的认可，如老师、家长的表扬，也来自内心的满足感和成就感。它让学生相信自己的努力是有价值的，从而更加坚定地投入阅读中。同时，评价也能让学生看到自己与他人的差距，激发竞争意识，促使其不断努力，追求更高的目标。

从学习的角度来看，阅读评价是促进知识内化和应用的关键环节。有效的阅读评价不仅关注学生对阅读内容的记忆和理解，更注重能否将所学知识运用到实际生活中。通过评价，学生也可以检验自己是否真正掌握了阅读材料中的知识和技能，是否能够灵活运用它们解决问题。这有助于加深学生对知识的理解和记忆，提高知识的迁移能力，使阅读学习更加得心应手。

在个人成长方面，阅读评价对培养良好的思维习惯和提升综合素质起着重要作用。阅读是一种思维活动，通过评价学生的阅读过程和结果，能够锻炼学生的分析、判断、推理等思维能力。长期的阅读评价能够帮助学生养成独立思考、批判性思维的能力，成为更有内涵、更有智慧的人。

此外，阅读评价在教育领域也具有重要的意义。对于教师来说，通过对学生阅读情况的评价，能够及时了解学生的阅读水平和发展需求，从而调整教学策略，提供更有针对性的指导。评价还可以作为教学质量评估的重要依据，帮助教师改进教学方法，提高教学效果。

总而言之，阅读评价是阅读活动中不可或缺的一部分，它对学生的学习、成长和发展具有深远的影响。我们应该重视阅读评价，不断完善评价体系，使其更好地服务于我们的阅读实践。让我们以评价为指引，在阅读的道路上不断前行，收获知识的宝藏，实现自我的提升和超越。

第二节　阅读学习过程的评价

阅读学习过程的评价是一种动态的、持续的评价方式，它关注学生在整个阅读学习过程中的表现、进步和发展。

过程评价不仅仅局限于对阅读结果的评估，如考试成绩或读完一本书后的总结，更注重对学生阅读行为、方法、态度等方面的考查。它包括学生阅读的参与度、阅读习惯的养成、阅读策略的运用、与他人的交流分享情况、在阅读中展现的思维能力和情感体验等多个维度。

这种评价方式能够及时反馈学生的阅读状况，帮助他们发现问题，调整学习方法，促使其不断提升阅读能力和素养。同时，过程的评价也能让教师更好地了解学生的学习需求，优化教学策略，帮助学生提高阅读学习的质量。

一、适合小学生的阅读学习过程的评价方法

以下是一些主要的、适合小学生的阅读学习过程性评价的方法。

1. 教师记录阅读情况

教师在日常教学中密切观察学生的阅读行为、阅读时间、阅读量、阅读态度、阅读方法运用等，及时给予具体的反馈和建议，帮助学生调整阅读策略，提高阅读效果。对于中高年级学生，教师也可以要求学生记录自己的阅读过程，包括阅读的书籍、时间、阅读的感受和思考等，并给予学生有针对性的指导和反馈。

表 8-1 阅读情况统计表

_____年级_____班　　____月____日——____月____日

记录人：_____

组别	姓名	阅读状态				阅读书目	追踪记录
第一组							
第二组							
第三组							

2. 阅读分享与讨论

在学习活动中组织学生进行阅读讨论，让他们分享自己的阅读体验、观点和见解。观察学生在讨论中的表现，如表达能力、思维活跃度、合作能力等，以此来评价他们的阅读参与度和理解程度。教师结合"会阅读、

会表达、会倾听、会合作"这几个维度,细化评价指标。教师和学生也可依据此评价表开展评价。

表 8-2　阅读交流课评价表(学生)

阅读者：　　　　　　阅读伙伴：

指标	★★★★	★★★	★★	★	自评	互评
会阅读	能在阅读过程中完成教师布置的任务,阅读中能够在书上进行批注,并以思维导图、批注等形式呈现对故事的理解。	能在阅读过程中完成教师布置的任务,阅读中能够在书上进行批注。	能在阅读过程中完成教师布置的任务。	不能在阅读过程中完成教师布置的任务。		
会表达	能主动举手发言,回答问题时声音洪亮,能够清晰地表达自己的观点。	能主动举手发言,回答问题时声音比较洪亮,能够比较清晰地表达自己的观点。	有时还没有想好就举手回答问题,发言声音不够洪亮。在表达观点时,说话不够完整,意思表达得也不够清晰。	不能主动举手回答问题,发言声音小,说话断断续续,不完整。		
会倾听	能认真倾听同学们的意见和观点,能听懂同学们表达的意思,并且能够根据同学们的发言主动进行质疑或补充。	能够比较认真地倾听同学们的意见和观点,能听懂同学们表达的意思。能够为他们进行补充发言。	能够比较认真地听同学们的发言,但是偶尔会有走神的现象。	不喜欢听其他同学的发言,只想着如何表达自己的观点。		
会合作	在与同伴合作交流时能够主动发表自己的意见,有自己独特的见解,能接受学习伙伴的批评与建议。	在与同伴合作交流时能够主动发表自己的意见,能接受学习伙伴的批评与建议。	在与同伴合作交流时能够发表自己的意见,能认真听学习伙伴的发言,但是偶尔会走神。	在交流时只想发表自己的意见,不想听别人的发言。		

3. 阅读任务与项目

布置各种阅读任务和项目,如读书报告、读后感、思维导图等。通过对这些任务的完成情况的评估,了解学生对阅读内容的掌握程度、信息整合能力以及创造力等。

第八章 阅读学习的评价

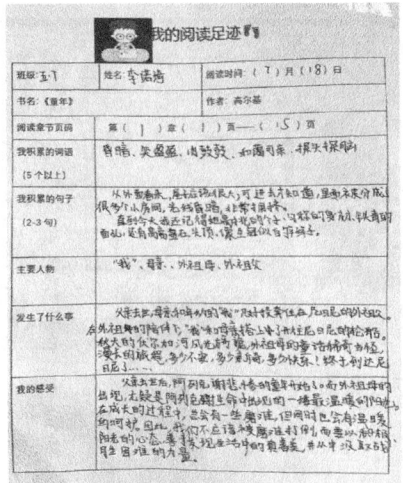
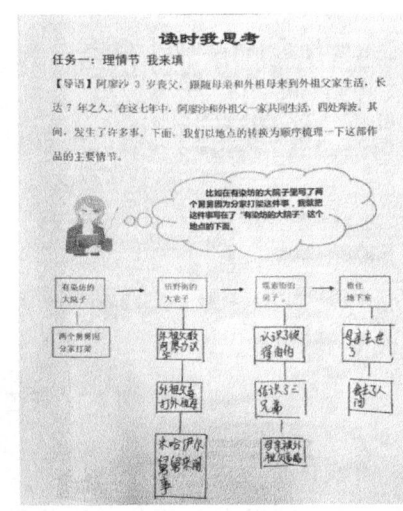
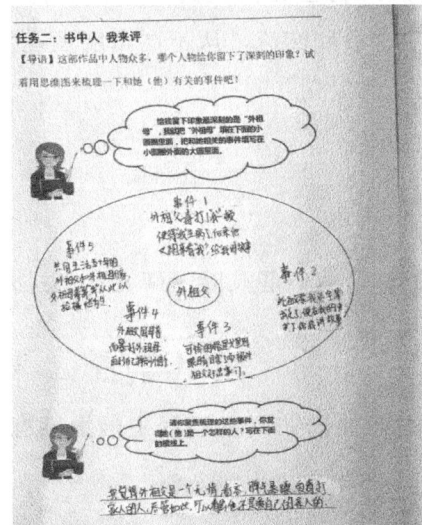
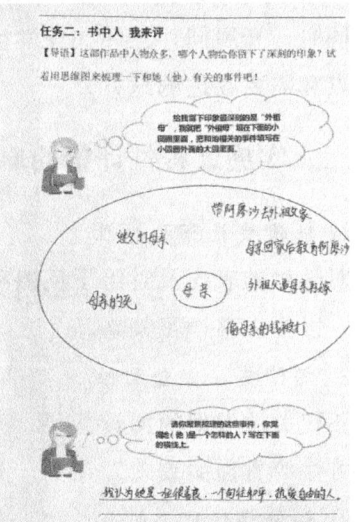

图 8-1 学生带着阅读任务开展深度阅读

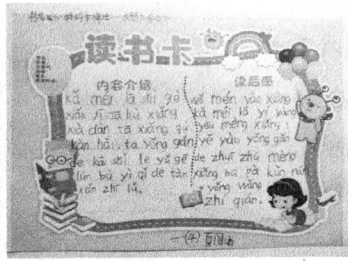

图 8-2 边读边完成读书卡

图 8-3 阅读手抄报展示

4. 自我评价与同伴互评

鼓励学生进行自我评价，让他们反思自己在阅读过程中的优点和不足。同时，开展同伴互评，让学生相互学习和交流，从不同角度发现彼此的亮点和需要改进的地方。

二、实施过程性评价的原则

1. 评价要具有及时性

对学生的表现及时给予反馈和评价，让他们能及时了解自己的进步和不足，以便调整学习策略。

2. 评价要注重全面性

不仅关注学生的阅读成绩，还要考虑他们在阅读过程中的情感态度、学习方法等方面的表现。

3. 评价要体现个性化

尊重每个学生的差异，根据他们的特点和需求进行评价，使评价更具针对性和适应性。

4. 评价要强调发展性

将评价作为促进学生阅读能力发展的手段，鼓励学生不断进步，而不仅仅是对过去表现的评判。

通过以上多种方法的综合运用，可以对阅读学习的过程进行全面、客观、准确的评价。这不仅有助于提高学生的阅读兴趣和能力，也为教师的教学提供了有力的支持和依据，促进阅读教学质量的不断提升。

第三节 小学生阅读能力的评价体系与指标

各学科阅读的评价是检验学科阅读效果的重要环节。阅读能力发展水平不仅是学生阅读之后内化成的具体能力，也是学生阅读效果的真正体现。对学生阅读能力评价是对特定阶段阅读能力的发展水平的衡量，也是个性化指导学生开展阅读学习的重要参照。

PISA 测试的技术报告中曾反映阅读能力与数学能力、阅读能力与科学能力的相关系数在 0.72—0.89，从相关系数看，阅读能力对各学科的学习有着重要的正向影响。

构建阅读能力评价指标的前提是明确阅读能力结构的基本要素。所谓结构，就是构成体系的各个要素之间的内在关系及组合形式。能力是由诸多要素组成的多层次、多侧面的动态系统。

一、阅读能力评价的要素

研究小学生阅读能力的结构，就是要从整体上分析阅读能力的构成要素，综合其不同组织形式所产生的不同阅读功能，寻求科学的阅读能力训练项目、教学程序和测试标准。本研究根据文字信息摄取的现代需要，运用系统科学的方法对阅读能力要素进行多层次、多角度的分析，梳理各学派的观点，挖掘其递进过程，揭示其内在联系，阐明其核心结构。

对阅读能力结构的研究历来受到心理学家、教育学家（包含语文学科专家）和语言学家的极大重视。学者们基于各自理论背景和认识基础的不同，研究出了种类繁多的阅读能力结构观。纵观阅读能力的研究文献，可以概述出国内外的研究主要从心理学家、教育学家和语言学家三个不同的角度来认识阅读能力的结构。

心理学领域对阅读能力结构展开了研究，他们所采用的研究方法主要有因素分析法和实验法。如 Palincsar 和 Brown 指出阅读能力由推理、重要内容的关注、文章内在与外在一致性评价以及阅读监控能力构成。Johnson 提出语文阅读能力包括：译码、字义、表述、评价。Kintsch 指出阅读过程存在三种水平的信息加工活动，一是句子水平的词句解码活动，二是段落或宏观命题水平的组织活动，三是语篇水平上结构的分析综合活动。

Hunt的研究表明阅读能力由解码速度和整体连贯能力组成。心理学家Freed认为,阅读能力应由了解所陈述的事实与细节的能力、掌握主要思想的能力、理解事件或步骤的顺序的能力、做出推论与得出结论的能力、组织思想与关系的能力、运用阅读所获得的知识解决问题与检验假设的能力、评价的能力构成。

国内关于语文阅读能力结构的研究始于20世纪初,至今为止形成了种类繁多的阅读能力结构观。如莫雷指出阅读能力呈现随年龄变化而变化的特点,阅读能力的主要构成因素是语言解码能力、组织连贯能力、概括能力和评价能力。罗照盛和张厚粲认为阅读能力的成分包括语文知识、简单表达、知觉的广度、语词理解能力、归纳段意、整体概括能力、综合分析能力、推理能力和情感体验。明卫红依据心理学相关理论提出语文阅读能力的构成要素有:知识因素、智力(思维)因素、阅读的方法与策略因素、非智力因素。小学阶段的侧重点是阅读的知识因素和非智力因素,非智力因素主要是激发阅读兴趣和培养良好的阅读习惯。

教育学家主要采用的是哲学思辨的方法,现代阅读学的奠基人叶圣陶一向把阅读归纳为良好的阅读习惯。即属于基础训练的精读能力可分解为六项:需要翻查的,能够翻查;需要参考的,能够参考;应当条分缕析的,能够条分缕析;应当综观大意的,能够综观大意;言在意外的,能够辨得出它的言外之意;义有疏漏的,能够指得出它的疏漏之处。《论国文精读指导不只是逐句讲解》这"六能",包括认知性查读、扩展性参读、分析性解读、意会性整读、欣赏性品读、鉴定性评读,自成序列。

沿着老一辈语文教育家开辟的路,学者们从不同视角对阅读能力结构继续进行多层面的分解和整合。张志公认为所谓阅读能力包括三个方面的因素,即理解、记忆和速度。

阅读首先是读懂,并且能够记得,进而还要读得快。这才算是有较高的阅读能力。快速阅读的能力不是一个孤立的能力,理解、记忆、速度三个方面构成阅读能力的整体。

钱梦龙认为"阅读能力目标体系"包括四个方面:常规阅读、使用工具书、圈点勾画、质疑问难。阅读方式有:音读、朗读、背读、视读、扫读、跳读、精读、抄读。阅读步骤有:认读、辨题、解题、提要、问答、述评、复习。阅读心理有:内驱力、注意力、意志力、记忆力、思考力、想象力。

除此之外,有研究者认为阅读能力包括认读能力、理解能力和吸收能力。其中理解能力又分为理解语言的能力和理解结构的能力;吸收能力包括鉴赏能力、探索能力和记忆能力。也有研究者认为,从阅读过程,构成阅读能力的要素应当是认读、理解、鉴赏、评价和运用。而我国语文课程标准将阅读能力分为四个水平,即识记、理解、运用和评析。

从语言学角度分析阅读能力,很多学者从语言学角度进行专项研究,将阅读能力划分为高、低两个层次。低层能力包括:(1)理解各种语法概念,如原因、结果、目的、比较等;(2)理解主从句的句法结构;(3)理解句段的标志;(4)理解词汇/语法的连贯关系;(5)理解词汇的意义。高层能力包括:(1)掌握所读材料的主旨和大意;(2)了解阐述主旨的事实和细节;(3)根据上下文判断某些词语和短语的意义;(4)理解上下文的逻辑关系;(5)根据所读材料进行一定的判断、推论;(6)领会作者的观点、意图和态度。

国外关于语文阅读能力结构的研究比较成熟,也比较深入和系统。PIRLS(国际阅读素养进展研究)从三个方面对阅读素养进行评价,它们分别是理解过程、阅读目的以及阅读行为和态度。将阅读理解分为四个层次:获取信息、直接推断、综合并解释篇章、评价篇章。

阅读素养与阅读目的直接相关。阅读理由包括兴趣爱好、参与社会和为了学习等等。对于儿童来说,关注的是兴趣爱好以及为了学习。因此,PIRLS关注儿童达到两种不同目的的阅读素养,体验阅读与获取和使用信息的阅读,鉴于这两种阅读对于该阶段学生都是非常重要的,PIRLS评价给予他们相同的重视。

美国NAEP阅读能力评价体系有很强的结构性,其有四个典型的特点:一是采用多维方式来构建评价框架;二是注重理解文章及对其进行批判性思考;三是注重评价结果描述的具体性,它既有等级性的评价,也有对学生整体阅读水平的评价,还有对学生不同体裁文本阅读能力的评价;四是NAEP阅读能力评价的文章内容紧密结合了学生生活的实际。

2000年,PISA评价重点是阅读能力,所以阅读分数被分为5个水平的知识与技能。这种方法的主要优势在于较为详细地通过不同层次来评价学生的能力。另外,这些结果又通过三个方面来考查:复述信息、阐述文章、反思并评论。PISA中对阅读能力的定义并不仅仅是对学生读懂、了解信息等能力的简单评价，还包括对资料的理解、运用及反思评价。

我国较早开发阅读能力测试的是心理学家陈鹤琴先生，他于1922—1924年编制了《初小默读测验》《小学默读测验》和《中学默读测验》，以测评不同年龄段的学生的阅读能力。艾伟和杨清编制了以诊断阅读困难儿童为目的的《默读诊断测验》，朱作仁等（1986）编制的《中国小学毕业生默读量表》是一个标准化的量表。莫雷和司徒伟成等人（1997）编制《语文阅读水平测量表》的目的是为学生阅读成就的评定、诊断及学校教学工作的评价提供客观有效的工具。其中，对阅读能力结构研究最具影响力的是曾祥芹先生的阅读能力有纵向和横向两种结构，纵向结构包括阅读感受力、阅读理解力、阅读鉴赏力、阅读迁移力、阅读创造力；横向结构包括阅读选择力、阅读思考力、阅读想象力、阅读记忆力、阅读时效力。韦志成则提出阅读能力由阅读过程和阅读方式纵横组合而成，从横向上看，阅读方式包括诵读、默读、精读、略读、速读等；从纵向上看，阅读过程由浅入深包括感受能力、理解能力、筛选能力、鉴赏能力、记忆能力。王松泉认为，阅读能力主要由认读能力、理解能力、评赏能力、借鉴能力四项组成，它们体现了阅读能力发展的四个层级。

通过对阅读能力的梳理，可以看出尽管专家学者在论证方法上存在差异，但他们对阅读能力的结构本质还是有共同的认识基础的：阅读能力是一个多层级的能力结构体系，存在高级阅读能力与低级阅读能力之分，并且高级阅读能力以低级阅读能力的掌握为前提；以往研究基本认同阅读理解过程是一个从部分到整体、从局部到连贯、从低级到高级、从事实到情感、从表层理解到深层理解的过程；字词的认读和理解能力是最基础的阅读能力。大家的观点可归纳出一些共识性成分，如感知（认读）、识记、理解（联想）、筛选（选择）、评价、运用（迁移）、吸收、鉴赏等。

阅读能力需与学生阅读能力评价结合起来，充分体现小学生阅读能力的形成过程和阅读能力的水平。所以，小学生阅读能力的结构要素主要包括阅读投入、阅读兴趣、阅读方法、认读能力、理解能力、记忆能力、评价能力和创造能力。前三个要素是影响学生形成阅读能力的情志系统，后五个要素是学生阅读能力的核心要素。曾祥芹先生在《阅读学新论》中指出，阅读能力的形成离不开三大系统，一是阅读智能系统，主要包括阅读的纵向层级结构的行为系统和横向贯串结构的智力系统两大核心，它是整个阅读能力的主系结构。二是阅读知识系统，也就是与读物的知识含量相关的各种背景知识，包括阅读原理知识，阅读技术知识，阅读教学知识，阅读主、客体知识以及阅读历史知识，等等。三是阅读情志系统，也就是说阅读能力除了智能系统和知识系统之外，还有非智力的情志系统，即动力系统。曾先生认为，阅读情志包括阅读动机、阅读兴趣、阅读情感、阅读意志以及由此综合养成的阅读理想、阅读道德、阅读态度和阅读习惯等。对于阅读能力的培养，非智力因素在阅读中的作用要比阅读智力系统更显重要。浓厚的阅读兴趣、正确的阅读态度和良好的阅读习惯可以促使阅读低能变成阅读高能。小学阶段正是培养阅读兴趣、形成良好阅读习惯、掌握科学阅读方法的关键时期，注重阅读能力的情志系统的锻炼和培养，是提高阅读能力的关键步骤。

1. *阅读投入*

PISA 的研究者认为，与阅读成绩有最大相关的学生特征包含行为、情感和认知三个方面。除了认知策略外，学生的阅读投入、阅读兴趣这些个体特征也是影响学生阅读素养的重要因素。PISA 对阅读投入的构建中，使用了阅读时间、阅读量、阅读多样性三个行为指标。研究表明，每天阅读时间多于 30 分钟的学生阅读成绩显著高于"不会为了乐趣而阅读"的学生，阅读多样性对学生阅读成绩有显著的正向预测作用，阅读量对学生的阅读成绩也有显著的影响。学生在阅读上投入的精力越多，越会认为自己对阅读是感兴趣的，出于兴趣的阅读又会使学生更多地投入到阅读中去。根据注意与资源分配假设，研究者提出了兴趣影响学习效果的内在机制，认为兴趣会导致对目标对象的长时间注意和投入，从而影响学习效果。更有研究者提出，当学生表现为高情感投入时，更有可能认知到学习活动的价值，最终落实到实际的学习活动中，从而取得学业成功。

2. *阅读兴趣*

阅读兴趣作为学生的个体特征，在阅读能力中有重要的作用。首先，阅读兴趣对阅读能力有直接的影响，学生为了兴趣在阅读上花的时间越多，阅读态度越积极，就越容易成为一个好的阅读者。其次，大量研究表明：阅读兴趣与阅读投入度呈正相关。有部分研究者提出，学生的阅读投入会影响学生的阅读兴趣。学生接触更多的阅读材料、进行广泛的阅读活动等，都有助于学生阅读兴趣的提高。甚至于阅读材料的连贯性、关联性及生动性都能提高学生的阅读兴趣。根据自我觉知理论，个体必须通过观察自己的行为去推测内心的态度和情感，只要某种行为是个体自愿做出的，他就会以此来判断自己对事物、对人的态度。学生主动在学习中投入时间和精力，会让其感受到自主选择感。根据自我决定理论，人们先天具有能力、归属和自主的心理需要。自由选择由于能满足个体对自主性的需要而能提高自我决定感。反过来，提高的自我决定感能导致更高的兴趣。2001年度国际学生评估项目（PISA）测试研究报告显示，在各个国家，阅读兴趣高的学生在阅读测验中的表现都明显好于不爱阅读的学生。PISA2009年上海的数据也表明，喜爱阅读的程度对学生的阅读成绩影响最大。

3. 阅读方法

阅读方法属于程序性知识，学生掌握基本的阅读技巧（阅读方法）能促使学生根据文本及其篇章组织建构起自己的理解模式。阅读方法主要包括精读、略读和速读三种，要想成为一位合格的读者，必须掌握精读、略读、速读相结合的阅读方法。

4. 认读能力

认读是整个阅读活动开始的第一步，从心理学来看，认读是通过视觉转向大脑获得书面信息符号的过程。对于小学生的阅读活动而言，认读是小学生对阅读文本中的字、词、句等的识别能力，属于最基础的阅读能力。具体而言，它包括词汇的积累与记忆、对阅读文本中词语含义的推断能力以及对文本中语言形式的辨析能力三点。对小学生而言，词汇的积累主要是对拼音的认读、对汉字的认读、对汉语词汇的掌握。由拼音到汉字，再到词，这是阅读的基本前提。小学生在阅读过程中，不可能对所有词汇都了解，有一些关键词语的含义是通过上下文和语素来推断的。因此，在认读阶段，小学生要能结合语境推断特定词语的含义。对文本中语言形式的辨析能力体现在对印刷符号的辨析和对文本中长句的复杂结构进行辨析以及对整个文本，诸如文本类型的识别，辨析出记叙文、散文、诗歌、童话、寓言、文言文等文本类型。

5. 理解能力

理解是读者将文本内化为自身知识和观念的过程。在充分理解之前，即使读者已经识别了文本中的字、词、句，但阅读活动并未对读者本身产生任何实际的影响，作者以文本为载体所要表达的原意与读者已有的知识经验是毫无联系的两种意义。小学生通过不断进行选择、推论、分析和综合等思维活动，将文本内容转化为自身的知识和观念。阅读理解的范围，至少包括辨识文体、厘清思路、把握结构、抓住质料、归纳主旨、体会文情、揣摩写法、辨析修辞、贯通文气、体察文风等十项。具体而言，要依据逻辑段的内容概括全文的主要内容，体会文章表达的思想感情，根据需要提取文本中的基本要素、重要细节和部分隐含信息，抓住时间、地点、人物和事情发展的顺序等要素，把握叙事性作品的大意，根据文本信息，对事件、现象、因果关系等做出解释，针对课文的内容、写作手法和文本与生活实际的联系提出有价值的问题。

6. 记忆能力

记忆是提高小学生阅读效能的重要手段，是读者对读物信息的记忆、存储和再现的能力。它在特殊情况下（熟读背诵）可作为阅读过程中一个相对独立的阶段看待。在一般情况下，应视其为贯穿整个阅读过程的一条"钢筋"，对读物信息的理解、存储和提取都离不开记忆，没有记忆的阅读，就变成了无效阅读。阅读记忆能力包括机械记忆和意义记忆，作为小学生，应该要灵活地运用这两种记忆，不断地推进"瞬时记忆—短时记忆—长时记忆—短时记忆—新的瞬时记忆……"这个螺旋上升的记忆流程，以提高记忆效能。

7. 评价能力

对于阅读中的评价能力，有研究者将其定义为"鉴赏"和"评价"能力。鉴赏能力和评价能力是品位较高的阅读能力，是指人们运用正确的立场、观点和方法，对阅读材料的思想内容、表现形式、文章结构、艺术技巧和写作风格等方面进行鉴别欣赏和评价的能力。鉴赏能力和评价能力都是在分析、比较、质疑、推理、综合过程中形成和发展起来的。对小学生的鉴别欣赏和评价的能力，可从单个文本的局部评价、单个文本的整体评价、不同文本之间的比较三个层面展开。具体而言，主要包括对重要段落和语句进行细致阅读，具体感受作品的形象和写作手法，能够感受作品中生动的形象和优美的语言，乐于表达自己的感受；抓住关键词句把握文本总分总、总分、分总或按不同方面组织材料的结构；能判断出文本的表达顺序，尝试结合文学常识、作者的写作背景理解作品价值和作者的写作意图，从主题、作者、文本类型、主旨、结构、遣词造句等角度出发，进行互文阅读。

8. 创造能力

阅读始于文本，但不能止于文本。读者经过认读、理解和评价的阅读过程，对阅读文本有了充分的"知"，但还要联系主客观实际，完成文本向实践的转移，指向于"行"，同时超越文本现有的内容、观点和形式。对阅读活动而言，无中生有，是读者已有的知识经验通过阅读活动吸收新的知识，并将此运用于实践之中；有中生新，是在对文本的理解与运用两个层面上实现超越与创新。创造能力是小学生借鉴、运用并超越阅读文本现有的内容与形式，产生新的见解或思想，或者结合实际探讨出另一问题的答案和解决问题的新途径。具体而言，小学生的创造能力主要表现在：能将文本中的好词佳句、行文结构、写作手法运用在自己的表达和习作中；能够阅读浅显的科学报告，了解其基本特点并尝试写简单的研究报告；能将文本与生活实际结合，在生活场景中发现新问题、提出新问题，综合运用语文学习经验，提出自己的观点和解决问题的思路。

二、小学生阅读能力的评价体系与具体指标

构建小学生阅读能力评价体系的关键在于明确评价内容、评价标准和评价结果反馈。首先，评价内容应根据学生阅读能力结构要素进行科学建构，学生阅读能力评价体系的一级指标主要包括阅读兴趣、阅读方法、认读能力、理解能力、记忆能力、评价能力和创造能力，二级指标包括阅读态度、阅读投入、表达交流、精读等19项指标。其次，评价标准应依据小学生的年龄特点和学科要求进行制定，以衡量学生在阅读方面的综合表现。最后，评价结果反馈应及时、客观，为学生提供有针对性的建议和指导，同时为教师和家长提供有关阅读教育的指导意见。

表 8-3 阅读能力评价体系指标表

一级指标	二级指标
阅读兴趣	阅读态度
	阅读投入
	表达交流
阅读方法	精读
	略读
	速读
认读能力	词汇的积累
	对词语含义的推断能力
	对文本语言形式的辨析能力
理解能力	整体感知
	提取信息
	形成解释
记忆能力	记忆方法
	记忆效果
评价能力	单个文本局部的评价
	单个文本整体的评价
	多个文本的比较评价
创造能力	超越与创新
	借鉴与运用

依据此阅读能力评价体系进行研究，教师可以更好地掌握学生的阅读现状，了解学生的真实阅读水平，并通过阅读策略的调整，提高学生的阅读能力，从而提升学生的阅读综合素养。

教师不再只关注课本上的知识以及当下的作业，他们从学习规律的角度出发，认识到让学生在阅读中成长是着眼于学生未来学习和发展的学习之路。因此，各学科教师都将阅读融入自己的教学中，实现了全学科阅读，并在阅读中进行有效的指导。同时，教师通过研究，将阅读能力的评价标准作为指导、评价学生阅读的依据，差异化指导学生有效阅读，关注学生的阅读表现与变化，做到指导有目标、有方法。全校上下、各学科形成合力，学生能力素养得到了有效提升。